本书的出版得到"温州大学浙江省 A 类一流学科
中国语言文学学科"资助

口述史研究

The Oral History Studies

第三辑 · Vol.3

杨祥银 主编

社会科学文献出版社
SOCIAL SCIENCES ACADEMIC PRESS (CHINA)

编委会

目录

主编的话 ……………………………………………………… 杨祥银 / 1

· **特　稿**

口述历史访谈及其文学再现 ……………………… 阿利桑乔·波特利 / 9

· **口述历史、叙事与医学**

多元老人社区重建与口述历史实践：以台湾经验为例 …… 蔡笃坚 / 39

口述历史、科技应用与部落长者的回忆与创新

……………………………………… 卢忻谧　陈冠烨 / 60

口述历史与老年精神病患照护 …………………………… 黄嫒龄 / 72

· **口述历史与女性研究**

香港清洁女工生命史：劳动过程、工作意义和世界观 ……… 邓　琳 / 87

口述访谈与女性生命史研究：基于对大寨村和西沟村的

口述访谈 ………………………………… 刘晓丽　马　敏 / 122

中国女导演口述历史研究 ………………………………… 周　夏 / 136

旗人妇女口述史版本研究：以定宜庄旗人妇女口述史著作

为中心 ……………………………………………… 宝贵敏 / 151

· **口述历史与企业（商业）研究**

口述历史与市场营销史研究 …… 罗伯特·克劳福德　马修·贝利 / 165

从市场小贩到全球企业：乐购的口述历史与企业文化

.... 尼亚夫·狄龙 / 194

·口述历史、社区规划与历史建筑

社区规划与口述历史 .... 琼·曼宁·托马斯 / 211

口述史方法与建筑史研究：以浙西南民居考察为例 .... 王 媛 / 233

陕西伊斯兰建筑鹿龄寺及周边环境再生研究：从口述史开始

.... 蒲仪军 / 241

·书评书介

让该记录的被记录，该倾听的被倾听

——评张李玺等（主编）《倾听与发现：妇女口述历史

丛书》 .... 闵 杰 / 255

评保罗·汤普森和乔安娜·博纳特《过去的声音：口述历史》

.... 唐纳德·里奇 / 259

评克里斯蒂娜·卢埃林、亚历山大·弗罗因德和诺兰·赖利

（主编）《加拿大口述史学读本》 .... 罗伯特·佩克斯 / 262

评马克·凯夫与史蒂芬·斯隆（主编）《在边缘处聆听：

危机余波中的口述历史》 .... 珍妮·哈定 / 266

评保罗·约翰逊《前往斯特拉斯堡：性取向歧视口述历史与

欧洲人权公约》 .... 罗伯·克鲁卡斯 / 270

评安尼卡·阿诺德《气候变化与讲故事：环境传播中的叙事与

文化意义》 .... 叶 珲 / 273

·附 录

Abstracts of Major Articles 281

《口述史研究》稿约及体例要求 292

Contents

From the Editor   *Yang Xiangyin* / 1

Feature Article

The Oral History Interview and Its Literary Representation   *Alessandro Portelli* / 9

Oral History, Narrative, and Medicine

Diversify Aging Community Development And Oral History Practices:

The Case of Taiwan Experiences   *Duujian Tsai* / 39

Integrating Oral Histories with Technology Applications for the Memories and

Innovations of the Tribal Elderly   *Hsin Mi Lu and Guan Ye Mivo Chen* / 60

Oral History and Care for the Mentally Ill Elderly   *Ailing Huang* / 72

Oral History and Women's Studies

The Life History of Woman Cleaning Workers in Hong Kong:

Labour Process, the Meaning of Work and Worldviews   *Lynn Tang* / 87

Oral Interview and Research on Female Life History: Based Upon the Oral

Interviews on the Village of Dazhai and Xigou   *Xiaoli Liu and Min Ma* / 122

A Preliminary Studies on Oral History of Chinese Female Directors

Xia Zhou / 136

Research on the Versions of Ding Yizhuang's Oral History Books

about Banner Women   *Guimin Bao* / 151

Oral History and Corporate（Business）Studies

Oral History and Studies on Marketing History

Robert Crawford and Matthew Bailey / 165

From Market Trader to Global Player: Oral History and Corporate

Culture in Tesco, Britain's Largest Supermarket *Niamh Dillon* / 194

Oral History, Neighborhood Planning, and Historical Architecture

Neighborhood Planning and the Uses of Oral History *June Manning Thomas* / 211

Oral History Methods and Studies on Architectural History: An Example of the

Residential House Investigation in Southwest Zhejiang Province *Yuan Wang* / 233

Studies on Regeneration of Luling Temple and Its Surroundings in

Shanxi Province: Starting with Oral History *Yijun Pu* / 241

Book Reviews

Zhang Lixi et al. (eds.), Book Series on *Listening and Discovering*:

Women's Oral History *Reviewed by Min Jie* / 255

Paul Thompson and Joanna Bornat, *The Voice of the Past*: *Oral History*

Reviewed by Donald A. Ritchie / 259

Kristina R. Llewellyn, Alexander Freund, and Nolan Reilly (eds.),

The Canadian Oral History Reader *Reviewed by Rob Perks* / 262

Mark Cave and Stephen M. Sloan (eds.), *Listening on the Edge*:

Oral History in the Aftermath of Crisis *Reviewed by Jenny Harding* / 266

Paul Johnson, *Going to Strasbourg*: *An Oral History of Sexual Orientation Discrimination*

and the European Convention on Human Rights *Reviewed by Rob Clucas* / 270

Annika Arnold, *Climate Change and Storytelling*: *Narratives and*

Cultural Meaning in Environmental Communication *Reviewed by Hui Ye* / 273

Appendices

Abstracts of Major Articles / 281

Call for Papers & Style Guide / 292

主编的话

杨祥银

2018 年，对于国际口述史学界来说，正值现代口述史学诞生 70 周年。①综观世界各地的发展历程与现状，我们可以发现，作为个人视角的时代记忆与反思，口述史学已经成为一种记录、保存、传播与解释过去政治、经济、社会、文化乃至日常生活等领域的不同参与者的声音与历史记忆的重要方法与研究领域。正是如此，几年前，《纽约时报博客》（*New York Times Blogs*）上的一篇评论文章甚至宣称我们正在进入一个"口述历史的时代"（The Age of Oral Histories）。②

2018 年，对于中国来说，则恰逢改革开放 40 周年。而作为见证当代中国社会转型与时代变迁的重要历史时段，改革开放 40 周年也自然成为口述历史实践与研究的重要主题。据笔者网络查询了解，围绕改革开放 40 周年这一重要历史节点，各地各部门开展了形式多样的口述历史活动，而且通过书籍出版、报纸、纪录片与网络平台（门户网站、微信公号）等多媒介形式进行呈现与传播。比如，代表性的口述历史书籍有《改革开放口述史》、《浙江改革开放 40 年口述历史》、《吉林省改革开放 40 年口述史》、《温州改革开放口述史录》、《上海改革开放 40 年口述》系列丛书以及中国文史出版社《大潮》丛书等；报纸连载则有《人民日报》主办的《口述历史——40 年，中国更精彩》专栏；而纪录片方面则以北京电视台制作的大型口述历史特别节目《生于 1978：一起走过四十年》为代表。此外，还有大量相关主题的口述历史项

① 国际口述史学界一般将美国著名历史学家阿兰·内文斯（Allan Nevins）于 1948 年创建的哥伦比亚大学口述历史研究室（Columbia University Oral History Research Office）视为现代口述史学诞生的标志。2011 年 6 月 1 日，该研究室更名为哥伦比亚大学口述历史中心（Columbia Center of Oral History）。2013 年 11 月，为了区分口述历史中心的研究与档案功能，该中心又分设哥伦比亚大学口述历史研究中心（Columbia Center for Oral History Research）与哥伦比亚大学口述历史档案中心（Columbia Center for Oral History Archives）。

② John Williams，"The Age of Oral Histories," *New York Times Blogs*，March 2，2012.

目与史料征集工作。需要指出的是，不管上述活动与成果是否遵循较为规范的口述历史实践标准，但毋庸置疑的是，它们大部分受到现代口述史学概念的影响与启发。

现在，回到我们这本学术集刊。呈现在大家面前的《口述史研究》第三辑继续秉持"回顾性、前瞻性、多元性与跨学科性"原则，围绕口述史学的理论、方法与跨学科应用等问题展开讨论。本辑共收入专题学术论文13篇，来自美国、英国、澳大利亚以及中国大陆、中国台湾和中国香港的16位学者围绕口述历史访谈与文学再现，口述历史、叙事与医学，口述历史与女性研究，口述历史与企业（商业）研究，以及口述历史、社区规划与历史建筑等专题展开跨学科和跨区域讨论。

在特稿《口述历史访谈及其文学再现》一文中，意大利罗马大学（University of Rome – La Sapienza）美国文学教授阿利桑乔·波特利（Alessandro Portelli）指出："口述历史的生产过程包括访谈、转录、编辑、出版、研究与呈现等不同阶段，而其中从口头叙述到书面文本的转录过程中，不可避免地会涉及文学再现（literary representations）问题。"而为了更好地理解这个问题，他主张应该利用文学、民俗学与语言学等学科的叙事理论来分析口述历史访谈，并将历史叙述视为一种文化实践。

"口述历史、叙事与医学"专题中的三篇文章旨在探讨作为叙事手段的口述历史在老年医学与社会照护领域中的应用。在《多元老人社区重建与口述历史实践：以台湾经验为例》一文中，中国台湾屏东基督教医院讲座教授蔡笃坚以台湾三个比较有代表性的社区（石牌社区、长荣社区与乌来原住民部落）来探讨口述历史在推动社区化老人长期照护过程中所扮演的作用。而在《口述历史、科技应用与部落长者的回忆与创新》一文中，中国台湾屏东基督教医院研究专员卢忻谧与台北商业大学助理教授陈冠烨则提出以运用叙事认同分析的口述历史方法为核心概念，借由回顾参与式的口述历史实践，将社区营造的动能导入信息科技的应用模式，并通过虚拟现实与扩增实境的科技辅助进行旧部落的复原与指认，进而实现重建社区记忆与赋权部落长者的目的。台北荣民总医院玉里分院心理卫生专科社会工作师黄嫒龄从临床实务出发，运用叙事认同口述历史方法，以三位病友为主体，借由他们的叙事，在记忆的片段中找出与当下生活衔接的经验，进而作为临床咨询与处置决策的参考。作者指出：通过历史与记忆对个别生命意义的探讨，认为口述历史方法不仅仅是历史资料的收集，而且通过个案自身残存的记忆与历史时空的联结，提供临床咨询，有助于老年精神病患照顾品质的提升。

在"口述历史与女性研究"专题中，有四篇文章分别涉及口述历史在女性研究中的具体应用。香港东华学院人文学院助理教授邓琳通过深入访谈不同就业环境中的十位全职中年清洁女工，进而探索公共领域中这些女工的生命经历，揭示她们的劳动过程和工作对个人身份认同形成的影响。在《口述访谈与女性生命史研究：基于对大寨村和西沟村的口述访谈》一文中，山西省社会科学院研究员刘晓丽和助理研究员马敏以两个乡村女性群体（山西省大寨村"大寨铁姑娘"群体和西沟村"男女同工同酬"女性群体）的口述历史资料为基础，探讨她们多元丰富的生命史经历，其中涉及女性群体及个体与当时社会环境的关系、女性个体与群体的互动、女性群体与男性群体的互动、女性与男性在家庭中的角色互动、女性心理层面的积极与消极方面以及女性对自身生命史的回顾等。中国电影艺术研究中心副研究员周夏以十位第四代女导演口述访谈为文本，探寻女导演的职业追求和自我价值的形成过程，并总结出女导演的家庭、教育、婚姻、电影事业方面的各种状况。同时，通过她们的电影来分析精英职业女性的精神世界构架和女性意识状态，并展望未来新生代女导演的发展前景。民族出版社副编审宝贵敏以定宜庄先生旗人妇女口述史著作为分析对象，从版本角度比较分析三部旗人妇女口述史著作《最后的记忆：十六位旗人妇女的口述历史》、《十六名旗人妇女口述》与《胡同里的姑奶奶》之异同，最后，总结定宜庄先生旗人妇女口述史著作的版本特点。

"口述历史与企业（商业）研究"专题的两篇文章主要探讨口述历史在市场营销史以及企业历史与文化研究中的作用。皇家墨尔本理工大学媒体与传播学院（School of Media and Communication, RMIT University）教授罗伯特·克劳福德（Robert Crawford）与麦考瑞大学现代史、政治学与国际关系系（Department of Modern History, Politics and International Relations, Macquarie University）讲师马修·贝利（Matthew Bailey）主要探讨了口述历史对市场营销历史学家的价值，并提供澳大利亚国内项目的案例研究，以论证口述历史的效用。该研究证明，口述历史提供了一个有用的切入口，通过该入口可以调查市场营销历史、市场研究方法的转变以及行业内部态度的变化。而大英图书馆国家生活故事（National Life Stories, British Library）项目访谈员尼亚夫·狄龙（Niamh Dillon）则以"乐购：口述历史"（Tesco：An Oral History）项目为例探讨口述历史在企业历史记录与企业文化建设中的重要价值。该项目在 2004～2007 年采访了近 40 位企业员工，并记录了他们的人生故事。

而在"口述历史、社区规划与历史建筑"专题中，密歇根大学陶布曼建筑与城市规划学院（University of Michigan Taubman College of Architecture and Urban Planning）讲座教授琼·曼宁·托马斯（June Manning Thomas）分析了用于社区规划的口述历史所带来的潜在价值，因为口述历史这种方法可以帮助我们从生活在受困社区中的社会边缘人群身上获取信息。作者指出，通过口述历史所收集的居民个体在社区内的经历与见解可以成为社区规划的一个有效部分。在《口述史方法与建筑史研究：以浙西南民居考察为例》一文中，上海交通大学科学史系副教授王媛以浙江西南部山区民居调查为例，试图说明在建筑史研究中借鉴口述历史方法的重要性，并提出一些实现规范化和学术化发展的建议。上海济光职业技术学院副教授蒲仪军通过陕西西乡鹿龄寺的保护再生实例，说明在历史建筑保护研究中借鉴口述史的方法传统，以及如何将这种方法再运用于遗产研究和保护设计中。

此外，本辑还收入书评书介 6 篇，这些作品反映了近几年来国内外口述史学理论、方法与实践研究的最新成果，希望能够为相关研究提供一些借鉴与参考价值。

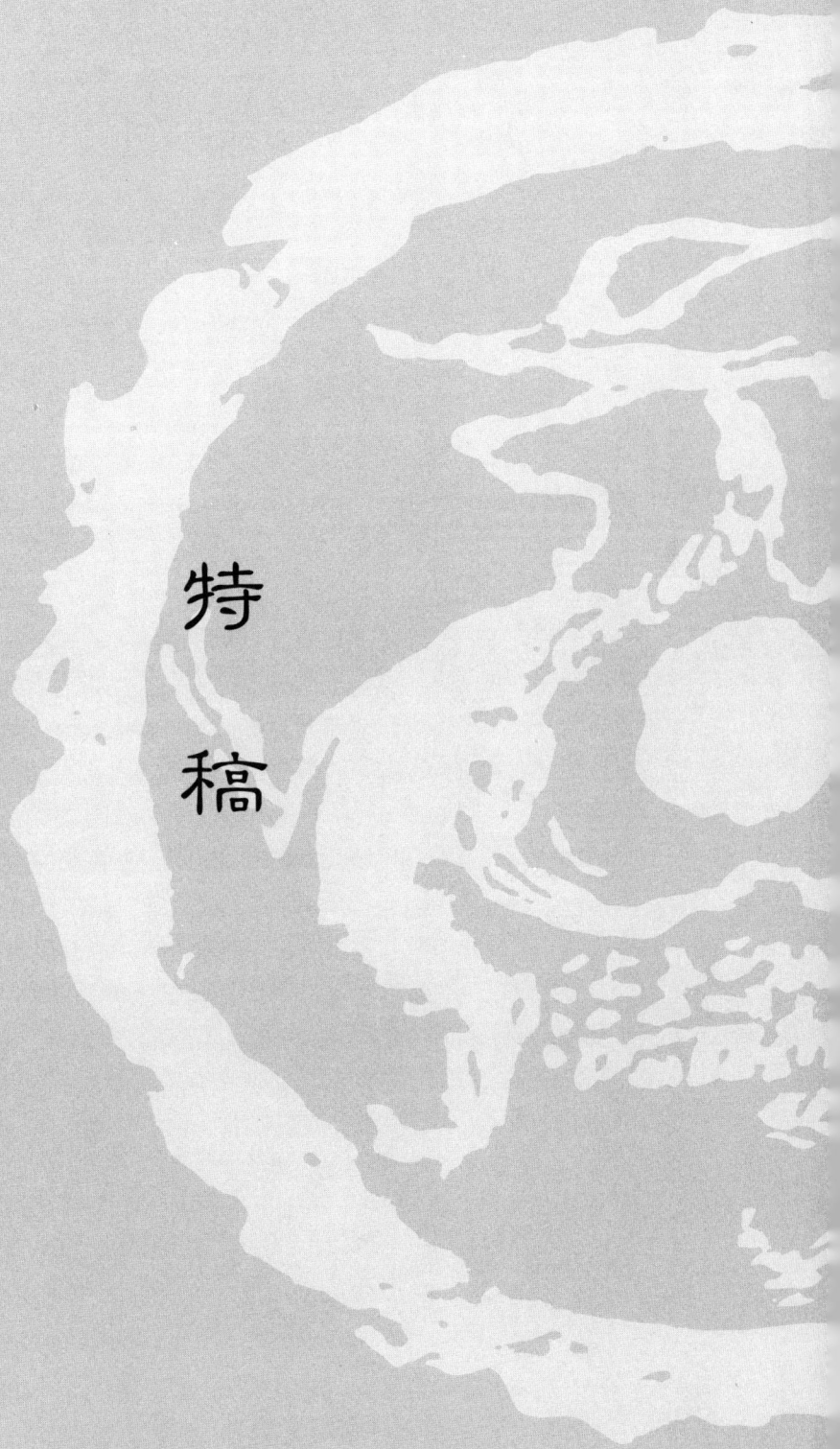

特

稿

口述历史访谈及其文学再现

阿利桑乔·波特利[*]

摘要： 口述历史是一种关于过去的对话叙述（dialogic narrative），这种叙述的产生和定义涉及两个主体之间的相遇（encounter），其中一个主体我称之为叙述者，而另一个我称之为历史学家。口述历史的生产过程包括访谈、转录、编辑、出版、研究与呈现等不同阶段，而其中从口头叙述到书面文本的转录过程中，不可避免地会涉及文学再现（literary representations）问题。为了更好地理解这个问题，我主张应该利用文学、民俗学与语言学等学科的叙事理论来分析口述历史访谈，并将历史叙述视为一种文化实践。在本文中，我将通过引用两种接近口述历史的话语实践来讨论这些问题，因为这两种实践都依赖于对话叙述，即精神分析和侦探小说。

关键词： 口述历史；访谈；文学再现；精神分析；侦探小说

然而，他（指下文的迪德里希·尼克博克）的历史研究与其说是在书中，倒不如说是在人中；因为前者在他最喜欢的话题上少得可怜。然而，他发现那些古老的市民，还有他们的妻子们，这些人身上都有着丰富的传奇故事，对真正的历史来说是无价的。因此，每当他遇到一个真正的荷兰家庭，这个家庭正舒舒服服地住在一所低矮的农舍里，四周种着一棵大梧桐树，他就把它看作一本夹在一起的黑体字的小书，并以书呆子的热情来研究它。（华盛

* 阿利桑乔·波特利（Alessandro Portelli），意大利罗马大学（University of Rome – La Sapienza）美国文学教授，当代最为著名的口述历史理论学者之一，曾出版多本口述历史经典著作。详细内容参见 *The Death of Luigi Trastulli and Other Stories*：*Form and Meaning of Oral History*，Albany：State University of New York Press，1991；*The Battle of Valle Giulia*：*Oral History and The Art of Dialogue*，Madison：University of Wisconsin Press，1997；*The Order Has Been Carried Out*：*History*，*Memory and Meaning of a Nazi Massacre in Rome*，New York：Palgrave Macmillan，2003；*They Say in Harlan County*：*An Oral History*，Oxford and New York：Oxford University Press，2011；*Biography of An Industrial Town*：*Terni*，*Italy*，*1831 – 2014*，New York：Palgrave Macmillan，2017。

顿·欧文《瑞普·凡·温克尔》）①

"你为什么想知道简小姐（Miss Jane）的事？"玛丽问。

"我教历史，"我说，"我相信她的人生经历可以帮助我向学生们解释一些事情。"

"你已经有的书有什么问题吗？"玛丽问。

"书中没有简小姐。"我说。（欧内斯特·盖恩斯《简·皮特曼小姐自传》，1971 年）②

一　实地相遇

众所周知，迪德里希·尼克博克（Diedrich Knickerbocker）的比喻太夸张了：人不是书本，不能像研究书本一样研究人，也不能真正把人写到书本中。所以我今天要谈的是人与人之间，他们所讲述的故事之间，以及我们所阅读、学习和编写的书籍之间的复杂关系。③

为了做到这一点，我们将前往位于历史学、人类学、语言学和文学交会处（intersection）的一个不确定的领域。这一领域就是口述历史：口述历史是一种关于过去的对话叙述（dialogic narrative），这种叙述的产生和定义涉及两个主体之间的相遇（encounter），其中一个主体我称之为叙述者，而另一个我称之为历史学家。再举一个例子，让我们看一段短片摘录，在阿瑟·佩恩（Arthur Penn）的经典电影《小巨人》（*Little Big Man*）的开头，一位历史学

---

① 《瑞普·凡·温克尔》（*Rip van Winkle*）是 19 世纪美国著名小说家和历史学家华盛顿·欧文（Washington Irving, 1783 - 1859）所写的短篇小说，收录于欧文作品集《见闻札记》（*The Sketchbook of Geoffrey Crayon*, 1820 年首发）中，其英文书名就是主角的名字。详细内容参见 Washington Irving, "Rip Van Winkle: A Posthumous Tale of Diedrich Knickerbocker," in Washington Irving, *The Sketch - book of Geoffry Crayon, Gent.* (Vol. 1), Philadelphia: Carey, Lea & Carey, Chesnut Street, Seventh American Edition, 1829, pp. 45 - 68。——编者注

② 《简·皮特曼小姐自传》（*The Autobiography of Miss Jane Pittman*）是美国著名非裔小说家欧内斯特·盖恩斯（Ernest J. Gaines, 1933 -　　）于 1971 年所写的小说。这个故事描绘了通过叙述者——一个名叫简·皮特曼的女人的眼睛看到的非裔美国人的挣扎。她讲述了她在内战结束时作为美国南方年轻奴隶女孩时的重大事件。详细内容参见 Ernest J. Gaines, *The Autobiography of Miss Jane Pittman*, New York: Bantam Books, 1971。——编者注

③ 此次演讲是在 2000 年意大利美国研究协会（Italian Association of American Studies）大会上发表的，不过形式稍有不同。它是在视频节选和幻灯片的帮助下，以口头形式发表的，因此，本文保留了口头陈述的一些特点。

家采访了小巨角战役（Battle of the Little Bighorn）的一名幸存者，他们之间明显摆着一台录音机：

> 克拉布先生：我叫杰克·克拉布（Jack Crabb），我是小巨角战役中唯一幸存的白人，这场战争也就是众所周知的"卡斯特的最后一战"（Custer's Last Stand）。
>
> 访谈者：嗯，克拉布先生，相比有关卡斯特的离奇故事，我对原始生活方式更感兴趣。
>
> 克拉布先生：离奇故事？你说我在撒谎？
>
> 访谈者：不，我只是在说，相比冒险活动而言，我对印第安人的生活方式更感兴趣。
>
> 克拉布先生：你认为小巨角战役是一种冒险？
>
> 访谈者：克拉布先生，小巨角战役并不能代表白人和印第安人之间的相遇。[①]

显然，这是喜剧：并非所有的人类学家都如此荒谬，也不是所有的信息提供者都这样古怪。然而，实地相遇（encounters in the field）往往是困难的和对抗性的。它们总是包括由一台机器（录音机）和一本笔记本相互协调的两个人，这两个人有不同的计划和目的：研究者"感兴趣"听的内容并不一定是叙述者有兴趣讲述的内容。例如，在这里，学者试图寻找一种代表性，而叙述者杰克·克拉布却坚持他是与众不同的，因为"他是小巨角战役中唯一的白人幸存者"。[②]

---

① 小巨角战役，又译作"小大角战役"和"小比格霍恩战役"。此次战役发生在1876年6月25日的蒙大拿州小巨角河（Little Bighorn River）附近。它是美军和北美势力最庞大的苏族印第安人之间的战争，被称作"最惨烈的"美军与印第安人之间的战役。最终以印第安人的胜利而结束。由疯马（Crazy Horse, 1845 – 1877）率领的印第安人军队歼灭了卡斯特（George Armstrong Custer, 1839 – 1876）率领的美国历史上最有名的第一骑兵师第七骑兵团。详细内容参见 James Welch with Paul Jeffrey Stekler, *Killing Custer: The Battle of the Little Bighorn and the Fate of the Plains Indians*, New York: W. W. Norton, 1994。——编者注

② 这种差异在影片中表现得更为明显，因为访谈者是一位（平庸的）人类学家，只对"模式"感兴趣。一个口述历史学家，不管他的期望是什么，都会欣然接受一个关于小巨角战役的目击者的故事。在这部电影所取材的托马斯·伯杰（Thomas Berger）的小说中，叙述者找到了杰克·克拉布，因为他想听小巨角战役的故事。此外，一个优秀的口述历史学家应该知道，就像欧文所说的，即使是"离奇故事"和"冒险"，对于真实的历史来说也是无价的。

另外，杰克·克拉布认为一定要讲述他的故事，因为他是某一特定历史事件的一部分。因此，无论他们有什么差异，他们两人都在寻找个人生活和经历（individual life and experience）与更为广泛的历史和文化背景（context of history and culture）之间的关系。这种共同的基础（即这种独特的情境化）使得普通的讲故事（storytelling）与我所定义的历史叙述（history‑telling）之间存在差异。

为了探究这种区别，让我们在口述历史访谈背景下听一段关于讲故事的描述。这位叙述者叫安妮·纳皮尔（Annie Napier）女士，她来自肯塔基州哈伦县（Harlan County）。她以前在工厂上班，现在既是公共汽车司机，也是家庭主妇，同时又是社区活动家。我们先看看她的照片，然后听听她是怎么说的。

> 纳皮尔：哦，当时我们没有电视，没有收音机，什么都没有，夜里天黑时，你不得不待在家里，因为外面有蛇。
>
> 波特利：蛇经常出没？
>
> 纳皮尔：是的。我们这附近有响尾蛇，也有铜斑蛇。不过到了晚上我们会在壁炉里烧火，爸爸、妈妈常坐在壁炉边，向我们讲述他们的成长故事，以及他们的爸爸妈妈给他们讲述的成长故事。这就是讲故事的起源。当你追溯它时，这是事实。你知道，这是真实的故事，它一直是真实的。

安妮·纳皮尔正在描述一种讲故事的文化：正如欧文（Irving）所说，在他们的山间小木屋中，舒适地闭上嘴并倾听那些在家族与社区中口头传播的故事。然而，她也参与了一场历史叙述的表演——或者，如果你愿意，也可以称其为元叙事（meta‑storytelling），即一种关于讲故事的讲述（a telling a‑bout storytelling）。有三个因素预示了这种转变：

> ——她通过将故事置于时间（当时）中，并声称有参考价值（这都是事实），从历史的角度构建故事框架，因此，她把讲故事描述成一种基于过去存在的特定条件的历史实践（historical practice）；
>
> ——她把过去单独的和以轶事方式讲述的几个独立的故事组合为一

种主导叙述（master narrative）;①

——她通过和一个陌生人（这个陌生人必须被告知有关蛇的事！）谈论蛇，把故事投射到她的公共圈子（communal circle）和传统受众之外。

就像所谓的生活故事（life story）一样，历史叙述并非天然存在。正如雪莉·安妮·威廉姆斯（Sherley Anne Williams）的《德萨·罗斯》（Dessa Rose）中的主人公所说，"多卡斯并没有坐下来，把她的人生故事告诉任何人"；或者，正如托马斯·伯杰 1964 年的小说《小巨人》（Little Big Man）中的叙述者所说，"如果没有我的催化作用，这些非凡的回忆录就永远见不到天日"。

这种类型的叙述是在专业倾听者和提问者的干预下所产生的，这个人一般是一位有具体计划的口述历史学家，由他（她）发起交流，为叙述者创造了一个叙述空间，让叙述者讲述一个故事，否则不会以这种方式讲述。安妮·纳皮尔不会这样说，除非有人采访她；如果她正在接受别人的采访，她会以不同的方式说话。② 正如 C. 范恩·伍德沃德（C. Vann Woodward）所写，"每一次有记录的采访都有两位作者，一位提出问题，另一位回答问题"。③ 我只想补充一点，一旦交流开始，这两个角色之间的区别就不再是死板的和绝对的。

通过与一位身为历史学家的陌生人的交谈，安妮·纳皮尔也接受了访谈所隐含的潜台词（implicit subtext）：个人生活与社会历史之间的相互影响。让我们看另一个人，听另一个例子。这是弗朗西斯·海格（Frances "Granny"

---

① 当然，安妮·纳皮尔的表演也包含了传统的独白素材：她不断重复的古老故事。这表明来自访谈的语言构建（verbal construct）不仅是对话的，也是混合的。因为它包含了许多不同类型的口头叙事（民间故事、纪念、传说、见证……），同时它把它们串在一个广阔的历史框架下，这是以前从未被置于其中的。当然，除非叙述者之前接受过采访。安妮·纳皮尔就是这样，从 1986 年到现在，我每年都要和她录几个小时。然而，这只是我和她的第一盘磁带的开头。详细参见 Alessandro Portelli, "Oral History as Genre," in Alessandro Portelli, The Battle of Valle Giulia: Oral History and The Art of Dialogue, Madison: University of Wisconsin Press, 1997, pp. 3 – 23。

② 这是口述历史学家和民俗学家之间的主要区别（同样是在程度而非类型上）。民俗学家传统上寻求独立于自身存在的文化环境中存在的故事（他们倾向于将其视为一种干扰）；口述历史学家会产生新的叙述，这些叙述可能包含也可能不包含（但通常会包含）早期故事和新资料，并将它们重新置于语境当中。

③ 详细参见 Alessandro Portelli, "There's Gonna Always Be a Line: History – Telling as a Multivocal Art," and "Deep Exchange: Roles and Gazes in Multivocal and Multilateral Interviewing," in Alessandro Portelli, The Battle of Valle Giulia: Oral History and The Art of Dialogue, Madison: University of Wisconsin Press, 1997, pp. 24 – 39, 72 – 78。

Hager)，一个民间产科医生（在当地被称为"老奶奶"），她也是来自肯塔基州东部的工会积极分子。以下是一段她的叙述节选：

> 海格：我身上到处是伤疤，我可以给你看看，我在哈伦（Harlan）受的伤。在我的腿上和我的手臂上，因为那些结痂，我们不得不远离纠察线。你看，就在这儿，我觉得你现在看不太清楚，或许是我太苍白了？虽然有些地方你可以看到伤痕，就是他们用刀刺伤皮肤的位置——你知道像什么吗？——就是一个男人抓住刀子，握住我的手，让他们从我的手中切下一大块肉。就在这里，曾经他们医生担心这是癌症，但是红色烧伤的痕迹，就是他们拿着一支雪茄直到在我手上燃尽的地方。

> 波特利：在哈伦？

> 海格：是的，在哈伦，30 年代早期。而且，我的腿上到处是伤疤，你看不太清楚，就在这里有一处凹陷的地方，还有一处伤疤。而且我的身体上有伤疤，他们拿刀尖划过的地方，你知道，用那样锋利的刀尖，只是几乎没有穿过皮肤而扭曲肌肤，这样就形成了一个小洞。这就是我们所经历的，现在我们试图组织起来，为了人民，并试图从中得到一些东西。

海格把自己的身体当作一本历史教科书，以一种令人信服的方式说明历史最终是由个人所经历的，不夸张地说，是他们自己的皮肤上所显现的。① 亨利·詹姆斯（Henry James）提醒我们要"表明，但不要说"；但海格比他有一个优势，因为作为一名作家，詹姆斯唯一的表达方式就是通过言语表达，即通过讲述。而另一方面，老奶奶海格不是在书中，也不是在写书；她和她的受众都是活生生的人，而且，正如她对指示词的使用所表明的那样——这个、这里、就像这样——她的叙述被对话性质（dialogic quality）和访谈的空间语境（spatial context）赋予了力量。②

---

① 这段节选中的其他因素是我的问题，在这个问题中，我打断了她的语首重复和并列句，以确保我掌握了正确的事实。就像我问纳皮尔关于蛇的问题时所做的那样，访谈者通常力求准确和具体。同时，还要确认海格对她所强调的"为了人民"这样一个历史的与跨个人角色的陈述。

② 这段话再次表明，讲故事和历史叙述之间的区别是程度上的，而不是类型上的。安妮·纳皮尔把讲故事置于一种历史叙述的语境中，而老奶奶海格的历史叙述也是一种讲故事行为，因为我相信她以前讲这个故事的时候，说过多次同样的话。事实上，在那个时候，我仍然无法理解阿巴拉契亚方言（Appalachian dialect）。因此，我是一个不太活跃的听众。因此，她的叙述更倾向于讲故事的单一性（monologic quality）。另一个重要的区别是由内隐到外显的转变，这也是将词语从其社会语境中移除所必需的。这个过程最终以写作结束，但是从访谈的那一刻开始。

现在，语境是由两个主体共享的，但是访谈之所以有意义，是因为这样一个事实——在他们之间存在一个空间，这一空间是以录音机或笔记本为象征的。一个实地访谈（field interview）主要是一次与他人的相互对抗（mutual confrontation）。丹尼斯·特德洛克（Dennis Tedlock）说："人类学对话（anthropological dialogue）创造了一个世界，或者说让我们能够理解两个世界之间的差异，存在于不确定的相隔甚远的人之间的差异，当人们开始谈话时，会出现各种各样的差异。对话世界的这种中间性（betweenness）是我想要在我们面前或我们之间保留的，贯穿谈话始终。"[1]

特德洛克指出，对话意味着相互交流；同样，访谈意味着互望，即眼神交流。[2] 尽管所有的交谈是关于同情和信任的，但让口述历史访谈有意义的是努力跨越分歧并进行对话。这就是朱莉娅·考恩斯（Julia Cowans）在下一个例子中所做的事情。她是来自哈伦县的一位工会与民权积极分子。对不起，我没有她的照片给你们看。当时我太害羞了，以至于我没有拍照。以下是一段她的叙述节选：

> 所以，但我是……我的奶奶，他们——他们——他们——她是……奴隶的女儿。她的父母是奴隶。"他们过去经常坐在那里讲一些事，你知道吧，就是讲他们还是孩子时发生的事情以及他们父母所说的话。而且我会告诉你这对你会有什么影响，虽然你可能没有在这个世界上为我做过一件事，但是因为你是白人，就是我的父母说的那些人，在我的……中有了一些影响……你知道。你要知道，我无法相信你。因此，至于被白人单独虐待，我从未有过这种经历。但是你知道，我曾经见过其他人遭受虐待。黑人是一个整体。"
>
> 我就是这样长大的。我的祖母总是告诉我们，我不在乎别人怎么说，我不在乎他们有多好……看，他们说话有多好，你永远都是黑人。黑人和白人之间总会有一条界线。

与他者的相互对抗不是一个简单的过程：此处，一个来自工人阶级的美

---

[1] Dennis Tedlock, *The Spoken Word and the Work of Interpretation*, Philadelphia: University of Pennsylvania Press, 1983, p. 323.

[2] Alessandro Portelli, "Research as an Experiment in Equality," in Alessandro Portelli, *The Death of Luigi Trastulli and Other Stories: Form and Meaning of Oral History*, Albany: State University of New York Press, 1991, pp. 29 – 44.

国黑人女性与一位来自中产阶级的意大利白人男性进行了交谈。① 朱莉娅·考恩斯清楚地认识到了这个困难，并且很大胆地去解决。正如你从她的声音中听到的那样，她需要付出相当大的努力来命名这种差异，即奴隶制。为了谈论这条分离我们的界线，她需要参与其中的对话；她画出了这条界线，然后以同样的姿势跨过这条界线。换句话说，她必须足够信任我，才能够告诉我她为什么不能完全信任我。

她说这话的时候，我们已经谈了四个小时，后来又谈了两个小时。几年后，我又采访了她几个小时。因此，这条界线并不导致沉默，而是一种促成对话的共同努力——我称之为一种平等实验：在一个乌托邦空间中，被文化和社会层级（cultural and social hierarchies）所分离的两个主体通过意识到这是他们交流的潜台词，进而把他们的不平等（inequality）放在这条线上，并且暂时将其擦除。②

正如所有实验一样，这些实验并不总能成功：通常，相互冲突的议程之间的距离最终会导致一个主体被另一个主体所消声（silencing）。就像《小巨人》中的那样，访谈者可能很少尊重他们叙述者的议程；叙述者可能被一种独特的叙述方式所驱使，以至于这种交流从未涉及历史议程。因此，有必要记住，访谈是一种学习情境（learning situation）：我们可能拥有博士学位，但当我们访谈某人时，正是这个人拥有我们所要寻求的知识，如果我们倾听，就会收获很多。③

在阿巴拉契亚，我完成了大部分的口述历史工作，这里的人对传教士、社会工作者、政治鼓动者、社会学家和人类学家等访客有着一种根深蒂固的不信任。长期以来，阿巴拉契亚人一直被视为愚昧无知的乡巴佬，必须加以

---

① 再一次，这是一个元叙事（meta - storytelling）的例子：在家庭圈子里（"坐在一起"）表演的关于过去的故事被历史化了，也被置于一个更大的框架里（"作为一个整体的黑人"），并被描述给一个陌生的专业人员（professional stranger）。

② 这一过程最好的文学表现是马克·吐温（Mark Twain）的《一个真实的故事》（*A True Story*）。雷切尔（Rachel）阿姨是一名黑人用人，她对雇主的一句不痛不痒的话做出了回应，这位雇主曾问："雷切尔阿姨，你怎么活了 60 年，从来没有遇到过麻烦？"一开始，社会层级非常清晰：一家人坐在门廊上，雷切尔阿姨恭敬地坐在我们楼下的台阶上，因为她是我们的仆人，而且是有色人种。然而，在她叙述到一半时，雷切尔阿姨渐渐站起来，对她的话题感兴趣了，现在她高耸于我们之上，在群星的映衬下显得乌黑。详细参见 Mark Twain, *The Complete Short Stories of Mark Twain*, edited by Charles Neider, New York：Bantam, 1964, pp. 94 - 95。

③ 另外，叙述者可以通过将旧故事置于历史学家所建议的那种新的、更广泛的框架中来实现更清晰的自我呈现（self - representation）。

开化和研究。这种态度产生的怨恨偶尔会导致暴力事件的发生。我最后问了一个女矿工米尔德丽德·沙克尔福（Mildred Shackleford）以及一位诗人。是的，在阿巴拉契亚有一些女性是矿工，我很抱歉我没有她的照片；而且，有些矿工也是诗人。为什么那种事没有发生在我身上；我做得对吗？她给了我两个理由：我的地理距离——在阿巴拉契亚，他们说欧洲是大洋对岸的地方，这是另外一个相互交流的例子；还有就是我的无知。

波特利：当我开始做这些访谈时，我担心人们会因为我是个局外人而讨厌我……

沙克尔福：嗯……

波特利：……来自意大利。我没有发现明显的负面反应。我认为基本上是因为……我从来不认为我有权利告诉任何人任何事情，或者教他们什么。

沙克尔福：我将告诉你一些其他的事情，这些事情也会产生很大的作用。你不是来自美国。你不是来自纽约，或者你不是来自芝加哥，或者你不是来自路易斯维尔（Louisville），或者你不是列克星敦（Lexington）或诺克斯维尔（Knoxville）。

波特利：我也想过这个。我不是来自赋予别人权力的地方。

沙克尔福：还有一件事可能——如果你是来自威尔士，而且你是一名煤矿工人，你来到哈伦县，你正在和那些人谈论采煤的事情，他们不会怨恨你，你知道。并且可能有所帮助……但你并不想影响大家，诸如此类。你正在做的就是试着收集一些知识，或者找出一些东西，或让人们告诉你一些故事，而他们并不反感。

米尔德丽德·沙克尔福和朱莉娅·考恩斯夫人跟我说话，是因为我没有试图重新扮演层级分明的社会角色，或者跨过界线用唐突的问题侵扰她们的地盘。口述历史和一般的田野调查（field work）与自然科学的不同之处在于，前者是人与人之间的相互观察，这些人讨厌像书籍或者某种自然现象一样被人们研究。学会控制他们自己求知欲（volonté de savoir）的历史学家往往会得到意外的回报。

我找到了来自哈伦县的越战老兵威廉·金特（William Jint），因为我想让他给我讲讲那场战争。这次我确实有一张照片，可以和录像带一起使用。他可能看起来就像电影《生死狂澜》（Deliverance，又译作《激流四勇士》）中的角色形象，但事实证明他更复杂。有人告诉我，在他母亲在场的时候他不愿谈论战争，因为她无法忍受听到这件事。我问他是否服过役；他说他没有，我就此打住，接着谈其他话题。

但他知道我是个明白人，而且他一定很欣赏我的克制。所以后来他把我拉到一边，我们坐在车里，他告诉我有关越南的事情。雨拍打车顶的声音、雷声，还有你在背景音乐中听到的鸡鸣都不是舞台道具；相反，这些提醒我们注意口述历史当中语境（context）与音景（soundscape）的意义。

> 波特利：如果你曾经参与过必须开火的军事行动，你必须杀人吗？
>
> 金特：噢，是的……
>
> 金特：……我杀了多少人我记不清了。
>
> 波特利：有没有一些杀戮事件你记得更清楚？
>
> 金特：有一些。但通常情况下，在训练期间，你无法阻挡它，可能阻止其他任何想法，在你做的时候消除其他想法。在最初的几次杀戮之后，某种程度上杀人会变得更容易一些，你不会真的喜欢上杀人，但是，扣动扳机，割开敌人的喉咙，或者其他什么变得更容易，你知道的。它将一切都关闭了。为了活下来，你明白吧。尽你最大的能力，按照你接受的训练去做。就是这样。
>
> 波特利：活下来。
>
> 金特：活下来……
>
> 波特利：人们过去常常喜欢割下敌人的牙齿、耳朵或者身体某个部位吗？
>
> 金特：非常常见。
>
> 波特利：你也做过吗？
>
> 金特：是的，我做过。有几次事件中我们抓住了一些俘虏……当时我在场，但是我其实并没有那样做，我没有，但是不管怎样他们砍了他，修理了他……
>
> 波特利：你什么意思，修理他？
>
> 金特：手里拿一把刀，把他的睾丸割下来，再扯出来，打中他的肠子，把睾丸塞到他嘴里，让他吃下去。把他们的耳朵割下来，从脊柱那里把肋骨砍下来，把肋骨从肉中扯出来，这些人还活着，忍受着折磨，

你知道，很惨。我做过。但是我一点不愿意，一点都不。现在仍然不愿意。我回家之后，有许多次我经常做噩梦……

二 转录

现在，需要一位专门的受众来开始这个历史叙述的过程；完成这个过程，需要一位专门的作者——通常是同一个人。然后继续进行将表演（performance）转换为文本（text）的工作——转录、编辑、出版与研究。

当代口述历史敏锐地意识到将口头表演（oral performance）转化为书面文本（written text）所带来的问题。每一位历史学家都有不同的解决方案，但都面临着一个问题：口述历史的诗学与政治学（poetics and politics）是建立在对来源和文本（source and the text）的对话形成的具体认知之上的。① 口述历史编纂学（oral historiography）是一种书面文本，但要始终记住，它始于口头表演。因此，最好的口述历史写作并不认为访谈的条件和背景与历史叙述（historical account）无关。相比其他社会科学而言，叙述者的话语更广泛地融入文本中，历史学家的声音是文本中的声音之一，既不是权威的声音，也不是隐藏在蒙太奇明显中立背后的声音。只要有可能，都会注明叙述者的姓名，以便识别他们作者的身份，让他们对自己的话负责，也是为了将他们的主观性（subjectivity）、想象力与语言能力（verbal skills）作为文本的组成部分而纳入其中。

最重要的是，口述历史涉及作为参照（reference）与自我参照（self - reference）的叙述。在这次演讲中，我将撇开解释和可靠性问题，这些问题在过去的 20 年里一直是口述历史的基础与讨论的核心问题。我将通过引用两种接近口述历史的话语实践来简要地讨论这些问题，因为这两种实践都依赖于对话叙述：精神分析（psychoanalysis）和侦探小说（detective novel）。

在阿曼达·克罗斯（Amanda Cross）的小说《最后的分析》（*In the Last Analysis*）中，我们知道她就是卡罗琳·海尔布伦（Carolyn Heilbrun），一位著名的文学评论家和历史学家。该书中的一个角色做了一个可能过于简化的区

---

① 这里所用的术语，笔者改编自一本著作的副标题，详细参见 James Clifford and George E. Marcus（eds.），*Writing Culture：Poetics and Politics of Ethnography*，Berkeley：University of California Press，1986。

分，这可能对我们仍然有用。这是一位精神分析学家与一位文学评论家的谈话，这位文学评论家同时也是一位业余侦探："举例来说，对一个没有受过翻译训练的人来说，一段分析的磁带录音在任何重要意义上都是没有意义的。"对于一份口述历史抄本（oral history transcript）来说也是如此，尽管训练和翻译是不同类型的。然后他继续说："另一件需要记住的重要事情是，对于分析人员来说，是否真的发生了某件事，或者这件事是否只是病人的幻想并不重要。对于分析师来说，没有本质区别；当然，对于警察而言，世界上的一切都是不同的。"①

现在，解构主义文学评论家可能会同情精神分析学家，而实证主义历史学家（positivist historian）可能会认同警察。另外，口述历史学家同时在两条战线工作，而且，最重要的是，在两者之间的空间工作。

换句话说，口述历史是书写而成的，但永远不要忘记它是从口头开始的；它是独白式的，但永远不要忘记它是从对话开始的；它重视想象力，但永远不要忘记真实事件（actual events）。然而，传统的学术写作和大量的文学写作将这些叙述的口头、对话、想象的品质都视为障碍和杂质。为了让故事更加真实，我们需要忘记历史学家在故事制作中所扮演的角色。我们再次引用丹尼斯·特德洛克的话说："利用录音叙述进行书面记录的人，在写作的单一化潮流中有被冲昏头脑的倾向。"② 这是因为，作为媒介的写作，自然科学以及文学传统的惯例与生俱来就存在一些技术困难，例如个别作者和个别科学家的浪漫主义观念（romantic concept）；具有讽刺意味的是，这种对于人为的客观性（contrived objectivity）的迷恋实际上是以压制部分资料为代价而实现的。

主体间叙述（intersubjective narrative）成为一种客观证词，假装它是在没有背景的情况下，向没有经验的对话者说出来的。为了将人文科学同化为自然科学的抽象模型，"在这个模型中，首先不可能有对话基础"（特德洛克），对话表演（dialogic performances）被简化为一种被发现的手稿（found manuscript），就像档案中的文件一样，在被收集之前以相同的固定形式存在，并将继续保持不变。正如沃尔特·翁（Walter J. Ong）所说，和以前说的一模一

---

① Amanda Cross, *In the Last Analysis*, New York: Avon, 1966, pp. 52 – 53.

② Dennis Tedlock, *The Spoken Word and the Work of Interpretation*, Philadelphia: University of Pennsylvania Press, 1983, p. 288.

样，不管谁研究它们。① 主体间叙述（intersubjective narrative）通过假装它是在没有上下文和没有经验对话者的情况下说出来的，从而成为客观的证据（objective testimony）。就像这样，在沃伦·贝蒂（Warren Betty）的电影《烽火赤焰万里情》（*Reds*）中，在一个完全黑色的背景下，口头叙述者不与任何可见的访谈者交谈：

——我不能……我可能会有点记忆模糊，但现在不会。你知道的，事情总是往复发生……

——这是克里斯托弗大街（Christopher Street），我正在想另一条大街，就回想起来，它就是克里斯托弗大街。有时我也会犯这样的错误。

——我都忘了。他们是社会主义者吗？我猜一定是吧，但我不认为他们有任何重要性，我根本不记得他们。

三　边界

在这些叙述事件的文学再现（literary representations）中会发生什么呢？华盛顿·欧文向我们讲述了迪德里希·尼克博克在梧桐树下的访谈；然而，尽管这些故事是以对话的方式收集的，却以独白的形式重新讲述。

不过，在欧文出生之前的那一代人当中，基于对昔日奴隶访谈的对话叙

---

① 当然，当代读者的反应理论认为，每次阅读时，文本"说"的东西都不一样。也许是这样；但这些词语还是一样的，而且在读者读到它们之前就已经存在了。访谈或任何口头表演都保持着词语的同样的无限重复可读性（re‑readability）；此外，词语本身也会在每次表演时发生变化。因此，访谈者以一种比普通读者更有形、更真实的方式创作文本，因为它们不仅影响文本的阅读，而且影响文本的构成（如果我们愿意，也可以影响写作）。

不过，让我在这里明确一点。我并不是说口头表达（orality）比书写（writing）好，表演比文本好。一个文本可以脱离它的上下文，而且它一遍遍地以令人放心的稳定性说着同样的话，这正是所有写作形式的力量和效用，正如这样一个事实——它是无限变化的并且严格地与这里的对话联系在一起的，而现在则是口头表演的效用和力量。因此，让我们从对声音和存在的怀旧中解放出来，从对无休止的技术进步的神话中解放出来——在那里，书写比声音好，视频比书写好，电脑比视频好，等等，永无止境。

事实上，在这两种情况下，我们都没有力量，除非我们也有限制：直接性（immediacy）和距离（distance）都是力量和限制的来源。这就是口头表达和书写总是互相模仿的原因。口头表达寻求某种形式的稳定性——无论是通过使用公式化的设备，还是通过录音机。书写试图通过尝试呈现（而不是再现）声音而在文本中注入一些多元性和动感。因此，我要谈的是为实现这一基本利益而采取的程序和付出的代价：通过书写保存声音，通过声音使文本生动活泼。

述在美国已经流行起来。第一个世纪的非裔美国人自传几乎完全建立在转录的口头叙述和合著文本的基础上。威廉·安德鲁斯（William Andrews）《讲述自由故事》（*To Tell a Free Story*）这本书封面上的精彩图片向我们展示了一位坐在乡村壁炉旁边的白人绅士，他手里拿着铅笔和笔记本，记录下一个不戴帽子、肩上披着毛毯的黑人男性的故事，而与此同时一个黑人妇女坐在背景中，怀中抱着一个婴儿。①

众所周知，正是这种对话的起源，让几代历史学家从乌尔里希·B. 菲利普斯（Ulrich B. Phillips）那里得到启示，忽视了这些叙述作为历史资料来源的重要性：我们不知道我们读到的文字的作者是谁，因此，它们并不可靠，也不够权威。② 文学批评家和历史学家徒劳地试图确定"真正的作者权威"（real authorial authority），并从最初使我们能够"听到"那个"声音"的人的虚假存在中恢复真实的和纯粹的奴隶声音。

然而，不同的制作方式会产生不同的文本，这些文本可靠性又有所不同，同时对应不同的价值尺度。我们并没有因为它们不符合个人作者以及文本权威的标准——至少越来越多地受到后结构主义者评论的质疑——而不考虑它们，但是如果我们把它们对话的生产模式，它们的中间性（betweenness）作为不同类型分析的出发点，我们的情况会好很多。这就是阿诺德·克鲁帕特（Arnold Krupat）就美洲原住民口头叙述者、白人编辑以及抄写员所共同撰写的自传所提出的建议，他将其视为"原始双文化构成"（original bicultural composition）的"合作努力"。③ 克鲁帕特认为，这些文本"不仅是两个人较量的结果，而且同样的，用弗雷德里克·詹姆森（Frederic Jameson）的话说，是两种截然不同的社会形式和制作习惯的较量……集体

---

① 威廉·安德鲁斯所用的这张图片来自 Charles H. Wesley, *In Freedom's Footsteps*: *From the African Background to the Civil War*, New York: Publishers Company, 1968。另参见 William L. Andrews, *To Tell a Free Story*: *The First Century of Afro - American Autobiography*, *1760 - 1865*, Urbana: University of Illinois Press, 1988。顺便说一句，这张照片也是访谈中性别问题的代表。我常常很难说服受访者，我对这位妻子的叙述和丈夫的叙述一样感兴趣，或者更感兴趣。在考恩斯夫人的采访中，她是在丈夫讲了大约一个小时之后才开始讲话的。因此，"访谈者面对谁"（这个例子面对的是男子）与"麦克风放在哪里"等问题在访谈的创作中都是至关重要的。

② 当然，正如我之前提到的，我们不知道大多数历史学家习惯使用的档案文件（archival documents）的作者是谁，但这从来没有困扰过任何人。事实上，在这种情况下，匿名是权威的基础，因为这些文本似乎不是由人而是由机构撰写的。

③ Arnold Krupat, *For Those Who Come After*: *A Study of Native American Autobiography*, Berkeley: University of California Press, 1985, p. 31.

和个人的相遇。①

因此，在这些分别代表杰罗尼莫（Geronimo，美国印第安人阿帕切族首领）和黄狼（Yellow Wolf）的图像中，我们看到两个主体参与了自传的创作，而在他们之间——就像《小巨人》中的录音机或安德鲁斯作品封面上的笔记本一样——我们看到了解释者（interpreter），亦即特德洛克的中间性（betweenness）的化身。克鲁帕特写道，这是"两种文化相遇的基础"，即"边界的文本等价物"：因此，这不是一场盛大的晚宴，而是一条被战争和种族灭绝所打断的不平等的、广阔的战线。正如克鲁帕特所指出的，这些文本中的印第安人叙述者是战争中的失败者，如黄狼或黑麋鹿（Black Elk），又或者是被囚禁的俘虏，如黑鹰（Black Hawk）或杰罗尼莫。

奴隶叙述（slave narratives）是另一种双重文化创作的结果——也许是文本上的等同物，例如种族杂婚，这是黑人和白人之间的非法相遇，这对于所有与种族有关的人来说都是一种诅咒，他们的话语是分开的。而且，像边界一样，种族杂婚不是平等的人之间的相遇；同样，产生早期非裔美国人叙述的合作努力也植根于不平等：奴隶是俘虏，甚至即便自由的非裔美国人也是二等公民。

然而，如果我们把混血当作一种多样性和复杂性，而不是将其作为杂质和污染清除掉，我们会发现许多令人着迷的问题。当约翰·马兰特（John Marrant）和尊敬的牧师威廉·奥尔德里奇（William Aldridge）共同撰写他们的叙述时，马兰特是通过奥尔德里奇讲话，还是奥尔德里奇在写有关马兰特的故事，使用马兰特作为沮丧的写作欲望的材料——就像"优雅的……年轻女士"为了她个人的满足而致力于将艾伯特·尤卡索·格罗尼奥瑟（Albert Ukasaw Gronniosaw）的叙述写成论文吗？② 又或者是两者都有，黑人仆人与从前的俘虏，白人女士与先生，他们彼此互相利用，虽然不平等，却相互交换？如果是这样，谁操纵谁？白人编辑在多大程度上篡改了奴隶的话语，黑人仆人在多大程度上操纵了他们的叙述者的期望和轻信？

① 因此，严格地说，就术语而言，印第安人自传是自相矛盾的。印第安人自传是一种合作的努力，由一些翻译、转录、编纂、编辑、解释、润色并最终决定文本写作形式的白人共同创作，而主题则是一位印第安人，他的生活成为"自传"的内容，书名也可能以他的名字命名。Arnold Krupat, *For Those Who Come After*: *A Study of Native American Autobiography*, Berkeley: University of California Press, 1985, pp. 9, 30.

② William L. Andrews, *To Tell a Free Story*: *The First Century of Afro - American Autobiography*, *1760 - 1865*, Urbana: University of Illinois Press, 1988, p. 33。

因此，我们可以重新阅读这些文本，作为另一种真实性、一种对话和冲突的真实性以及不断重新阐明权力关系的对抗性合作的竞争地点，而不是寻求无法挽回的真实的作者身份。

由牧师海勒姆·马蒂森（Hiram Mattison）于 1861 年撰写的《路易莎·皮奎特，八分混种》（*Louisa Picquet, The Octoroon*）是这条规则的一个例外，因为其中的许多章节是以问答顺序编写的，保留了访谈形式。[1] 因此，我们不仅可以读取黑人女性奴隶的故事，还可以获得白人男性访谈者的想象力，以及两者之间的相互作用——就像复杂的双面镜游戏一样，反映了他们想象和互相利用的方式。[2] 正如标题所示，种族杂婚（miscegenation）是这本书的主题，也是它的形式：一方面，父母不确定的人物，白人皮肤的黑人，混血儿；另一方面，匿名作者的那些话，通过白色钢笔的黑色词语，由跨种族的个人与文本交会（personal and textual encounter）所产生。

马蒂森希望通过揭示纳妾及其所滋生的道德腐败，让白人读者对奴隶制的恐怖感到震惊。然而，他痴迷于奴隶的身体，不断询问关于性和暴力的唐突、偷窥性的问题：强奸和笞刑总是与那个时候男性的想象力有关。另外，皮奎特能够自如地揭露与退缩，或顺从与掩饰。她讲述了自己筹钱为她母亲从奴隶制赎身的故事；在某种程度上，她把自己作为文本出售，就像她之前出卖自己的身体一样。因此，她揭示的内容足以让她的经验叙述者以及潜在读者保持兴趣；但她也讲述了一个马蒂森不承认的故事，一个孝顺而不是道德堕落的故事，并用她的编辑所谓的"某种卑微的怯懦"来捍卫她隐私的本质。[3]

---

[1] 详细参见 Hiram Mattison, *Louisa Picquet, the Octoroon: A Tale of Southern Slave Life*, in Henry Louis Gates Jr. (ed.), *Collected Black Women's Narratives*, *The Schomburg Library of Nineteenth - Century Black Women Writers*, New York: Oxford University Press, 1988。

[2] 访谈总是记录他们所报道的历史时代，以及他们所处的时代。美国公共事业振兴署（Works Progress Administration）从 20 世纪 30 年代的昔日奴隶那里收集来的叙述不仅应该作为关于奴隶制的证词，而且应该作为 30 年代的一份档案来阅读，其中为数不多的叙述记录和保留了美国南方农村的黑人与白人之间的相遇，因此也包括了那个特定时代的他们之间的相互的（不平等的）感知、欺骗与妄想。

[3] 皮奎特和马蒂森的互动可以作为模板来理解一个同时代人的动态，就像哈莉特·雅各布斯（Harriet Jacobs）的《一个女奴生活中的小插曲》（*Incidents in the Life of a Slave Girl*）这个文本一样：雅各布斯的隐含读者（implied audience）在某种程度上是皮奎特经验主义读者的投射。对于马蒂森的方法和皮奎特策略的阅读，有更明确的批评意见，请参阅 Anthony G. Berthelemy, "Introduction," in Henry Louis Gates Jr. (ed.), *Collected Black Women's Narratives*, *The Schomburg Library of Nineteenth - Century Black Women Writers*, New York: Oxford University Press, 1988, pp. xxxix - xli。

当我们注意到马蒂森的缺点和执念时，我们应该记住，我们可以得出上面的发现，是因为他让自己接受了我们的审查，让我们可以一睹他与皮奎特的对话（至少他对与此人的询问和倾听很感兴趣）。然而，大多数编辑过的奴隶叙述是基于一种对对话的压制和对话语的区分：一方面是编辑的框架，证明叙述者的存在、故事的真实性、转录的保真度；① 另一方面，则是以第一人称独白方式讲述的奴隶故事。②

表面上，这种区分（separation）的目的是强调这些黑人和印第安人自传叙述的事实真实性（factual authenticity），尽量减少编辑的干涉。然而，叙述与框架的区分也抑制了与他者的接触，而这些文本正是起源于这种跨种族的合作。

当美国寻求对自己身份的定义时，这种差异性影响的意义在很大程度上影响着美国人的思维。19 世纪 30 年代见证了废奴主义奴隶叙述的黄金时代、边疆幽默（frontier humor）的兴起以及印第安人自传的起源，这并非偶然。

这三种类型都是关于与他者的相遇；在这三种情况下，差异性都表现为一种口头表达，这种口头表达既包含在写作的空间中，又被分离或移除到一个单独的话语空间中。绅士和边远地区的居民（backwoodsman），就像白人编辑和黑人或印第安人叙述者，在同一个语境中说话，但不是在同一个文本中；他们必须表现为彼此分开说话，一个接一个，一个谈论另一个，几乎从不彼此交谈。

然而，在边疆幽默中，框架叙述者并不试图清理叙述者的言论，将其同化为可敬的写作模式；更确切地说，他强调了方言的差异，以便在识别它的过程中远离差异——擦除界限，并以同样的姿势再次描绘，这与考恩斯夫人的对话策略完全相反。边疆幽默的叙述空间不是由框架叙述者的动作产生的：绅士永远不会梦想找到偏僻的人、收集他们的话。相反，正是像杰克逊主义的普通人一样大声侵入了写作空间，将自己的故事强加于倒霉的、被动的倾

---

① 马蒂森提出了标准的论断：皮奎特"不能阅读"和"天真的简单和真诚"都证明了她声明的真实性。她的故事将以她自己的语言在很大程度上被复述，就像作者从她嘴里说出来的那样。然而，马蒂森并没有把这些语句放在一个单独的框架中，而是把它们放在书的第一章中，放在一个空间中，也就是说，不是在编程上与皮奎特的语言分开的。

② 具有讽刺意味的是，正如奥尔尼（Olney）所指出的，在叙事中，编辑手法的一个特点是插入了部分对话。书面叙述可以代表直接言语中的对话，但绝不是对话本身；另外，口述叙事是对话，但很少真正代表对话，更喜欢用间接话语（有时是自由间接话语）来报道人物的话语，或者仅仅用声音的发挥来标记出来。

听者身上。① 我们没有一个受控制的叙述者，而是着了迷的受众，充其量仅仅是一个想要瞄准受众的叙述者的共鸣板（sounding board）："西蒙·惠勒（Simon Wheeler）支持我进入一个角落，用他的椅子封锁住我，然后让我坐下，开始了这一段之后的独白故事，他从未笑过，他从不皱眉，他从未改变过他的声音……"②

然而，这个受控的共鸣板的存在使得叙述者能够讲述他们的故事；而这些不情愿的受众是那些最终写下故事并让我们阅读它的人。无论如何驱魔，对话仍然是故事的基础。③

四　再现

我现在将继续讨论一些使用访谈作为建构工具（structuring device）的当代小说。这些文本的大多数充其量只是处于文学经典的边缘。在美国文学中，一个核心的象征性角色是由纳蒂·邦波（Natty Bumppo）和钦加古（Chingachgook）、以赛玛利（Ishmael）和魁魁格（Queequeg）、哈克贝利·费恩（Huckleberry Finn）和吉姆（Jim）、艾克·麦卡林（Ike McCaslin）和萨姆·法瑟斯（Sam Fathers）等这样的跨种族和跨文化搭档扮演的。有趣的是，在田野工作研究中，像美国文学这样的文学传统对具有差异性的认知工作的可能性并不感兴趣。相反，接触既被诱发又被驱除：纳蒂·邦波由德拉瓦（Delaware）抚养长大，因此着了魔似的重复说他是"一个不信基督教的白人"；同样的，在小说《小巨人》中，杰克·克拉布的第一句话就是："我永远不会忘记我是一个白人，但是，我从10岁起是被夏延族印第安人（Cheyenne Indians）抚养长大的。"④

拉尔夫·菲尔丁·斯内尔（Ralph Fielding Snell）是小说中的框架叙述

---

① Alessandro Portelli, *The Text and the Voice*: *Writing*, *Speaking*, *and Democracy in American Literature*, New York: Columbia University Press, 1992, pp. 194 – 197.

② Mark Twain, *The Celebrated Jumping Frog of Calaveras County*, *and Other Sketches*, London: George Routledge and Sons, 1867, p. 1.

③ 民间叙述者的闯入是声音在书写现场的突发性；另外，有文化的观察者来到口头交流的现场，从字面上来说，是一种书写的侵扰："我的出现似乎产生了分号停顿。"当他看到这个场景时，很明显，叙述者正在思考他将如何转录它（这是一个经常出现在田间工作者脑海中的想法）。

④ 在电影中，这种态度被淡化了：克拉布是一个比小说中更讨人喜欢的角色，他把自己定义为"唯一的白人幸存者"。

者，他与在电影中占据一席之地的人类学家截然不同。也许是因为他在描述自己，他更有同情心；此外，他不是人类学家，而是将自己定义为"文人"和"编辑"，即他是书写世界（world of writing）的代表。从与印第安人密切接触中获得威信的人也需要说明他们与印第安人的区别，同样的，从口头接触中获得威信的编辑和作家也必须与他们的口语来源保持距离。因此，斯内尔对他与克拉布的关联提出了一个矛盾的"说法"：一方面，如果克拉布没有告诉他这个故事，他就不会写一本书；① 另一方面，他需要与一个"未经训练""脏话连篇""愤世嫉俗……粗鲁肆无忌惮甚至无情"的边疆居民（frontiersman）在联系上保持距离。克拉布由印第安人抚养长大，但他还是个白人；斯内尔收集了一个口头叙述，但他仍然是一个文人。② 在正文中，他们一次说一个故事；像邦波和克拉布一样，《小巨人》确实是一本没有十字架的书。

在欧内斯特·盖恩斯的《简·皮特曼小姐自传》一书中，我们再次发现了 100 多岁的昔日奴隶皮特曼小姐所讲述的自传体叙述（autobiographical narrative）与一位不具名的"编辑"讲述故事收集过程的框架叙述（frame narrative）之间的区别。然而，框架与叙述的关系是不同的。《简·皮特曼小姐自传》并不代表与他者的一种交会，③ 而是对这位历史学家自身根源和身份的探索。"编辑"想要用皮特曼小姐的声音污染历史书籍，用他自己祖先历史的声音丰富历史记录，而这些声音以前是被排除在外的。④ 这就是为什么许多所谓的新奴隶叙述（neo‐slave narratives）与关于奴隶制记忆的当代小说都是基于虚构或半虚构的访谈或者口头叙述：除《简·皮特曼小姐自传》之外，我们还可以参考格温多琳·布鲁克斯（Gwendolyn Brooks）的《周年庆》（*Jubilee*）、大卫·布拉德利（David Bradley）的《昌奈斯维尔事件》（*The Chaneysville Incident*）以及雪莉·安妮·威廉姆斯的《德萨·罗

---

① 如编者所说，"至于文本，它忠实于从磁带上逐字转录下来的克拉布先生的叙述。我什么也没减，只加了必要的标点符号"。

② 他还转录了克拉布写给他的一封信，指出信中"糟糕"的拼写和难以辨认的笔迹：这是另一种让他的口头叙述者与自己的书写世界拉开距离的方式。

③ 至少，这不是一个种族问题。当然，性别、年龄和阶级等问题会造成一种最初没有根据的距离。

④ 我认为把这类工作想象成"为没有发言权的人发声"（giving voice to the voiceless）是一种家长式的错误。从定义上说，口头文化已经具备了无声场景中所缺少的声音，以及书写的文本结果。口述历史学家所做的就是给予他们一种听觉（hearing），一种前所未有的倾听（listening）；作为交换，我们得到了一个一直存在的声音。

斯》（*Dessa Rose*）。①

　　然而，欧内斯特·盖恩斯却遵循着区分声音（separates the voices）的惯例：他的"编辑"想要纠正历史书籍，因此他需要采取专业的即独白式的历史学家的立场，他们聆听故事的时候脑子里总是想着书。这种框架和叙述分离的效果是把访谈者从故事中剔除，包括访谈者与其他间接叙述者。② 我们不知道倾听皮特曼的故事是否对她的"编辑"产生影响，也不知道叙述这个故事是否对皮特曼有任何帮助。他们学到了什么吗？这个过程是否改变了他们？③

　　我们因此损失惨重。除了用来衡量叙述的影响，我们在文本中使用受述

---

① 托妮·莫里森（Toni Morrison）的小说《宠儿》（*Beloved*）虽然不是以访谈形式写成的，但它的灵感来自一位废奴主义者（abolitionist）牧师拜访一位为了不让孩子沦为奴隶而杀死孩子的奴隶母亲的故事。在文中，这个人物形象是由"学校教师"唤起的，他挥舞着老师的鞭子和人类学家的笔与笔记本。新奴隶叙事的结构形式也是影响亚历克斯·哈利（Alex Haley）和马尔科姆·爱克斯的《马尔科姆·爱克斯自传》（*The Autobiography of Malcolm X*）的因素之一。这本书与奴隶叙述和印第安人传记也与另一种起源于口头对话的类型有关，即所谓的"被告知"自传（"as – told – to" autobiographies）。同样，这是一个不平等者之间的合作事业，但天平是颠倒的：为了写一篇关于他们生活的作品，那些成功人士、富人和名人雇用了一名写作技术人员，他们将以自己的名义发表文章，当然会注明"在……的帮助之下"。这里没有框架或证实材料，因为作者签名是充分的保证；而且，由于抄写员是专业人士，他的名字也会出现在书的封面上或封面附近。事实上，哈利和马尔科姆的书占据了一个中间地带：马尔科姆是名人，而哈利是"雇用文人"（hack），但从主题上讲，这个故事是奴隶叙述传统的延续，是一个自我解放的故事。在他丰富的框架介绍中，哈利将这两种话语区分开来，但指出马尔科姆的叙述至少是受到了他的问题的启发和吸引：如果没有这些问题，我们可能看不到这样一个"私人的和个人的"马尔科姆，而这是这本书如此成功的原因所在。正如我在别处讨论过的，这些自传的悖论之一是对第一人称的复杂运用：真正写我的人，不是代词所指的那个人。

② 尽管皮特曼小姐的声音是我们在书中读到的唯一的声音，但它不是唯一在访谈中讲述的声音。编辑解释指出，即使我在整个叙述中只用了简小姐的声音，有时别人也会替她讲述故事，当她太累的时候或者当她需要别人来填补或证实她的故事的时候。这种多声部的方法（multi – voiced approach）也出现在印第安人的个人叙述中，它也是在转录中最先消失的：一个文本只能有一个作者，一部自传只能有一个叙述者。正如阿诺德·克鲁帕特所指出的，习惯上是让别人帮助讲述一个人的故事，以核实其真实性并提供进一步的信息；然而，当故事被转录、编辑和出版时，这种声音的多元性就被摧毁了。例如，约翰·奈哈特（John G. Neihardt）的《黑麋鹿如是说》（*Black Elk Speaks*）就是这种情况。唯一认可这种讲故事模式并从中获益的印第安人自传是卢卡勒斯·维吉尔·麦克沃特（Lucullus Virgil McWhorter）的《黄狼自传》（*Yellow Wolf: His Own Story*）。

③ 马克·吐温的《一个真实的故事》意味着雷切尔阿姨的叙述对叙述者有影响：他注意到他们的空间关系的变化，含蓄地承认雷切尔阿姨的优越性（superiority）。后来，他又把这个故事重复讲给其他人听，而他们对奴隶制的看法可能和在他听雷切尔阿姨讲述之前一样，是家长式的和田园式的。

者（narratees）还有什么用？口头和民间文化、学术口述历史、民俗学、人类学以及田野工作的个人经验都认同故事就是事件（events）。因此，讲述故事、倾听故事，无论是对涉及的个人还是这些人的文化，都注定会在"真实"的世界中产生变革性后果，更不用说一起创造一个故事。在皮特曼小姐或者小巨人身上都没有发生过这样的事情：讲述故事后，叙述和叙述者"完全和以前一样"；一旦访谈结束，两位叙述者都会死去，① 仿佛他们一旦被证实或文本化（textified），对历史的用处就不复存在了。事实上，皮特曼与克拉布死了，死在了他们的（文本？）坟墓中，我们觉得更加安全。如果他们继续活下去，他们可能会改变他们的故事，或者完全讲述另一个故事，这对"编辑"或"文人"根据他们的表演所构建的文本的权威性会有什么影响？文本必须是最终的，没有什么比死亡更重要。

为了找到作为经验而不仅仅是独白式讲故事（monologic storytelling）场合的访谈，我们需要在更远离文学经典核心的地方寻找：阿巴拉契亚当地的生动故事，李·史密斯（Lee Smith）的《口述历史》（*Oral History*）；一个哥特式的恐怖故事，安妮·赖斯（Anne Rice）《夜访吸血鬼》（*Interview with the Vampire*）。这两本都是畅销书，并且，两本书都已在标题中暗示，书中不仅描写口述历史以及访谈的内容，而且是关于访谈的过程。它们是他者的故事，也是对抗的故事。

它们两个都是这种对抗失败的故事：在某种情况下，使其有意义的差异是无法逾越的；在另一情况下，这种差异被废除了。《口述历史》是关于失败的：詹妮弗（Jennifer），一名历史系学生，为了写一篇大学论文，去山区探望她长期疏远的母系亲戚，但是后来证明，代际距离以及城市与农村的差异太难以克服；也许，这个故事太过个人化，没那么历史性，让人无法面对。② 我们通过人物的回忆来阅读故事，但詹妮弗未能收集这个故事；她甚至都不知道故事就在那里。

詹妮弗随身携带了她的研究工具、笔记本和录音机，但她也带来了她的学术陈规以及屈尊俯就的态度。她认为她的信息提供者是"有趣的乡下人"，

---

① "简·皮特曼小姐在最后一次访谈后大约八个月去世了"；"杰克·克拉布在叙述到这一点后不久就去世了"。这些死亡与口述史学家普遍关心的"在他们死之前"收集老人的故事产生了共鸣。将这些故事从遗忘和死亡中拯救出来的行为赋予了收集者英雄般的角色。

② 对于早期的来访者和社区参与者——测绘员理查德·伯拉格（Richard Burlage）也是如此，他虚构的日记也构成了文本的一部分。

他们生活在"风景如画的老家"，她更感兴趣的是记录一个据称经常在房子里出没的鬼，而不是听别人说为什么那里会有鬼。① 她的出现也是诱使人们回忆过去的催化剂；但是她没有抱着同情的心态去倾听，所以他们是在沉默的心理独白中回忆的，就像那些在威廉·福克纳（William Faulkner）的《我弥留之际》（*As I Lay Dying*）中的人一样。

当她的亲戚告诉她"你别再带着这个东西（录音机）回来了"，以及他们含蓄的沉默和行为让她感到震惊时，詹妮弗含着泪离开了；但最终她控制住了自己，并借助她最初带来的刻板印象解释了这一切："他们真的是非常原始的人，和地球上的某个部落没什么相似之处。粗俗的笑话和动物本能——这是田园硬币的另一面。"她再也没有见过他们。

《夜访吸血鬼》也是由技术工具开始的："但是你带了多少磁带？"吸血鬼问，"足够录下一生的故事吗？"起初，进行采访的未具名"男孩"试图采取专业行动，提出探究性问题："我真的很想知道你为何相信这一点，为什么你……"然而很快，受访者就占据了叙述空间。"不，"吸血鬼突然说道，"我们不能这样开始。你的设备准备好了吗？"就像西蒙·惠勒（Simon Wheeler）一样，吸血鬼有他自己的计划，他会利用访谈者和他的录音机作为共鸣版（sounding boards）："我想要这个机会。这对我来说比你现在意识到的更重要。"

然而，安妮·赖斯非常了解访谈的对话动态，以及相互之间的诱惑，同时她也为着迷的受众（captive audience）的形象增添了新的转折。② 她并没有从吸血鬼的独白中抹去男孩的存在，而是在整个访谈过程中引导我们，在此过程中这个男孩逐渐全神贯注于这个故事，作为读者的代表，他被文本中清晰的色情底蕴所吸引。渐渐的，这个男孩"几乎被催眠了"，他的反应变慢了，他"僵住了"，尽管他记得（"笨拙地"）更换和翻转磁带，但他逐渐陷入了几乎是出娘胎时的"蜷缩姿势"，"就像是商店里的人体模型一样"，直到他终于安静下来。③

---

① 在闹鬼的小木屋里无人看管的录音机，甚至最后连研究人员自己都没有拿起来，这是一种对研究方法很好的隐喻。这种研究方法假设，当"收集"资料时，历史学家甚至都不在那里。

② 在《文本与声音》一书中，我说得正好相反；这是一种肤浅的阅读，也许是由于对这篇极其粗俗但非常复杂的文本的偏见。详细参见 Alessandro Portelli, *The Text and the Voice*：*Writing, Speaking, and Democracy in American Literature*, New York：Columbia University Press, 1992。

③ "我知道不该再问你问题了。到时候你会把一切都告诉我的。"对访谈者来说，这通常是一个很好的建议。但是，前提是他接受受访者的时间观念。

最后，当吸血鬼的声音停止时，他从催眠般的麻木中摇醒自己，问道："现在把我变成吸血鬼吧！"磁带一直在播放，但这已经不是访谈了，因为访谈者已经认同了他的访谈主体，已经到了完全本土化的程度。他实现了一个研究人员想要知道的模糊乌托邦（ambiguous utopia）：他成了自己研究的对象。①

在我将要讨论的最后两个文本中，这种着迷（captivity）的情况恢复到更为传统的形式。威廉·斯泰隆（William Styron）的《纳特·特纳的自白》（*The Confessions of Nat Turner*）是根据一次真实的采访写成的。1831年，纳特·特纳（Nat Turner）领导了弗吉尼亚州南安普顿（Southampton）的奴隶起义，在他被执行死刑之前，一个名叫 T. R. 格林（T. R. Green）的人在监狱中收集了他的故事，后来格林将其作为《特纳的自白》发表。斯泰隆的小说以这次邂逅开始，但是角色颠倒了。② 不是托马斯·格雷（Thomas Ruffin Gray）在观察纳特，而是纳特在观察他的观察者。纳特的观察者转录了纳特的转录者（transcriber）所转录的内容，以至于格雷的写作似乎完全依赖于纳特流畅的声音。

毫无疑问，这里存在共同合作：这种相遇被表现和体验为对手间的冲突与协商。纳特已经决定讲述他的故事，但他假装是上帝启发他这么做的，目的是从格雷那里得到小小的好处，从而缓解他的病情："因此，我觉得自己获得了一个小小的、私人的初步胜利。"

言辞也有争议。当纳特说他要"忏悔"时，格雷认为它的意思是"认罪"。但纳特的意思是"忏悔意味着所有民族都知道"，"忏悔意味着你的行为可能让所有人都知道"。他确实从采访中得到了一些东西：多亏了格雷的访谈所创造的叙述空间（narrative space），也多亏了将故事从它的直接语境中剥离出来的写作力量，纳特的叙述将触及监狱外的世界。格雷的"求知欲"（volonté de savoir）、美国的"强烈的求知欲"以及纳特的"想要被人知道的需要"在访谈所设置的边界与疆界线上实现汇合与发生冲突。

然而，纳特小小的胜利在转录的那一刻被逆转了。当格雷回读给他重新写的话时，③ 纳特觉得"耗尽了所有的精力"（就好像他已经被吸干了血一

---

① 有趣的是，《夜访吸血鬼》颠覆了田野收集者自我贬损的形象之一，他们有时认为自己是从他们的信息来源吸取信息的"吸血鬼"。

② 他在小说前言中包括了格雷最初访谈的真实框架："自从他被监禁以来，经狱卒许可，我随时可以见到他"。

③ 就像欧内斯特·盖恩斯的编辑一样，格雷声称自己保留了"精华"，即对于纳特话语的"粗略转述"（rough paraphrase）。

样！）：格雷重新掌控了局面，他把纳特的文本变成了自己的文本，而这个文本的"重构与重组"（reconstitution and recomposition）是格雷的胜利。这个世界将要知道的纳特将是格雷的。

事实上，正是从这个版本开始，斯泰隆在后面的章节中脱离了他的叙述，他的黑人批评家们发现这是非常无礼的。当他给纳特读他的文字抄本时，格雷问了他两个问题：为什么他不能杀死他的主人，为什么他杀死的唯一一个人是一个年轻的白人女孩。斯泰隆把格雷的问题变成了他自己的问题，这些问题成为纳特想象中的模棱两可的基础，成为纳特对一个相对善良的主人的矛盾态度，以及纳特对白人女孩的吸引力的基础。换句话说，斯泰隆的文本是格雷对纳特文本化的延续和高潮。当纳特告诉格雷"停止记录关于我和威尔（Will）！"，他正在对他的访谈者说话：但是当他补充说"别再研究这一切了"时，他也可能是在向斯泰隆说话。①

"别再研究这一切了"也可能是黑人对斯泰隆反应的准确总结。其中对《纳特·特纳的自白》做出批评性反应的作家之一是雪莉·安妮·威廉姆斯。她的小说《德萨·罗斯》是一部新奴隶叙述，也是一种标识斯泰隆（signifying upon Styron）的延伸行为。

首先，框架是颠倒的："序言"和"后记"不是由编辑或历史学家讲述的，而是由黑人女主人公德萨·罗斯在意识流中讲述的。② 然后，我们进入一个明显模仿斯泰隆的场景：作为一场奴隶起义的领导者，德萨·罗斯正在监狱中接受一位名叫亚当·尼希米（Adam Nehemiah）的作家的采访，这位作家正在计划写一本关于如何控制和防止奴隶起义的书。

德萨这位黑人女性的声音同白人男主人关于她的写作之间存在着一种斗争，这是这部小说的潜台词。而且，毫不夸张地说，在她身上：笔和鞭子的痕迹就像老奶奶海格身体上的伤痕；贴近她私密部位、标记她姓名首字母的铁烙印——字母 R 显现在她的大腿上，而且臀部有鞭痕。③ 小说的第一部分从德萨自己的叙述开始，但事实证明是尼希米的转录。一开始看起来像口头表

---

① 这听起来像是《口述历史》中的詹妮弗的叔叔告诉她把录音机拿走，永远不要带回来；而且也像荷兰家庭对迪德里希·尼克博克"研究"他们这一行为的可能性反应。

② 这里的模型是拉尔夫·艾里森（Ralph Ellison）的《看不见的人》（Invisible Man），它可能是讲故事的最好例子（尽管没有文本受述者），因为认知过程改变了讲故事的人。

③ 托妮·莫里森在《宠儿》中的学校教师的形象中，笔和鞭子的隐喻性并置再度出现，他在自己的人类学笔记本上写了塞丝（Sethe），他用鞭子抽打塞丝的背部：这是人类学写作中阶级、种族与性别控制的一个例子。

演的，而实际上是一个写作场景：

然而，当他从匆忙划破的笔记中辨认出黑鬼的叙述，并把它重新写在日记中，仿佛逐字逐句地记起来时，这一幕在他的脑海中依然清晰：

> 我在地里干活，尼瓦（Neva）绕着房子转，尼塔家的黑鬼们（Neitha House niggas），只有莱佛妮亚（Lefonia）阿姨除外。凯恩（Kaine），当我和他走得更近的时候，他想把我送到屋里去，问莱佛妮亚阿姨看她能不能做些什么，也许可以和米斯特（Mist）谈谈。
>
> 尼希米停顿了一下，笔在他的日记上蓄势待发……

就像赖斯在《夜访吸血鬼》中一样，威廉姆斯意识到访谈是一个变革过程（transformative process）。尼希米感兴趣于一个具体的议程；但是德萨感兴趣的是讲述她的故事，主要是向自己讲述，以便了解她自己的过去。① 就像马蒂森给皮奎特的问题一样，尼希米向德萨提出的问题暴露出他无法认识到奴隶的能动性与主体性（agency and subjectivity）。② 然而，渐渐的，他开始相信自己正在建立"融洽的关系"，而且德萨也开始有点信任他了。事实上，情况恰恰相反：他自己的防线正在减弱，就像《夜访吸血鬼》中的那个男孩一样，他开始沉迷于她的话语网络（web of her discourse）。

德萨沉默、避而不谈，转而"一脸茫然"地开始研究他，并从他那里收集信息。③ 尼希米是第一个在她身边待足够长的时间进行研究的白人："难道主人看凯恩就像这个男人看她一样吗？为什么？白人不需要原因；他们就是原因。"④ 另外，德萨也逐渐参与其中：她向尼希米询问了关于访谈的事情，并且，听到她自己的话读给她听时显得十分着迷（"我真的这么说了？"）。

最后，她"期待与白人谈话"，与其说是因为"他们打破了她的单调生活"，倒不如说是因为她意识到访谈创造了一个她可以掌控的叙述空间。沉默

---

① 对德萨来说，讲述自己的故事就是了解自己的过去。

② 他相信奴隶们一定是在外界的帮助下策划了他们的叛乱；他并不理解凯恩的班卓琴（banjo）对他来说重要到足以杀死他的主人；并且推测德萨和她的主人的冲突一定不是由她对凯恩的感情引起的，而是因为她和主人发生了性关系。难怪德萨不理解他的问题，也没有回答。

③ 尼希米和格雷一样自恋、迂腐。"她不能总是理解白人的问题"；在《纳特·特纳的自白》中，格雷家长式地问，他的语言对完全理解他的纳特来说是不是太难了。

④ 像社会科学家一样，她试图将个体归纳为群体。事实上，这正是大多数田野工作的情况，印第安人从人类学家的行动中形成了对白人的看法。

数周后，德萨开始说话，她听到自己的声音时吓了一跳："她沉浸在自己的思绪中，倾听（自己的）声音，然后继续说下去。"人际对话（interpersonal dialogue）的失败给内省的独白（introspective monologue）留出了空间，这种独白如此强烈，以至于尼希米被俘获和诱惑了："她的声音压倒了我的声音。"他说。他想通过写作来占有她：最后，当他再次遇到她时，他想脱掉她的衣服，以便通过查看她身上的鞭痕来证明她的身份，并尖叫着"我知道是她……我的书里有她"。

然而，所有这些都揭示了一个有趣的困惑。正如我所指出的，除了序言，我们第一次看到德萨的文字时，它们是由尼希米转录的。这似乎是一种非常准确的演绎，由无所不知的叙述者所报道的德萨·罗斯的对话无法与她的第一人称的叙述声音区分开来。现在，这是不合理的。为了接受这些文字是尼希米转录的，我们需要赋予他完美的回忆能力和语言学能力，而最重要的是，他要对德萨所说的话以及她如何说有一种热情和忠实的兴趣。这根本不是他的表现方式。[①] 无论如何：他怎么知道如何拼写"Kaine"，而不是"Cain"或"Cane"或其他什么？只有一个人知道正确的拼写：无所不知的叙述者——通过她，还有作者（甚至不是不会写字的德萨）。谁是这些话的作者，谁对这些话负责？德萨。谁说的这些话？尼希米。谁能记得并记下呢？是无所不知的叙述者讲述了整个场景，并且转录和总结了这个部分德萨所剩下的话？或者威廉姆斯，谁能想象出这一切呢？

事实上，尼希米这位无所不知的叙述者和作者有一个共同点：他们写作。在写作和德萨的声音之间的挣扎中，威廉姆斯发现自己与尼希米站在同一阵营。毕竟，正是她威廉姆斯，最终将德萨写到了"她的书"中。

在一位无所不知的叙述者以第三人称讲述了中间部分之后，矛盾再次出现在第三部分和结尾处，后面两个部分由德萨以第一人称向一位沉默的成年听众讲述，她称其为"孩子"和"宝贝"。她曾"无数次"向孩子和孙子讲述自己的人生故事，但这种表现是不同的。

在过去，她以逸事的形式讲述自己的故事；在这里，她按时间顺序

---

① 事实上，威廉姆斯倾向于让他变得相当可笑。然而，通过贬低她的对手，她也削弱了德萨反抗的力量，并最终战胜了他。这和电影《小巨人》中的情况一样：通过让访谈者变得可笑，作者阐明了他们的忠诚，但弱化了他们所代表的抗争意义。即使我们想象德萨的声音和尼希米的声音之间的这种紧密吻合是他对她的态度中融合元素的隐喻，这太极端了，也来得太早了。

（chronological order）一次讲完。在过去，她的孩子和孙子曾问她关于她后半生的事情，以及她在西部的冒险经历；而现在，她却在谈论奴隶制，仿佛是带着另外一种议程向一位听众讲述。换句话说，这听起来像是一场历史叙述表演，一个感兴趣的、看不见的听众决定了叙述的形式——并把它写下来。

然而，对于作者来说，这一结论在意识形态上是不可接受的。她在序言中写道，写作（writing）经常"背叛"黑人，并没有让我们为另一种写作做好准备，为一个不是叛徒的转录员做好准备。但是，如果罗斯的声音注定会出现在某人的书中，那么写作就是胜利。威廉姆斯试图解决这个矛盾，他在书的最后几行告诉我们，像哈克贝利·费恩一样，德萨·罗斯并没有真正在说话，而是一直在写作：

> 这就是为什么我把它写下来，为什么我让孩子说出来。我永远不会忘记尼希米试图读懂我，知道我已经将自己交到他手中。好吧，这是孩子们从我们自己的嘴里听到的。[①]

但是我们从第一页就知道哈克（Huck）在写什么；在《德萨·罗斯》中，这一点在最后一段中有所体现，但我们并不信服。她在第三部分的第一人称叙述显然读起来像是口头表演的再现；没有人会这样写，尤其是在口头叙述文化中长大的人。忠实于口头语言（spoken word）是呈现别人声音的学者或编辑的义务；然而，民间作家并不关心表现或再现他们自己的口头性（orality），而是关心创作他们自己的作品。一个文本看起来越像是言语（speech），那么它就越是一种文学的或者至少是有文化的演绎（a literary，or at least literate，rendition）。[②]

这本书就像一场罗斯的声音与主人们用笔和鞭子在身体与书页写作之间的斗争。但这背后隐藏着距离，它是罗斯与"女作家"谢莉·安妮·威廉姆斯之间的隔阂（hiatus）。跨越了写作与声音之间的鸿沟，威廉姆斯发现自己和尼希米在同一个空间，即使不是站在同一阵营；她无法忍受自己和她理想

---

① Sherley Anne Williams, *Dessa Rose*, New York：Berkley Books, 1987, p. 260.

② 当然，这就是爱丽丝·沃克（Alice Walker）的《紫色姐妹花》（*The Color Purple*）中完全不可信的语音拼写问题。只有有文化的作家试图代表不识字的讲述者，才把"Ah"拼成"I"。此外，它看起来就像"我让孩子把话说回来了"：仿佛我们读到的不是对罗斯声音的一种演绎，而是一个孩子对罗斯作品的口头演绎。如果这是挽救第三部分口头表演质量的最后一次尝试，那就更没有意义了。除非她的意思是，"这个孩子"是她的访谈者，她会通过转录和出版来"回应"（以及"回应谁"）；但是，她为什么说她写了这个故事呢？

的祖先德萨·罗斯之间的这种隔阂。罗斯和尼希米之间的差异，就像詹妮弗和她的伙伴之间的差异，是无法逾越的；但威廉姆斯和罗斯之间的差异，就像男孩和吸血鬼之间的差异，是无法忍受的。要么威廉姆斯成为罗斯，用罗斯的声音写作，要么罗斯成为威廉姆斯，用雪莉·安妮的信来说话。写作最终不适合罗斯的唯一方式是让罗斯去写作；唯一不让罗斯出现在别人书里的方法就是这本书是她自己的。

五　结语

我应该给你们一些理论结论吗？也许不是。只有两个简短的警告：一个是关于历史的，一个是关于文学的。

第一，历史学家在创造资料来源方面的作用似乎将口述历史与未经构建的建构主义（unreconstructed constructivism）完全结合起来：没有事件（events），只有话语（discourse）。事实上，传说对于真实的历史来说是非常宝贵的——但只要我们知道它们是传说，而不是某些其他类型的话语。老奶奶海格的手上和腿上有红色的烧伤和疤痕。无论它们意味着什么，都可能是一个建构（construction）问题；她以一种特定的方式建构了它们，反过来，这和烧伤本身一样是一个历史事实（historical fact）。

第二，在文学批评（literary criticism）中，我们已经熟悉了声音、对话与表演等术语。这很好，我完全赞成。然而，当我们将这些术语用于一本书的讨论时，那么我们必须意识到它们只是被用作隐喻（metaphors）。再一次：隐喻对于真正的文学批评是非常宝贵的，只要我们知道它们是这样的——比喻和差异的人物形象结合在一起。

如果我们忘记了它们之间的差异，而是按照字面意思来理解这些术语，那么我们最终恰恰压制了它们应该唤起的东西。如果我们能把人放进书里，谁还需要书外的那些人呢？如果声音已经在纸上，为什么还要听口头表达呢？如果任何表达（utterance）都是对话的，如果我说的任何话已经都是对话了，为什么还要费心去和我自己之外的其他人交谈和聆听他们呢？

基于两个独立的人在同一时空的存在，访谈则是一种提醒我们关注批评隐喻（critical metaphors）与理论隐喻（theoretical metaphors）地位的方式。

口述历史、叙事与医学

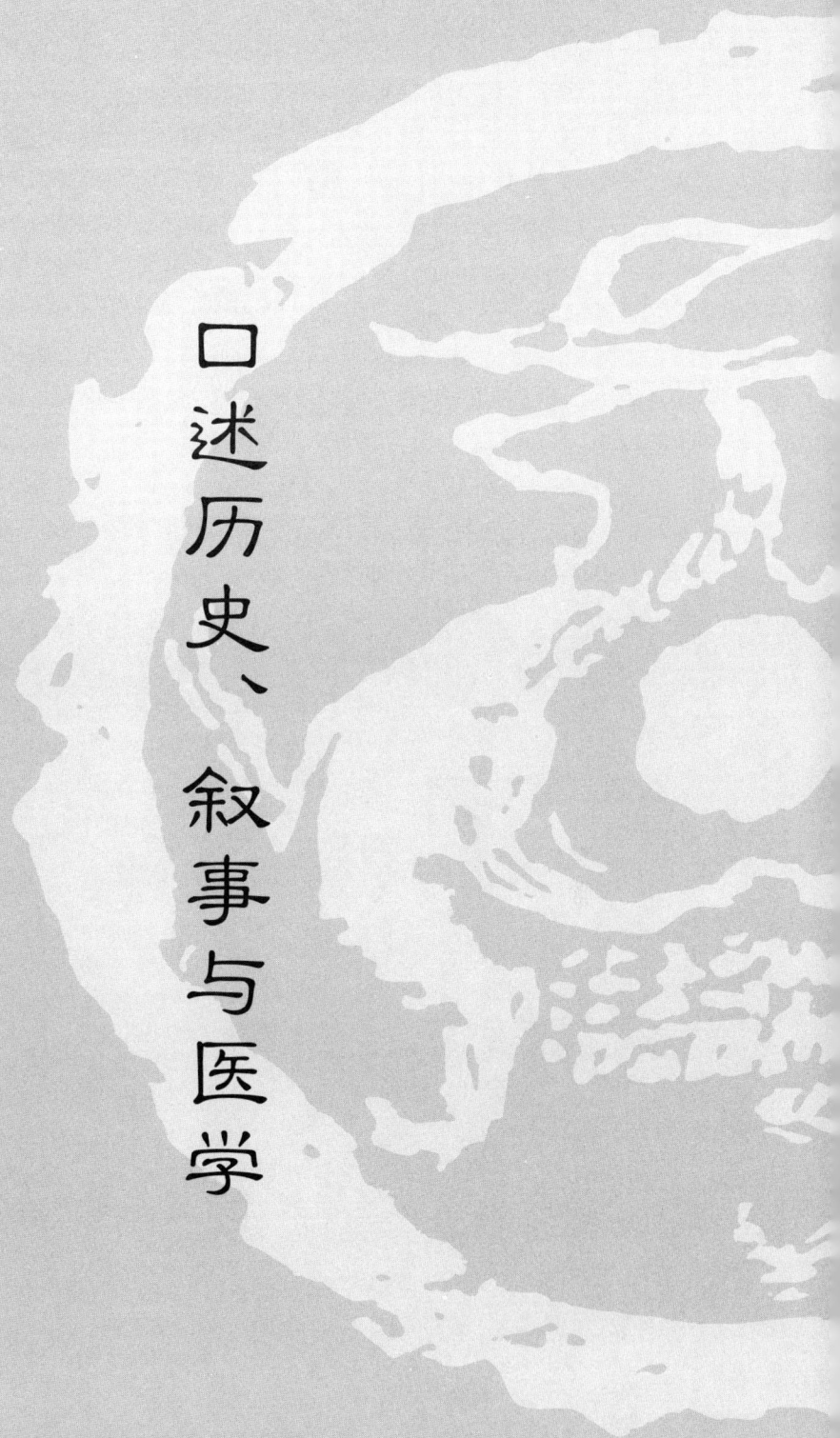

多元老人社区重建与口述历史实践：
以台湾经验为例

蔡笃坚*

摘要： 本文探索台湾在推行结合口述历史的社区总体营造、医学人文教育和社区健康营造，乃至利用口述历史推动社区化长期照护之前，如何通过口述历史来呈现社区营造的动力，同时寻找在这些实践领域中，口述历史合适的扮演角色和应用方向。珍惜过往台湾社区力量和口述历史所创造同情共感凝聚力量的决策者，曾经通过口述历史实践，导引对照不同的社区化长期照护资源整合可能。通过见微知著的知能来创造不同层次的宏观历史想象，以经验为物质基础，找到社会最底层的力量，协助他们做认同的联结，同情共感地创造具有差异共同体的社区营造。回顾台湾社会以运用口述历史推动社区化长期照护的三个重要基础：较为传统的石牌社区，作为眷村文化代表之一的长荣社区，以及乌来原住民部落。看到三个截然不同涵纳多元老人的社区，由重建的过往展现初步的口述历史运用，开展了这些社区赋权老年人口群的能力。

关键词： 社区营造；同情共感；社区化长期照护；多元老人社区；口述历史

一　前言

口述历史有着见证患者自我疗愈的力量，是叙事医学和疾病叙事兴起的主要理由，也是台湾9·21灾后快速采纳口述历史方法，作为社区营造主要动力的原因，同时也是社区健康营造发展的基础。[1] 也由此开展出结合整体的

---

* 蔡笃坚，屏东基督教医院讲座教授，阳明大学卫福所与台湾"中央"大学哲学研究所兼任教授。

[1] Rita Charon, *Narrative Medicine: Honoring the Stories of Illness*, Oxford and New York: Oxford University Press, 2006; Paul Koegel, "Through a Different Lens: An Anthropological Perspective on the Homeless Mentally Ill," *Culture, Medicine and Psychiatry*, Vol. 16, No. 1, 1992, pp. 1 – 22; 黄嫒龄：《日久他乡是故乡：治疗性社区玉里模式》，记忆工程，2008；蔡笃坚：《实践口述历史所引领台湾医疗专业的新风格》，载杨祥银（主编）《口述史研究》（第一辑），社会科学文献出版社，2014，第108~140页。

文化认同形塑的社区化长期照护体系发展努力。可是这样的努力要开展和维持非常不容易，因为这样的政策，代表政府对民间社会有着长久的信任与期待。期待人民与政府的伙伴关系建立，也展现大公无私的政府对民本主义的谦虚态度，一个权力下放而又期待由下而上建立全新信赖、维系并重塑政府体制的过程。也因此，社区总体营造成为政府与民间共同价值的前提下，台湾推动长期照护政策曾经通过口述历史，以辅导的方式建立涵盖全台的支持网络。将结合在地文化重建的社区化长期照护诊断概念导入，促进整体社区认同形塑，跳脱体系与社区对立的可能情境，以此发展出的长照体系反而能够成为社区自主力量形成的资源，这也是充能（empowerment）概念的内涵。①其实在现代社会中，包括长期照护体系在内的卫生领域，不易获得社区自主力量的支持，原因在于绝大部分的资源属于外来体系，并非社区力量可以掌握，如何改变这状态，一度成为左右台湾社区化长期照护发展成败的关键。如此的经验也挑战着传统社区经营者，区别外来客与在地人的视野，继承过往经验自我与它者的区隔，并不足以成为共谋长期照护发展的障碍，口述历史应用的重点，是有无可能依据经验共享的参与式决策模式，创造共同行动的可能。成功的社区化长期照护，需要所有的参与者本着承认彼此差异的同理心，共同开创在地认同形塑的可能。

说实在，不论是政府组织或是专业团体，本身都是与社区本质上不同的体系衍生物。② 由此角度反省，医疗院所、政府组织乃至具有超越地区认同形塑范围之人际和组织网络形成的团体，都代表某种体系的力量。这不意味着这些机构与团体都对社区认同形塑无益，值得提醒的是这些团体都有着依附所属体系，而可能对有高度自发、弹性和创意的社区/社群产生具破坏性的作用。如何让足以形成在地认同的网络，有着自主利用体系资源的能力，成为这些机构与团体角色扮演的关键，这也是本文作者发展以叙事认同为基础的口述历史方法学之目的。③ 也因此带来深邃的专业自觉与反思，提出应用学术知识于社区工作的可贵之处在于了解自身的立场和能力的局限，对于社区认

---

① 蔡笃坚：《迈向健康生活社区化的可行模式：呼应社区营造条例的三个健康营造可能模式初探》，《社区发展季刊》第 107 期，2004 年 9 月，第 88～106 页。

② 蔡笃坚：《建立具地方特色的社区健康营造模式：结合口述历史和社会学科分析方法的诊断与建议》（结案报告书），"行政院"卫生署，2006。

③ 黄嫒龄：《倾听旷野的声音：精神复健玉理模式》，记忆工程，2006；蔡笃坚：《探询心中的认同群像：应用口述历史于边缘境遇的社会工程实践》，载李向玉（主编）《众声平等：华人社会口述历史的理论与实务》，澳门理工学院，2013，第 194～223 页。

同的形塑有着促成的效果；反之过于强调普遍性的追求现代化视野，则可能是体系负面影响社区认同形塑的根源。这篇文章回顾早期台湾社区化长期照护发展的政策，当时的确有着促成社区自主的视野，然而进一步发展兼具地方和宏观视野之台湾社会转型契机，犹待社区营造经验回馈。[①] 今日台湾在所谓转型正义合理化体系"执政"暴力的笼罩之下，许多当年精彩的专业反思和社群价值皆已不复存在，新一批的年轻政治接班者或是权力获得者，是与社会脱节的，是对僵化的典章制度与法规盲目服从的。尤其是当自身站在权力拥有者位置的时候，冠冕堂皇的话语和似是而非的论述，只是合理化自身立场而缺乏权力制衡的现实，会造成绝对权力绝对腐败的严重后果，然民智已开，滥权者终必自食恶果。而由这样台湾不同阶段的政治社会演变对照，我们猛然醒觉，原来口述历史是最有力量的人民知识、价值和认同凝聚媒介，而我们回顾这段台湾目前已然存续有困难的历史脉络，期待能够找到其普遍意义并继往开来，彰显口述历史促成多元老人社区重建的价值。

二　口述历史结合社区营造的重要性

通过叙事认同取向的口述历史实践，有志于经营社区化长期照护的人们，可借同理心，由所处场域营造互为主体的集体行动出发，定义自身为社区"媒合"的角色，促成社区长期照护发展。[②] 依此，当年台湾社区化长期照护政策形塑的价值，在于提出社区营造之诊断与建议，建立具有充能功能的各地区长期照护管理中心，以立足于既存文化社会脉动的支持网络，融合整体社区文化与社会演变脉络，推动社区化长期照护。借重在地的文化社会生命力，使得社区长照的成果有助于维系、强化，进而开创在地的文化认同，发展具地方特色之社区化长期照护成果诊断模式，达到充能的效益。[③]

[①] 蔡笃坚：《由叙事认同重省知识权力的方法学初探》，载谢卧龙（主编）《知识形构中性别与权力的思想与辩证》，唐山出版社，2004。

[②] 蔡笃坚：《建立具地方特色的社区健康营造模式：结合口述历史和社会学科分析方法的诊断与建议》（结案报告书），"行政院"卫生署，2006。

[③] 蔡笃坚：《迈向健康生活社区化的可行模式：呼应社区营造条例的三个健康营造可能模式初探》，《社区发展季刊》第 107 期，2004 年 9 月，第 88～106 页；蔡笃坚：《921 灾后的新社区运动经验：以集集为例》，载蔡笃坚《当代台湾卫生福利政策论述的解构与重塑》，唐山出版社，2001。

在过去借由台湾经验相关的数据处理，从事叙事认同分析理论与方法建构的过程中，我们发现台湾在非常短的时间内，经历了快速现代化与民主化的过程，也创造了市民社会发展的量能，这是世界上少有的经历。[1] 在如此快速政治社会变迁的过程中，台湾的社区认同不仅没有被过于快速的发展破坏殆尽，反而展现了强而有力的环境适应能力，创造出更多的能力来因应快速经济起飞与政治转型的恶劣环境。[2] 或许也是因为这样快速变迁的关系，台湾的社区呈现的不同于其他先进地区循序渐进的发展模式，由公民社会所建立安康的小社区或是专业的社群，由下而上的发展经历。台湾经验是由上而下的号召，而后带动由下而上的社会改革动力，不过其中的过程反而有点像是欧美20世纪60年代的社区健康中心，或是70年代都市郊区的社区文艺复兴，以政府的力量加上专业的反思与自觉，形成社区伙伴关系，共同追求幸福。这样的集体情愫，是通过广大的口述历史结合社区营造努力所促成的，这也是台湾能够追随1977年世界卫生组织阿玛阿塔宣言，所揭示"health for all"的重要社会基础。[3] 而以健全的社区发展为基础，晚近推动的健康城市才有可能，这是以城市公民政治为基础，以社区所代表的民间自觉力量来协助政府推动政策，可视为社区健康运动的延伸或是进阶的发展趋势。[4] 可惜台湾口述历史彰显的差异共同体，并没有能力成为类似大陆保护非物质文化遗产的国

---

[1] 蔡笃坚：《媒体再现与当代台湾民族认同形构的公共论述分析》，唐山出版社，2001；蔡笃坚：《台湾社会医学实践三部曲：战后市民社会发展的在地行动与全球视野》，蔡瑞月文化基金会主办之"2011蔡瑞月舞蹈节文化论坛"（台北：玫瑰古迹蔡瑞月舞蹈研究社），2001年6月4日。

[2] 梁妃仪、洪德仁、蔡笃坚：《协助社群认同发展的口述历史实践：结合理论与实务的操作手册》，唐山出版社，2003；蔡笃坚：《媒体再现与当代台湾民族认同形构的公共论述分析》，唐山出版社，2001。

[3] Elinor Graham, "Politics of Poverty," in Ben B. Seligman (ed.), *Poverty as a Public Issue*, New York: Free Press, 1965; Elizabeth J. Anderson, Leda R. Judd, Jude Thomas May, and Peter K. New, *The Neighborhood Health Center Program, Its Growth and Programs: An Introduction*, Washington: NANHC, 1976; H. Jack Geiger, "Community Health Centers: Health Care as an Instrument of Social Change," in Victor W. Sidel and Ruth Sidel (eds.), *Reforming Medicine: Lessons of the Last Quarter Century*, New York: Pantheon Books, 1984.

[4] World Health Organization (WHO), "Ottawa Charter for Health Promotion," *Health Promotion*, Vol. 11, No. 4, 1986, pp. 3 – 4; Trevor Hancock, "The Evolution, Impact and Significance of the Healthy Cities/Healthy Communities Movement," *Journal of Public Health Policy*, Vol. 14, No. 1, 1993, pp. 5 – 18; Beverly Collora Flynn, Dixie Wiles Ray, and Melinda S. Rider, "Empowering Communities: Action Research through Healthy Cities," *Health Education Quarterly*, Vol. 21, No. 3, 1994, pp. 395 – 405; Meredith Minkler (ed.), *Community Organizing and Community Building for Health*, New Brunswick: Rutgers University Press, 1997.

家政策形成动力，以及永续认同形塑与反思的价值在台湾。或许这是台湾两兆双星数字内容政策领导人失职私心之所在，台湾成为不成熟、缺乏感性的包容力，决策不理性之处所。即便如此，我们发现许许多多社区根基还未发展成熟的地方，在自身所处现代化道路中跌跌撞撞的同时，开始发展出助人与互助的模式，仿佛在当局历经政党轮替的困境中，自觉地开创了社区营造与健康城市之间的互助发展模式。① 话说从头，珍惜这样新兴社区力量和口述历史，所创造同情共感凝聚力量的决策者，曾经通过口述历史实践，导引台湾对照不同的社区化长期照护资源整合可能，完成不同类别社区化长期照护中心的互相支持与学习机制。②

三　方法学

在台湾，不仅是多元的现代学科有着本土化的努力，呼应文崇一建议由史料出发，对照与西方相似理论的差异，建立新理论的尝试。③ 这方面也因口述历史与社区在地知识的探询，面临更为艰巨的挑战，也同时带来更大的期待。而当今日口述历史在西方已然由社会科学家广泛运用的同时，我们也应适时地运用来重塑或检视所持实证逻辑的默认，持续挑战既有的历史解释模式。④ 可是台湾史学界对这口述历史表达精神的理论与方法学发展似乎明显地不足，连带导致地方最珍贵的生活经验被排除于历史书写之外，也仅能靠有经验的研究者来撰写历史，就失去了利用口述历史来反省和开创，多元与多层次自身认同内涵的可能，台湾史学界是缺乏类似西方新史学或是叙事转向反省熏陶的，更别说将后现代或是后殖民论述导入当代台湾的史学

---

① 施丰坤：《社区健康营造让灾区活络起来，李明亮肯定鹿谷、集集居民互助》，《民生报》2001 年 1 月 6 日；林上清：《由营造健康社区看基层卫生组织》，《护理杂志》2001 年第 1 期，第 36～42 页；蔡笃坚：《社会变迁与政府政策对民众求助模式的影响：攸关现代医学的反省与思考》，"咨商辅导专业训练"（台中：卫生署南投区心理卫生服务中心），2004。

② 蔡笃坚：《建立具地方特色的社区健康营造模式：结合口述历史和社会学科分析方法的诊断与建议》（结案报告书），"行政院"卫生署，2006；蔡笃坚：《迈向健康生活社区化的可行模式：呼应社区营造条例的三个健康营造可能模式初探》，《社区发展季刊》第 107 期，2004 年 9 月，第 88～106 页。

③ 文崇一：《历史社会学：从历史中寻找模式》，三民书局，1995。

④ Valerie Raleigh Yow, *Recording Oral History: A Practical Guide for Social Scientists*, London: Sage Publication, 1994；而以议题式的口述历史访谈进而诠释政策的例子，参见台湾医界联盟基金会医学史工作室（编）《台湾根除小儿麻痹症纪实》，疾病管制局，2001。

方法之中。① 可是台湾的主流政治和医疗专业发展中，这样的反省反而非常普遍，而且曾经成为一种价值，这其中有许多浪漫推广口述历史的尝试，主要是用来发展社区特色，也有一些亮丽的成果，可是都会遇到社区动员参与量能不足的问题，即便是有部分社区创造出令人惊艳的成果，可是永续性也常常是需要克服的难题。② 因此，如何让口述历史的应用能够带动并扩大社区营造的量能，让政府发起的社区营造与口述历史联结的运动能够更为稳定与持续地发展，成为重要的课题。

　　叙事认同取向口述历史的应用是以同情共感为基础，访谈不仅建立良好的受访者与采访者信赖关系，也能够由受访者的叙事内容中厘清合适的家庭、由亲而疏的人际网络、机构传承，乃至整个社区不同层次与面向的集体情感，作为各自与彼此理解事件、产生活动与发展关系的基础。③ 通过叙事认同口述历史的媒介，有人我相知的本能，可扩大到跨越专业、城乡、世代、文化与时空的界限，一方面互相帮助强化信赖；另一方面在更为上位的认识群己关系与立足于差异经验的基础上，共同创造知识与认同的可能性。④ 这是由认同感与多元角度对于事件特殊性的反思，再加上不断寻找经验、历程乃至未来想象共同点的实证思考中确认。通过如此感受力伴随思辨过程的联结，一个人的访谈就有机会勾勒出不同层次的时代、机构、社区、家庭与个人层次叙事的形成与流变，通过每个人都有见微知著的知能来创造不同层次的宏观历

---

① 蔡笃坚：《多元主体地位的形塑与追寻：1990 年代台湾口述历史的趋势探索》，《台湾史料研究》2003 年第 21 期，第 115～140 页；蔡笃坚：《迈向 21 世纪的台湾历史学论文集》，载台湾历史学会（编）《口述历史实践与台湾认同发展》，稻乡出版社，2002，第 11～38 页。

② Hsin - Yi Lu, *The Politics of Locality*: *Making a Nation of Communities in Taiwan*, New York: Routledge, 2002；而 2000 年后发展的基础，参见蔡笃坚《迈向健康生活社区化的可行模式：呼应社区营造条例的三个健康营造可能模式初探》，《社区发展季刊》第 107 期，2004 年 9 月，第 88～106 页；至于口述历史应用于村史以及相关的讨论，参见"中华民国"社区营造学会（编）《大家来写村史》，唐山出版社，2001；蔡笃坚：《由变动瞬间的感知迈向追寻永恒的实践：口述历史与台湾主体地位的形塑》，《台湾史学杂志》2007 年第 3 期，第 111～140 页。

③ Gayatri Chakravorty Spivack, "Can Subaltern Speak?" in Cary Nelson and Larry Grossberg（eds.）*Marxism and the Interpretation of Culture*, Urbana: University of Illinois Press, 1998, pp. 271 - 313；Partha Chatterjee（ed.）, *Texts of Power*: *Emerging Disciplines in Colonial Bengal*, Minneapolis: University of Minnesota Press, 1995；蔡笃坚：《口述历史实践与台湾认同发展》，台湾历史学会（编）《迈向 21 世纪的台湾历史学论文集》，稻乡出版社，2002，第 11～38 页。

④ Margaret R. Somers, "Where is Sociology after the Historic Turn? Knowledge Cultures, Narrativity, and Historical Epistemologies," in Terrence J. McDonald（ed.）, *The Historical Turn in the Human Science*, Ann Arbor: University of Michigan Press, 1996, pp. 53 - 89；梁妃仪、洪德仁、蔡笃坚：《协助社群认同发展的口述历史实践：结合理论与实务的操作手册》，唐山出版社，2003。

史想象。在此保持宏观是因为可感受或有共识的不同层次，在形成各自独特叙事时也会彼此交互关联，人能感知的世界，人事物都在关系里头，全面地保留生活中过去、现在与未来和相对互信关系的演变。以经验为物质基础，找到社会最底层的力量，协助他们做认同的联结，同情共感地创造具有差异共同体的社区营造。因此，本篇文章回顾台湾社会以运用口述历史推动社区化长期照护的三个重要基础，一个是较为传统的本省族裔但融合大量外来移民的社区，另一个是1949年之后来台外省族裔组成的眷村，再一个是少数民族部落，通过口述历史看到三个截然不同涵纳多元老人社区，由重建的过往提醒大家，这也是后来这些社区足以运用口述历史，并参与更大规模社区营造的缘由，初步的口述历史运用展现了这些社区赋权老年人口群的能力。

四　通过口述历史传承社区经验的老五老基金会与石牌社区健康营造中心

位于台北市北投区的石牌社区，是由20世纪70年代自中南部北上发展的外来人口所组成，且家庭形态为小家庭的方式，在人际互动上防御心强、关系淡漠，邻里之间若非是长期居住于此的几个大姓，几乎少有来往。在这样的条件下，如何关心被忽略已久的老年人口慢性病防治的问题，唤起民众对健康的重视，这将是一项艰巨的挑战。1996年9月，阳明大学社区护理研究所的研究生吕秀蓉在石牌里进行社区评估，借由社区评估调查，观察到石牌地区老人慢性病是一个重要的社区健康议题，然而因为老年人口众多，想通过基层卫生单位的单薄人力来做慢性病老人的预防确有困难，因此决定通过组织社区志工来提供高血压的测量作为建立健康社区的起点。然而当时石牌社区也就是一个住商混合、小家庭形态为主的社区，防御心强、关系淡漠，所以要在社区推动志工服务是很困难的。在这过程当中，一些因缘际会，使得这个理想有了初步的可能性，廖浩玉提到当时刚开始的情况："1995年的时候，你要介入社区很难，因为里长不会理你，社区没有人理你，民众也不会理你，所以社区评估很难做。那时候阳明社区护理工作很难做、很难介入，然后秀蓉就很辛苦地像苦行僧一样，一家家去拜访。后来拜访到许惠智，刚好许惠智喜欢吃中药，身体不好的时候，秀蓉就帮助她说张成国那边可以看，她也陪她去看，就是这样认识。后来看得不错，许惠智就问她来这边到底要干吗，后来她就说我来帮你一起，她就说在社区里面设一个站要量血压，因为慢性病很多嘛!"①

在这段时期当中，吕秀蓉思索借由社区服务可提升接受服务之居民对危险因子的警觉，但要成员深切体认将饮食及运动等习惯的养成绝非易事，需深耕而生根，意即需长期与居民互动、督促与知识的灌输，方有可能落实于居民生活中。亦感受到单凭志工少数成员之推动难以帮助更多的居民。开始不满足于定期社区服务之现况，期望号召及协助其他社区之参与。1997 年 4 月起，通过大型活动"石牌地区 65 岁以上老人健康筛检活动及中医养生讲座活动"进行与社区居民的互动，并于 1997 年 4 月 18 日成立"社区保健志工服务站"，服务项目包括血压、血糖、尿糖与尿糖蛋白筛检，并陆续增加"体脂肪""血胆固醇"测量之服务项目。在设立服务站之后，陆续有独居老人要求协助，也促使大家思索社区关怀服务活动的可能；另外，卫生所也看到了社区志工的服务成果，成员更进一步支持各社区的保健服务。

在一次活动中，吕秀蓉接触了老五老基金会。老五老基金会因应人口老化危机，在社区推动"五老五宝——老身、老伴、老友、老居、老本"，秉持"志工服务社区、我服务志工"的理念，与吕秀蓉推动社区志工服务队的理念可以说是不谋而合，因此吕秀蓉成为老五老基金会北投区之派驻人员，更促使社区志工队于 1998 年加入老五老基金会，并更名为"友馨互助协力会"，奠定未来稳定发展的基础。② 因为基金会的参与，更希望能够将服务落实在更多地区，通过福星里里长的引荐，基金会取得了区长的认同，在北投选定了六个里别（石牌、福星、永明、尊贤、吉庆、奇岩等里），更进一步扩展服务地区的范围。

1999 年 2 月，廖浩玉正式接下基金会的工作，并延续吕秀蓉培训社区志工服务队的主要任务，因为廖浩玉的专业背景加上对当地的了解，这个工作廖浩玉做起来可说是再适合不过了。这份工作需要配合居民的时间，常常要晚上办活动，这样的性质常使一般人不愿意从事社区的工作，然而廖浩玉却认为这种弹性是她喜欢的，且才可以真正落实社区工作，从事这份工作使廖浩玉感到如鱼得水，亦清楚点出公家机关在体制内发展社区工作的局限："我曾经跟卫生所所长讲，其实卫生工作不要那么死，不要朝九晚五，因为有些工作根本有点做不来，像我昨天就在这边，从中午 12 点一直做到晚上 6、7

---

① 廖浩玉访谈稿，2003 年 8 月 27 日。

② 吕秀蓉：《运用行动研究策略与充能理念建构"社区互助团体"：以石牌社区为例》，硕士学位论文，阳明大学社区福利研究所，1999。

点才回家，如果你今天在公司，它一定必须打卡或是签到，一个钟头就要发加班费或是补假，做不了什么事啦！……因为是私人单位，我几点上班，今天放假，我今天要做什么，都自己安排，基金会也不会限制我，给我很大的空间。"①

为响应世界健康组织"健康城市"的推动，"行政院"卫生署自1999年推动"社区健康营造三年计划"，并有三年140万元的补助经费。当时廖浩玉知道这个计划后，刚开始犹豫要不要去申请这样的方案，在跟吕秀蓉与基金会讨论后，抱持着姑且一试的心态，基金会的林依玲执行秘书协助撰写计划书，想不到计划就通过了。这下子难题就回到廖浩玉身上，她提起开始做未来的规划与一路摸索的过程："其实这个路都没有人教我们啊，是我自己跟陈亮说我们应该要怎么做，预算全部要给他们看，陈亮说你干么要预算都给他们看呢？我说不给他们看我们没有办法做，依玲也认为要全部摊开在太阳底下，经费全部给他们看，大家要看怎么样做，所以整个就开会，然后成立一个委员会，推动委员，其实这个无师自通，慢慢走走到这一步。"②

廖浩玉提起社区健康营造计划的理念就是要唤起民众对健康的重视，借着这样的重视给居民一些重要的信息，通过举办相关议题的活动，让居民执行健康生活的理念。要如何唤起民众对健康的重视，社区志工即是一个很好的种子，不只志工本身知道健康的重要性，回到家里落实到家人身上，更提供社区定时定点高血压等测量服务，让一般社区居民对自己的健康状况保持警觉。因此即便承接社区健康营造中心，廖浩玉认为将吕秀蓉带出来的志工队好好经营下去，即是使社区居民落实健康生活的一个方法，因此支持陪伴与适时提供志工队专业知识的授课，便成为社区健康营造中心的主要工作重点。对社区志工上课毕竟不同于一般学校学生，廖浩玉也观察到差异性，用志工能够理解的语言与表达方式，让廖浩玉的讲课更显精彩动人："在社区讲专业名词他们就睡着，听不懂，譬如乳房的构造我后来想到把它当成一串葡萄或是龙眼，一大串串成乳房就是那个形状，里面有乳线管、乳汁，你要讲一些构造、生理的东西，就要譬喻市面上可以看到、想到的东西，譬如说水沟，你要经常运动，水沟的水才会流动得比较快，异物才会排除呀，你看下

---

① 廖浩玉访谈稿，2003年9月15日。
② 廖浩玉访谈稿，2003年9月23日。

过大雨是不是觉得水冲过以后水沟变得很干净，都没有一些垃圾卡在那边，他们就会听得进去。"①

廖浩玉认为社区志工队能否成功有两个因素，一个是里长有没有心："民众有时候会看，因为里面会有一两个、两三个是邻长，他们都很在乎里长的感受，因为邻长是由里长聘任的，如果里长能够支持、重视这样的工作，邻长相对会做得很积极，民众也是很积极，觉得里长有关心我们，他们就会很高兴，会有这样不同的情况会出现。"② 里长的支持对于志工的成功占了关键的因素。另外一个重要因素是要让民众的参与人数提高，在提高参与民众的人数方面，廖浩玉做了一些策略的改变，首先是把社区志工招募的名称改为社区保健。廖浩玉发现吕秀蓉在招募志工时，来上课的人数不多，她观察其原因，原来是一般居民对于服务的惧怕，所以她就在宣传单上不强调是志工的招募，一般居民也可以来听，也在授课中慢慢灌输社区志工的概念，这样循序渐进的方式反而产生了更多的志工，且也使上课的效益提高。③

成功招募社区志工只是第一步，在社区志工的维系上，廖浩玉亦不敢松懈。不只提供专业知识的学习，更希望提供他们陪伴、支持，因此她鼓励社区志工能够定时开会，而只要有开会，廖浩玉一定尽量参与，一同与志工讨论。因为有的志工队有定时的聚会，她们的感情更显融洽，发展出更多的人际网络，除了志工服务的接触外，更进一步寻找出合适于自己的维系方式，廖浩玉就提到了吉庆里的志工队还一起出来跳韵律舞来增加凝聚力。④ 廖浩玉更通过每年一度的志工联谊使各里的社区志工能够交流经验，未来有机会整合成一个为北投社区服务的志工队，而不局限服务自己的里。⑤ 也因为廖浩玉的带领，志工更扩展自己服务的可能性，开始思考除了定时定点的服务外，还有什么服务是可以扩展进入的，这也是廖浩玉思索未来社区健康营造中心下一阶段的目标，不仅仅是补充基层卫生所的不足，还有没有其他发展的新可能："准备开始要介入一些老人的工作，希望让志工能够做得更落实，不是只有做扎针保健工作而已，因此我要发展比较深入的，志工能够对老人、身

① 廖浩玉访谈稿，2003 年 9 月 23 日。
② 廖浩玉访谈稿，2003 年 8 月 27 日。
③ 廖浩玉访谈稿，2003 年 8 月 27 日。
④ 廖浩玉访谈稿，2003 年 8 月 27 日。
⑤ 廖浩玉访谈稿，2003 年 8 月 27 日。

心障碍者介入。"① 而吉庆里的志工服务开始全面性的老人关怀访视，已经达到初步的成果，未来进一步更希望朝向家托的方向前进，廖浩玉提到未来规划的蓝图："比方比较失能、失智的，我们就不要让他被送到赡养院，也不要放在家里面，可以放到社区来日托，收费的标准到时候再拟订，先决是要有房子啦！"② 廖浩玉觉得家托是落实让老人能够生活在原本熟悉社区的方式，更可以减少家庭的风险与负担。

五　老眷村新风华——长荣里的社区健康营造

2002 年 2 月始因台南市行政区调整而诞生的"长荣里"，乃是原"北垣里"和"富台里"合并后的新社区。这两个里主要的住民是战后撤退来台的军民。其中北垣里最初属新胜里的一部分，1975 年才划分出来，包含乐群新村、光复新村、实践二村三个眷村和近百户的一般住户。富台里的前身则是富台新村，住民是 1954 年自越南富国岛追随黄杰将军来台的部队。这样特殊的社区历史背景，形成了所谓的"眷村文化"，也是长荣社区的特点。③

长荣社区虽然成立不久，但是在社区营造上却表现亮眼，因为其前身之一的北垣社区，早在 1991 年就已经开始社区营造的工作，理事长曹森与里长潘美纯，正是当时北垣社区营造的推手，已累积十多年的社区经验，北垣社区的成功为长荣社区奠立了良好的基础。1993 年、1994 年接连获奖之后，1995 年北垣社区又以"第一届眷村文化展"打响了知名度。当时会想到要做眷村文化的保存和眷村改建的议题有关，曹森表示："因为眷村要被拆掉了嘛，后来发觉你不留点眷村的东西不行，所以我们就开始做眷村文化。"④ 正好在这个时间点上，一位清华大学的学生尚道明选定北垣社区作为其论文研究的对象，指导教授张茂桂也曾下来带学生做田野调查。⑤ 社区的文史调查与保存工作有了专业学术的协助，获得令人惊喜的成果，后来的媒体甚至称之为"知识分子为眷村唱的歌"。⑥

① 廖浩玉访谈稿，2003 年 8 月 27 日。
② 廖浩玉访谈稿，2003 年 9 月 19 日。
③ 台南市北区长荣社区发展协会：《台南市北区长荣社区九十二年度社区发展工作评鉴成果报告》，2003，第 12 页。
④ 曹森口述历史访谈，2005 年 7 月 14 日。
⑤ 北垣社区（编）《竹篱笆今昔》，台南市北区北垣社区发展协会，1996，第 143～144 页。
⑥ 苏林：《知识分子为眷村唱的歌》，《联合报》1995 年 6 月 2 日。

由于眷村预定从 1999 年起于现址全面改建，① 因此社区除了积极记录、保存眷村文史，另外也在准备迁村事宜。事实上社区所面临最大的挑战就在于直到改建完成再度迁返的这段时间，社区的凝聚力如何维持，这时社区报扮演了相当重要的角色。潘美纯回忆《北垣通讯》的创刊："因为刚开始接社区的时候，想说在社区办一些活动，我们那时候都是印一张纸发给大家，后来我先生就说：'我们是不是来出一个社区报。'以前没有人出社区报，想说既然是发传单，干脆把它作为社区沟通跟联系的方式，我们就叫作社区报。"② 于是他们就把活动都集中在一张 A4 大小的纸张上，印黑白的寄给大家。"因为以前没有任何经费，所以一次花个几百块钱都还 OK。"

《北垣通讯》从 1992 年 7 月创刊，③ 从最初很阳春的形式开始，后来随着社区活动的增加与"内政部"经费的补助，版面开始变大，甚至发展成为彩色的，最重要的是发刊以来从未间断，潘美纯一点儿也不夸张地说："社区报其实到后来居民会觉得它是精神食粮，这是我们在改建期间感受到的，他这一个月没有收到就自动打电话过来说，里长我是不是收漏掉了，我跟他说还没有发行，他们就说到这个月的这时候我就要收到社区报了。因为我们那时候社区报很大张，有报道现在眷村改建的状况，所以那时候有一个版面叫作眷村改建系列报道。"④

所以在区民迁出社区改建的这段时间，社区报成为联系彼此的重要媒介，居民对社区的认同不因时空的距离而转淡。除作为情感维系的平台外，他们还利用社区通信进行对社区未来愿景的规划，潘美纯谈道："搬到外面的时候，其实我们都在思考，未来我们房子盖好了以后，社区要做什么样子的工作，要怎么营造。"于是这个讨论与沟通的工作也通过社区报来进行，有必要时就举办大型的活动，请居民回来共同讨论："我们在 2002 年底提出文建会的心点子计划，都是我们在这几年搬迁期间所讨论出来的共同方向，就是未来我们搬进来之后，整个三年计划社区要做什么，我们集中讨论过社区的生活公约，从艺文、福利、照顾、环境整个都讨论。"⑤ 所以当时新房子盖好，他们

① 长荣社区发展协会、长荣社区里办公室：《长荣社区简介》。
② 潘美纯口述历史访谈，2005 年 7 月 14 日。
③ 台南市北区长荣社区发展协会：《台南市北区长荣社区九十二年度社区发展工作评鉴成果报告》，2003，第 68 页。
④ 潘美纯口述历史访谈，2005 年 7 月 14 日。
⑤ 潘美纯口述历史访谈，2005 年 7 月 14 日。

搬回来之后，整个社区很快地就进入状态，按照之前的规划依序推行。同时对于改建中的新社区，他们也有机会参与部分的规划，表达他们的意见："比如瓷砖用的颜色，室内的设备，我们可以加以讨论，像我们瓷砖用白色就是我们讨论出来的，当初它是做红色的，我们觉得好丑，我们就讨论，他们就更改。"① 当然牵涉到建筑结构等专业的部分他们不可能过问，但后半段比较属于外形或设备方面就可以参与讨论。再者，像社区内的一些公共设施，也是他们和市政府共同讨论出来的："后来还有公园这些，就是市政府完全跟我们讨论的，种什么树就是我们一起讨论，讨论完才开始发包，还有做儿童设施，全部是跟我们一起讨论的。后面这半段蛮好的，市政府这些单位尊重我们，问我们的需求，然后再问一些专家的建议。"② 他们也接受专家的意见，公园里留下很大的空间，有整片的大草地，潘美纯满意地说："我们公园的使用率很高，而且其实不只有这个社区的人在使用，邻近的社区都会来用。"③ 事前充分的沟通和讨论，为社区的未来提供了最佳的保证。

2002 年 2 月北垣里与富台里合并为"长荣里"，年底两个社区的发展协会也合并成立"长荣社区发展协会"。改建后的眷村主体变成二十三栋崭新的国宅，于 2003 年陆续交屋，十个眷村的居民也分批进住，"长荣新城管理委员会"在 10 月底成立，这三个单位遂成为新社区的三个主要社区组织，④ 其中里长由潘美纯出任，曹森则是兼任发展协会理事长与管委会主委，带领社区工作的主事者并未改变，所以之前的种种规划都得以依序顺利推行。由于眷村的特殊人口结构，社区的老年人口约占总人口数的 30%，因此对老年人的照顾成为社区的首要任务，加上老年人对新环境的适应力较差，社区在这部分投注了不少心血，潘美纯回忆："搬进来的时候，老人抽到十四楼说要自杀，我们才发现原来老人对于高楼是那么的恐惧。那种恐惧感是不可言喻的，他连坐电梯都很害怕，怕电梯关门把他夹住。然后抽到十四楼觉得太高，他很没安全感。你跟他解释十四楼空气很好，那些对他而言都是没有用的……有一些老人在家不出门的，他跟我说他一年没有出过门，怕出来发生危险，电梯停电怎么办。"⑤

---

① 潘美纯口述历史访谈，2005 年 7 月 14 日。
② 潘美纯口述历史访谈，2005 年 7 月 14 日。
③ 潘美纯口述历史访谈，2005 年 7 月 14 日。
④ 长荣社区发展协会、长荣社区里办公室：《长荣社区简介》。
⑤ 潘美纯口述历史访谈，2005 年 7 月 14 日。

因此协助老人适应成为非常迫切的问题，那时候社区举办了很多的活动，主要就是为了鼓励老人家走出家门："老人家有时候没有子女一直陪伴在身边，当然会觉得很无助，所以就需要靠邻居，那时候我们社区办了很多活动，一开始搬进来几乎都在办活动，办活动的意义是试着让他们走出他们家。"① 这样不断地付出关心，好不容易这些老人家才慢慢习惯新生活。"有一个爷爷住在十四楼，他跟我说，里长我发现住在十四楼很棒，空气又好风又大。"她笑着说，努力总算有了改变。社区关怀问安活动的推展，也是基于对老人的关怀而来，他们鼓励邻居们互相关心。志工队也会固定拜访这些独居老人，所以他们可以很迅速在最短时间之内就发现哪一个人有什么问题："我们之前有一个伯伯就死在家里面，因为他是独居老人，可是个性孤僻，你去看他他都不给你开门，他会觉得说男女授受不亲，七十几岁了，然后我们都会去看他，我们会给他敲门，然后他就'唔'，表示他还活着，后来每天都会有人去看，然后第二天都没有回答，隔天就出事了，开门他就已经过世了。"②

这样的例子不胜枚举，而反映出来的就是社区居民之间强烈的彼此关怀，里长感性地说："那种感觉很好，彼此关怀，觉得大家都是一家人的那种感觉。"

除对新环境的适应之外，老人家还有很多的问题，社区成立之初曾经发生一件老人家过马路发生车祸的悲剧，社区马上针对此事进行讨论："是不是提供一个安全的用餐环境，让老人家来用餐。"③ 于是专为社区六十五岁以上的长者所开设的"长青食堂"就开始运作，每周一到周五中午供餐，每餐只要三十元，④ 可以说完全是服务性质的，这在当时也是被各大媒体报道，非常受到好评。但里长指出更有意义的是："长青食堂后来的意义已经不是用餐了，变成老人家在这边可以得到彼此关怀的时刻，他可能边吃饭边跟你聊天……甚至老人家就在这边食堂当义工，他就很快乐，终于在这里找到价值。"⑤ 意识到社区的老人问题，"所以那时候我们就把老人照顾提前来做"，这样一年一年下来，长荣社区的老人照顾做得很扎实，也常上报。

其实社区本来就跟北区卫生所有合作一些健康议题的推动，最初他们就利用长青食堂来举办健康讲座，卫生所会派讲师来，"也就是说吃饭已经不是

① 潘美纯口述历史访谈，2005 年 7 月 14 日。
② 潘美纯口述历史访谈，2005 年 7 月 14 日。
③ 潘美纯口述历史访谈，2005 年 7 月 14 日。
④ 长荣社区发展协会：《长荣通讯》2005 年第 89 期。
⑤ 潘美纯口述历史访谈，2005 年 7 月 14 日。

吃饭一件事情，可以通过吃饭给他们一些信息"。但是长青食堂开办三个月之后，用餐的人数却开始减少："其实那时候我们有包成大餐厅的厂商，就是介绍自助餐厅来供餐，他们做当然是比较符合老人的一个饮食状况，可能是少盐、少油，可是因为眷村的老伯伯、老妈妈口味比较重，所以三个月人数就开始下降，我们一问就说因为他不太喜欢吃这些菜，因为根本就没味道。"[1]面对这样的情况，社区也和专家学者讨论过：究竟"健康"跟"美味"之间该如何抉择？不过他们得到的建议是："其实我们应该是告诉老人一个信息，健康是要自己照顾自己，让他自己要去想。"[2] 在这个提醒下，刚好市立医院有一个血压站成立，社区就去报名，培训了一些量血压的志工，所以里长就转而成立"健康管理站"，把健康讲座的部分挪到这边做。"健康管理站"每周一到周五从早上八点开到下午五点，提供免费量血压的服务，[3] 所以老人家几乎每天都会去报到。后来他们发现这个健康管理站的效果很好，来的人越来越多，一天有时候会来到四五十个，有记录建文件的有几百个人，所以之后很多健康相关的信息或检查，他们就利用这个血压站来做。之后他们又在管理站里准备了简易的运动器材，并慢慢把图书室移到那边："你不是只有量血压才来啊，你可能可以去那边看报、看书，我们放一些运动器材，换言之也就是说它有另外一个意义，跟长青食堂的模式是一样的意思，它可以因为这样的事情延伸更多的价值跟意义。"[4] 里长骄傲地说，他们曾经针对"长青食堂"和"健康管理站"这两项服务对社区做过问卷调查，社区居民都很认同这样的措施。

其实除老人需要适应之外，一般居民也一样需要适应期，尤其他们是以前不同社区的人住在一起，住进来的时间又有前后之分，所以一些问题他们可能已经先制定了管理公约，比如哪里不准骑车子、养狗到公园要清狗大便或者晒衣服等，这部分就必须跟后来的人沟通，管委会主委说："我这个公约是上一批这些进来的人共同讨论的，后面进来的就说我没有参与讨论，那我们就来讨论，所以请大家全部一起来，这样也没人讲话了，因为这是大家决定的，这样可能对大家都好，可能少数几个会觉得妨碍到，但我也已经习惯了。"[5] 对于长荣社

---

① 潘美纯口述历史访谈，2005 年 7 月 14 日。
② 潘美纯口述历史访谈，2005 年 7 月 14 日。
③ 长荣社区发展协会：《长荣通讯》2005 年第 89 期。
④ 潘美纯口述历史访谈，2005 年 7 月 14 日。
⑤ 曹森口述历史访谈，2005 年 7 月 14 日。

区的未来，里长表示除了一直持续在推行且颇有成效的老人福利健康照顾外，因应社区人口结构的改变，他们也开始做一些儿童及青少年的计划，与社区内的中学合作，希望整个社区福利化的部分做得很完善。[1] 再来文化部分，长荣社区也向市政府争取"眷村文化馆"的设置，长荣社区也着手整理社区内十个眷村的村史，未来还要扩展到台南市的四十个眷村，一切都在有计划地进行当中。[2]

六　乌来社区营造故事

1999 年乌来卫生所通过社区评估发现当地部落的健康问题有以下四点。（1）酒精滥用及酒精依赖人口比例偏高：胡海国于乌来乡忠治、乌来两村发现其酗酒盛行率为 54.9%（滥用 32.3%，依赖 22.6%）。（2）事故伤害死亡率高：根据乌来乡 1995～1999 年的死因分析，发现十大死因的排列顺序事故伤害及不良影响占第一位，较台湾地区的第三位及台北县第四位有明显差异。（3）未成年少女生育率高：乌来乡 15～19 岁妇女的一般生育率从 1994 年到 1996 年分别为 80‰、60‰和 90‰，皆高出台湾省至少两倍，相较于台北县则近三倍以上。（4）痛风盛行率高：乌来卫生所健保开办后一年（1995 年 3 月至 1996 年 2 月）痛风病人占就诊人次数的第一位，占总人次 7270 的 20.00%。由上述健康问题与酒都有相关，故计划以降低酒瘾危险因子为计划主轴。运用的策略为，通过传统泰雅人文化的溯源及重新诠释，产生新的部落规范强化酒瘾的预防因子，通过结合观光资源，产生以部落为主导的传统泰雅人文化观光资源，增加部落居民经济收入，降低因失业产生酒瘾的危险因子。[3]

乌来乡部落健康营造中心，在部落社区健康营造推动方式经过三年的努力后，不仅凝聚了部落的共识，同时也成立了人民团体——乌来乡卫生促进会。总体健康营造中心的委员是教会牧师或是基督教同工，因为容易召集群众，进而达到活动的效果。而且他们在山地部落里面也容易被接受，试图改善饮酒的问题。"社区发展协会与健康促进会的成员想要试办看看，以一个最

---

① 潘美纯口述历史访谈，2005 年 7 月 14 日。

② 台南市北区长荣社区发展协会：《台南市北区长荣社区九十二年度社区发展工作评鉴成果报告》，2003，第 26～30 页。

③ 蔡笃坚：《建立具地方特色的社区健康营造模式：结合口述历史和社会学科分析方法的诊断与建议》（结案报告书），"行政院"卫生署，2006。

难做的村子去做，因为做全乡的话效益难估，针对一个村做，或许可以做出感想，或者做出技巧，做全乡太扩散性，资源、人力不足。"正因为对部落、对族群的意识正在消失，少数民族受到他者文化的歧视，于是自我认同产生了矛盾，这是强势主流的外来文化所产生的社会问题，但由这样的社会问题，也产生了一连串的健康问题，可以说现代生活带来了便利和规范，却让原来生长在山林里依赖大自然的少数民族无所适从。因此乌来这个部落社区营造工作努力的方向，就是从文化先着手，老人家因而成为找回失去的过往，重塑部落文化认同价值的瑰宝。长期以来在部落看到喝酒的问题，"觉得最大的问题是在于缺乏自信，过去泰雅人的文化，都被人家叫作番仔，就好像失去了自信，要怎么样把他们的自信、自尊找到"。之前搭配合作少数民族健康社造工作的卫生所护理长认为："一定要从部落文化当中去找，怎么样让他们看到，原来泰雅人的文化是很棒的，建立他的自信。还有就是当时的温泉还没有那么兴盛，只是刚起步，可是就看到就业的问题，很多人都在部落失业。那时候外劳引进大概已经六七年了，过去原本乌来人做板模的，都已经被外劳取代了，所以部落的失业问题很严重。这两个社会文化的问题造成酗酒，所以也得从这两个问题着手，怎么样去看到他们文化的价值，因此针对有些传统文化的东西开班，让他们重新学着做一个泰雅人，然后在学习的过程中体会什么叫泰雅人。让他们都知道有一个词叫作 gaga，就是规范，它不仅是一个规范的意思，也是一个社群组织，我们同一个 gaga 的人就必须遵守同样的规定，如果有任何人触犯 gaga，同一个 gaga 的人就可能会生病、死亡，这是传统的一些概念。现在 gaga 的组织消失了，但是他们知道有这样一个规矩，所以协会及促进会的成员们决定重新去拟定一个新的 gaga，重新找到文化当中的东西，淬炼出来，并将传统文化跟就业结合在一起。"①

让传统文化的一些资源变成观光的资源，发展生活产业、深度导览的观光，所以在文化这个面相，其实第一年一直在尝试，借由部落耆老的参与，开了很多课程，织布班、美食班、生态导览班。"但是当时其实大家对我们这样一个组织都还很陌生，那时候我们有做一件事，我们的委员会决议要种小米，以前喝酒是要自己酿的，所以要种小米，丰收以后才可能有酒喝。"把这样一个原来付出心力去酿造的酒，在泰雅人的意义是什么，那是一个学习，于是部落里请老师教大家酿酒，这样的要求下，大家把小米种起来。

---

① 乌来 001 访谈稿。

乌来乡部落健康营造中心最大的特色是尊重部落文化：重新诠释泰雅小米酒文化并产生新的规范、让泰雅文化成为生活产业的观光资源、以泰雅文化为重心的训练课程及活动、泰雅传统饮食文化的推广——马告。而细数三年来的成果点点滴滴，共同经历了部落新 gaga 的订定（文化——酿出甘美的小米酒、健康——喝酒不开车、尊贵——喝自己酿的酒、信仰——主日不喝酒）、会歌创作（改写传统泰雅欢聚歌）、福山织布班训练、泰雅健康美食便当研习会、传统小米酒制作纪录片、泰雅传统文化之旅活动、飞向自由——反毒拒酒倡导音乐晚会、泰雅狩猎生态解说训练、彩绘安全帽活动、健康新gaga 青少年诗歌比赛、痛风暨肺结核母语演讲比赛活动、口腔筛检卡拉 OK 欢唱会、温泉业工作人员急救训练、创意工作坊、泰雅美食马告研习会、慢性病训练课程等活动："我们志工训练，每个礼拜二双周会，一个月两次，我都会到台大跟他们一起开会，做一些双周会的会报，就是说我们想要在村庄里面怎么去关心人，怎么想让那些饮酒者能够被得到关心之后，产生自信心，让他们在饮酒当中自己去发现还有另外一个专长，或是另外一个能力，就是要用很多的方式在原乡进行关怀系列的工作。"①

整个部落健康营造计划执行三年后，在事故伤害死亡率高的方面，事故伤害死亡原占十大死因的第一位（1998～1999 年统计资料），在计划执行后降到第四位（2000～2001 年统计资料），而与酒瘾相关的肝硬化死亡亦降低了。在未成年少女生育率高的部分，由于计划凝聚了青少年的参与，乌来乡15～19 岁妇女的一般生育率分别由 1994～1999 年的 80‰、60‰、90‰、30‰、36‰和 69.2‰，降低到 2000～2002 年的 103.2‰、49.6‰和 29.4‰；若单纯比较计划执行前后一年的数据（1999 年与 2002 年），乌来乡 15～19 岁妇女的一般生育率则降低了 39.8‰。在痛风方面，乌来卫生所门诊资料显示，痛风病人占就诊总人次的百分比，由 1995 年的 20%降低到 2002 年的 4.18%，由就诊人次的第一位降到第七位。②

七 总结

这三个故事是 9·12 之后大规模结合口述历史和社区总体营造，进而发

---

① 乌来 001 访谈稿。

② 蔡笃坚：《建立具地方特色的社区健康营造模式：结合口述历史和社会学科分析方法的诊断与建议》（结案报告书），"行政院"卫生署，2006。

展出台湾社区健康营造政策与方法的部分前驱性努力，由此初步的尝试见证口述历史可成为动员社区，共同建立认同的媒介，凝聚地方团体认同的效果。石牌地区的社区志工队在短短的时间内就经营得很成功，得到各界的肯定，促进石牌地区居民对于自我健康意识的觉醒，达成社区健康营造的目的。大家都为这个社区尽一份心力，对立是来自求好心切与相互的不了解，秉持这样的精神从事社区工作，相信石牌社区未来在推动下一阶段的工作时能有更多的斩获与成果。当然这过程中也看到由专业人员承接社区健康营造中心的局限，就是没有办法以整体的社区认同与文化基础的重建作为思考，也较缺乏扩大社区动力的可能。因此，之后特地借由口述历史工作坊与相关课程的推动，将奇岩发展协会、阳明大学和北投社区大学的资源与老五老基金会整合，相关文化活动的动力带动了新的气象，在已然建立的在地化社区健康营造机制之上，促成了社区健康生活公约的推动。

从以前的北垣社区一直到现在的长荣社区，算起来曹森与潘美纯夫妻从事社区营造工作已经有十四年的光阴。他们夫妻俩后来都已经辞去原来的正职工作，专心一意地将自己全部投入社区工作之中，这看在外人眼里或许是一种很大的牺牲，但他们却觉得自己从服务中得到更多。对于社区工作，里长强调重要的不是硬件、有形的建设，而是营造出那种无形的居民共识与认同："到后来你已经不需要一种特别形式化的东西，居民才会出自内心去认同这个是他的家，然后他也会去关心这个家，我觉得那种成就是无可言喻的。"[1] 换句话说，社区居民也已经慢慢养成主动关心社区事务的好习惯，"因为居民认同这个地方，他也会去关心它"，就像理事长所说已经不是"上面的叫你做，你就做"，而是"有些事情你看到，你就必须去做"。[2] 这种把社区的事当作自己的事、彼此一体的感觉是最难得的："也许今天为了一件事情做一些硬件，做一些环境改造或是什么也好，可是我觉得那个东西呈现出来就是一个表面的，可能环境有变干净，可是我觉得背后人跟人那种出自内心的关怀和支持，才是令人感动的。"[3]

乌来提醒着我们更需要以不同文化的视角，来看待部落的健康生活。健康的传统与现代价值不尽相同，没有对错，只有包容与体谅，必须摒弃过去主流思考的偏见，让健康这个议题回到文化的怀抱。真正实践两大策略：通

---

① 潘美纯口述历史访谈，2005 年 7 月 14 日。

② 曹森口述历史访谈，2005 年 7 月 14 日。

③ 潘美纯口述历史访谈，2005 年 7 月 14 日。

过传统泰雅文化的溯源及重新诠释，产生新的部落规范，"强化酒瘾的预防因子"；结合观光资源，产生以部落为主导的传统泰雅文化观光资源，增加部落居民经济收入，"降低因失业产生酒瘾的危险因子"。期待未来健康营造中心能依其宗旨，了解部落的健康问题，以尊重部落文化，互信互利为原则，有效结合部落资源，改善部落健康问题、强化部落自我健康促进能力，并提供部落居民完整性、持续性、多元化的健康文化，达成凝聚部落意识，增加健康部落的目的。

口述历史的实践找到了社区营造的动力，尤其所号召的志工多是退休老人所构成，之后结合医学人文教育改革和社区健康营造的双重努力，成就了台湾丰富的社区营造活动，也促使当地建立全新的社区重建网络。在这过程中，从事口述历史的人成了社区认同和思想的催化剂，而不是扮演领导者和历史诠释者的角色。[1] 尤其是许多学校参与救灾的经验，让服务学习和社区参与进行中的医学人文教育改革有所联结，创造了全新的口述历史联结社区营造的契机。[2] 借由口述历史为媒介的社区参与，同学们开始有能力感同身受，理解自身习以为常的机构与学习环境，如何容易与底层的民众需求脱钩，而沟通不良又如何容易从各自的本位主义中产生，由此产生尊重所谓"平凡小人物"的心理建设，是从事人文教育乃至医学人文教育改革所期待的。这些

---

[1] Duu - Jian Tsai, Vincent Chin Hung Chen, Ai - Ling Huang, Tsang Yaw Lin, Yu Chia Chen, Stefani Pfeiffer, Chih Yuan Lin, Chung Ying Chen, "Using Narrative to Reflect on Three Therapeutic Models in Taiwan: Lessons for Community Approaches to Child Mental Health," *International Journal of Child Development and Mental Health* (*CDMH*), Vol. 3, No. 1, 2015, pp. 20 - 37; Amy Starecheski, "Squatting History: The Power of Oral History as a History - Making Practice," *Oral History Review*, Vol. 41, No. 2, 2014, pp. 187 - 216; 黄嫒龄：《慢性精神病患社区支持性就业的行动分析》，硕士学位论文，东华大学族群关系与文化研究所，1997；黄嫒龄：《家庭系统做为慢性精神病患照顾主体的省思：论过度使用家庭能力与建构替代性家庭功能》，《中华心理卫生学刊》2000 年第 3 期，第 89～122 页；黄嫒龄：《回到根本之处思考：在拟象真实跟常规社会之间重建精神病患的生活结构》，《中华心理卫生学刊》2001 年第 4 期，第 109～130 页；黄嫒龄、蔡笃坚：《介于正常与异常之间的异己相逢旅程：慢性精神病患生命叙事所蕴涵主体形塑的可能》，第三届"台湾本土心理治疗学术研讨会"（台北：中研院民族学研究所）；2006 年 4 月 28～30 日。

[2] 蔡笃坚：《实践口述历史所引领台湾医疗专业的新风格》，载杨祥银（主编）《口述史研究》（第一辑），社会科学文献出版社，2014，第 108～140 页；Duu - JianTsai, "Community - oriented Curriculum Design for Medical Humanities," *The Kaohsiung Journal of Medical Sciences*, Vol. 24, No. 7, 2008, pp. 373 - 379; Jen - Yu Chou, Chiung - Hsuan Chiu, Enoch Lai, Duu - Jian Tsai, and Chii - Ruey Tzeng, "Medical Education in Taiwan," *Medical Teacher*, Vol. 34, No. 3, 2012, pp. 187 - 191; 社区健康写真同学访谈作业 003, 2002 年。

体会对于同学而言，不是单纯从课堂上可以得到的，实际的在地参与和摸索，才是学习以及解决问题的关键，在这样的课程中有着全新的人生体会，也成为促成多元老人社区重建的口述历史实践的先锋。①

———————————

① 社区志工服务学生报告 0012，2003 年。

口述历史、科技应用与部落长者的回忆与创新

卢忻谧　陈冠烨*

摘要： 本文提出以运用叙事认同分析的口述历史方法为核心概念，导引为社区自主认同力量的重生再造并实质付诸行动。借由回顾参与式的口述历史实践，将社区营造的动能导入信息科技的应用模式，并通过虚拟现实与扩增实境的科技辅助进行旧部落的复原与指认，由体验过往所感受到生活的连续感及存在感，作为集体记忆所陈述的主客体关系，不仅通过自我、他人和其他者的共同记忆，从主体与客体的认同到自我与他者之间的关系，被陈述于跨形式的纪录中，成为共同环境及生活脉络的历史，更进一步通过科技所呈现的文化形式及意涵，作为主体对过往经验及历史融入的一种回馈，创造主体环境经验的内心感动及族群的共感体现。如此通过口述历史记忆的交流、转换与再生，开创以人为本的科技运用渴望与机会，于台湾偏乡部落创造全新的历史记忆回复、创新乃至智慧科技运用的动能，在"以人文本、科文共裕"的发展下，活化的不仅是社群的共同记忆，更活络了部落长者们的精神。

关键词： 口述历史；社区营造；社群；集体记忆

一　叙事增能取向之口述历史方法

本文所倡议的口述历史基本信念在于相信每个人都有能力述说自己的生命故事，具有组织时间、空间、孕育情感、产生知识的能力。因此，于从事口述历史时，访谈者应该要"放空"，意即放掉过去所学先入为主的理论、方法，将生命的诠释权重新还原给口述历史的受访者，每个人都是如此的不同，无法用访谈者原来的理论、方法、预设来涵括，而必须从受访者的角度出发，重新思索，发展新的理论与方法。

---

* 卢忻谧，台湾社会改造协会副秘书长兼办公室主任、屏东基督教医院研究专员；陈冠烨，无限建筑实验室研发长、场所技研有限公司执行长、台北商业大学助理教授。

　　口述历史的成功条件，除了事前的准备工作之外，很大一部分是决定于访谈者与受访者是否能建立良好的互动与信赖关系之上。而在大多数的访谈个案中，访谈者与受访者在访谈前事实上并不熟悉，甚至可能是第一次见面，如何以最短的时间摸索出适当的互动模式，建立信赖感，让受访者在没有压力的情况下，自然地对访谈者侃侃而谈自己的生命经历，对于每位访谈者而言都是挑战。因此，我们的口述历史方法在于掌握几个要点：（1）"清楚表明来意"：将访谈的目的对受访者说明，尤其清楚交代如何、为何找到他、后续的处理方式与用途，一方面让受访者安心，一方面也在过程中强调其重要性，增加受访意愿；（2）"带着尊重的坐姿"：这一点是基本的礼貌，让肢体语言呈现一种倾听的张力，让受访者觉得访谈者很专心地在听自己说话；（3）"适时点头，将心比心"：随着访谈的进行，与受访者一同感受他所感受到的一切，当访谈者对受访者的叙述能够感同身受的时候，自然就能做出最适切的反应；（4）"不急着打破沉默"：分辨受访者的沉默是为什么？或许他正陷入回忆之中，或寻思如何表达，此时访谈者应该耐心地等候，不要打断受访者的思路；（5）"要有信心"：问话放慢：保持从容的态度，一方面安定受访者的情绪，一方面增加受访者对访谈者的信心；（6）"不要忌讳礼貌性回避"：四目相接时难免有几丝尴尬，此时可以点点头或微笑以化解眼睛直视时的尴尬；（7）"顺着最后的话语"：说明受访者持续话题：顺着受访者最后的话语，重复最后几个字或词，往往就能说明受访者持续话题，继续说话；（8）"顺着受访者的逻辑问问题"：提出的问题必须能延续受访者方才的谈话内容，与上段谈话有关联性，让其叙事可以顺势发展，而不是突然提出毫不相干的问题，打断受访者的思绪；（9）"同一个概念组相关的问题一起问"：先将问题一一记下做适当的归类，待受访者的叙述告一段落后再提出，与方才话题较接近的问题先问，概念较不同的问题则往后延，如此将有助于话题与故事逻辑的延续性，并让访谈内容更加深入；（10）"适当的时候，不妨重述受访者的话语，询问是否掌握叙事逻辑"：重述受访者话语的方式提出询问，以确认是否正确的掌握受访者的叙事逻辑。①

　　因此，通过口述历史所传承的是意义和价值，甚至包括情绪，而这些意义和价值都存在于个人的生命逻辑中，我们可以通过引导的方式，引导受访

---

① 蔡笃坚、梁妃仪、洪德仁：《协助社群认同发展的口述历史实践：结合理论与实务的操作手册》，唐山出版社，2003。

者说出属于他个人的、独特的生命故事，再进一步分析此种故事的呈现，则称为"叙"：每个人的叙事皆不同，个人价值判断的基础，意即生命的"架构"也不相同，这些都是我们尝试去掌握与理解的。一个成功的叙事增能访谈，是必须对受访者个人生命史有相当的了解，才能对其日后在工作上的投入有更清楚的脉络，因此我们的口述历史访谈将从每个人的生命成长经历开始，第一阶段着重于个人的生命史，了解其个人的经历？成长的地方？受教育的过程？在什么样情形下（动机、理由或原因）？有了特殊的经历后做了什么样的反应与措施？为什么？受过什么样的支持？为什么有这样的机会？学习了什么？有什么特别的人事物影响？地方有什么特色？……。第二阶段为参与相关工作内容、机构、制度各方面的演变，目的在整理各时期所经历相关的认知与事件，如分析每个时期社区相关的发展演变，机构、政策、制度、实际工作内容各方面的变化、原因、影响，现在和过去的状况、概念有什么不同，记忆中具影响力的重要人、事、物，主要影响在哪一方面，等等。

本文所采取的口述历史方法是以同感为基础，重回同理和共情层次来建构新理论和认同形塑的可能，对受访者的生命叙事逻辑与情感开放，来挑战现代主义认识论所主导之知识权力关系的盲点。[①] 如此的思考导引我们必须发展无同感、无同理、无同意预设的口述历史技能，使我们变成对所有社群认同形塑与链接可能开放的媒介，探寻数据之后才能够由前述叙事认同的架构，重组合适的概念叙事或分析叙事。基于此，首先界定我们研究方法的假设：（1）每个人都会根据自身独特的生命经验来建立一套具内在一致性的认同与道德叙事逻辑，口述历史的工作就在于协助受访者集合情感、意义和事件完整地陈述这套逻辑；（2）人们有能力认知人我之间的差异，口述历史访谈时应由认知此差异出发，尽可能地让受访者说话，协助受访者呈现认同逻辑所架构生命故事的完整，而访谈者也应以差异对比的方式，一方面尝试了解他人逻辑的独特性；另一方面自觉自己生命经验的独特性，一个成功的访谈就好像自己接受了一次心理治疗，因为了解他人生命叙事独特性的同时，也了解自身习以为常经验的独特性；（3）社区与社群史的建构基础在于扩大受访者的差异，通过同感、同理、同意等三层次的作用整理叙说，历经由个人到

---

① 蔡笃坚：《口述历史实践与台湾认同发展》，稻乡出版社，2002，第 11～38 页；蔡笃坚：《展望新时代的专业人员角色：以医学人文教育的理论架构为范例》，师范大学教育研究中心（编）《教育研究方法论：观点与方法》，五南出版社，2004。

不同层次团体感的比喻象征意向联结，在有限的计划运行时间中，寻找生活背景差异最大的人们进行访谈，如此才能呈现较为全面的社区与社群风貌。①在这种操作过程中，通过同感追寻不同层次的感知结构，可以说是一切同理发展的基础，同意与否不是关键，然而同感的追寻必须以足以赋予意义的语言论说所伴随的生命经验成长为依归，话语因而成为探寻同感的媒介，通过与叙事治疗的理论模型做对比，更能够清楚彰显我们所采用的口述历史对于叙事增能方法学发展的立论基础。

二　口述历史强化部落营造之量能

以口述历史为媒介，通过同情共感所彰显的多元与多重情感凝聚与叙事延展的可能，访谈者与受访者是以伙伴关系的模式共同勾勒不同层次的历史结构，这样的口述历史实践更能进一步地应用到人我相互扶持网络的建立，彰显社区与社群已然形成的应变能力与动员方式，联结融合在地需求与能力脉络的体系救援与永续经营支持模式。如此以口述历史运用于社区营造来导引参与式设计的模式，并且成为动员社区，共同建立认同的媒介，这样的例子可回溯至我们自 2007 年开始于台湾宜兰县南澳乡金岳部落所开设的"部落文化体验与学习"课程，课程目标在于通过口述历史访谈深入部落了解历史文化环境，导引同学真诚地面对原住民部落所遭逢的困境，并且务实地由生命伦理与文化反省的面向重新检讨原住民部落与主流社会的权力不平等关系，以落实跨文化尊重。在这样的课程导引下，同学通过口述历史了解原住民的生活脉络与感受，也在实地参与部落文化活动后体认文化保存的重要性，同学在课程的回馈在于：（1）破除刻板印象，"原住民爱喝酒、吃槟榔"是笔者的既定印象，上山之后笔者才知道有很多原住民不抽烟不吃槟榔，喝酒也只是小酌；（2）理解文化保存的重要性，"部落已经没有一些祭典了，只剩下元旦和圣诞节，基督宗教取代了传统祭典，上教堂做礼拜是每周大事，现在

---

① Kathryn Anderson and Dana C. Jack, "Learning to Listen: Interview Techniques and Analyses," in Sherna Berger Gluck and Daphne Patai (eds.), *Women's Words: The Feminist Practice of Oral History*, London and New York: Routledge, 1991, pp. 11 - 26; Paul Thompson, "Historians and Oral History," in Paul Thompson, *The Voice of the Past: Oral History*, Oxford and New York: Oxford University Press, 1988, pp. 22 - 71; 蔡笃坚：《迈向健康生活社区化的可行模式：呼应社区营造条例的三个健康营造可能模式初探》，《社区发展季刊》第 107 期，2004 年 9 月，第 88 ~ 106 页。

60 岁一辈的人对以前的文化了解不多了，母语也逐渐流失中，原住民的文化比想象中更难保存"；（3）体认原住民与环境共生的智慧，"做麻糬、捣小米、射箭、腌猪肉、用藤编篮子……都是原住民的智慧结晶，就地取材，将大自然的资源转化为可利用的东西，原住民的智慧实在是太令我佩服了"；（4）感受原住民的知足常乐，"部落里的生活可能没有都市里便利、舒适，但他们如此地开朗与乐天，知足常乐，少欲望，生活轻松自在"。如此借由课程带领同学参与口述历史的经验，也促成对既存知识文化反思，不仅开创新的社区参与思考，进而促成了另类学术发展的可能。

"部落文化体验与学习"课程持续每学期开设了五年之后，我们进一步认为口述历史运用在社区营造，足以成为导引参与式设计的模式，因而于 2012年在既有的部落课程基础上，开设"在地老化行动研究"课程，课程进行的模式是以团队取向学习（Team Based Learning）与计划导向学习（Project Based Learning）的方式，通过结合社区营造的田野调查、口述历史访谈、与社区共同建立伙伴关系。此外，更加强同学参与式规划的导引，除了不同科系间的跨领域合作，也导入社区原有的动力与社区具有创意的文化元素，来充实创新设计的能力。最核心的精神在于，同学必须借由口述历史了解部落老人对于健康照护的需求，并设计符合老人所需要的长期照护信息科技应用方案，在如此课程的导引下，同学发展出有能力理解部落文化的特殊性，将智慧生活科技的概念带入金岳部落，缩短数字落差的能力，而且因为同学的参与，带动部落更大的营造动能与向心力，进一步将之前文化保存与社区营造的动力，带到健康保健与社区化长期照护领域，此外，也通过个人生命经验涵盖社区历史记忆与变迁中现时文化生活的交流，同学们扮演者导引新近概念，与社区耆老共创未来的角色。经历如此的课程洗礼后，社区的老人家对于智慧科技的运用与创新产生极高的兴趣，原本商议已久的以自主互助方式服务部落老人家的照顾服务据点顺利开设了，也开始针对生活的不适应提出用他们熟练的木工制作辅具来搭配健康信息设备的运用模式，也因课程中开创出无限的设计概念，结合生活与人际关系参与的社区营造策略，更扩大的设计的丰富与多元性，最重要的是回馈强化了人际网络的连接，开创社区全新的价值。

如此的系列课程设计，不仅创造了部落课程开设时通过同学的部落经验传承，部落志工和热心的老人家有这样的体会之后，也会与社区发展协会持续地扩大部落智慧营造的内容与效益，以社区营造的参与带动永续科技创新的全新部落生活，提醒着我们未来地方志的记录，要将思想、行动、科技乃至群己关系创新的面相，纳入类目重整的思考，数据搜集本身也有应该更为周延，分割出更为上位的类目概念，来呈现完整的地方思想流变与相关的作用。

三　口述历史促成部落文化之延续

借由课程导引参与式的科技结合社营造方式，使年长者在参与信息科技设计的过程中，体认到信息科技可以实质说明他们的生活，也在无形中缩短部落的数字落差。在近十年课程参与的努力下，我们进一步思考如何延伸信息科技的运用，创造部落营造的量能。因此，在与部落工作者及耆老的沟通讨论后，族人决定将信息科技导入在地文化保存及生活空间复原，由此开始着手进行将科技应用于部落自 2005 年每年持续不断的"回旧部落系列寻根活动"，这样的活动必须回顾过往的历史，金岳部落是位于宜兰县南澳乡南澳北溪与鹿皮溪间之部落，其地理位置依山面海，人口约有 600 人之小而美的部落，部落是由武塔（Buta）及流兴（Lyohen）两个旧部落族人所组成，为保存旧部落历史记忆、传统文化及生活空间，金岳社区发展协会自 2005 年开始推动"回旧部落系列寻根活动"建立一个学习传统文化的学习环境与教育管道，促使大环境下受到汉化及现代化的年轻子弟，增加对金岳部落及旧部落之了解及认同。因此，回旧部落活动已经不只是回到祖灵地祭祖或只是感动的情绪，而是慢慢转化成新部落（金岳）与旧部落（流兴）重新联结的文化意涵，以及建构历史文化及传统生活的重要工作。

话说重头，源自 2005 年的"回旧部落系列寻根活动"，一开始是由中青代带着父母亲的记忆回到旧部落，过程虽然感动，却缺少耆老证实所有的历史、经验及空间，因此，在 2006 年开始由耆老带领着一群年轻人，体验昔日在山上的传统生活，由耆老述说历史文化及生活经验，并实际走访旧部落的活动空间，由此加深年轻人对于文化的认识与认同，2007 年进一步在耆老的带领下，带着中、青、幼回旧部落，诉说旧部落的故事，制作详细的旧部落地图，标示出每个人的家屋，让回旧部落的每个人找到自己的家，也开始进行祭祖、打扫，并找到维系旧部落生存的水系统，2008 年更扩大参与，结合在地小学，带领小朋友回旧部落，举办 32 公里路的毕业典礼，将年龄层往下扎根，从小认识自己的历史文化。这个活动一直持续到今天仍受族人所推崇并珍惜，更是令部落感到骄傲的活动。

我们也通过对访谈的耆老，明确地感受到旧部落生活在他们的记忆中，景象历历在目，风光明媚，当时住的是木头混搭石头并且屋顶以芽草覆盖的方式所建筑而成，当时部落也有其特殊的安全管理方式，非本地人进入部落时必须取得派出所盖章许可方能进入，所以居住在旧部落感到安全舒适："那里的部落景观很漂亮，一进去部落第一个就是学校，再进去一点就是派出所，再进去就是我们房子，而且我们以前的房子都是木头和石头迭上去的，上面是用茅草。以前很严格，外地要进来部落要经过派出所，一定要去派出所盖章，如果派出所不让你们进去，你们也没办法进来我们部落，所以以前在部落都很安全。"①

同时，耆老也分享当时旧部落有其保护山坡地的方式，开垦及种植皆有范围的限制及规范，"我们这边的住家后面 150 公尺以内不能开垦，所以我们这边也算是蛮安全，以前老人家的观念很好，会教我们这一代或比我大一代的，做山上工绝对不能开垦这边，如果要砍木头、种香菇要到里面一点的地方，也是在保护这个村庄"。②

通过耆老的口述历史，我们可以体会旧部落的生活蕴涵着老祖宗生存的智慧，更可以感受到耆老那份回忆过往的欣喜与富足感，这也是部落营造所坚持的价值与精神，"旧部落系列寻根活动"因而在社区多年的努力下，俨然成为部落大事，期望未来依然秉持着文化传承的精神，共同维护着珍贵的部落文化资产及遗产，并将旧部落元素应用于部落入口意象与环境美化，使金岳部落迈向成为南澳乡历史人文的重要部落。

四　口述历史结合信息科技之模式

因应智慧通信时代的未来，持续要维护旧部落文化历史记忆传承与再生之决心成为部落营造的关键，因此，运用整合当前生活智能科技的软硬件系统，重构部落生活历史的观察，延续场所活动脉络的永续与传承，以口述历史为核心，运用结合扩增实境（AR）、虚拟现实（VR）、网络串流影音、公开网络服务应用程序等通信科技，针对部落生活之再现、旧部落之虚拟重构、

---

① 林耆老访谈，2009 年 11 月 20 日。
② 林耆老访谈，2009 年 11 月 20 日。

生活路径及仪式活动之场所芭蕾（place ballet）、部落故事文创应用四大部分作为实体示范计划，以服务导向架构与服务设计角度切入实际社区产业之科技应用，完成部落生活场所信息系统。结合社区活动的力量，部落生活场所信息系统针对特定艺文活动，能提供历史记录及回溯，并通过部落特色故事的素材，将其内容进行数字化并有效利用成为社区的文化资源。

而最重要的场所精神则是必须通过口述历史来重塑意义和重现精神，场所精神是源自现象学的说法，地点所在的建筑被视为能够表达场所的一种活动，通过辨识、界定与建立范围来认定一处场所的内涵与象征意义。场所精神很显然是在一处独特场域所具有的一种具有象征意义的神性、秘密的守护神，建筑应该要予以彰显、宣告、探究与留意，借此地理与历史在建筑场所中结合在一起明确地界定空间与时间。场所的观念与一种连续性的建筑过程概念相契合：建筑的使命在于发掘早已存在的事物，如同是一种永恒的背景能让建筑阐明根源、要旨以及不变的常数。① 我们需要这样的过程来建立对于在地部落的环境重塑，就特征指认上赋予意义。

场所具有历史、文化、记忆、情感等多重的意涵，通过与环境互动后产生的经验是一种"理性的感性"的呈现，也就是在人与环境间的互动关系中，不仅仅单纯的受到某种因素的支配或影响，而是掺杂许多自觉地与不自觉的意向在其中，因此通过参与其中或身历其境的经验描述所呈现出来的场所感，可以反过来透视场所的价值，及了解民众珍视的资源是什么。② 场所精神乃经过长时间累积所形塑而成，融合了自然特质、文化背景、居民生活形态、城市活动等多样化属性，成为一种能够传达一场所之特色的特有印象与场所感。为建立对无形文化象征的再现方式，确认文化特征所代表的特殊性及明确性，需要利用科技应用方式来强化人类记忆上的遗漏与失落，这样的场所记忆所形成的历史脉络，显示出过往生活样貌的逼真性与适切性。

这样的历史脉络呈现出对一处场所的依恋（attachment），是一组关于地理位置的感受，这种情感在一定程度上将一个人与该场所联系起来，作为其作为经验设置的角色的一种功能。换句话说，生活经历可能具有充满情感的质量，其充满了与场所本身产生情感联系的环境。对于部落的耆老来说，场所依恋与生命历程的体验和跨越生命历程的自我认同主题有关，这显示出对

---

① Christian Norberg–Schulz：《场所精神：迈向建筑现象学》，施植明译，2000，第126页。
② 吕怡儒：《台北近郊森林地方感之研究》，台湾大学地理环境资源研究所，2001，第19页。

场所的依恋既可以是现在的，也可以作为记忆的一部分。① 传统上，心理学家对不同类型的人进行了区分学习和记忆，例如记住如何执行各种动作，属于隐性或程序性记忆；记住意义和事实信息，属于语义记忆，并记住上下文绑定的特定事件，属于情节记忆，是当代心理学特别受到关注的议题。② 人们回顾过去的经验在很大程度上取决于其当前生活的情况来看待自己，回忆与现在的自我形象一致更容易获得，将重要的记忆视为一种特殊的自传体记忆，是一种采取自我叙述的形式，就像所有自我叙述一样，他们做的是解释我是谁和我做过那些事情。③ 这样的结构意义可以处理为三方向的组织架构，场所依恋的人（human）的维度是指其单独或共同确定的含义；心理（mental）维度包括依恋的情感，认知和行为成分；地点（location）维度强调依恋的场所特征，包括空间层面，特殊性以及社会或物理元素的突出性。此三项组织架构能确认出场所依恋的潜在功能及具体背后的附带概念。④

基本上，我们利用科技的力量来强化口述历史的转化程序，包含转译与具象化的过程。这样的科技应用以混成实境（Mixed Reality，MR）为主轴，包含扩增实境（Augmented Reality，AR）及虚拟现实（Virtual Reality，VR）的技术整合，对于真实与虚拟世界的信息交换与识别提供了一个完整的技术应用发展。

就探讨科技应用对于口述历史的影响，数字科技已经在影响着人们记住和叙述他们生活的方式，以及用反过来的方式分析这些故事。这里述说的口述历史是一个适用于两件事的全能术语，它指的是这个过程进行和记录对人的访谈，以引出信息：关于过去主体自身的意见。但口述历史可作为过去事件的叙述，这是一项研究方法和结果研究过程，作为进行调查的方法；换言之，口述历史既是记录的行为，也是一种产生记录的行为。⑤ 因此，将数字科

---

① Robert L. Rubinstein and Patricia A. Parmelee, "Attachment to Place and the Representation of the Life Course by the Elderly," in Irwin Altman and Setha M. Low (eds.), *Place Attachment*, New York: Plenum Press, 1992, pp. 139 – 164.

② Daniel Schacter, *Searching for Memory: The Brain, the Mind, and the Past*, New York: Basic Books, 1996; Daniel L. Schacter, *The Seven Sins of Memory: How the Mind Forgets and Remembers*, Boston: Houghton Mifflin, 2001.

③ Steven D. Brown and Paula Reavey, *Vital Memory and Affect: Living with a Difficult Past*, London and New York: Routledge, 2015.

④ Leila Scannell and Robert Gifford, "Defining Place Attachment: A Tripartite Organizing Framework," *Journal of Environmental Psychology*, Vol. 30, No. 1, 2010, pp. 1 – 10.

⑤ Lynn Abrams, *Oral HistoryTheory*, London and New York: Routledge, second edition, 2016, p. 15.

技应用到口述历史上已是不可避免的趋势。

若将环境构成因素区分为场景与构成物这两种元素，虚拟现实的场景与构成物都是数位虚拟的呈现，而扩增实境则是将虚拟的构成物，经由计算机运算叠加呈现于真实场景中，这所代表的意义说明了扩增实境是虚拟现实技术的一种延伸技术，其主要的概念就是经由计算机进行符号的识别与定位，将虚拟图像或 3D 数字模型叠合于定位点中，再通过软件整合呈现于显示器中，并随着观看者的角度，进行虚拟对象所呈现状态，例如大小、角度等，以符合人的自然视觉感受为基础进行实时的运算及调整。

如何将科技应用于口述历史中，具体方案是以初步调查情况进行虚拟现实复原，并借由回到旧部落实地进行扩增实境指认。通过为期五天的工作进行现地勘查与调查工作，确定现地现况所有的对象，完成初步的环境及建物模拟，以部落生活的集体记忆作为素材，汇流过去与现在的生活记录，由个体记忆的累积扩大到部落的集体记忆进行数字化，以达成部落生活之再现。这是一种借由人际关系、生活记忆、空间记忆三要素所构成的场所记忆所链接，将耆老真实的"此在"（Dasein）所形成的经验记录为口述历史，并通过虚拟现实进行传统生活复旧及转译的整合过程。

在这样的过程中，在地新时代的年轻泰雅人深深感受到文化将会随着耆老而消失，引发了对于文化创新保存的企图心及奋进心，不仅是部落场域环境的记忆，更包含耆老们所述说的历史记忆与生活故事，传递着人与自然的互动关系遵循着泰雅原住民的伦常（Gaga）律法及外来统治者的管制规定，产生传统习俗与外来文化共存之生活，以及家喻户晓的"莎韵之钟"生活事件，吸引更多的年轻人想要了解旧部落故事与泰雅人文化，亦成为原住民族文化传承创新之创举。不仅如此，在我们对部落耆老的访谈中也感受到过去的生活互助伦理内涵，"我们要盖一个房子必须要准备两年的时间，因为要准备竹子，木头要埋在地下嘛，也没有水泥啊，盖房子必须要找一些邻居互相帮忙。这过程（准备建材）要养猪，因为以前养猪比较慢，差不多一年多就可以杀了，杀的时候召集一些邻居、朋友，准备猪肉分给他们"。同时，也见证环境共生的传承智慧，"一年四季都通风的，虽然家里一年三百六十五天都是在用火烧煮饭啊，可是不会呛到人。房子是地穴式，差不多一米下来，外围有洞，空气进来之后烟不会吹到外面去"。

五　总结：口述历史创造记忆永恒之未来

关于时间脉络所引导的连续性观点，指引着被保存的记忆及空间历史应是跟随时间流逝，借由真实生活持续累积而成的文化脉络，并形成一种动态时间概念持续向后推进的历史流变。在历史空间延续性上，借由历史建筑存在于当下环境的定位，通过历史建筑之特质与符号特征，建立历史根据的基准；另外，通过外在象征下蕴含之社会人为事实，以及情感中重要的存在记忆与象征性，来建立文化及依存的重要价值；最后，从历史建筑的复原过程中，追寻属于在地文化符号的集体性定义，并能将该场所的潜在特性加以保存，具体将场所的集体记忆及其所代表之场所精神，以一种实践性的延续及积累来形塑具体的历史意义。

借由体验过往所感受到的生活的连续感，受访者有时会觉得记忆从中消失，变得模糊暧昧，借由其他人定义的情况或是记忆的事物的不熟悉及陌生感，对自己的记忆回溯能力感到矛盾，有时，回溯记忆是否准确是受到质疑，虽然它可能感觉真实；在其他的一些情况，受访者绝对肯定其回忆的事件的版本是优越且准确的。因此，记忆具有悖论性的二元特质，某时候可以感受到时间朦胧，在其他时候又能够定义明确，非常清晰。当然，对于理解主体文化特质的人来说，至关重要与准确性和模糊性的关系是明确的，这里显示出群体关系是场所事件的核心。作为集体关系所陈述的主客体回忆，通过自我、他人和其他者的共同回忆，主体与他人的关系被陈述在任何形式的记录中，成为共同环境及生存背景的历史。

对此，在记忆活化的层面上，归结到三个基本层面：概念层、联结层、表达层；概念层诠释出一场所的事件，并通过事件所显示的核心活动形成具体的焦点意义及目标；联结层则通过时空的拓扑限制建立出历史环境及人事物的时序，并把其具体机能及关系的描述，通过文化符号及象征表现出来；最后的表达层属于呈现主体历史的整体，借由身体的运动及环境感知的具体经验，记录属于该处历史场所的独特样式。这样的场所记忆从口述历史的操作过程中获得实质且高质量的呈现，并能刻画出环境空间上的写实样貌。另一方面，这里强调的科技应用，其所扮演的角色是一种强化实践的方法，在不干涉史实基础上通过具体的指认及辨别来活化记忆。主体依赖外在信息对环境建构出一整体概念，通过多层次认知模式协助主体自身将外在信息概念结构化，逐步建构起环境的整体意象，获取对自身具有独特意义的场所。因此，科技重现出旧有环境的整体情境，有助于主体内化经验的凸显为研究者所知悉。通过对于不同科技所呈现的文化形式及意涵，作为主体对过往经验及历史的融入的一种回馈，创造出主体环境经验的内心感动及其族群的共感体现。因此，本文最重要的价值在于从事部落耆老的口述历史过程中，唤起部落族群对于历史再现的意识，并协助其运用保存记忆的信息科技媒介，妥善重现历史脉络及探索文化特色，借由主体回溯过去记忆的指认来实践，重塑部落共同记忆出发，带动在地场所精神重建的契机，最重要的是促成部落族人对于自身、专业、土地、历史更深刻的理解与认同，在此过程中，活化的不仅是社群的共同记忆，更活络了部落长者们的精神。

口述历史与老年精神病患照护

黄嫒龄[*]

摘要： 现代医学讲求实证科学与专业分工的时代趋势下，临床医疗经常给人冰冷、缺乏文化生活脉络的印象。跟个人日常生活最密切的精神医疗，也因生物医学的蓬勃发展，常忽视个人生命历程与记忆对照顾品质的影响。实务中经常可以看到，病患过去的生活经验与记忆参与了临床症状的一部分；特别是越来越多的失智长者，他们残存的记忆，在真实与幻觉之间，联结过去与当下的生活经验。本文从临床实务出发，运用叙事认同口述历史方法，以三位病友为主体，借由他们的叙事，在记忆的片段中找出与当下生活衔接的经验，进而作为临床咨询与处置决策的参考。本文三个个案都是 1949 年跟随蒋介石军队来台的荣民个案。他们的诊断分别为失智症初期至中期，因为出现急性的谵妄而会诊身心科，笔者系接续精神医疗团队的评估照会，提供后续的社会工作服务。由于患者均已面临不同程度的失智，因此访谈与评估较为片段，笔者运用口述历史访谈的技巧与叙事认同原理，在长者残留的记忆片段中找出有意义的信息，提供临床咨询，因而以更贴近患者生活经验的方式面对医疗问题。本文通过历史与记忆对个别生命意义的探讨，认为口述历史方法不仅仅是历史资料的收集，通过个案自身残存的记忆与历史时空的联结，提供临床咨询，有助于老年精神病患照顾品质的提升。口述历史方法能穿透历史时空，给出临床医疗处置的文化生活脉络，对于医学与文化生活的联结，是实务上一个值得重视的领域。

关键词： 口述历史；叙事认同；老年精神病患

一　历史与记忆

大约在 1990 年，女性主义观点的研究方法逐渐影响历史学的资料收集与

---

* 黄嫒龄，台北荣民总医院玉里分院心理卫生专科社会工作师。

诠释,① 历史学的研究也从过去重视政治与权力等公共政策的视角,转向对生活史以及对个人主观经验的关注。叙事作为口述历史资料收集的重要方法之一,系通过不同叙事者个人的生活经验,见证大时代政治、经济、灾难、疾病等,如何对个人产生影响。另外,可以通过重要历史人物叙说的生命历程,看到个人的倡导如何影响社会制度的变迁而创造历史。然而,叙事不免受到个人心理状态、记忆的影响,因此,口述历史资料需通过差异对比的方式,去理解叙说者所经历的时代背景与文化脉络。

叙事是通过语言的表达,在受访者与访谈者交互主观的心理过程中,理解个人与集体关系的一种方法,此种方法与心理学探究个人潜意识,以及文化生活交织下的集体心理密切相关。因此,有学者主张心理学即为历史学。② 就临床实务工作者而言,叙事治疗除用以理解患者内在心理的认同历程之外,③ 也有学者强调需要打破不同学科方法间的樊篱,结合哲学、历史学、心理学、社会学等不同学科的研究方法,将叙事认同视为社会建构的一部分。④

笔者的兴趣在于通过叙事认同口述历史方法,了解精神疾病患者的生命历程,协助精神病患复原过程中,重建日常生活结构。⑤ 台湾在 2018 年正式进入高龄化社会,同年 3 月,65 岁以上老年人口占总人口比例达到 14.05%,2017 年失智人口约 27 万人。⑥ 研究显示,大约 40% 的失智症患者有轻度忧

---

① Aaron Grinter, "Narrative and History: Hayden White's Objections to Scientistic Changes to the Study of History," *Cosmos and History: The Journal of Natural and Social Philosophy*, Vol. 13, No. 1, 2017, pp. 222 - 239; Mary Fonow and Judith A. Cook, "Feminist Methodology: New Applications in the Academy and Public Policy," *Signs: Journal of Women in Culture and Society*, Vol. 30, No. 4, 2005, pp. 2211 - 2236.

② Kenneth J. Gergen, "Social Psychology as History," *Journal of Personality and Social Psychology*, Vol. 26, No. 2, 1973, pp. 309 - 320.

③ 吉儿·佛瑞德门、金恩·康姆斯:《叙事治疗:解构与重写生命的故事》,易之新译,张老师文化事业公司,2000。

④ 肯尼斯·格根:《酝酿中的变革:社会建构中的邀请与实践》,许婧译,心灵工坊文化事业股份有限公司,2014。

⑤ 黄嫒龄:《回到根本之处思考:在拟象真实跟常规社会之间重建精神病患的生活结构》,《中华心理卫生学刊》2001 年第 4 期,第 109 ~ 130 页;黄嫒龄:《精神病患社区复元的生命意识》,载张新庆、蔡笃坚主编《生命文化核心概念解析》,中国华侨出版社,2018,第 170 ~ 182 页;黄嫒龄、蔡笃坚:《介于正常与异常之间的异己相逢旅程:慢性精神病患生命叙事所蕴涵主体形塑的可能》,《文化实践与社会变迁》2017 年第 2 期,第 137 ~ 186 页。

⑥ 卫生福利部:《失智症防治照护政策纲领暨行动方案 2.0(2018 至 2025 年)》,2017 年 12 月,具体内容访问网站,http://moe.senioredu.moe.gov.tw/UploadFiles/20180105020551632.pdf,浏览时间:2018 年 10 月 12 日。

郁，而随着年龄增长，约 20% 出现过不同程度的妄想等精神症状，① 因此，失智老人的照顾为高龄化社会极需面对的议题。

从口述历史观点，高龄长者通常是大时代历史的最佳见证者，某些对社会有贡献的长者，他们更是推动历史的社会促进者。因此，在寻找受访者时，我们经常会邀请生命经验丰富的耆老作为访谈对象。如前所述，口述历史的叙事会受到个人心理状态与记忆的影响，因此，当失智长者的记忆已逐渐片段化时，他们通常不是口述历史访谈的合适对象。然而，怀旧（nostalgic），常被使用在老人与失智长者身上。② 虽然有学者认为，怀旧过程断章取义的撷取过去生活片段，建构当下虚幻的生活，有些场景可能造成失智长者的压力。③ 但大多认为善加运用叙事认同，有助于失智症患者情绪的平复，④ 对于大部分老人是有益于心理健康的一种方式。⑤

沿袭笔者多年来从严重精神病患的残余功能中，寻找复健机会的信念，⑥ 希望在失智长者的残缺记忆中，发掘老人自主的生命力，以作为失智长者临床咨询与服务的助力。本文关心的主题是，失智症患者早期的生活经验，如何参与了失智患者忧郁及谵妄经验，叙事认同口述历史方法所得的片段资料，能否有助于临床咨询及照顾服务品质的提升。

---

① Marguerite Regan, *The Interface between Dementia and Mental Health：An Evidence Review*, London：Mental Health Foundation, 2016, pp. 9 – 11.

② Teodor Gergov and Stanislava Stoyanova, "Sentimentality and Nostalgia in Elderly People：Psychometric Properties of a New Questionnaire," *Psychological Thought*, Vol. 6, No. 2, 2013, pp. 358 – 375；Stanislava Yordanova Stoyanova, Vaitsa Giannouli, and Teodor Krasimirov Gergov, "Sentimentality and Nostalgia in Elderly People in Bulgaria and Greece：Cross – Validity of the Questionnaire SNEP and Cross – Cultural Comparison," *Europe's Journal of Psychology*, Vol. 13, No. 1, 2017, pp. 109 – 128；Rhiannon N. Turner, Tim Wildschut, and Constantine Sedikides, "Fighting Ageism through Nostalgia," *European Journal of Social Psychology*, Vol. 48, No. 2, 2018, pp. 196 – 208.

③ Oili – Helena Ylijoki, "Academic Nostalgia：A Narrative Approach to Academic Work," *Human Relations*, Vol. 58, No. 5, 2005, pp. 555 – 576.

④ Marie A. Mills, "Narrative Identity and Dementia：A Study of Emotion and Narrative in Older People with Dementia," *Ageing and Society*, Vol. 17, No. 6, 1997, pp. 673 – 698.

⑤ Clay Routledge, Tim Wildschut, Constantine Sedikides, and Jacob Juhl, "Nostalgia as a Resource for Psychological Health and Well – Being," *Social and Personality Psychology Compass*, Vol. 7, No. 11, 2013, pp. 808 – 818.

⑥ 黄嫒龄、林知远、高美云：《支持性就业与慢性精神分裂病病患协力网络的建立》，《中华心理卫生学刊》1999 年第 3 期，第 47 ~ 78 页。

二 研究方法与材料

在 2005 年至 2006 年间，蔡笃坚教授的研究团队协助玉里荣民医院以叙事认同口述历史方法，访谈了 53 位精神分裂症（schizophrenia，2014 年更名为思觉失调症）患者、4 位家属、19 位玉里镇的社区民众，以及 16 位参与精神复健的工作人员。① 失智病患一开始就并未被列入研究访谈病患名单，然而，列入访谈的 19 位社区民众中，访谈进行后发现有 3 位耆老有轻微失智现象，因此其逐字稿未能使用。然而，笔者从研究访谈及临床实务工作中发现，失智症患者的口述资料或许无法作为学术研究资料使用，但是在初期失智患者逐渐失落的记忆碎片中，运用叙事认同口述历史方法所获得的资讯，能够有助于临床照顾咨询服务，使照顾服务更能回应患者残存的感觉记忆，对于高龄社会的老人服务品质，提供另一种可能性。

本文使用的资料包含笔者的会谈记录、观察笔记，以及家属提供的背景资料。三位男性患者的年龄分别为 85 岁、82 岁与 87 岁，诊断分别为中度与轻度失智症，三位均曾短暂出现谵妄（delirium，一种急性的精神症状）；87 岁这位长者除谵妄之外，也出现持续的妄想症状，入院前经常跟踪妻子外出、怀疑家里遭小偷。

叙事认同取向的口述历史方法认为，人们有能力认知人我之间的差异，因此每个人都会根据自身独特的生命经验来建立一套具内在一致性的认同与道德叙事逻辑。口述历史的工作就在于协助受访者集合情感、意义和事件完整地陈述这套逻辑。叙事认同取向口述历史方法的特征在于，通过同感、同理、同意等三层次的作用整理叙说，引导受访者形塑完整的历史风貌②。

如前所述，失智症患者的记忆已经片段化，然而在实务工作过程中，笔者发现失智长者虽然因为记忆衰退而使记忆片段化，但是，那些残存的记忆，是叙说者情感联结最深的部分。本文尝试通过叙事认同取向的口述历史方法，将长者片段化的记忆，放回到叙说者曾经经历的历史时空脉络下，以同理失智长者如何通过片段化的记忆，在当下的情境中，重建内在一致性的认同与道德叙事逻辑，并希望有助于临床咨询决策与处置的参考。

---

① 黄媛龄：《日久他乡是故乡：治疗性社区玉里模式》，记忆工程，2008，第 51～53 页。
② 蔡笃坚等：《实践医学人文的可能》，唐山出版社，2001。

三　生命叙事与临床咨询

本文第一个个案是在台湾当时媒体网络不如今日发达且台湾尚未有专门的走失老人协寻服务的年代，笔者当时协助几个走失荣民找到家人的会谈经验，让笔者学习到残破的历史记忆，如何能有效地协助临床服务。

（一）寻找朱家村

朱老先生由救护车送入院，目测80余岁，老先生倒卧在路旁水沟边，无明显外伤，但有轻微脱水现象，身体因为多时未进食而显得虚弱。从外观看起来似乎走了很长的路，无法问出姓名与住址。老先生体力恢复后会诊身心科评估，诊断为失智症，因为医护人员无法问出老先生正确的姓名、住址等个人资料，因此转介社会工作师处理。

初见到老先生时，他眼神呆滞、神情忧愁，静静地坐在床上。乍看外表，会以为老先生失智得很严重，什么都不知道了。笔者问老先生一些问题，并且几乎是自言自语地猜了一些情况，似乎都碰触不到老先生的感觉。接着几天又花了好一些时间，才慢慢地让老先生开口说话。

"伯伯，您叫什么名字？"

老先生很努力地在记忆中寻思着，想了很久，然后一笔一画，慢慢地写着。

"朱×华"。噢！原来老先生听得懂，也会写字呢。他费力地写完"×华"，又边想边写着"朱×贵""朱……"之后就停笔了。老先生很努力地思索着，但写不出来。但这已经让笔者很高兴了，终于有两个名字了。之后几天，笔者每天早晚寒暄过后，就开始问"伯伯，您叫什么名字？"老先生总是很认真地想，然后从记忆中寻思出几个字，笔者也会把之前想出来字放在他面前，让他重新排列组合。排列组合完就一起大声念一次，希望能唤起他的记忆。这个方式似乎有一点点效果，逐渐地累积了几个名字，但是，老先生还是无法确认哪一个是自己的名字。比较确定的是，老先生可能姓"朱"，因为他每想一个名字，都从朱××开始。

这一天，我又来到伯伯床边问，"伯伯，您叫什么名字？"老先生像小学生念书一样，念着累积几天的名字："朱×华""朱×贵""朱×发""朱×法""朱×一""朱×伊"，然后说：喔！好像是"朱×发"。

"您住哪里？"

老先生说："朱家村！"

"妈妈叫您什么？"

老先生毫不犹豫地说："阿发！"

"太太叫什么名字？"

老先生说："阿蜜。"

我又绕回来问："伯伯，您家住哪里？"

老先生说："朱家村！"

"您知道现在这里是哪里吗？"

老先生说："朱家村！"

"到台湾住哪里？"

老先生还是说："朱家村！"

"坐什么车到台湾？"

老先生说："坐船。"

"跟谁一起坐船？"

老先生说："朱×贵，朱×贵。"

"您从哪里上船到台湾？"

老先生说："朱家村！"

我每日重复去问老先生相同的问题，老先生写给我的名字，依旧是前述几个名字不同次序的排列组合。当问到家住哪里，您哪里人时，他总是毫不犹豫而且肯定地说："朱家村！"他的母亲叫唤他的小名是"阿发"，有时想起母亲，伯伯眼眶微微泛着泪光，似乎回忆起一些感觉，但也仅止于此。我重复问相同的问题，老先生也很认真地回答我，幸好他已经忘记我已经问过很多次了，每次都很认真地回答我的问题。

依循老先生片段记忆的脉络所拼凑的历史记忆：老先生应该姓朱，来自大陆某一个省的朱家村，小时候妈妈叫他阿发（音）。所以，记忆中的名字其中一个可能是他，或者是对他有特别意义的人，但就是无法确定哪一个是他。儿时对妈妈的感觉是深刻的，他是跟着朱家村的同伴一起搭船到台湾来的。至于是什么时间来台湾、跟谁一起来，他都无法确定。

从现代精神医学对于失智症的了解，个案短期记忆会最先丧失，随着大脑功能的退化，慢慢地连长期记忆也失去，最后才进入完全失忆的状态。因此，尽管我一日三问，每次都问相同的问题，老先生记得的信息都没有太多变化。直到数日之后，我再次问老先生到台湾住哪里时，老先生突然说出一个有意义的答案："六十石山！"而且正确的使用"石"（音同但）这个音。

"六十石山"是台湾东部的一个山里的村落，这个地方土地的品质不好，种植水稻一期的收成只有六十石，相较于邻近区域的收成是少的，因此，六十石山的农民纷纷改种经济价值较高的金针，每年9～10月，金针花开满整个山头，此地因而成为台湾东部的旅游景点。六十石山距离老先生被警察发现的地方很近，我推测老先生会瘫倒在六十石山附近，应该是有特殊的地缘关系。因此，我欣喜若狂地把老先生提过的名字提供给离六十石山最近的警察局。不久警察局回复，说这些名字里面有一个人确实曾经住在六十石山，但是已经过世十几年了，老房子还在，现在他的妻子跟孙子一起住在那里。

通过警察协助，我特别请老太太到医院来指认，老太太一看，认出这位是朱老先生，是当年跟她过世的先生搭一条船，从大陆朱家村一起出来的同乡。他们随军队来台湾后不久就退伍，一起落脚在六十石山种植水稻跟金针，也在这个地方与当地女子结婚生子。据说六十石山的天然环境跟朱家村的老家很像，因此老太太的先生一直住在这里，直到终老。朱老先生则是因为孩子长大了要去外地读书，因此，他们一家人搬到台湾的西部已经超过20年了。老太太说：这么久了，他怎么会一个人来这里？

笔者在朱老先生的遗落的记忆片段中，辨认出对他情感联结最深的家族姓氏与成长的朱家村，前面胪列的几个名字，确实其中一个是他的本名，一个是跟他一起从朱家村逃难出来的同乡，同行的其他人已不知去向，只剩他们两人辗转跟随着部队搭船来到台湾。抵达台湾后，他们跟退伍的其他同胞一起来到花莲，他们在六十石山定居，因为这里的环境很像朱家村，多年之后朱老先生才跟着儿子搬到台湾中部的新竹居住，医院通过同乡友人妻子的协助，警察确认了朱老先生及他儿子的姓名，很快就找到朱老先生的家人。老先生的儿子十几天来，通过各种方式在中部地区寻找，隔着中央山脉，他们怎么也没想到老先生会绕了半个台湾，回到30～40年前落脚的地方。朱老先生回到六十石山的山下，他找不到以前住的房子，路也不一样了，他走了很远的路，因为许久未进食且脱水，才会倒在路边由警察通知救护车送到医院来。

这是一个过去的历史记忆与当下经验重新建构的过程，叙事认同口述历史方法重视情感联结，从失智长者的记忆片段中，可以发现感觉记忆是历史记忆联结最深的部分。感觉记忆是深层心理的文本，是口述历史极具价值的资料来源，也是临床实务工作上，可以用来增进服务品质的文化心理咨询方法之一。寻找朱家村，是老人寻找记忆中故乡的心路历程，通过历史与情感的联结，我们帮助他回到孩子的身边，由家人接回照顾。

（二）微笑人生

洪老先生因为跌倒骨折到本院公务护理之家疗养，他担任过里长在社区里热心公益，因此即便坐着轮椅，老先生在护理之家还是习惯四处转转，笑脸迎人地与人打招呼。直到有一天，大批记者来到护理之家访问他，我们才知道老先生入护理之家前，把他平常省吃俭用的积蓄捐出来帮助孤儿，并因此获得国际行善奖。此奖项可贵之处在于，相较于家财万贯的企业家，老先生捐出的钱不算多，却是他的退休金与毕生的积蓄。

老先生平常虽然喜欢跟人往来互动，面对突如其来的陌生记者，还是有点不知所措，但他脸上仍维持着友善的微笑。来访的每位记者都想知道老先生在大陆的家世背景；参加过国共内战时的细节；如何来到台湾；两岸开放探亲以后回到老家，发现妻子改嫁以后是什么心情；捐多少钱，你不是很有钱，为什么要捐出来；等等。对于记者刨根问底的问题，老先生笑着说：我们那时候连饭都没得吃，跟着部队走才有东西吃。这没什么，担心那些同胞的小孩没有饭吃，就捐了。记者想再多问一些，老先生说：说能活到现在已经很满足了，钱留着也没用。记者又问：为什么不结婚，一个人会不会很孤单？老先生说：不孤单。记者又问：回老家看到太太嫁人了是什么心情？会不会怪她？老先生说：不怪！记者询问的字句越来越长，老先生的回答却越来越简短。折腾了大半天，老先生累了，记者也问不出什么新的内容了，老先生才回房休息。

就在受访完的当天晚上，老先生突然尿不出来，膀胱胀得鼓鼓的，接着开始小声喃喃自语，听不太清楚他说什么，当晚紧急转送花莲的医院急诊时，老先生在急诊室突然恐惧地将双手在空中挥舞，大声呵斥着。医护人员靠近时，他也非常害怕，与平日乐观开朗的他判若两人。经过医师诊治，老先生才恢复平静，并且在一周后转回护理之家。

老先生受访完当晚的情况让笔者意识到，叙事认同口述历史的访谈不同于一般的访问。叙事认同口述历史的访谈是顺着受访者的感觉经验，不会刻意要受访者去回忆不想回去的过往。对老先生而言，记者询问的问题多半是记者本身的好奇多于老先生的感觉经验，访问的大部分内容也不是当下老先生愿意再去回忆的个人经验。老先生的回答越来越短，已经说明了他不想或者不记得了。此一事件，让医院做限制会客的医令，除了熟识的长官跟邻居，其他人一律不得会客，笔者也婉转说明并婉拒媒体杂志的各项专访。

老先生受惊吓的经验，让笔者学到口述历史访谈与潜意识文本之间的关系。口述历史访谈通过回忆，是个人记忆与过去经验重新联结与再建构的过程。访谈过程中，受访者潜意识的经验不断地回到当下，受访者不想面对的压力情境，健康的心理防卫机制会自动跳过信息或再度潜抑。但是，当潜意识里翻腾的感觉记忆累积成情绪压力，且超过个人情绪可以负荷时，就会转换成身体与心理的不适应。因此，护理之家以限制会客的方式，阻绝了外界对老先生的持续关注，让老先生以自己习惯的方式，渐进回复到平静的生活的。经过这个事件的折腾，洪老先生回到护理之家后还是维持一贯友善的笑容，但是记忆明显变差了，原本记得工作人员的名字，已经想不起来了。刚开始也还可以看着识别证，读出来工作人员的姓名，渐渐地连字都不认得了。但是乐观开朗的老先生自有一套因应方式，认不得字跟名字没关系，凡是男生他一律叫弟弟，女生一律叫妹妹。认不得人了也没关系，只要在他面前对着他微笑，老先生会从表情辨识眼前的人是否友善，因此，对友善的人也会回以善意的微笑。

笔者认为，对失智症患者而言，当对各种具体的人、事、时、物逐渐失去辨别的能力时，对于当下的感觉是否友善，患者还是有感觉的，他只是不知道如何表达。此观察对于照顾失智长者是一个提醒，亦即，长者即使已经失去经验各种事物的认知能力了，但他们对于当下的情境是否友善，仍是有所感受的。

（三）求救的声音

郑老先生因为不当使用电暖气，致腿部烫伤住院。有一天，当他推着轮椅回到自己床边时，看到隔壁床刚入院的患者，因为拔鼻胃管跟点滴而双手被约束躺在床上，老先生急忙推着轮椅跑去打电话报警，说医院绑架病患。由于老先生可以清楚地跟警察描述所在的医院病房地点及所看见的状况，因此警察未受理报案。

报案不成，老先生越想越生气，想着想着越睡不着觉，晚上11点多推着轮椅冲进护理站要找医护人员理论。工作人刚开始好言相劝，但是伯伯情绪很不稳定，脚一直踢，还一直咒骂护理人员是帮凶，你们都不得好死之类的话。混乱中，医护人员与照顾服务人员，四五个人一起上前制止老先生并将他送回床上休息。医护人员紧急联络家属，儿子同意请医师先给予镇静剂及在床上约束，等天亮后再进一步处理。

镇静剂让老先生小睡几个小时，清晨5点多老先生醒来发现自己被约束在床上，他不断地大声叫骂、挣扎、扭动身体，一直等到会诊的医师来跟老先生谈完，老先生才答应不再找护理人员理论，并且解除约束。老先生解除约束后，心理越想越觉得委屈，也担心自己会被谋杀。跟护理人员要了纸笔，详细记录了他在病房所观察到的一切，包含观察医护人员的对话与处置，并且在出院之后，正式提出检举。

老先生回忆起当天所发生的事，心里仍觉得很委屈，拿出他手写的记录，一一细数事情发生的经过，并说："我明明有听到隔壁床的在呼救，我想事情紧急，才打110电话报警。可是警察说这是医院自己的事，他们不受理。我想自己帮他解开，可是又解不开。可能因为这样，到了半夜2~3点，就有人抽了我的枕头，想要压住我的口鼻，说坏人做到底，要让我也一起死的意思。""我这辈子做人公公正正清清白白，就算逃难时饿得发昏，走路走到鞋底都没了，我也从来没有做过一件违法的事，为什么要把我绑起来？你知道绑起来代表什么意思吗？那就是违法！只有违法的人才要绑起来，我活了一辈子也没有做过坏事，到这年纪了还要被绑。"

在经过深入访谈之后得知，老先生在大陆就是学会计的，跟随军队来台在军中也是负责财经工作，退伍后在私人机关担任会计长的工作。正如老先生自己所说的，他一生公公正正清清白白，从没做过违法的事。因此对于住院被约束，认为是毕生莫大的耻辱。老先生的儿子也证实，老先生一生精于计算，对于数字非常敏感，到83岁入住荣家以前，还能小额买卖股票，而且从来没有亏过钱。老先生提到他曾经是流亡学生，先是跟着学校师长一路从东北往南走，后来才加入部队打仗。在他流亡的过程中，曾目睹有人因为饥饿难耐偷东西吃被吊起来打，逃难、饥饿、鞭打一幕幕，在看到隔壁床的病人被约束的时候，一下子全浮现在眼前，他说他不断地听到隔壁床同胞的求救声。一觉醒来发现自己因为要救人而被约束时，老先生感觉既愤慨又受伤。

长照安养机构为了防止病患跌倒，或者当病人出现攻击他人、无法配合医疗而出现自残行为时，医疗照顾人员常为了保护病患而给予暂时性的保护性约束（protective restraint）。尽管推动零约束（zone restraint policies）是临床上具体的目标，但随着高龄化社会的来临，在急性病房与长期照护机构中，老人被身体约束的比例比实际预期高。① 对于执行的医护人员而言，这或许是符合常规医疗的保护性措施，但有时候不免忽略执行过程中对患者心理的挫折感。②

四 历史记忆与当下一致性经验

感觉记忆是深层心理的文本，是口述历史极具价值的资料来源，也是临床实务工作上，可以用来增进服务品质的文化心理咨询方法之一。本文尝试运用叙事认同取向口述历史的同感、同理、同意等三层次作用的方法，导引失智长者在遗落的记忆碎片中，建构一个当下内在一致性的认同与道德叙事逻辑。叙事认同取向口述历史方法简化运用在临床咨询，通过对高龄长者残存记忆中的历史经验，谈他记忆中的故乡，了解他经历过的历史创伤，跟他们所在意的情感经验，在会谈中舒缓患者的挫折情绪。

朱老先生通过情感联结，想起了记忆中的故乡，给出了线索，帮助自己也帮助我们找到他的家人。曾经饥饿难耐的经验让洪老先生终生难忘，他怕那些同胞的遗孤没饭吃，因此捐出个人所有积蓄；他把不愉快的经验锁在记忆的黑箱里，微笑面对人生。郑老先虽然还是耿耿于怀，他为了救人所受的冤屈，但是他对于自己在战争与逃难的颠沛流离中能够活下来，还能在台湾成家，有一个孝顺的孩子，他觉得自己比起其他从大陆来台的好太多了。老先生们所能记得的经验或许是片片段段的，但对失智长者而言，感觉记忆参与了他们当下生活的经验，建立了一致性的认同与道德叙事。重新建构的经验可能是暂时的，其当下的道德叙事在临床上也可能被界定为谵妄或者妄想，但是，残存的生活经验，真真实实实地参与了重新建构的临床真实（clinic reality），并且运用自身的力量，导引问题解决的方向与情绪的出口。

---

① Shin Yuh Ang, Fazila Abu Bakar Aloweni, Karen Perera, Say Li Wee, Aines Manickam, Julian Hui Min Lee, Dira Haridas, Hanis Farhana Shamsudin, and Joon Kai Chan, "Physical Restraints among the Elderly in the Acute Care Setting," *Proceedings of Singapore Healthcare*, Vol. 24, No. 3, 2015, pp. 137 – 143.

② Xue Bai, Timothy C. Y. Kwok, Isaac N. Ip, Jean Woo, Maria Y. P. Chui, and Florence K. Y. Ho, "Physical Restraint Use and Older Patients' Length of Hospital Stay," *Health Psychology & Behavioural Medicine*, Vol. 2, No. 1, 2014, pp. 160 – 170; Junrong Ye, Aixiang Xiao, Lin Yu, Hongmei Wei, Chen Wang, and Tianyun Luo, "Physical Restraints: An Ethical Dilemma in Mental Health Services in China," *International Journal of Nursing Sciences*, Vol. 5, No. 1, 2018, pp. 68 – 71.

此外，对于叙事认同口述历史方法在临床咨询的运用方面，仍有特别需要注意之处。蔡教授团队的访谈技巧训练，特别强调顺着受访者的叙事逻辑，访谈者要避免研究者个人的学识框架凌驾于受访者个人的认知。此与早期心理分析治疗技巧相似之处在于，治疗者需尽量做到像一面镜子，避免个人的情感反转移（counter transference），通过自由联想技巧（free association），让被治疗者个人潜意识的经验可以自由自在地表现出来。叙事认同口述历史方法访谈过程中，顺着受访者叙事所投影出来的，是其个人心理所认同并且潜藏在记忆中的经验。研究者不去解析受访者个人经验是否有经过心理防卫机制的作用，重视的是经验本身对于受访个人者主观的感受。叙事认同口述历史方法是在访谈结束后，才针对所得的资料做交互主观的差异对比，借以避免研究者主观的知识凌驾于受访者之上。

本文洪先生的案例有助于反思叙事方法的运用，当访问者个人的兴趣凌驾于受访者个人的兴趣或主观意愿时，反而会激起受访者的防卫而回避或拒绝回答，此拒绝是个人心理受到威胁时正常的防卫。然而，洪老先生虽然还有部分能力通过婉拒回答来保护自己内在的经验与感受，然而，从他受访当天晚上出现急性谵妄症状的经验看来，记者是问到洪老先生重要的生命经验，但是那是访谈者工具理性非常粗暴地凌驾于受访者个人意愿的一种访谈方式，这是叙事认同口述历史方法所要避免的。因此本文认为，叙事认同口述历史方法运用于失智长者与精神患者等弱势者时，避免研究者的知识兴趣凌驾于受访者的知识经验与感受，是此方法运用上需要特别注意的伦理议题。

本文以三位长者片段的记忆，探讨叙事认同口述历史方法在失智长者照顾的运用与限制。三位长者记忆中的故乡与生命经验，随着他们的仙逝消失在历史洪流中。任凭历史时空如何变迁，他们都曾见证了 1949 年那 120 万内陆移民的历史片段。本文结合历史记忆与生命经验的理解，期待能对临床实务照顾工作提供更多的人文关怀。

口述历史与女性研究

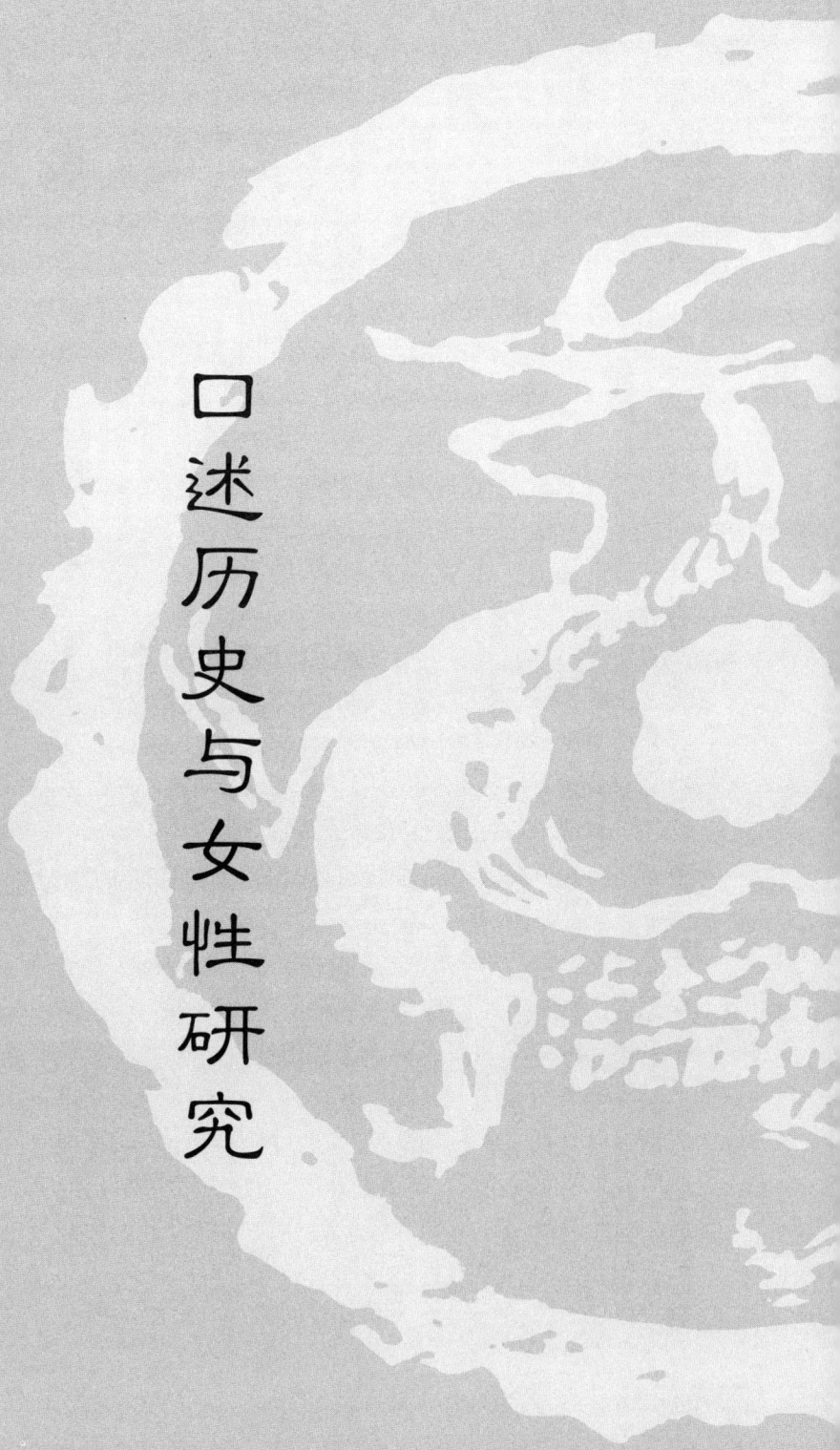

香港清洁女工生命史：劳动过程、工作意义和世界观*

邓　琳**

摘要： 无论是在公共领域还是在有关女性与工作的社会学研究之中，体力劳动型的非技能服务业工人这一群体都是不显眼的。本研究通过探索公共领域中香港清洁女工的经历，揭示她们的劳动过程和工作对个人身份认同形成的影响，尤其结合了香港服务业经济的背景进行剖析。研究者深入访谈了不同就业环境中的十位全职中年清洁女工，包括直接受雇工人与外包工，服务于公营与私营机构的工人，商业楼宇与私人住宅的工人。受访者中包含新移民，用以掌握性别、移民状态和年龄等多元因素的影响。被调查者通过个人生平和集体工作历史理解工作生活的意义。

本研究揭示了社会耻辱烙印和工作场所时空分隔是如何令清洁女工的工作隐形的。工作场所的管理正越来越多地采用注重成本效益的新自由主义原则来加强控制。外包的趋势无论是对接受直接受雇的清洁工还是对外包工都带来伤害。工作强度及其导致的不平等的性别工作再分配，都使得被抛弃的失落感和士气低落在工人之间蔚然成风。新移民工人也经历了向下移动和社会地位的隐形的伤害。但是，本研究也展示了清洁女工能取得信心，与管理层展开不同程度的谈判，并在关键事件和日常工作中反抗不公义、劳役和社会耻辱烙印。清洁工们嵌入于社会关系网络，维持着与消费者之间的社会距离，通过与周围人的交往形成了她们的自我认知。她们将"师奶"① 的性别身份与清洁技能相联系，有时候还会扩展到族群认同，从而在非技能劳动中宣示尊严和自豪感。

关键词： 女工；清洁工；性别；阶级；服务业工人；口述史

---

* 本文节译自作者邓琳在香港大学社会学系的硕士学位论文，详细参阅 Tang Lynn，"An Oral History of Women Cleaning Workers in Hong Kong," MA Thesis, University of Hong Kong, 2006。胡格源翻译本文，孟泉和何韵冰协助校对，特此致谢！

** 邓琳，博士，香港东华学院人文学院助理教授。

① 粤语里对已婚妇女的称呼。

一　研究缘起

我对清洁女工生命史的研究兴趣缘起于清洁工人的罢工。ISS，一所跨国清洁公司，曾经是香港地铁（MTR）的清洁服务承包商。在 2001 年 11月，MTR 把承包商换成了另外一家清洁公司，致使清洁工人不得不被遣散。但是在合同终止前的几周里，工人们被要求转到离他们住处很远的地铁站。这个变化意味着工人们要付出额外的几近负担不起的交通费。工人们怀疑这项新的工作安排是公司利用法律的漏洞，迫使他们主动辞职从而节约遣散费。他们拒绝了这项新调整，并开启了为期十天的罢工，要求 ISS 支付遣散费。由于 MTR 是公共交通机构，工人们也上街游行至政府总部，要求政府采取行动。

大约 200 名工人参与了罢工，其中大部分是女性，且相当大比例的女工是新移民。在抗议期间，工人们展示出空前的团结。尽管她们是在与跨国公司斗争，几乎不会说且听不懂英语，面对如此巨大的力量悬殊，她们脸上却毫无惧色。ISS 拒绝支付赔偿金，政府也并未插手干预，但是直到罢工的最后一天，她们依旧士气高涨。

这次罢工令人印象深刻，因为它展现了边缘劳工的尊严，清洁工人已经令自己"显形"了。在香港本土的学术研究中，体力劳动型的非技能服务业工人这一群体是不起眼的。关于女性和工作的研究都集中在生产部门，诸如服装和电子业，这些产业是低技能和低工资的女工集合地。例证包括女性产业工人对于保护性立法的态度研究①，电子和服装工厂的案例研究②，通过对女性参与工业外包工作的调查，研究家庭和劳动力市场的交互作用③，通过对比香港和深圳的电子厂研究全球资本主义背景下的生产政治④，以及探索工业

---

① Ng Sek - hong, "Women Workers in Industry and the Hong Kong Government's Role: Past and Present Attitudes," *Labour and Society*, Vol. 8, No. 4, 1983, pp. 333 - 351.

② Chiang See Ngoh Claire, "Women and Work: Case Studies of Two Hong Kong Factories," M. Ph. D. Thesis, University of Hong Kong, 1984.

③ Lui Tai - lok, "Waged Work at Home: Married Women's Participation in Industrial Outwork in Hong Kong," in Fanny M. Cheung, Wan Po - san, Choi Hang - keung, and Choy Lee - man (eds.), *Selected Papers of Conference on Gender Studies in Chinese Societies*, Hong Kong: Hong Kong Institute of Asia - Pacific Studies, Chinese University of Hong Kong, 1991, pp. 1 - 42.

④ Ching Kwan Lee, *Gender and the South China Miracle: Two Worlds of Factory Women*, Berkeley: University of California Press, 1998.

重整对女性生产工人的影响①。以上研究都证明了女性工人对香港的经济做出了巨大贡献。尽管在像清洁业这类体力劳动型的低技能服务工作中，女性工人的数量远远超过男性，而且这些工人在维护公共卫生方面为社会做出了重要的贡献，这些工人的工作生活却是鲜为人知的。考虑到体力劳动型的女性服务业劳工在学术研究中被忽视的现实，本研究从工作处境、雇用条件，以及在公众话语中的形象都与生产工人不同的清洁女工的职场生活开始。

清洁工在公众形象和论述中都被边缘化。这一点在 2003 年"非典"（严重急性呼吸系统综合征，SARS）暴发时被充分展现。公共卫生成为大众关心的焦点所在，清洁工人被要求更加努力地工作，他们理应被当成抗击这次传染病的核心力量。但是，他们并未从公众那里得到许多认可和感谢。这与整个社会为专业医疗部门所奉上的赞美与支持形成了鲜明对比。在新型服务经济中，存在着一种持续的工作两极化。这种两极化不仅是新经济的特点，并且是它的驱动力。清洁作为典型的边缘化工作，被认为是弹性和零散的，由最没有权力的群体担任，比如中年人士和移民工。

尽管清洁工人被边缘化，他们却利用这种被边缘化在 ISS 的罢工活动中为自己声讨尊严，他们宣称："我清倒垃圾，但别把我当垃圾看。"他们把愤怒转变为对认可和正义的需求。这种边缘化但未被削弱的尊严，启发了我去探索用清洁工人自己的话语表达的经验和世界观。他们的经验不仅是阶级附属和性别不平等的结果，同时也是移民状态所导致的不平等。在新自由主义重整下的香港，移民身份和性别在塑造清洁女工的工作经历上扮演了怎样的角色，总结而言，清洁工人们是谁，他们的工作性质是什么，他们如何看待自己的工作，他们如何看待自身，以及他们如何形成这些关于工作和自身的看法，这些都是理解女性劳工是否、怎样和为何为资本主义制度工作的重要问题。

香港的发展历程受到其独特的殖民地——资本主义背景所影响。该经验有经济、政治和文化上的结果。从 20 世纪 90 年代初以来，香港已经从制造业引领的经济转型为服务业主导的经济发展模式。周期性的经济重整是战后重要的经济特征。

① Chan Kit Wa Anita, Fong Yuek Hong, Fung Kwok Kim, Hung Sent Lin, Ng Chun Hung, Pun Ngai, and Wong Man Wan, "The Impact of Industrial Restructuring on Women Workers in Hong Kong," in Committee for Asian Women (ed.), *Silk and Steel: Asian Women Workers Confront Challenges of Industrial Restructuring*, Hong Kong: Committee for Asian Women, 1995, pp. 34 – 105; Stephen Wing – kai Chiu and Ching Kwan Lee, "Withering Away of the Hong Kong Dream? Women Workers under Industrial Restructuring," Hong Kong Institute of Asia – Pacific Studies, Occasional Paper No. 6, Chinese University of Hong Kong, 1997.

重整过程在带来整体经济扩张的同时，也带来了新的和不断增长的两极化与边缘化。这样的经济系统抛出了一个个循环周期的空白空间，等待被"有能力并愿意工作"的主体填满。许多边缘岗位已经被香港社会中最缺乏力量的群体所填补——女性和移民。清洁行业则是这种趋势发生的最后一站。这里都有哪些空位，工人们是如何在这些空位上工作的，尤其是当她们中的绝大多数来自物质和文化相对弱势的环境，也即是在文化上被建构为具女性特征、与家庭联结和新移民。

带着这样的社会学疑问，我制定了以下三个实质的研究焦点。第一个焦点是雇用条件和劳动过程：香港的公共清洁工作概况如何。第二个焦点是工作的意义：清洁女工如何看待她们的工作，以及作为从事清洁工的人，她们的个人身份认同是什么。第三个焦点是她们的个人生平和社会历史情景下的世界观：她们为何会那样理解工作和身份。为了达成上述研究目的，研究采用生命史的方法探索清洁女工的经验。在下文中，我会首先回顾性别和劳动研究的文本，并讨论生命史对探索清洁女工的工作世界的相关性。然后，我会阐述本研究的方法论。在结论部分，我会从宏观社会结构、微观的工作世界以及工人身份和生命史这三方面呈现清洁女工的故事。最后，以揭示生命史对研究边缘劳工的优势作为论文的结论。

二　文献回顾

（一）性别与工作，生命史和社会史

当代的女性主义者们发展了许多调研方法，去探究扎根于但并不受限于人们日常生活知识的社会。[1] 例如，从女性所嵌入的社会位置和她们的立场出发，进行研究。按这一传统，本研究采取的框架是通过清洁女工们的观点，揭示主体性与结构之间的互动关系，探索不同层次权力宰制的"交错性"（intersectionality）如何根植于她们的生命史和工作关系之中。[2] "交错性"这

---

[1] Dorothy E. Smith, "Comment on Hekman's 'Truth and Method: Feminist Standpoint Theory Revisited'," *Signs*, Vol. 22, No. 2, 1997, pp. 392-398.

[2] Patricia Hill Collins, *Black Feminist Thought: Knowledge, Consciousness, and the Politics of Empowerment*, Boston: Unwin Hyman, 1990; Johanna Brenner, *Women and the Politics of Class*, New York: Monthly Review Press, 2000; Patricia M. Lengermann and Jill Niebrugge-Brantley, "Contemporary Feminist Theory," in George Ritzer (ed.), *Sociological Theory*, New York: McGraw-Hill, fifth edition, 2000.

一概念处理了不同的制度权力关系如何互相关联的问题。① 这种多重性被象征性地称为"宰制矩阵"（the matrix of domination），该词由 Collins 提出，包括基于性别、阶级、种族、国际位置、性取向和年龄的压迫作用（亦可称为宰制轴心）。② 女性工人占据的空间是"科层化、多元化和不断变化的结构权力关系互相汇合"形成而来的"社会定位"③，也是阶级、性别和种族社会史所引致的结果。在对清洁女工的研究中，阶级、性别、族群、移民状态和年龄，是交叉影响的因素，构成了女性工人所占据的空间。

当代女性主义的另外一个贡献是，把性别重新建构为一个过程。④ "性别化"（gendering）这一术语被杜撰出来，是为了说明在社会生活里，结构、关系和标志上的差距的再生产和改变。⑤ 这是对性别角色理论的抛弃，这一理论被批评因为它把性别看作儿时后遗症，男女的边界被分别按女性特征和男性特征的二元对立绝对地划分。现在，性别被认为是在性别化过程中，个体主动维护，占用或拒绝的文化资源。⑥ 这种概念化不应造成其与权力无关的误识。事实上，性别化是一个动态和多元的权力过程。性别的社会建构一直是由各种社会机制中的权力所组成和构建的。而且，有关身份的话语建构也广受关注。就 Chan 和 Wong 所提出的那样："权力蕴含在话语中，它同时约束并赋予，允许并限制了个体思考，说话和行动的能力。"⑦ 这种论调显示了两性差异文化诠释的性别标志。

---

① Johanna Brenner, *Women and the Politics of Class*, New York: Monthly Review Press, 2000.

② Patricia Hill Collins, *Black Feminist Thought: Knowledge, Consciousness, and the Politics of Empowerment*, Boston: Unwin Hyman, 1990; Patricia M. Lengermann and Jill Niebrugge - Brantley, "Contemporary Feminist Theory," in George Ritzer (ed.), *Sociological Theory*, New York: McGraw - Hill, fifth edition, 2000.

③ Patricia Hill Collins, *Black Feminist Thought: Knowledge, Consciousness, and the Politics of Empowerment*, Boston: Unwin Hyman, 1990, p. 377.

④ Ching Kwan Lee, *Gender and the South China Miracle: Two Worlds of Factory Women*, Berkeley: University of California Press, 1998; Joan Acker, "Rewriting Class, Race, and Gender: Problems in Feminist Rethinking," in Myra Marx Ferree, Judith Lorber, and Beth B. Hess (eds.), *Revisioning Gender*, Thousand Oaks: Sage Publications, 1999, pp. 44 - 69.

⑤ Anita Kit - Wa Chan and Wong Wai - Ling (eds.), *Gendering Hong Kong*, Hong Kong: Oxford University Press, 2004, p. xxiv.

⑥ Patricia Yancey Martin and David L. Collinson, "Gender and Sexuality in Organizations," in Myra Marx Ferree, Judith Lorber, and Beth B. Hess (eds.), *Revisioning Gender*, Thousand Oaks: Sage Publications, 1999, pp. 285 - 310.

⑦ Anita Kit - Wa Chan and Wong Wai - Ling (eds.), *Gendering Hong Kong*, Hong Kong: Oxford University Press, 2004, p. xxv.

Lee 在她就中国南方的性别与工厂工作的分析中，采纳了性别化的概念。她借用了 Scott 的性别三元素的理解，即性别标志（gender symbolism）与意识形态、性别组织、性别身份，从而形成了生产政治的女性主义理论："我们现在必须分析工作是怎么样在被性别化的同时进行性别化的：性别作为一种控制手段和生产据点阶级关系的组织原则，以及职场作为性别建构、形成和再生产的场所。在最近的发展中，把性别看成是权力过程，也把我们的注意力引向身份政治，或者说是集体主体性的形成和声宣"。①

为了调查性别如何建构多层次的制度因素，即是从微观的车间劳动过程的层次到外部宏观的制度，比如劳动力市场，她提出，家庭和乡土网络是劳动过程理论中的重要变量。家庭和乡土网络被嵌入在劳动力市场的社会组织中。这影响着女性的动机，她们的时间选择和她们如何参与工厂工作。就管理而言，他们利用不同籍贯劳动力市场的特别配置，从而设计工场的劳动控制策略，又转而影响女工身份认同的形成。

有了"性别与工作"的规范与概念，我将从女工们真实的生活和具体的经验出发展开研究，并采用了生命史的研究方法。兼具史实和叙述，生命故事可以展现嵌入在社会位置中的不同情景，并揭示出清洁女工们的观念与身份认同。

生命史是有关"更多的历史"。② 叙述者们的故事都是来自边缘人群的历史记录，历史曾发生的确实证明。③ 在清洁女工所在的空间里到底发生了什么，这些故事让我们发现，女性如何进入新资本主义体系的结构格局，以及她们面临的是何种就业与工作环境。它们展现了物资配置和社会定位力量的多种维度，让我们看到了家庭和社群内部及超出该领域的行业职场现状。另外，它们还揭示了女性工人在这个空间内到底做了什么，以及她们如何抓住工作机会，同时协调并适应她们生命旅程中的那些结构性限制。

---

① Ching Kwan Lee, *Gender and the South China Miracle: Two Worlds of Factory Women*, Berkeley: University of California Press, 1998, p. 23.

② Michael Frisch, "Oral History and Hard Times: A Review Essay," in Robert Perks and Alistair Thomson (eds.), *The Oral History Reader*, London and New York: Routledge, 1998, p. 33.

③ Paul Thompson, "Life Histories and The Analysis of Social Change," in Daniel Bertaux (ed.), *Biography and Society: The Life History Approach in Social Sciences*, Beverly Hills: Sage Publications, 1981, pp. 289 – 306.

生命史也意味着倾听"不为所见"的历史。[1] 我们能看到那些叙述者们对于其生命历程的讲述，即"对既定发生事件认知的诠释。这便是直觉的解析。它展现了选择方式的成因和效果。这里涉及事实、经验与解释，并揭示了叙述者们由此产生的观念。它体现了叙述者们如何认知并形成他们对自己与他人的身份认同，以及他们如何以此指导自己的行动"[2]。

总体来看，清洁女工的生命故事对于探索她们的世界十分有用，具体有以下两点。其一，我会探索这些陈述者工作的空间。清洁工人在其工作场所有哪些必需工作？她们的就业条件如何？其中涉及哪些社会关系？其二，从这些清洁工人讲述者那里，我可以展现出她们多层次的内心世界，以及她们诠释其清洁工作意义的方式。研究目标并非深挖清洁女工自身的心理状态，而是发现附着在这些女工和其工作上的文化关系，例如哪些生命事件对于她们身份认同的形成是至关重要的，以及她们如何利用不同的符号资源去声讨尊重和尊严。

Sennett 和 Cobb 对美国工人阶级之中的隐形伤害的研究，还有 Lawler 对从工人阶级攀升至中产阶级的女性受访者的调研，都是对如何使用人物叙事来发现附着在个体身上的文化意义的范例。Sennett 和 Cobb 探索了工人们在追寻自由与尊严过程中感受的复杂性和矛盾性。在 Lawler 的研究中，调查背后意识形态的不确定性表现在身份攀升后的女性以从前的工人阶级口音和举止为耻，她认为这些女性经历的个人苦痛与自我丧失，事实上是文化和象征地位上政治不平等所导致的结果。[3] 以上两项研究的优点源于对多层次主观性的认知，从而引导我思考如下问题：把什么作为清洁工人生命史研究的出发点，才能找到这种意识形态的不确定性，并且展现出这种多层次的主观性呢？

（二）工作的意义与世界观

Moorhouse 在探寻工作意义上的主张具有深刻的思想内涵。他批评了普遍源于工人行为分析的工作伦理中对齐整类型化观念的使用。他认为"工作伦

[1] Michael Frisch, "Oral History and Hard Times: A Review Essay," in Robert Perks and Alistair Thomson (eds.), *The Oral History Reader*, London and New York: Routledge, 1998, p. 33.

[2] Edith Sizoo, "A Polylogue," in Edith Sizoo (ed.), *Women's Lifeworlds: Women's Narratives on Shaping Their Realities*, London and New York: Routledge, 1997, p. 8.

[3] Richard Sennett and Jonathan Cobb, *The Hidden Injuries of Class*, New York: Knopf, 1973; Steph Lawler, "Getting Out and Getting Away: Women's Narratives of Class Mobility," *Feminist Review*, Vol. 63, No. 1, 1999, pp. 3 – 24.

理"常常会唤起一种理想化的东西，那就是工作必须要达到媲美技艺与专业性质的高度，工人才觉得有意义或者感到满足。但是，其实任何一种工作都不存在固有的意义。这对于理解像是清洁这种低技能工作是十分重要的："对于最常规和快节奏的付薪劳动而言，如果说任务本身亟待以最理想的方式完成，那么就需要一些工人具备一定的知识，因此几乎所有的工作都让工人默认自己是'技能型'的。成就感可以通过任意一项工作获得，甚至是最低微的工作也不例外。"①

意义是需要被认知的，并且有可能是"杂乱无章"的，因为这些有关工作的信息是从多方面主导的因素中获取的，如阶级、性别和种族文化等。这些信息能够紧密地与工作联系起来，比如，在不同的工作场所中形成的职业意识、所需的技能、公司的声誉以及产品或服务符合需求的程度等。或者说，这些信息可以与家中顶梁柱量入为出所做的牺牲，抑或是如成年、退休这种生命历程的标志紧密相连。以上这些所有的可能性因素都使得工人的工作即使卑微，却充满意义。

Moorhouse 举了个男性汽车业工人的例子，这些人在工作中充满力量，面对危险却胆量十足。这种阳刚之气的观念为他们的工作赋予了意义，反过来又引起他们的自豪与敬意来宣告对男子气概的认同。因此，嵌入在工作意义中的即是自己，以及周围的人基于成就、牺牲、尊重、自豪和偏见所形成的价值判断。

Moorhouse 的这种非还原主义方法被 Sabel 进一步发展。Sabel 以"世界观"，作为理解在意大利分割的劳动力市场中不同工人群体的意识与行为的出发点。有关"世界观"这个概念的内容和形成，主要有两个方面的内容。首先，它启发了一系列思考：人们如何定义尊严；哪些工作被看成耻辱的抑或是有成就的；他们有着怎样的雄心壮志以及他们想要如何达成。他观察了工人们的"世界观"是如何影响他们的"工作观"的：工人的信念、荣誉感以及正义感是如何作为评价准则，从而影响他们变更工作组织的想法以及面对劳资纠纷时选择不同的工人群体进行结盟或敌对的决定的。换句话说，"世界观"作为一种认知框架，勾勒出其对于社会秩序的政治见解，"通过事实本质地呈现出不同社会力量之间的差异来将其合理化或模糊化"。② 这决定了他们

---

① H. F. Moorhouse, "The 'Work Ethic' and 'Leisure' Activity: The Hot Rod in Post – War America," in Patrick Joyce (ed.), *The Historical Meanings of Work*, Cambridge: Cambridge University Press, 1987, p. 241.

② Charles F. Sabel, *Work and Politics: Division of Labor in Industry*, Cambridge: Cambridge University Press, 1982, p. 11.

将与谁结盟，把谁排挤在外，用何种手段去解决难题以及在面临冲突和不公正的处境下，何时采取集体行动。

其次，世界观的形成绝对不能简化于任何单一的工作经验之中。它的形成来自被性别化、被种族化，以及被阶级出身限制的经历。一个人的社会定位与其被符号化的默许和否决紧密相连。幼年的社会化、家庭经历、移民史以及其他的生命事件也都对世界观的形成有所影响。比如，代内流动就远比代际流动更能影响工人阶级意识与行为的塑造。

但是，我们讲世界观形成于一个人的社会定位，并不是说相似背景的工人一定会有同样的世界观。Kessler - Harris 在 Sabel 的世界观概念的基础上，批评了许多历史上的劳工研究，认为它们错误地假定男人和女人是带着性别二分的期待成为劳动者的。并且假定比起其他因素，家庭生活对于女工的身份认同和社会交往有着更主要和根本的影响。比起这种本质主义的分析框架，反而应该提出如下实证性问题："在什么人当中，在什么情况下，性别认知才会被排在首位？在特殊的时机和场合下，性别认知起着什么样的作用？它们在何处透露出保守的态度？它们在何处引领了改变？"①

Kessler - Harris 的论点既回应了一种警惕使用单轴控制作为绝对解释变量的理论，又回应了一种避免了本质主义和绝对二分主义分析的性别化概念。② 追溯过往生命事件并非暗示着个人是社会化的被动接受者。③ 随着环境的变化，身份一直在一些特定时期协调和建构着。清洁女工的生活展现了阶级、性别和移民状态的众多交织点。在本文中，我将女权主义理论和工人的世界观理论相结合，发展出一种动态流动的方法去探索她们的生活。女工首先是人类生命体。她们的生命故事是在她们在生活中积极互动的确实证明。这些故事也是他们反思过往生命经验的工具。女工们应该以阶级、性别和移民状态作为参考来理解她们工作生涯。这不仅仅能够帮我们理解女工们那多层次且时而矛盾的主体性。因为这些因素，或者社会力量，塑造了每个生命轨迹；

---

① Alice Kessler – Harris, *A Woman's Wage: Historical Meanings and Social Consequences*, Lexington: University Press of Kentucky, 1990, p. 80.

② Ching Kwan Lee, *Gender and the South China Miracle: Two Worlds of Factory Women*, Berkeley: University of California Press, 1998; Anita Kit – Wa Chan and Wong Wai – Ling (eds.), *Gendering Hong Kong*, Hong Kong: Oxford University Press, 2004.

③ Patricia Yancey Martin and David L. Collinson, "Gender and Sexuality in Organizations," in Myra Marx Ferree, Judith Lorber, and Beth B. Hess (eds.), *Revisioning Gender*, Thousand Oaks: Sage Publications, 1999, pp. 285 – 310.

我们也可以从中窥见社会的变化。

三 研究方法

（一） 作为研究方法的生命史

基于寥寥几个对在香港从事卑微服务业的工人阶级女性的研究，生命史的方法被采用是因为其在探索性研究中是有所帮助的，并且该方法也常常被用来发现边缘的声音。口述的生命史是人类历史的集合，它通过访问员和受访者双方的持续对话获得。[1] 它开启了我们对于"来自底层的历史"的关注，例如为了"获取内情"而关注普通人和团体的日常生活。[2] 消息提供者则应邀诉说他们自己的所思所想。女权主义者们通过倾听沉默的女性声音，用个人叙事去挑战现存有关社会、文化和历史的知识。这是口述史相比其他方法的主要优点，即它再创造了"所述观点的原始多样性"。

生命史的方法也是一种研究社会生活的整体分析方法。它有一个更长的实证时间跨度，因此赋予了现存环境以更加丰富的时间背景。这样的传记视角强调了"内容的广度，即对于个人史和公共的历史之间进程与互动问题的兴趣"。[3] 为了特别照顾受访者所述观点，并展现历史进程和个人档案是如何以调查的主要问题为中心的，生命史方法并不需要一个对于实地调查结果预先设定假设。相反，访问员们只需为访问设置较宽的主题。在本研究中，我为访问设定了几个主题和开放性问题。

（二） 抽样

生命史研究法倾向于使用小样本。与呈现叙事样本并把它们推广到总体相反，当代的叙事研究者致力于叙事特性的研究，然后对这些特性的含义进

---

[1] Paul Thompson, "Life Histories and The Analysis of Social Change," in Daniel Bertaux (ed.), *Biography and Society：The Life History Approach in Social Sciences*, Beverly Hills：Sage Publications, 1981, pp. 289 – 306; Kenneth Plummer, *Documents of Life：An Introduction to the Problems and Literature of a Humanistic Method*, London：Allen & Unwin, 1983.

[2] Norma Smith, "Oral History and Grounded Theory Procedures as Research Methodology for Studies in Race, Gender and Class," *Race, Gender & Class*, Vol. 9, No. 3, 2002, pp. 121 – 38.

[3] Robert Lee Miller, *Researching Life Stories and Family Histories*, London：Sage Publications, 2000, p. 10.

行解释，通过把叙事放在更广的理论框架下来增进对某个特定人群的理解。换句话说，生命史同时与"个体和整体"密切相关。

目的抽样取代了对受访者的随机抽样。[①] 在本研究中共有三个选取标准。其一，消息提供者必须是全职工作者。因为本研究关注的是清洁工工作认同的形成，选取全职工人就能确定清洁工作是她们日常生活的中心内容。她们在何种程度上融入工作并产生认同是本研究调查中的主要问题之一。其二，我选择采访的女工来自各种不同的工作场景，她们面临着不同的工作条件，来了解清洁工所面对的多种工作状况。其目的是打破整日与"墩布水桶"为伍的同质化劳动图景，从而展现职业中的多样性。其三，我把迁入移民工也纳入样本，她们或是初来乍到或是在此定居已久。她们的移民身份与其阶层定位可以产生对话。来源地与移民经历都是个体生命史中的重要元素，对于世界观和自我认同的形成尤为重要。

由于硕士学位的研究时间限制，我设法采访了 11 位受访者。除了其中三位是我直接去到其工作地点与之偶遇相谈以外，其他几位是经朋友以及工会组织介绍约谈的。所有受访者都是有过工作并且是经历过全职工作的工人。其中两位现在已经不再做工。由于这二位工人已经分别从事清洁工作长达 7 年和 11 年，以及约谈与她们遭遇解雇仅仅不到半年，她们对于自己的清洁工作经历仍然能够生动地讲述出来，因此她们仍被纳入样本之中。研究样本中统共有 6 个移民。5 位是 20 世纪 80 年代早期迁入的。1 位是 20 世纪 90 年代末来香港投奔家人的，距离访谈只有六年，因此她作为"新移民"，其定义是达到永久居留的 7 年定居要求。这些提供信息的受访者在几种不同的雇用条件下：公务员，直接受雇于公共机构的工人，在公共机构或者私有公司提供清洁劳务的承包商所招揽的合同工以及转包合同工。并且她们的工作地覆盖了以下 7 种工作场所：大学，机场，港铁，公共住宅，私有住宅，办公购物兼用楼拱廊以及一个机动的政府清洁服务队。

（三）实地调查

访谈从 2003 年 5 月开始，持续到 2004 年 2 月。彼时正值"非典"病毒暴发的消退期。经济处于低潮期，失业率持续走高。整体社会氛围对政府部门的

---

① Gloria Holguin Cuadraz and Lynet Uttal，"Intersectionality and In – depth Interviews：Methodological Strategies for Analyzing Race，Class，and Gender，" *Race，Gender & Class*，Vol. 6，No. 3，1999，pp. 156 – 186.

怒气与失望错综交叠。访谈这些背景影响了她们对生活的展望是积极还是消极。

我请求在任何可能的情况下到其工作地点与这些受访者进行访谈。其中6位是在午饭休息或是工作之后在其工作地点接见了我。对于每位受访者，我的计划是进行两次访问。首次访问主要是了解她们清洁工作的经历，然后第二次则是关注于她们的生命史。采取这样的顺序有以下两点原因。第一，即时的工作环境对于理解清洁女工如何以及为何以某种确定的方式来理解他们的工作，有重要的意义。第二，生命史的私人性和私密性会触发许多情感。第一轮访谈的目的是要建立起友善的交流氛围。受访者会基于第一轮的访谈体验来决定是否愿意接受随后更加深入的访谈。

在介绍完每段访谈会话的主要目的之后，我通常会以如下问题开启第一轮访谈："你每天的清洁工作是什么样的呢？"然后第二轮访谈则会以"你做清洁工作多久啦？"或是"你是怎么开始你目前的清洁工作的呢？"开篇。这些开放性问题对于帮助保持对话顺利推进很有用。我提前准备好的一组主题和问题让我对她们的陈述十分敏锐，也帮助我进一步跟进和明晰问题。当受访者突然结束讲述时，这些问题可以提示我接下来的问题。有时候，封闭式问题被用于发起一个讨论，尤其是在感觉忠于事实的主题上。比如，我问她们是否认为公众会歧视或者看不起清洁工。她们大多数条件反射地回答我："行行出状元。"过些时候，有时是聊到别的事情之后，她们会回到社会污名化这个问题上来，讲述了这个在不同的情况下对她们有过怎样的影响。如果这个问题以问卷的形式呈现，结果就会是没有多少清洁工会把这个当回事。然而，在生命史的采访中，多层次且矛盾的主观性被揭示出来。这种封闭式问题触发了受访者们的自省意识过程。

尽管如此，我还是鼓励受访者们尽可能地用自己的方式和自己的节奏来讲述她们的故事，尤其是当她们分享生命历程的时候。毕竟，我在访谈中主要只是充当一个感同身受的倾听者。她们中的绝大多数有自己独特的方式来讲述她们的故事，展现她们传记式的生活详情的同时，反思清洁工作经历在其生命中所投影的角色。

我在进行质性研究的过程中十分注意研究伦理的问题。Esterberg认为，经验材料的收集和展示相关的知情同意和私密性应当被谨慎对待。[①] 我让受访

---

① Kristin G. Esterberg, *Qualitative Methods in Social Research*, New York：McGraw Hill Publications, 2002.

者们清楚地了解到这个研究项目仅供我的硕士学位研究使用，并且在材料展示过程中会给她们以化名。已知 Plummer 对于特别是在生命史研究中道德困境的关注，我在获取了丰富的生命史叙述资料后对于是否会侵犯受访者个人隐私的问题上十分小心。① 因此，当选取事件和信息去呈现并理解她们的故事时，我会避免展现一些不必要的个人特征，或者在不影响理解的情况下对一些特定信息做一些细微的修改。

（四）呈现和理解她们的生命史

Chase（2005）总结了在聆听叙述时的五个分析透镜。其一，叙事是一种论述的形式，一种"追溯性意义的搭建——对过往经历的塑造和排序"。其二，它是一种"言语行为——因为它做了或者完成了一些事"。② 叙事是清洁女工在生成自身话语体系时表明主体性的一种方式。从一个情节到另一个情节，故事就这样被搭建起来，紧锣密鼓，直到高潮迭起。③ 通过这些故事，我们可以对她们如何塑造其自身经历，以及她们想要构建怎样的自我认同有所领略。当致力于个人特殊的意义构建时，我们可以通过比较这些故事来探索"总体"的情况。这就把我们引到第三个透镜，即故事"同时被一系列的社会资源与环境所形成与限制"。④ 我将把清洁工生活中的结构性约束或机遇，以及通过叙述所呈现的文化符号使用中的相似性与差异性进行比较。

第二重透镜中关于叙述者的积极行动为我们代入第四重透镜中关于听众、目的以及叙述发生的环境设定等因素。和作为一个女大学生的我相谈以及在她们的工作地点接受访问，这会影响她们如何看待我对她们处境的理解程度以及她们向我吐露心声时是否感到心情舒畅。从这层意义上来说，尽管纵观访谈，我全程试图维持着自己感同身受的倾听者的角色，然后让他们引导整个对话，但是所述故事本身依然是这些清洁女工和我互动交流形成的产物。

① Kenneth Plummer, *Documents of Life: An Introduction to the Problems and Literature of a Humanistic Method*, London: Allen & Unwin, 1983.
② Susan. E. Chase, "Narrative Inquiry: Multiple Lenses, Approaches, Voices," in Norman K. Denzin and Yvonna S. Lincoln（eds.）, *The Sage Handbook of Qualitative Research*, Thousand Oaks: Sage Publications, third edition, 2005, pp. 656 – 657.
③ Richard. L. Orchberg, "Interpreting Life Stories," in Ruthellen Josselson（ed.）*Ethics and Process in the Narrative Study of Lives*, Thousand Oaks: Sage Publications, 1996, pp. 97 – 113.
④ Susan. E. Chase, "Narrative Inquiry: Multiple Lenses, Approaches, Voices," in Norman K. Denzin and Yvonna S. Lincoln（eds.）, *The Sage Handbook of Qualitative Research*, Thousand Oaks: Sage Publications, third edition, 2005, p. 657.

最后这一点也尤为重要，在不断理解和呈现受访者的叙事中，研究者本身也成为叙述者。这里就引起了对于发声权和解释权的质疑。有人批评说某些叙述研究者们"特别看重分析者倾听的耳朵"而非叙述者本人的声音。① 但是，在尝试理解那些日常生活中常被当作理所当然的实践经历时，研究者们做出解释说明是无法避免的。关键是，要对消息来源者保持敬意，并在解释时能够反身代入。

四　研究结果

生命史为走进清洁女工的工作世界提供了丰富的资源。为了更翔实地描述这些故事，研究发现将分成以下三部分：从宏观的角度看社会结构，看公共清洁工人的特征；从微观的角度理解女工日常生活和抱怨；以生命史的向度认识女工身份的建构。

（一）　全球化城市下的清洁工

1. 香港作为全球化城市

当代公共清洁工作的劳动过程需要在全球化城市的背景下进行理解。香港具备全球化城市的特征。② 从它的殖民时期起，香港就一直在区域与环球经济中扮演着重要的角色。处于南中国中枢位置的香港极具地理优势，它从一个贸易中心逐渐变为了一个劳动密集型的出口工业城市，再之后又成了金融中心，直到 20 世纪 90 年代中期一直保有稳定的经济增长。与其他全球化城市类似，香港遭遇过几轮经济重建。在去工业化的过程中，香港早在 20 世纪 90 年代初期就已经确定了它转向服务型经济的发展思路。除金融部门的增长之外，大量的高端商贸专业人士促进了生产性服务部门的扩张。国际旅游业是另外一个增长迅猛的部门。研究全球化城市的相关理论家们认为全球化城市的增长受到社会两极分化的驱动：与日俱增的临时初级的职业，以及精英

---

① Norman K. Denzin, *Interpretive Ethnography：Ethnographic Practices for the 21st Century*, Thousand Oaks：Sage Publication, 1997, p. 249.

② Saskia Sassen, *The Global City：New York, London, Tokyo*, Princeton：Princeton University Press, 2001；John Friedmann, "The World City Hypothesis," *Development and Change*, Vol. 17, No. 1, 1986, pp. 69 – 83；Stephen W. K. Chiu and Tai – Lok Lui, "Testing the Global City – social Polarisation Thesis：Hong Kong since the 1990s," *Urban Studies*, Vol. 41, No. 10, 2004, pp. 1863 – 1888.

阶级与低技能工人和大量外来移民之间逐渐拉大的收入差距。① 社会两极分化的论点在香港的案例中已经证明适用。②

清洁服务业的增长已经嵌入这个全球化城市和社会两极分化的大背景中。在 1997 年，旅游业就贡献了 8% 的地区生产总值。③ 在 2005 年，香港特区行政长官曾荫权把该部门划入了香港四大核心产业。为了推动旅游业的增长，吸引更多的跨国投资，基础设施和世界级别的设施都逐渐被完善起来，在吸引个体游客的同时吸引国际会议在香港选址举办。新基础设施的建设为清洁工人提供了大量的就业机会，需要他们处理建筑废料，并在建筑投入使用前后保持清洁卫生。机场清洁工人关慧就是其中的一例。她于 1997 年开始在赤鱲角机场工作，早在 1998 年机场正式投入使用之前。

除了基础设施以外，私有服务部门和旅游业的一线工人们也都被期望为积极推动服务经济发展做出贡献。香港旅游协会利用媒体宣传的方式宣扬"良好的服务态度"，这不仅局限于旅游业的人事部门中间，还面向公共大众。一个广为人知的例子就是请电影明星刘德华来拍的电视广告。在这个广告里面，女售货员被要求以积极主动的态度去服务顾客。刘德华的名言"现在，就你这种服务态度啊，完全不够看的"成为主流的思想观念。服务业的工人们不仅仅要把顾客放在首位，他们还被期许要在顾客开口之前就率先服务。这不仅对销售员适用，同样也适用于各种一线初级的服务工人。这些部门中的清洁工当然也不例外。关慧自觉意识到要让国际旅客对机场留个好印象，这是他们抵达香港的第一站，与之相比，在商业拱廊中工作的庄女士则展现了服务业工人普遍的情绪劳动的特点。④

旅游业也建立在营造和推销城市形象之上，尝试促成一种纯粹主题公园式的旅游体验，即对瑕疵零容忍和回避一切不良体验。⑤ 在 2002 年新年时，有一篇题为《边升旗边扫垃圾——市民哭叹香港之耻》的新闻报道。⑥ 一位

① Saskia Sassen, *Globalization and Its Discontents*, New York：The New Press, 1998.

② Stephen W. K. Chiu and Tai－Lok Lui, "Testing the Global City－social Polarisation Thesis：Hong Kong since the 1990s," *Urban Studies*, Vol. 41, No. 10, 2004, pp. 1863－1888.

③ Chee Hwa Tung, *Policy Address*, 1997. 详细访问 https：//www. policyaddress. gov. hk/pa97/english/paindex. htm, 2018 年 10 月 28 日访问。

④ Arlie Russell Hochschild, *The Managed Heart：Commercialization of Human Feeling*, Berkeley：University of California Press, 2003.

⑤ Briavel Holcomb, "Marketing Cities for Tourism," in Dennis R. Judd, and Susan S. Fainstein (eds.), *The Tourist City*, New Haven：Yale University Press, 1999, pp. 54－70.

⑥ 《边升旗边扫垃圾——市民哭叹香港之耻》,《明报》2002 年 1 月 2 日。

市民为在紫荆花广场上遗留的垃圾为耻，这是在元旦夜疯狂抱怨香港没有区歌之后的后果，他同时也为升旗仪式期间扫地感到不解："那个清洁女工绝对没有超过 30 岁。她甚至没戴帽子。让游客看到我们的年轻人在扫大街是多么耻辱和丢脸啊。"

随这句市民引语而来的还有一位学者的评论，他认为扫地的行为实在打扰了庄严的升旗仪式。在政府发言人对每日升旗仪式行政安排的评论旁边，是政府主动发起要举行盛大仪式来"促进旅游业"的消息。此后，对于报道的关注不再是仪式本身的价值。这就是把典礼当成了吸引游客的消费品，然后在游客眼中建造出一种完美的景象。不仅垃圾最好要退居幕后，清洁工也是。这篇新闻报道例证和加深了公众对清洁工的社会污名化。

除了"顾客首位"的思想观念和污名化，另一为全球化城市理论者所警示且对清洁工有消极影响的问题就是社会两极分化。尽管私人服务与旅游业部门的扩张，同时给上层和初级岗位创造了更多的就业机会，但初级岗位大多数是临时性就业。最低级的工作大多数是短期且不稳定的。

除此之外，收入的不平等也在持续增加。服务业当中的初级岗位职工几乎都是女性或移民。Chiu 和 Lui 的数据分析显示，在 2001 年，初级岗位上有超过一半的劳动力是女性。这也是来自中国大陆的移民，尤其是那些新移民所选择的工作岗位。在 2001 年，34.9% 的新迁入移民从事初级岗位劳作，而在同一年间，这个职业群体仅占到总人口比重的 19.5%。[1] 在初级岗位劳作的女工及移民工人的比重反映了另一 2002 年政府转包清洁工的调查发现。大部分清洁工是中年已婚妇女，约 40% 是新移民。[2] 另外一个主要移民群体是外国家政工，这些人主要来自菲律宾和其他南亚国家，他们在主人家居住，在包揽家务的同时兼有照顾的职责。能够得到这样的劳动力意味着对当地中产阶级妇女的解放，让她们能够摆脱家庭重负，从而占据正在扩展的那一部分高端职业。[3] 因此，社会两极分化不仅是阶级和性别的不平等，也有来源地和种族划分的因素。

---

[1] Stephen, W. K. Chiu and Tai – Lok Lui, "Testing the Global City – social Polarisation Thesis: Hong Kong since the 1990s," *Urban Studies*, Vol. 41, No. 10, 2004, p. 1879.

[2] 张超雄、谭若梅：《公共屋邨保安及清洁外判制度研究：报告撮要》，香港理工大学应用社会科学系，2002。

[3] Stephen W. K. Chiu and Tai – Lok Lui, "Testing the Global City – social Polarisation Thesis: Hong Kong since the 1990s," *Urban Studies*, Vol. 41, No. 10, 2004, pp. 1863 – 1888.

就如早先讨论的那样，服务业经济的增长受到社会两极分化的驱动。后者是政府和商业部门各种制度变革的结果。其中一个与清洁产业增长紧密相关的变化便是外包，这已经不是香港出现的新现象了，但它却在 1997 年的亚洲经济危机之后，在政府领导下被强有力地推行起来。

2. 1997 年亚洲经济危机和外判制度

在亚洲经济危机过后，政府和公共机构强力引入外包以精简人员和放松管制。支持者们宣称外包的基本原理是获取成本高效益。这个据说可以通过以下四种途径达成。其一，公司可以削减工资成本。其二，公司可以规避掉管理责任，而把它让渡给了承包人。其三，诸如设备更替这样的间接成本也都转给了承包人。其四，服务质量能够得到提高，因为承包人和工人在投标竞价时为了保有合同，必须和其他投标者竞争。[1] 政府对外包的积极推广在会计部门的报告中显而易见，会计部门声称公务员清洁工是"懒散"的。这引起了公众讨论，大家认为清洁工懒惰同时还能"大把捞钱"。一篇题为《食品效用与环境卫生署的垃圾收集队只有 20% 是合同工》的报道上了报。[2] 副标题强调了公务员的工资是合同工的双倍，而副标题下的内容事实上是一个工会领导对合同工的低身份低工资的抱怨。这篇报道帮助证明了政府外包的成本高效益的结论是说得过去的。

外包对于工人来说是十分不利的。削减的成本被转嫁到了工人身上。举个例子，在 2003~2004 年的调查研究中，在大学中获取直接雇工的收入可达到 10000 美元/月，而合同工拿到的月薪仅有 5000 美元，更不用提后者又缺乏医疗福利和养老金。[3] 此外，由于公司和机构只会在雇用上采用最低出价，月薪已经有了螺旋下降的趋势。[4] 在政府部门和公共机构内的清洁合同通常只持续两年。这就加大了工人们工作的不稳定性。即使工人被新的承包商再次雇用，他们的工资也通常会进一步削减。[5] 外包的问题并非只影响合同工人。更

---

① Luis Leonardo Marques Aguilar, "The 'Dirt' on the Contract Building Cleaning Industry in Toronto: Cleanliness and Work Reorganization," Ph. D. Thesis, York University, 1999, p. 100.

② 《食环署垃圾队效率仅外判两成》，《明报》2003 年 5 月 1 日。

③ 庄玉惜：《外判制度——制造就业贫穷及社会排斥》，载严洁心（主编）《76.8% 的天空：社会性别、贫穷与发展在香港》，香港乐施会，2005，第 98 页。

④ 香港物业管理及保安职工总会清洁工分会筹委会：《八大政府部门及公营机构外判清洁工被剥削情况比较问题调》，2003。

⑤ 庄玉惜：《外判制度——制造就业贫穷及社会排斥》，载严洁心（主编）《76.8% 的天空：社会性别、贫穷与发展在香港》，香港乐施会，2005，第 92~122 页。

恶劣的工作条件和工资削减也降临到了直接雇工头上，因为他们面临着会被合同工所取代的威胁。

工人质量的提高也常被当作争取公众支持外包的理由。然而海外的一些案例证明了这是有待商榷的。据加拿大一份独立评估报告显示，内部工人质量要比合同工高出 18 个百分点。在北美进行的另一项调查中，内部工人质量与合同工质量并没有直接的不同。[①] 此外，雇用公务员清洁工的重要性在某些关键时期十分明显，就像 2003 年暴发的非典型肺炎（SARS）所表现的那样。在疫情突发区的合同工在即使有日薪增长的激励下，也普遍拒绝清洁受到疫情影响的建筑物。在没有给予医疗保险的雇用条件下，如果他们遭遇这种死亡病毒侵袭，就不得不负担高昂的开支。二级政府的清洁工就被从其他地区调来接替他们的清洁工作。作为公务员，政府担负起了他们的医疗保险，如果他们拒绝上级命令，他们就要担心会失掉自己的养老金。雇用条件对清洁质量会有影响，相反其也可能会对公共卫生带来损失。

3. 现代公共清洁工的特点

总的来说，在上面那样的社会结构下，清洁工作有以下几个特点。第一，清洁是公共再生产劳动。在社会学中，Glenn 定义了社会再生产，即"为维持人们日常生活基础与代际间的平衡所涉及的一系列活动与关系"。[②] 清洁就是社会再生产活动的一种形式，因为它通过维持公共卫生与健康为广大劳动力创造了福祉。Glenn 提出了一种意识产生的历史性描述，在这种西方世界工业化过程催生的意识中，男人负责家庭外部的生产劳作，而女人则负责家里面的各种活动。尽管家庭再生产活动已经逐渐被商品化，再生产劳动还是被认为是女性化的，被低估的。正如 Phillips 和 Taylor 提及的那样，"是工作者的性别而不是工作内容决定了该工作被认定为技能性还是非技能性的"。[③]

与此同时，再生产劳动也随着中产阶级家庭的不断增多被种族化，这些家庭雇用了少数族裔来家里帮工。这种历史观点指出性别和种族的社会

---

① Luis Leonardo Marques Aguilar, "The 'Dirt' on the Contract Building Cleaning Industry in Toronto: Cleanliness and Work Reorganization," Ph. D. Thesis, York University, 1999.

② Evelyn Nakano Glenn, "From Servitude to Service Work: Historical Continuities in the Racial Division of Paid Reproductive Labor," *Signs*, Vol. 18, No. 1, 1992, p. 1.

③ Anne Phillips and Barbara Taylor, "Sex and Skills: Notes towards a Feminist Economics," *Feminist Review*, Vol. 6, No. 1, 1980, p. 85.

建构表现在再生产劳动的雇用支付方面。但是，比起家庭帮工，管理者与客户相对于公共清洁工的等级关系受到更加明确的合同职责与限制的约束，并且受到非私人化的制度组织结构的掌控。这种结构化的等级迫使清洁工服从一种正式的管控，而非在家庭帮工似的私人管理。这实际上是吸引服务业工人的一大要点。Glenn 发现，许多曾经当家庭帮工的服务业工人更愿意从事公共工作。公共作业的清洁工在工作场地有一群同业者，家庭帮工却没有。同事群体的存在对于发展职场文化非常重要，这种职场文化不仅仅提供了社会交往和支持，更催生了另一套价值体系来抵制任何有损人格的管理要求。[1]

第二，清洁工作在被看成低等工作的同时，它实际上还是一种劳动密集型的体力劳作。然后，在等级化的清洁场所之间，清洁工作的组织已然被打上了科学管理的印记。[2] 为了达成加强工作绩效的目标，清洁工们会被分派明确的工作任务，然后每个人都被安排巡回在整栋建筑中，以保证单一任务的履行。这种新型工作组织的另一个方面是采用科学和专业的论调，屏蔽"清洁"的话语。这是塑造承包商专业形象的结果，用来证明他们能够提供有质量的服务。做单一任务的清洁工被称作清洁专家。在清洁的标准是完全隐形之前，这种新的定义就已经把可见与不可见之地区分开来，来迎合物业管理客户的需要，让他们在只需要低标准的清洁时少付钱。

然而，清洁工们，主要的女性群体，从她们家庭清洁经验中总结出了另一些清洁的话语体系。工作场所的话语体系是清洁工们声明自尊的必争之地。清洁工们不满于管理中妥协的清洁标准，因为起初能够适当有效地清洁场地是他们自豪感的来源。另外，清洁"帮"也能造成清洁工的挫败感。他们发现只承揽单一任务造成了去技能化，而且同一任务的不断重复也造就了职业肌肉拉伤。并且，用巡回劳作取代驻扎在特定的区域使清洁工人淡化了对他们所属工作区域的所有权，因而降低了他们在工场中的自主权。

第三，尽管清洁工作常常被认为是体力劳动，它实际上却也拥有服务业

---

① Evelyn Nakano Glenn, "From Servitude to Service Work: Historical Continuities in the Racial Division of Paid Reproductive Labor," *Signs*, Vol. 18, No. 1, 1992, pp. 1 – 43.

② Luis Leonardo Marques Aguilar, "The 'Dirt' on the Contract Building Cleaning Industry in Toronto: Cleanliness and Work Reorganization," Ph. D. Thesis, York University, 1999.

的特点，"无形的；它在被生产的同时被消费，消费者大体上都参与了生产过程"。① 清洁这种无形的产品反射到上文有关清洁标准的讨论上，正由它带来了"可视"基础上的评估。对于那些需要面对面互动的服务来说，工人们被期待去有意识地控制他们的情感状态和自我呈现。一个典型的例子是 Hochschild 的关于的情绪劳动的研究，空勤人员需要把他们自己完整地代入工作中。② 情绪劳动或许不是清洁工人工作过程的中心。但是随着不断强调发展良好的服务态度，以及承包商对于专业形象建立的关注加强，对于工人情绪管控的管理要求或许已经被提上议程。至少，正如 Macdonald 和 Sirianni 所指出的那样，服务业工人不得不假装喜爱这份工作，不在公众面前显露任何不满。③ 因为工作场所强调一个"专业的"形象，只要清洁工人在可见的公共场合劳作，无论何时，他们都必须举止得体。

阿楠揭示出，像是他们在商场拱廊所做的清洁工作，管理层都要求达到"五星"，这可以与酒店的标准媲美，即使这些商场拱廊并非像那些有着一流设计门店的那种"高级"商场。作为监工的阿楠必须要处理一些商户的抱怨，"在弄清楚发生什么事情之前，无论错误是否在清洁工身上，我们都必须要先对客户说抱歉"。在阿楠手下工作的庄女士告诉我，清洁工必须要得体地身着工服，要礼貌，有耐心，而且最重要的是，要对租用商店的商户们报以微笑，无论他们有什么样的不满。当我问庄女士是如何对待那些蛮不讲理的商户时，她的回答就像是在背诵讲稿。

顾客的出现是服务业劳动过程形成的中心。第三方，与工人和管理者一同，形成了"三方互动"。这样的互动关系使得管理战略更加复杂。Macdonald 和 Sirianni 回顾了以往的研究，他们发现了顾客对于劳动过程的影响是多种多样的。在清洁案例中，顾客有监督和管理工人的角色，尽管这种监管的程度和实施方式因不同的工作设定而异。这一点可以通过管理以培养顺从的工人和达到不可能的标准的而实现。比如，在大学里面，一位监工告诉受访者阿娇和凯伦"学生就是他们的老板"，因此他们必须忍受学生制造的各种脏

① Cameron Lynne Macdonald and Carmen Sirianni, *Working in the Service Society*, Philadelphia：Temple University Press，1996，p. 3.

② Arlie Russell Hochschild, *The Managed Heart*：*Commercialization of Human Feeling*, Berkeley：University of California Press，2003.

③ Cameron Lynne Macdonald and Carmen Sirianni, *Working in the Service Society*, Philadelphia：Temple University Press，1996.

乱差以及各种不端行为。清洁工必须要在别人注意之前，把各种污迹清理干净，从而尽可能地避免更多的抱怨。

（二）清洁女工的工作世界

1. 日常劳动

受访者要完成的任务范围很宽，从传统印象里面"与拖把和水桶为伍"到掌握机器操作的要领和更多复杂技巧的任务。一些清洁工人被委派去照看一个具体区域，而其他工人就作为流动清洁队去清洁不同的地方。在直接雇工的案例中，其客户即服务受理人，比如说，大学里面的学生和教职员工；而对于合同工而言，其客户还包括工场的管理者，比如住宅地产中的资产管理人等。

流动清洁队里面的工人须得承担的职责，不是每日必须完成的，却需要更高强度的体力。每个区域的工人通常独立作业。在大学里面的清洁工阿娇和凯伦被分派了4层楼，包括所有的走廊、教室、女厕和后楼梯。为了保持最小的清洁量，每天她们都要扫地拖地，擦后楼梯的栏杆，墙壁和电梯内壁，清理垃圾桶，还有清扫洗手间。当遇到恶劣天气的时候，这些看上去简单的工作就会变得困难又累人。在雨天，阿娇和凯伦必须用十分沉重的拖把擦去牢牢粘在地面的脚印。仅仅这一项工作就会消耗一整天的时间。只有在假期，学生人流稀少的时候，她们才有时间做更加深入和细节部分的清洁，比如，为地板和电梯打蜡，以及清理门下厚厚的灰尘。

擦拭、清扫、拖地和处理垃圾是区域清洁工的基础工作。公共房屋地产的清洁工江女士需要清理老人们共享的厨房，刮去那些淘气的孩子们在门厅玻璃门上留下的印记。在那些包含庞大步行区的工作场所，工人们就会使用更宽更厚实的扫帚来代替标准尺寸的。在商用拱廊中作业的庄女士把这个叫作"推灰"而不是扫地。并且，许多工作场所的清洁工还要兼顾非公共区域的作业。在港铁站台作业的凤就需要在午夜之前完成入口，贩卖机、栏杆和自动扶梯的清洁。在最后一辆车驶离站台之后，清洁工会走下轨道，然后把轨道上面散落的垃圾收拾干净。私人住宅地产的清洁工清姐需要爬至顶楼花园天台的人行道上，去清扫落叶和高层居民掉落的杂物。通常来说，区域清洁工都有他们自己完成多样任务的工作顺序，但是对于在日间作业的清洁工来说，他们需要面临许多过路人以及周围的居民，他们须得准备好随时应对突发事件，比如说洒水。据许多受访者供述，行人滑倒的隐患就是她们一大心病。

取代简单工具的机器设备成为作业过程的中心。阿凤介绍说，在 1997 年，港铁就已经引入了全自动地面清洗机。在这之前，清洁工人都用消防水龙带清洁地面。问题就在于，许多站台没有配备排水沟，以至于地面很难自然烘干，尤其是黄色凸起的盲道区域，其凹面会产生积水。阿凤用"排挖积水"来形容整个清理过程。这种工作很容易造成腕关节疲劳。在此之后，消防站就不再允许她们使用消防软管来清理地面了。因此，地铁公司就引入地面清洗机。清洁工们不用再细致地烘干地面。然而，随着机器而来的就是人力的大幅削减。除却洗涤机以外，清姐还提到了笨重的地板抛光机以及真空吸尘器在居民楼大厅的使用情况。这些机器一运行就哆哆嗦嗦地抖动，并且使清洁工人们屈从于这种重复强力的运转中。

阿宇和阿美在移动清洁队任职。不像 Aguiar 描述的在多伦多的单一重复任务，受访者所在的清洁队大多数是具有多重任务的。[1] 这些任务通常会很复杂并且需要更多的技术，一次完成或者深层清洁，通常不需要每天都完成。阿宇的工作任务是 5 个地铁站为一个循环，清理四五层楼那么高的玻璃和墙面。阿美所在的"廿四味"小组，正如其名，是要清理最脏的地方，也是最艰难和最惹人厌的任务：移走沉重的家具废料，整理荒芜的草地，清理街头摊位的死鸡还有清走天桥下面流浪者所用的烂纸板。该小组随叫随到，坐上小货车就奔向需要她们清理的地方。

为了不干扰白天的正常生活运行，许多地方的清洁工都被雇在夜深人静的时候进行深入清洁作业。比如说，阿凤和阿宇在晚上 11 点才到港铁车站上班。她们并非半夜在地铁站劳作的唯二两位。还有许多其他需要进行修缮和维护工作的港铁雇员和工人。然而，清洁工确实最后一个离开的，在凌晨三点半才能走，因为他们必须得等其他人都离开以后才能清洗地面。尽管港铁的清洁工在室内工作，她们也要遭受高温的折磨，因为车站的空调系统在非运营阶段是关闭的。在午夜作业的工人们也不得不忍受这令人窒息的高温。

在工作时间，供清洁工人见面与社交的休息室的位置也是被边缘化的。在大学里面，休息室兼储物室是在厕所旁的一个小房间；同样的，公共房屋地产清洁工的休息场所毗邻垃圾收集点。除了"脏兮兮"的地方，后楼梯也

---

[1]　Luis Leonardo Marques Aguilar, "The 'Dirt' on the Contract Building Cleaning Industry in Toronto: Cleanliness and Work Reorganization," Ph. D. Thesis, York University, 1999.

是清洁工人普遍的聚集地。以购物拱廊为例。每逢休息的时候，庄女士和其他工人会在隔箱装载着不同工作用具与化学品的推车旁，一起吃饭、聊天和大笑。这些地方，虽然又窄小又不雅观，却给清洁工人们提供了一个能够与他人交际，一起分享消息一起聊八卦的据点。尽管区域工人都单独作业，他们也并不孤独。

时间与空间的隔离是一把双刃剑。一方面，这使得工人和他们所做的工作都隐于无形；另一方面，这也让工人们在降低交流机会的同时获得了"自主权和自由"。清洁工人们不仅仅可以驱散居民或者行人妨碍作业给他们带来的担忧，同时他们又能在持续的监视当中喘一口气。

2. 减薪，增值与性别不平等

对于同一级别的清洁工来说，合同工比接受直接雇工赚得少。更重要的是，他们不能享受直接雇工拥有的医疗和其他福利待遇。据直接雇工讲述，与她们一样身处同一工作场所的合同工，和她们干同样的活却只能拿到她们工资的一半。从她们进入这个行业起，这些年大多数受访者得到了年度加薪来平衡通胀的压力。然而，在接受访问前的三到四年间，工资涨幅已经被冻结，起薪也被降低。这是因为分配给到清洁服务的财政总预算缩水了，而承包商也只能不断提供更低的价格以获取新合同的中标。开支缩减的后果被转移到了清洁工人的身上。为了追求利益最大化，一些承包商开始使用策略来解雇资深的清洁工，因为他们的工资被认为是在通胀期间涨工资的"高额"指数。关慧就是这种情况下的受害者。

除了削减工资以外，承包商和雇主们还有一些其他的策略用来获取最大利益。其中一个策略是延长工时。物业管理一度要求清姐和她的小组要从原来的下午 5 点延时劳作到下午 7 点。物业管理办公室计划削减 5% 的合同预算，却被业主团体所拒绝。业主团体不想减少工人们的工资。但是，物业管理办公室经理却要求工人们延长工时轮流作业，以弥补无法减少的预算开支。工时的延长是"增加剩余价值"的一种方式。清姐坦白说，她们绝大多数在延长的时段之内只是坐着啥也不干，因为大多数的必要工作已经在白天完成了。她们仅仅是坐在那里，以求被"看见"来证明付薪的价值。增加工时的现象也发生在直接雇工的身上。据访谈开始 4 年以前，地产局关闭和大学内清洁工作外包的谣言造成了新政策的出现，政策要求周日和公共假期至少要保留一名清洁工上班作业。阿娇和凯伦推测这只是地产局为了证明其存在价值所采取的手段。

　　另一个策略就是削减清洁工人的数量，这也就导致了劳动强度的加大。在工作了 5 年以后，江女士被要求清理同一公共房屋地产中的操场和烧烤区，这是打她第一天开始工作负责那栋建筑以外的作业要求。在失业率高涨的时候工人们更倾向于去忍受持续加重的作业负担，来保住他们的饭碗。工作强度的加重也为剩下的工人承揽额外工作的劳动分配带来了变化。在大学清洁工阿娇和凯伦的案例中，在同一栋建筑内作业的两名清洁工被转移到新建的大楼里，但没有新的清洁工加入来替代她们的原有工作。这就加重了现有清洁工人的劳动负担。

　　然而，这种额外的工作负担却没有平均分配。在增负之前，每位清洁工被分派了明确的工作区域：或是洗手间或是教室的过道。四位清洁女工，包括阿娇和凯伦，需要负责过道和教室，而另两位则负责女厕；同时，还有两位男性清洁工负责打扫男厕。当两名打扫过道和教室的清洁女工被调离，却没有新清洁工加入，她们原来的工作就需要由阿娇和凯伦来承接。因为要清洁比原有洗手间的职责范围大很多的工作区域，阿娇和凯伦对监工提出了抗议。经过协商，监工让另外两名清洁女工来分担这部分工作。这四个清洁女工每个人都要照看四层楼，包括所有的过道、教室以及洗手间。在谈判期间，监工没有试图引入男工。阿娇推测监工认为女性会比男性更加温顺和服从，因此他并不想和男工找麻烦。

　　阿娇："男工只顾男厕所，就完事了。"

　　凯伦嗤笑说："他们干得少，我们干得多。"

　　阿娇："我们的工作包括过道、电梯和房间，对，他们是要负责更多的楼层，但是也只是男厕所而已。于我们而言，我们需要负责全部的公共区域，比如走廊，走廊的墙，地板，台阶，栏杆，电梯还有打蜡什么……"

　　凯伦："这意味着我们的工作就更加复杂。更复杂也因此更多要求。"

　　阿娇："你负责的区域越大，你就需要更频繁地走来走去然后承担更多的工作。我们俩就是这样……每天，我们拖地刷地以至于我们的膝盖酸痛难耐。"

　　当我问到为什么会这样的时候，阿娇苦涩地笑了两声，然后长叹了一口气。她俩都停顿了一下。"一句话说，就是性别不平等闹的。"凯伦这样回道。阿娇叹气道："就像我们女的就知道怎么比男人干得多似的。"凯伦："或许，我们的脑子里就认为女人……"阿娇："干什么都小心翼翼。"凯伦："如果女人被责备，她们会直接麻利儿收拾，是不？男人嘛，他们就不一样了对吧？

不同的思维。他们不敢直接对着责备说脏字。但是女性却是更加胆小懦弱。如果你反复要求一个人干一件事，但他的屁股就是始终不挪窝，最终你就会放弃的对吧？但是现在这是一个女工，她很敏感。你命令她去干这干那，不管她手头有多少工作，她都会挤出时间来去直接完成。然后你就想了：'为啥不多派点活儿给女的呢？'"

凯伦继续说道："这就是问题。你说，公平吗？当然不公平了。可是你又能怎么样？在这之前，每个工人的工作负担被确定估计是每个人平均承担工作的。但是，迄今为止，男工那边都没有任何变动。"

与性别分化过程一起出现的是工作区域的重新分配，造成了基于性别带来的工作分配的不平等。当两名清洁工被调到别的楼时，阿娇和凯伦厌烦了所有的额外工作负担，因为之前她们四个就是一起在公共区域搭伴打扫的。一开始，她们还忍受额外的工作负担。但是，当变动波及假期安排的时候，她们发现根本没有办法完成全部的工作，她们要求另外两名女工分享假期的工作。然而，她们的请求被回绝了。所以她们就决定向小组监工提出抗议。阿娇说："我们迫使自己强硬起来。我们别无选择。其他的清洁工都说她们做不到。但其实我也是。我究竟怎样才能干完所有的活？我们并不介意惹人烦。我们最后抗议了。"

监工重新分配了每日任务和四名清洁女工假期间的工作，解决了这个问题。不再是照看每层的明确区域，她们每一个人被分配了几层楼，然后负责每一层楼的所有公共区域和洗手间。这样至少节约了上下楼层的时间。尽管工作负担没有显著减少，考虑到监工已经让另外两名女工分担了工作负担，阿娇和凯伦就也没有再进一步推进抗议了。

"不管我如何不开心，我还是把委屈吞进了肚子里。"阿娇叹息道。

3. 2003 年非典型肺炎

在 2003 年"非典"大暴发期间，清洁工在控制社区疫情方面起到了重要作用。

清洁工工作在守护公共卫生最前线。"我们惊不起。我们是服务业最前线的了。你不知道沙士（SARS）几时打到来，哪个住客是带菌者。"玲在私人屋苑工作，每天用 1 : 99 的漂白水擦抹电梯十次之上。SARS 期间，清姐清洁得特别仔细，甚至手执长竹，把身体探出气窗外，为的是拿走搁在天井的一个胶袋。是为了住客用户，也为了自己。在大学工作的嘉说："我们清洁马桶特别落力。你知啦，病毒都藏在粪便内。细心不只是为了他人，我们也为自己，因为我们会接触到粪便的嘛。"

有时工友想主动清洁得干净一点，却被外判老板叫停。阿关在机场工作，她想把吸烟室彻底清洁，尤其抽气系统最易藏污纳垢。"我跟机场管理局的职员说，想来一个大扫除，可否找人把抽气口拆下。他说可以，找来维修部同事帮手。正当我擦抹抽气口的配件，另一个清洁工在吸尘时，经理行过见到。怎料他大为紧张，好似捉无牌小贩般大嚷问是谁吩咐的。我说无人叫我做，是我自己想做。经理不爽，要我立即停止，因为他们（机管局）要付钱我们才可以做。我唯有把工具放回。经理还叫科文斥骂我呢！那抽气口只洗擦了一半，后来机管局找来其他人善后清理。"

外判和客户公司合约列明工作细项，明码实价，合约以外的要额外商议。清洁工种无形，将清洁工作范围清晰规范和列明干净度是对外判公司和清洁工的保障，但同时也限制了工友的自主能动性和其可带来的满足感。

清洁工的重要性和外判可能对公共卫生带来的问题，可从沙士时食环署清洁工的经验看到。阿美是食环署的二级公务员。30 岁入行时负责扫街，工作时怕熟人碰见，入职一年才敢告诉家人当清洁工。其后被调去流动清洁组，又名"廿四味"组。难题杂症最辛苦的工作归此组负责，阿美和同事就被派去清洁被隔离的疫厦。疫厦所在地区原有的政府外判工都不愿进入疫厦，就算加日薪也不为所动。外判工没有医疗保险，都不敢冒险，怕受感染。然而，阿美说，公务员相对有福利保障，也怕不遵循命令被裁失去长俸。阿美和同事硬着头皮顶上。

阿美深深记得淘大花园疫厦被隔离 10 日的第一天："我们十分恐惧，有人在颤抖。无人明白我们的感受。大众以为医生护士是这场仗的前线。接触排泄物的是我们。出发往淘大花园路上，感觉如走入坟墓。车厢里大家心情沉重，不发一言。当中有年长的同事，有长期病患。不听从指令吗？你会掉了饭碗。沙士这一仗没有先例，我们不懂应付疫症，而淘大的情况又那么严重。"

穿上沉重又闷焗的保护衣，"廿四味"二人一组，每个单位只有 15 分钟的时间清洁。把居民匆匆被接走隔离后留下的已过期和发臭的食物从雪柜丢掉，然后对厕所以及单位的其他部分进行消毒。阿美说："两个同事在有住户去世的单位晕倒了。首先，我们很害怕。病毒传染性那么高，无形无色，却可夺命。加上那保护衣很紧，我们都呼吸得很困难。穿上这厚重又难透气的保护衣，要在这么短的时间把单位清洁消毒好，很辛苦。"

面对恐惧只能互相安慰如念咒："我们不会感染的，因为我们是在做好事，我们是在服务人群。我们会挨过的，会挨过的。"工友也怕把病毒带回家。阿美的丈夫是长期病患："第一天，部门没有设施让我们先冲凉才回家。我有想过不回家，怕传染给我老公。我也叫年老的母亲不要过来我家。如果我染上沙士，可能见不了正在远方实习的女儿最后一面。每天放工，看到新闻报道最新的染病和死亡数字，恐怕下一个会是我。"

沙士过后，阿美和同事获食环署颁发奖状表扬他们沙士期间的贡献。阿美说，沙士前有传闻要削减清洁工的"辛劳津贴"。"辛劳津贴"是用来慰劳清洁工处理猫狗甚至人的尸体的。沙士后津贴继续发放，阿美猜想是政府看到了他们沙士期间的利用价值。但这不代表他们的工作被大众认同。同年，报章报道审计署报告，指食环署清洁工效率比外判工低。一纸奖状抵不过"蛇王"和"浪费纳税人金钱"的指责。即使没有疫症肆虐，2003年的食环署清洁工，都已经担惊受怕，怕政府进一步将清洁服务外判。阿美用"入侵"形容外判政策，不知那天会被裁，也不敢对政府存厚望："当他们认为我们没有利用价值，便会把我们踢走。"言语间流露的，是对保饭碗的焦虑、对贡献被长期忽视的委屈和对劳动尊严的渴求。

（三）清洁工身份和生命史

1. 污名化谈判

工人们发觉他们的工作意义、工作认同的方式与其职业污名化、工作相关技能与其他一些个人因素紧密相关。在清洁工与服务消费者之间的互动中存在着一条建构的分界线。这条界线并不仅仅是有关于清洁工作的服务方面，还有就是附着于这一职业的社会污名化。无形的清洁工作和可争辩的清洁标准指向了"肮脏"概念的社会建构。

"一如我们所知道的那样，污垢的本质就是无序的。世上没绝对的污垢：它只存在于旁观者的眼中。如果我们回避污垢，并非是因为怯懦或者恐惧所致。我们既没有办法通过我们一系列的行为去减少疾病的发生，也没办法去避免污垢。污垢会打乱秩序。清除它不是一个消极的运动，而是对组织环境有积极作用的。"①

---

① Mary Douglas, *Purity and Danger: An Analysis of Concepts of Pollution and Taboo*, London: Ark Paperbacks, 1984, p. 2.

　　污垢并不仅仅与卫生有关。它还与社会秩序的确定相关。Douglas 观察了不同文化背景下的实践，认为清洁与道德判断紧密相连：清洁向好，肮脏向坏。这种区分对于从事肮脏工作的人来说同样适用。Hughes 定义了所谓的肮脏工作，即被认为是可耻和恶心的任务或者职业，然后，肮脏的从业者们会在三方面被污名化：身体、社会和道德层面。[1] 至于道德维度，肮脏的工作者被认为是可疑和具欺骗性的。正如受访者阿楠所说，当客户办公室丢东西的时候，清洁工往往被列为第一怀疑对象。

　　"一些坐办公室的客户看不起我们。当他们丢东西的时候，我们这些清洁工都是要被传唤的。"

　　（对此你们怎么办呢？）

　　"我会问一下清洁工是不是她干的。如果是她干的就开了她。"

　　（你因为偷盗的事情开除过谁吗？）

　　"开过。那个清洁工否认了。但是客户不想再看见她，声称丢失的物品是他海外的朋友寄给他的独一无二的精致礼物。我们就不得不开了她。"

　　清洁工们对待这些污名化是如何反应的呢？在访谈中，我问了几位受访者，是否认为公众，比如大众传媒，歧视清洁工，他们中的许多人立即表示"行行出状元"。但是，这种条件反射的回答实际上就是一种防御机制。当我们谈论到与服务消费者的互动时，他们就会举出一些例子来说明这种污名化带给她们的恶劣影响。在起初加入政府清洁服务工作的时候，阿美并没有告诉她的家人她扫了近一年的大街。

　　"我不敢告诉我的家里人我在扫大街。在我工作的时候，我会给自己蒙上口罩并戴上帽子，反正就是裹得严严实实……我害怕呀。我就怕我在街上遇见熟人。我当时岁数还不大。人们会疑惑说我怎么就选择去扫街了。我夜不能寐，只能去看医生。最艰难的事情就是我不能告诉我家里人。孩子们都还小。我丈夫也有一份好工作。我不知道如果人们知道我在扫街之后会怎么想他。在挣扎了一年以后，我告诉自己做这份工作总比靠借贷生活好。我最终还是选择告诉家里人。孩子们问我能不能辞职不干。我告诉他们，'这就是一份临时工作。等你们什么时候长大完成学业了，我就辞职。'结果我到现在还在做这份工作（笑）。"

---

① Everett C. Hughes, *Men and Their Work*, Glencoe: Free Press, 1958; Everett C. Hughes, "Good People and Dirty Work," *Social Problems*, Vol. 10, No. 1, 1962, pp. 3 - 11.

据 Hughes 所述，保持社会距离是在做肮脏工作工人的主要问题。① 不告诉她家人是为了维持与相亲近的人的心理距离所做的尝试。这导致了她长达一年的睡眠问题。清洁工也通过保持身体距离来维持社会距离。他们会避免任何不必要的交际。

清姐："我们知道怎么做。永远不要和房客混在一起。"

然而，她并不总能保持身体距离。举例来说，当清姐拎着拖把和水桶与一些房客同处一个电梯的时候，有的房客会捂住鼻子。清姐选择视而不见。

清姐："我只是讨厌这些规矩人。这个反应简直太过了。我收拾垃圾。有些就是你们的，是吧？世界上有很多不同的人。我怎么能太把它当回事呢。只要你什么也不说，我就假装看不见你，你也看不见我。"

Hughes 认为肮脏工作工人的道德贬低是为了呼应那些自认干净的人的优越感。② 捂嘴的房客会是想要避免垃圾和残渣的异味。但与此同时，这也是防止他的身份被污染的一种举动。一向健谈的清姐选择在这种情况下保持沉默，并通过脑补这种污名化的不存在来保护自己。这种遭遇的结果就是，基于职业污名化的社会秩序的再生产。

2. 非技能劳动的技能：对自豪感的宣示

尽管对污名化的正面攻击毫无反应，清洁工们却通过详细描述他们的清洁知识与技能，来申明他们的自豪感与尊严。清洁被认为是一种"非技能"劳动，因为它并不需要手艺或者复杂的知识。Messing 批评了通过强调清洁工作的非技能体力劳作方面，来为压榨清洁工提供辩护的行为。③ 阿娇说不同的清洁工对待同一件任务有不同的清洁方法。清姐花了大把力气坚持这并非人人都能做的工作："我确定同区内，没有哪个公司可以竞标到同一个合同那么多年。我们这个场所是清洁的最棒的。我们每月所用于清洁整个地产的是自动洗涤机。在我初来乍到的时候，组里面一直都在出现新面孔。对于这些异味，高温还有艰难的工作，很多人也就只能忍受个一两天。"

清姐工作的一部分是要去到公司的不同厂址，在租客搬入新大楼之前，清理建筑废料。"我们必须要把楼里每一层的墙壁擦干净。之后，我们须得用

① Everett C. Hughes, *Men and Their Work*, Glencoe: Free Press, 1958.

② Everett C. Hughes, "Good People and Dirty Work," *Social Problems*, Vol. 10, No. 1, 1962, pp. 3 – 11.

③ Karen Messing, "Hospital Trash: Cleaners Speak of Their Role in Disease Prevention," *Medical Anthropology Quarterly*, Vol. 12, No. 2, 1998, pp. 168 – 187.

刀片刮掉水泥。你要知道，是刮掉每一层所有墙上的水泥啊。我们就是大楼里面冲锋陷阵的那批人。在一处新址，我们把附近陡坡上这么高的杂草都除掉了，以防有人抱怨杂草遮住了任何的残骸。在这里，花园走廊的房顶太高了。我们必须搭梯子爬上房顶去清理垃圾。这种工作不是人人都能做得到的。那个梯子足足有 10 英尺那么高。而且特别沉。我却能自己拎动它。有一些清洁工干活不彻底。但是我的话，当我在新址干活的时候，我甚至清空了下水沟里面的污泥。那个泥有这么厚！我的原则就是永远不要欺骗他人和自己。你不能永远欺骗的嘛。就像刚扔的香烟与隔天晚上的绝对不一样。你欺骗不了我的眼睛。我老板分配了一个地方给我照看，我就真的用心好好工作，照看好它。"

这些技艺、知识和职业敏感度都是通过工作经验获得的。不知怎么的，她觉得自己生下来就注定会成为清洁工人。

"有时候我觉得我是命中注定干这个。你看我的手。这么多年了，它们还是那么顺滑。我都不戴手套的。就直接空手浸泡到漂白剂和其他的化学药剂里面，却一点事都没有。"

（这很危险啊。）

"没错。所以说你要知道你自己需要什么。而我觉得我啥都不需要。"

不光只有清姐把她的清洁工作和个人特质搭配起来解释。凯伦认为，作为女性，一直被训练在家做家务，她们就能容易将这些技能用在外面的清洁工作上。"这是一种每个'师奶'都拥有的技能。"除了女性特质和性别特征之外，种族划分是另外一个清洁工人解释自己技能丰富的原因。

江女士，"我们这些知道在家怎么干活的人很容易做清洁工作的。"

（为什么呢？）

"尤其是我们这些潮州福佬人。我们是汕尾女人。清洁作业对我们来说很容易。我们那的人就是爱干净。我们喜欢把家里拾掇得干净整齐。这让我们在家里感到舒适。"

通过技能所有权所展现的自豪感因此成为清洁女工的性别或种族身份（有时）的展现。对于大多数受访者来说，清洁就是"师奶"的工作，一份每个师奶都应该掌握的工作。清洁工作所需的技能全部是通过小时候在父母家做家务习得的。这些她们引以为傲的技能正是她们在劳动力市场中所具备的优点。

被低估和贬低的清洁工作和"师奶"技能并非清洁女工确定其身份的唯一来源。表明这些女性格外擅长的技能，是在分割的、看重学历并带有年龄歧视的劳动力市场中，保卫她们脆弱处境的一种方法。尽管性别的意识已经被用来合理化压榨女工的行为，但她们也可以利用性别意识来主张她们在清洁技能方面的自豪感。女性清洁工展现了清洁工作是一份艰难却有尊严的工作。

3. 从执笔到执扫把

如果我们从时间的角度来探寻女性的工作意义，我们就能发现，那些外部工作因素和社会力量是如何影响她们对现有清洁工作形成认知的。[1] 她们过去的生活经历和社会流动塑造了她们的世界观和工作意义。把她们的故事书写进更加广阔的社会史里，性别、阶级和移民状态各种特征是如何在女性的生命过程中交互作用，她们又是做了怎样的决定来引领她们走到现在的清洁岗位上，并形成了现有的人生观？

清洁女工的生命史让我们重新审视了关于香港梦和成功故事的宏大叙述。基本上，那些"香港的成功故事"的叙述，一方面，是关于香港人工作伦理和社会流动的霸权：香港是一个机会之地。只要你想好好干，你就能成功并得到向上流动的机会。另一方面，这些叙事使得香港身份永存，在某种程度上这暗示了"香港人"的优越性，又与它"封闭"的特征紧密相连。在了解到这么多叙事以后，我的疑问就是清洁女工是否认同这种民族精神，并把它沿用到工作意义当中来。在后文中，我重点关注 Ding 的故事以更深入地阐释，以及更好地理解她对于上文所提及的污名化与工作意义的反应。

清姐的叙述是洪亮而乐观的，且总是带着自立的乐观主义色彩。这可能是因为，在她那种非正式的工作情景中，她享受到了更多的自主权和自由。但是，还是有工作以外的因素，形成了她的工作观与人生观。她曾经在大陆做了八年的经理，在踏足香港以后，她又因为工作在服务业非技能岗位的前线而遭遇了向下的社会流动。和她的丈夫一同，他们设法保住一份相对稳定的家庭生活。在表面看来，她的故事就是回应了香港梦。然而，在这之下是移民和职业的双重污名化带来的隐形的伤害。她洪亮的声音和一直强调的自我上进与对清洁工作的热爱，已经超出了品格的范畴；这些实际上都是对于那些隐形伤害的补偿。

一位队友说："你根本别无选择。你就只能做那些人家愿意雇你而你又有

---

① Paul Thompson, "Life Histories and The Analysis of Social Change," in Daniel Bertaux (ed.), *Biography and Society: The Life History Approach in Social Sciences*, Beverly Hills: Sage Publications, 1981, pp. 289 – 306.

能力干的工作。"

对此，清姐讽刺道："你有得选啊。你可以去参加香港小姐选美。你个傻X。"

然后，她继续说道："如果我们有教育资质，我们就不需要这份工作了（清洁）。面对现实，我一点也不瞎。这还轮不到你来选择。"

在接受了沦入低等工作的限制以后，她在自己的岗位上做到了极致。

"清洁工作呢，就是给那些不怕脏不怕乱的'师奶'们干的。有些人在看到死耗子的时候会尖叫着跑开。但是我们根本不屑一顾。然后一些女的认为我们这个工作很丢人，会让她们的老公蒙羞。我却是不在乎，因为毕竟我能自食其力，我干得很开心。每当发工资日查看银行账户的时候，我会特别满足。我和我老公能够把我俩赚的钱合起来支撑家里对于我来说是最重要的事。"

清姐和她的丈夫设法通过他们的辛勤工作来拥有属于自己的房子和车。清姐对于她的能力十分自信，尤其是在她认为是服务工作的本质问题上的反应能力。

"我找到了一份离我家很近的活，方便我照顾孩子们。那时候他们还小。这就是为什么我在这里干这份工。我不老，我还很能干。就像我劝退那些尝试在我扫厕所的时使用厕所的男性那样，我说话清楚又犀利。我不比其他人差。我仅仅是来自乡下而已。"

在她的自豪感之下，是其移民背景给其带来的"隐形伤害"。清姐在20世纪80年代早期就来到了香港，彼时她23岁。她当时听了一些传闻，对在香港的生活只有些模糊的概念。她说："所有人想到香港去。我就是随大流而已。人们都说香港是个好地方。我就跟着他们游过去了。"

清姐重复地讲述了她从幼年时代就有多聪明。在初中的时候，她是班里的尖子生。她妈妈总是非常自豪，每逢来香港看她，都会在她的清洁工同事面前对她的童年逸事如数家珍。在来香港之前，清姐在一个零售点的管理岗上干了八年。除了生儿子那段时间，尽管她一直都在工作，她也觉得自己做得还不够："在我还在老家的时候，我执笔工作。我负责整个零售部门，甚至包括记账。我不比别人低一等。我是受过教育的。只不过我不会英语而已。这就是唯一一点我与别人比起来缺乏竞争力的地方。这就是为什么我在香港没有很多工作可做。我曾经做女招待，现在是做清洁工。"

在她拥有了自己的车和公寓以后，她香港的邻居们纷纷表示惊讶。这份惊讶暗含着对低技能移民的歧视态度：他们就从来没有被打上能够拥有自己资产（房、车）的标签。

"与拖把为伍的人就不能拥有自己的车吗？这些人认为所有大陆来的是农民。我辛勤工作，堂堂正正赚钱。我不是盗贼。甚至房子都是我名下的。"有时候，她被她的房客认为以她的教育水平，连读懂办公告示都难如登天。她因此感到受到了侮辱，"我会读会写！得了吧，乡下也是有学校的呀。没那么说的啊，好像我的家乡很恐怖似的。我可能不会写繁体字，但是我看得懂香港的报纸。我唯一不行的就是英语，但至少我认识 26 个字母！"

她不仅感觉在香港受到了侮辱，清姐在大陆的亲戚和老朋友们也不能理解她。从执"笔"到执"扫把"这样的工作岗位去技能化，很难对她家乡的父老乡亲们解释明白。以她在大陆的工作经历来看，他们怎么都不能相信她去香港之后会去干这样一个非技能的体力活，而香港看上去是这样一个充满就业机会的地方。在她的亲戚们对她幼年天赋多加赞誉的同时，又看不起她实际上热爱的清洁工作。Ding 最后已然放弃了同他们进行交流，更不用提抱怨她在香港被歧视，遭遇的种种不公了。相反，她把这些隐形的伤害转化成其工作的自豪感。她花了很大力气告诉我非技能清洁工作实际上是需要全方位的技能和知识的，"在香港，清洁工作不仅仅局限于拖把和水桶。你需要擅长很多事。你需要掌握各种不同的清扫机、洗涤机和抛光机的使用方法。不是说任谁打蜡就都能把大厅的大理石地板弄得那么光泽亮丽。你需要用力擦洗掉陈旧的地板表皮，然后为它换上新的外衣。别以为控制地板清洗机的软管有多么容易。均匀地清洗地板是很难的。如果没有经验，你会在地面上留下不均匀的蜷曲的脏印，就像是蛇一样。而且，你必须会精通各种清洁媒介。比如，在下水道堵了的时候，你应该用什么去清理，你什么时候应该喷洒驱虫剂杀蚊……"

我们可以从清姐的故事里面了解到什么呢？在联合国关于在香港的中国难民的报告讨论中，Lui 提到，20 世纪 50 年代时奔来香港的中国难民经历了向下的社会流动。他的观察结果仍然可以投射到清姐这样的 20 世纪 80 年代来到香港的移民经历上。移民所经历的向下的社会流动，为抨击流行的认为大陆低等移民是"落后"的刻板印象予以了强有力的当头一棒。[1] 工作以"笔"为伴，清姐在大陆的时候是经理。尽管她具备高中教育的水平，还有管

---

[1] 吕大乐：《唔该，埋单！》，闲人行有限公司，1997。

理经验，这些过去的记录都是不被认可的。经过这么多年在香港辛苦从事卑微的一线服务业工作以后，她和她的丈夫终于能够为他们的家庭保持一个良好的物质生活条件，根据她所拥有车和房的事实来判断。但是，在她的社会生活方面，因为她的移民属性，她被香港的邻居看不起，也被那些认为她整日"与拖把水桶为伍"的大陆亲戚所看不起。这个自信而又健谈的女人，在面对两地给她带来的双重隐形伤害时，也只能哑口无言。强调她是个自立的女性，又把她非技能的清洁工作比拟为需要知识，技能和经验才能"完美"清洁的手艺工作，其实是她对工作自豪感的呐喊和对自我价值的坚守。因此，在清姐的故事当中，我们可以发现一些工作外部的因素，即家庭—工作联系，流动性与移民经历，都是组成清洁女工工作与身份意义动态建构的重要力量。

五　总结：生命史在理解边缘化劳工上的有用性

本文是对于香港被边缘化职业的一次探索性研究。生命口述史的方法，为发现被边缘化群体真实生动的声音，揭示一个我们看不见的工作世界，以及剖析工作与身份意义的动态建构提供了丰富的嵌入性资料。这是一个"非典"暴发时期，对于服务业经济中的公共清洁工作的详细纪实。同时这也是对中年工人阶级女性，在其劳动过程和生命过程中所建构起来的工作意义进行的探究。在这里我展示了用工作意义取代静态工作伦理来描绘女工们多层次且开放性的主观看法的优势。

以口述生命史作为研究方法，不仅只揭露了制度与职业的特点和局限，同时也是与具体事件紧密相连的实际工作经历的展示。通过口述生命史的研究方法，本文表明了，工人的主体性是一系列个人生活/工作轨迹，以及生命中所经历的孤寂，无助和认可的自反性产物。工作意义可以通过他们的生命轨迹和世界观来理解。他们的生命过程根据香港社会经济的发展轨迹形成了不同程度的交叠，孕育了他们的生命故事、工作观念以及人生观中的不同主题。

女性清洁工人回顾式的意义建构，让我们发现了她们工作经历和生命中促成其工作方向形成的关键时刻。工作与身份的意义证明了，其中受到了多种交叉力量的促成与制约，即职业、阶级定位、性别意识、移民经历、生命过程和叙事。她们的讲述都是一个个为展现其身份认同和挽救尊严而做出的口头行动。采用生命史的研究方法，我们就可以领略，宽阔漫长的生命过程变化是如何支撑起整个工作世界的，以及工作世界是如何成为那些更强大力量的反射和缩影。总的来说，这里清洁女工的口述史不仅展现了在经济重建和新型服务业经济背景下，塑造了她们社会定位的结构性约束，而且通过调查她们劳动过程中的实践经历、生命过程中所做的决定以及个人的反身叙述，使她们的主体性得到充分的显露。

口述访谈与女性生命史研究：基于对大寨村和西沟村的口述访谈*

刘晓丽　马　敏**

摘要：口述访谈之于女性来讲，除了基于特定人群和特定事件的访谈外，就是要立足于每一名女性作为一个完整生命体的访谈。比如，知青口述史，首先要访谈的是女性知青在"知青"这个特定群体特定岁月中的经历。但除此之外，女性作为一个性别整体，每一名女性作为生命个体，立足于女性自身独有的心路历程和生命体验，这种体验是不同于男性的，需要访谈者与被访谈者共同挖掘这一段生命经历，充分唤醒被访谈者过去的生命记忆。更重要的是，访谈者提出的问题要有性别意识，要有深厚的研究积累，要充分体现"女性生命史"这一主题，这一点非常重要。即使在以女性为主体的访谈项目中，如果访谈者没有具备性别意识，提出的问题还是跳不出"就女性问题问女性"的窠臼，只见树木不见森林。最后，如果访谈者是女性，在访谈过程中，还可能会发生双方生命史体验互动的情况。

关键词：口述访谈；女性生命史；大寨；西沟

根据社会学定义，"生命史（life history）又称个案史，即将一个人或一个团体的全部生命期间，在社会网络上做一个正确与详尽描述的方法，其目的为认明与个人生活或团体活动有关的因素"。[①] 目前，对于女性生命史的研究成果较少。余霞认为，女性生命史研究要将"社会情境、文化生态与个体成长、角色心理等相互缠绕在一起"考察。[②] 在本文中，对女性生命史的研究更

---

* 本文为国家社科基金项目（项目编号：16BKS131）和山西省宣传文化系统"四个一批"人才工程资助项目。

** 刘晓丽，女，山西长治人，山西省社会科学院研究员，研究方向为妇女史学、口述史学、乡村社会史；马敏，女，山西代县人，山西省社会科学院助理研究员，研究方向为教育社会学与教育史。

① 王云五（主编）《社会科学大辞典·社会学》（第一册），台湾商务印书馆，1971，第41页。

② 余霞：《女性文化、角色心理与生命史——湖北三峡地区土家族哭嫁歌研究》，《湖北大学学报》（哲学社会科学版）2006年第1期。

侧重女性群体及个体与当时社会环境的关系、女性个体与群体的互动、女性群体与男性群体的互动、女性与男性在家庭中的角色互动、女性心理层面的积极与消极方面、女性对自身生命史的回顾等。在本文依据的三个口述史成果中，《口述大寨史——150 位大寨人说大寨》[①] 是针对大寨村民群体的访谈；《口述申纪兰》[②] 是针对特定女性人物的访谈；而《西沟口述史及档案史料（1938—2014）》（十卷本）[③] 中的访谈部分，是对西沟村全体村民的访谈。在上述三项访谈成果中，除了《口述申纪兰》是针对女性专题人物访谈之外，另外两项成果，在访谈人数上涉及大量女性村民，在访谈主题上，特别注意到了"大寨铁姑娘"和西沟"男女同工同酬"这样的主题。围绕这两个主题，这些女性在特定历史阶段的生命体验是立体化的和多层次的，这些体验既有正面的，也有负面的，但总的基调是向前的、坚韧的、平和的。

一

大寨村位于山西省昔阳县，是 20 世纪六七十年代闻名全国的农业典型，"农业学大寨"由最高领导人提出，它的影响远远超出了农业领域。新中国成立后，共产党接收了一个几亿人口的大国，当时蒋介石不无感慨地说，我们把几亿人口的吃饭问题，留给了共产党。谙熟中国历史并善于以史为鉴的毛泽东，深知水利是治国安邦的头等大事，必须首先抓好。以毛泽东为核心的第一代中央领导集体，始终把治水作为农业最重要的大事来抓。从 20 世纪 50 年代开始的在全国各地兴起的农田水利基本建设，就是为了这一目标而进行的。1958 年在全国范围内开展的"大跃进"、人民公社、大炼钢铁运动，现在看在无疑是急躁冒进的，但以一定形式把人民群众组织起来，对于大搞农田水利基本建设来说是必要的。没有高度的集中与统一，没有几乎无偿的人力和物力调拨，对于中国广大的北方地区来说，黄河的泛滥根本无法治理，黄河的中游和下游没有一个稳定的生存环境，也根本谈不上农业发展和工业建设。

---

① 孙丽萍（主编），刘晓丽（副主编）《口述大寨史——150 位大寨人说大寨》，南方日报出版社，2008。

② 申纪兰（口述），李中元、刘晓丽（编著）《口述申纪兰》，人民出版社，2017。

③ 李中元、杨茂林（主编），刘晓丽（执行主编）《西沟口述史及档案史料（1938—2014）》（十卷本），人民出版社，2017。

　　大寨精神就是在这种环境下激发出来的一种精神，大寨人战胜特大洪水，三战狼窝掌，修筑海绵田，在"十年九旱"的一个资源禀赋贫乏的小小山村内，创造了人间奇迹。它契合了当时国家大规模开展农田水利基本建设的时代大环境，因而得到了最高领导人的肯定，大寨模式进而向全国推广，成为有着鲜明时代特色的政治标本。

　　早于大寨闻名全国的，是山西省平顺县的西沟村。西沟村的出名，是源于它的带头人李顺达。李顺达在20世纪40年代的抗日根据地晋冀鲁豫边区，创建了太行山区第一个互助组，在新中国成立初期的互助合作化运动中，成绩备受瞩目，它契合了20世纪50年代国家亟须发展工业化的现实需要，也是被最高领导人关注，由此一路走来，迈向全国。西沟互助合作的成就，被收录在毛泽东1955年为《中国农村的社会主义高潮》一书所写的按语中。同大寨一样，西沟人在极端恶劣的生存条件下，互助合作，治山治沟，西沟精神与朴实的民风相结合，产生了中国农业金星奖章获得者、全国劳动模范、第一届至第十三届全国人大代表等荣誉，这也是中国农民获得的足以载入史册的历史性荣誉。西沟村在很长一段时间内，也成为中国地图上唯一被标出地名的行政村。

　　大寨铁姑娘和西沟女性，就是在以上历史环境中涌现出的女性群体，同她们所在的村庄一样，成为闻名全国的女性群体，而且分别有着自己特有的具有鲜明时代特色的标配。

　　先说大寨铁姑娘。大寨铁姑娘缘起于大寨治沟治坡的艰苦劳动中，形成于20世纪六七十年代。当时，郭凤莲、贾存锁等20多位大寨姑娘正值豆蔻年华，她们都参加了艰苦卓绝的生产劳动，隆冬腊月，与男社员一起修梯田，治理荒山荒坡，大寨村党支部书记陈永贵看到她们的表现，赞叹道："真是群铁妮妮！""妮妮"是大寨方言，就是小姑娘的意思。从此，大寨铁姑娘的名字就传来了。大寨村的生产和劳动也因她们的参与而多姿多彩、有声有色。大寨铁姑娘与大寨村其他女性一起，不仅参加集体生产劳动，还参与了当年大寨各项政治活动和文艺演出，她们陪同外宾、做讲解、演节目、习武艺，是大寨村最活跃的一支建设力量，也是方圆百里年轻女性羡慕效仿的青春偶像。由于大寨很快成为全国名村，铁姑娘们在大寨村的各项工作中表现不凡，"大寨铁姑娘"也跨越一个村庄的地域范围，走向全国，并在20世纪六七十年代妇女解放的时代背景下，成为中国最耀眼的农村建设队伍，产生了这些年轻女性们未曾预料到的政治影响。

西沟女性与"男女同工同酬"。西沟村作为太行山深处的一个小山村，能在 20 世纪 50 年代闻名全国，除了李顺达成立的第一个互助组外，还有西沟农林牧生产合作社副社长申纪兰发起的"男女同工同酬"。申纪兰担任副社长之初，为了完成集体生产劳动任务，必须发动女性劳力，走出家门，而使女性们走出家门的动力，就是争取到在同样劳动成果下与男劳力获得同样的工分待遇，这是实实在在的看得见的东西。申纪兰与西沟村女性骨干们一起，首先身体力行，又经过挨家挨户且耐心细致地发动，终于使在"好男走到县，好女走到院"习俗下的西沟女性走出了家门，凭着自己的能力，与男劳力出一样的工，挣到了一样的工分，改善了自己的经济地位和家庭地位，丰富了自己的人生经历。这其中的意义，也是申纪兰和参加同工同酬的西沟女性们没有想到的，它同样契合了 20 世纪 50 年代我国发展工业化、急需大量劳力的时代背景。1953 年，西沟女性争取同工同酬的经过，经《人民日报》记者发文，申纪兰和她的姐妹们发起的"男女同工同酬"走向了全国。①

二

大寨与西沟，作为中国当代历史上山西走向全国的两个名村，已经成为山西的两张名片。"大寨铁姑娘"和西沟的"男女同工同酬"在中国当代历史上的影响和意义，甚至超越了大寨和西沟这两个发源地。从 20 世纪 50 年代到今天，几十年过去了，当年风华正茂的铁姑娘，当年意气风发的"同工同酬"发起者们，那段岁月在她们的生命史占据怎样的位置？这正是我们做女性口述史要探索的。

对于以往岁月的回忆，大多以正面为主，有着很强的时代荣誉感。大寨和西沟的这些女性，在 20 世纪五六十年代，全部处在十几岁至二十出头的年龄，正是生命力最旺盛的年龄，加上她们置身于大寨和西沟这两个闻名全国的名村，耳濡目染，具有一种与生俱来的荣誉感，精神生活比同时代的其他农村女性要丰富得多，所以在口述时，首先谈到的就是集体劳动的场景，集体经济的成就，自己为集体做出了什么贡献，并为这种贡献而自豪。这种自豪感在于荣誉本身，在于自己对国家对集体实实在在的贡献，这种贡献就是自己生命史中的最珍贵的收获，而没有丝毫物质索求。"山高高不过决心，地

---

① 蓝邨：《"劳动就是解放，斗争才有地位"——李顺达农林畜牧生产合作社妇女争取男女同工同酬的经过》，《人民日报》1953 年 1 月 25 日，第 1 版。

硬硬不过决心，只要你努力来，吃苦耐劳干这个事情，没拉人（没有人）干不到的，山再高，你硬往上，你不是也就站到高处了？地再硬吧，你硬往下做它了，它还能做不下去？"① "那会儿当了劳模，就是领个奖状，还有一身绒衣。"② "有时候我就觉得，自己再干也报答不完党的恩情，就是一生对党的贡献不大。（自己）也不受罪，也不受气，挺好的。"③

在男女平等的时代大环境下，从家庭走向集体，从自身小天地走向外部大世界，这种坚实的步伐丰富了自身的生命史。大寨铁姑娘中，当时最小的不到十五岁，最大的只有十七八岁，她们为了改善家乡的面貌，为了自己和家人过上温饱和富裕的生活，确实在同时代同年龄女性中，吃了太多的苦，经受了更多的磨难，口述时对当时的艰苦环境记忆深刻，访谈者通过她们的口述，对她们改变家乡面貌的强烈渴望感同身受。"那时候（大寨）遭灾了，没办法不干活。当时有大人就在那儿喊：'零下二十二度，太冷了！'当时没有棉鞋，穿的还是那单鞋，当时一天能让你休息一两个小时就不错了。"④ "那会儿像我们这群铁妮妮，这男人干甚我们干甚。像这冬天开石头，一打，这手就都给震得裂开了，流的那血！那会儿不像现在，连个这胶布也没有，最多有时候戴上副那线手套。那会儿这心里总想的是怎样才能快些修起这窑和这田，修起来后就好了。"⑤ 对从同工同酬中走来的西沟女性来讲，家乡的面貌从穷山恶水变为绿色银行、生态园林，这种巨大的变化有自己的努力在里面，看得见的自豪感油然而生。"山上青松和山桃，核桃山杏半山腰，道路两边都是柏，梨子挂满枝树梢，西沟的山西沟的水，西沟的山水真是美，永远是咱西沟人，奋发图强向前进。""（我们）感到自豪。毛主席号召学大寨，陈永贵是好领班，我们一天天变好了。我们不觉得（累）。早上，我们五点多就去劳动，就往地里走了，每天晚上都得加班，十一二点才能睡。"⑥

① 《对西沟常开苗的访谈》，载李中元、杨茂林（主编），刘晓丽（执行主编）《西沟口述史及档案史料（1938—2014）》（《口述史卷一》），人民出版社，2017，第99页。
② 《对大寨贾存眼的访谈》，载孙丽萍（主编），刘晓丽（副主编）《口述大寨史——150位大寨人说大寨》（上册），南方日报出版社，2008，第105页。
③ 《对大寨贾存眼的访谈》，载孙丽萍（主编），刘晓丽（副主编）《口述大寨史——150位大寨人说大寨》（上册），南方日报出版社，2008，第105页。
④ 《对大寨贾存兰的访谈》，载孙丽萍（主编），刘晓丽（副主编）《口述大寨史——150位大寨人说大寨》（上册），南方日报出版社，2008，第130页。
⑤ 《对大寨赵素荣的访谈》，载孙丽萍（主编），刘晓丽（副主编）《口述大寨史——150位大寨人说大寨》（上册），南方日报出版社，2008，第135页。
⑥ 《对大寨贾爱民的访谈》，载孙丽萍（主编），刘晓丽（副主编）《口述大寨史——150位大寨人说大寨》（上册），南方日报出版社，2008，第139页。

将自己生命史融入了对历史进程有深刻影响的标志性历史事件，使历史事件具有了性别色彩。其中最具标志性的历史事件，就是以申纪兰为代表的西沟女性发起的"男女同工同酬"。"男女同工同酬"作为当代中国妇女运动史上的标志性事件，它的意义在于"标志性"。对于申纪兰和西沟的女性来讲，她们在"无意识"之中将自己的青春时代融入了这样一个"标志"，由此丰富甚至改写了自己生命历程。尤其是申纪兰，她从一个普通的农家女性，成为第一届至第十二届连续当选的全国人大代表，成为全国劳动模范，成为载入中国妇女运动史的人物。对于西沟的其他女性来讲，"男女同工同酬"在当初实实在在地改变了她们的人生，她们通过参加家庭以外的集体劳动，增加了家庭收入，改变了在家庭中的地位，这种动力和喜悦是内生式的，由此获得的人生尊严伴随了她们一生。另一个具有强烈性别色彩的是人民公社化时期的大办食堂，在她们的口述中，首先是家里不用开火做饭了，"我副社长就管这个食堂哩，一黑来（一晚上）倒食堂化了。那会儿把群众也好组织，要这会儿来就不行。把大家家里头的粮食都集中到一处"。[1] 在那样一个特殊的历史时期，女性们获得了家务劳动的"集体化"，每天参加集体劳动，省去了回家操持做饭这个劳心费神的家务劳动，这其中的体会也是独特的，这一点在很多研究成果中都有所提及，在本文中，通过口述者的叙述，再一次印证了集体化这一历史时期在女性生命史中留下的独特印记。

除了作为女性参加集体劳动外，由于当时大寨和西沟都是闻名全国的名村，国内外参观、学习、取经的各界人士很多，这些正值年富力强的女性就成为政治接待的首要人选，她们的出场，代表的是大寨的形象、西沟的形象，体现的是大寨和西沟全体村民的精神面貌和追求，所以这不是简单的接待任务。在他们的口述中，除了与生俱来的巨大荣誉感外，就是加倍小心加倍重视，不让自己的工作出现任何一点差错，并保持自身农家女性的本色，确保不受外界不健康思潮的影响，把自身最健康形象展现在中国和世界面前。"铁姑娘队是一个整体，当时到大寨的人很多，来的记者也很多，从山西到北京，搞农业的，农学院的，他（陈永贵）就要求我们女孩子一定要做到自尊、自重、自强，（外头）来的这些人也不都是（好人），得多注意。"[2] "墨西哥、

---

[1] 申纪兰（口述），李中元、刘晓丽（编著）《口述申纪兰》，人民出版社，2017，第151页。

[2] 《对大寨贾秀兰的访谈》，载孙丽萍（主编），刘晓丽（副主编）《口述大寨史——150位大寨人说大寨》（上册），南方日报出版社，2008，第148页。

阿尔巴尼亚这些国家的人都来过。美国人杨早、韩丁都来过。"① 除此之外，组织参与各级各类文体活动，组建女民兵连，除平日训外，还经常代表当地到外界参加文体比赛和大比武活动，这也是这些女性当之无愧的政治性任务。从她们的口述中，可以感受到她们生活是怎样的丰富多彩。"我们铁姑娘，23个人，有什么政治活动，我们都要参加。来了外宾，全上。接见外宾，陪外宾，我们都去，好像是挺活跃的一支队伍。白天干活那么累，我们还自编自演演节目，演什么跳脚舞，没有枪，就用木头枪。都是自编自演演节目，郭凤莲带着我们。"② "我们干活儿歇下来的时候就唱歌儿，我们那伙是郭凤莲领导唱的嘞，那凤莲会拼谱，经常搞文艺。"③ "西沟的女民兵打得可好了，有些男的就不如女的，女民兵也是一个连，一百多号人，西沟的女民兵可算话了。"④

对艰苦集体生活的口述，看不出悲观色彩，给人强烈的紧张、向上的时代感，并且对细节记忆深刻、准确。如晚上挑灯做鞋，参加大炼钢铁、修水库多少天不睡觉，口述过后，甚至她们自己都惊异于自己当年的精神头和体力。有的通过参加集体劳动中给家里挣工分，见证了自身的成长："我和我妹妹当时小，一天挣三分工，后来就长成了五分，最后最多长到七分。当时是每天啥也干，早上起来就挑粪。"⑤ 具有时代色彩的个人体验感超越了艰苦的劳动生活："有一天晚上，狼来了，郭凤莲开了一枪，把狼打中了，外边的人都说，姑娘们不但都是劳动能手，还都是神枪手。把那只狼打死以后，后边狼就不来了。我们小的时候在狼窝掌核桃树底下开荒，山上狼可多了，有五六个狼相跟着，那时候我们跟住老社员，狼叫我们就学着叫，老社员就说不敢学狼叫，你们叫唤了黑夜狼就跟着去了。"⑥ "我们真枪实弹都打过。那会

① 《对大寨贾秀兰的访谈》，载孙丽萍（主编），刘晓丽（副主编）《口述大寨史——150位大寨人说大寨》（上册），南方日报出版社，2008，第148页。

② 《对大寨贾秀兰的访谈》，载孙丽萍（主编），刘晓丽（副主编）《口述大寨史——150位大寨人说大寨》（上册），南方日报出版社，2008，第149页。

③ 《对大寨李田环的访谈》，载孙丽萍（主编），刘晓丽（副主编）《口述大寨史——150位大寨人说大寨》（上册），南方日报出版社，2008，第158页。

④ 《对西沟张章存的访谈》，载李中元、杨茂林（主编），刘晓丽（执行主编）《西沟口述史及档案史料（1938—2014）》（《口述史卷二》），人民出版社，2017，第105页。

⑤ 《对大寨贾小妮的访谈》，载孙丽萍（主编），刘晓丽（副主编）《口述大寨史——150位大寨人说大寨》（上册），南方日报出版社，2008，第198页。

⑥ 《对大寨贾存兰的访谈》，载孙丽萍（主编），刘晓丽（副主编）《口述大寨史——150位大寨人说大寨》（上册），南方日报出版社，2008，第145页。

儿解放军经常来，我们跟他们比赛，还扔过真手榴弹，打过枪。那时候郭凤莲、贾美荣打酒瓶，她们都能打了，经常跟解放军比赛，还到过北京军区比赛过。"[1] "我姨夫（指李顺达）说有什么动静你不要下马，一直在马身上。他知道，我走到川底（西沟邻村）（天）就大黑了，可能是有了狼了，那个马就变了样了，叫了两三声，两腿拔刺、拔刺盘着蹄子，尾巴一摆，一收身子，叫了两三声，盘了两三下蹄，人家厉害，狼就走了。"[2] 对集体时代劳动生活的愉快回忆中融进了对建设家乡的深深的自豪感："那会儿集体去地里，又说了，又喜（高兴）了，又乱（扎堆）了，那个生活就可愉快了。好像西沟的集体观念特别强，就是一个老百姓也是特别认真，特别负责，西沟的人很忠实，干甚都是认认真真的，说干甚咱就干甚，作甚也是踏踏实实，反正是有一种吃苦耐劳、勇往直前的精神。"[3]

三

对于每一个女性个体来讲，对个人生命史中独有的足以影响以后个人和家人生活的重大事件的口述还是多面的，情绪也是立体的、多样化的。如在集体劳动中受重伤，口述很细致，并多次重复，看得出对当事女性个体的生活产生了负面影响，如影响以后做家务、身体多年伤痛，但是，口述者回忆时的情绪是积极的，并未怨天尤人，这可能跟个人性格有关："这条腿掉了，这条腿曲了。冬天冷呗，冻的身上冰的，湿的呀，一抱我，我要起了，起不来了，没感觉了，腿给掉了。腿不在这了，不会站了，它已经撇一边了，后来那个组有个青年男人，人家青年人跑过来，老申（申纪兰）也在来，赶紧人家把我掐（抱）起来，站不开了，腿掉了，搁车上，把车弄开，把我来掐到车上，两三人掐我车上，人家一掐我，这就撅（疼）死我了呀，撅得我呀，像小铁锥弄得一样，嗷嗷叫唤哩。疼得不行，腿掉了，老申也乱了。老申说，她这个脚朝了后了，那次垫地，老婆们饥荒（差不多）有七八个在哩，掐起来我，我腿就提溜

① 《对大寨贾存兰的访谈》，载孙丽萍（主编），刘晓丽（副主编）《口述大寨史——150位大寨人说大寨》（上册），南方日报出版社，2008，第145页。

② 《对西沟郭爱巧的访谈》，载李中元、杨茂林（主编），刘晓丽（执行主编）《西沟口述史及档案史料（1938－2014）》（《口述史卷一》），人民出版社，2017，第132页。

③ 《对西沟常开苗的访谈》，载李中元、杨茂林（主编），刘晓丽（执行主编）《西沟口述史及档案史料（1938－2014）》（《口述史卷一》），人民出版社，2017，第99页。

了，脚蛋子朝前。后来搁那个车上，叫那个男人跟后底搂着我，老申就这么硬扭，给我把个腿扭到里头了，就那么的我坐了四个月都不行。"①

在集体劳动中，青年女性不可避免地遇到生理期的问题。对于这个问题，大寨的陈永贵和西沟的李顺达，都给予了充分的叮嘱和关照，从这里也可以看出这两位领头人确实称得上中国农民的代表，有着中国农民的淳朴情怀。但是，在当时的大环境和生产发展水平下，家务劳动社会化程度还不高，整个社会政治经济发展的惯性，掩盖了每个女性甚至男性对于自身生理的理性关切，所以女性在这种大规模强体力劳作中受到伤害是难以避免的："我那会上地，来了例假一个是腰疼、肚疼，有时候咱就不说呀，那年假如我嫂（申纪兰）早上不见我上地，就骂我。上地，有水，我是一见水，一激就没了。那时也不说，有一天早上，我嫂不知道，就骂我了。我在茅房哭一早上，不吃饭。"② "冬天，那时候咱不懂，我腰往下肿哩，后来子宫一直有毛病。胖（肿）了足足二十天我这身上。那会也穷呗，没啦个钱，伤筋动骨一百天，到家圪委（待着，不活动）上一百天就行了。中午回那会，烧了，就身上难受，发汗，抽搐，心难受，去炕正躺着哩，起来了吃上点，跟人家走，起来吃冷捞饭，过去小米捞饭硬呗，我这就得了阑尾炎了。从那个以后，我的病就可多了。一样的，一样的，多得哩。从那个往后一年不如一年。"③

还有女性生命史中具有重要地位的出嫁、生育问题、婆媳关系。说到出嫁当天就参加劳动，村里也没让休息，即使从外村嫁过来也是如此："娶过来了就参加劳动，我那个弟媳妇就是，上午来了下午我倒引上去了地里了。"④怀孕和生育后参加劳动的口述，这个情绪就比较复杂，因为这是女性不得不独自承担的重负，与当时的时代氛围相纠结，大多数女性身心俱疲。"那会纪兰就带着老婆（妇女）们去地里，到（了）地里，老婆们就说孩子难受哩，她说孩子不吃奶，她说真费事，大的哭哩，小的乱哩。"⑤ 有的女性生育后，

① 《对西沟常开苗的访谈》，载李中元、杨茂林（主编），刘晓丽（执行主编）《西沟口述史及档案史料（1938—2014）》（《口述史卷一》），人民出版社，2017，第111页。

② 《对西沟张锦绣的访谈》，载李中元、杨茂林（主编），刘晓丽（执行主编）《西沟口述史及档案史料（1938—2014）》（《口述史卷一》），人民出版社，2017，第152页。

③ 《对西沟候雪贞的访谈》，载李中元、杨茂林（主编），刘晓丽（执行主编）《西沟口述史及档案史料（1938—2014）》（《口述史卷一》），人民出版社，2017，第200页。

④ 申纪兰（口述），李中元、刘晓丽（编著）《口述申纪兰》，人民出版社，2017，第212页。

⑤ 《对西沟郭爱巧的访谈》，载李中元、杨茂林（主编），刘晓丽（执行主编）《西沟口述史及档案史料（1938—2014）》（《口述史卷一》），人民出版社，2017，第210页。

因为婆婆去世或身体不好，就把孩子放在村里的托儿所，其实说托儿所，也就是村里组织几个老人，帮着照看一下孩子，哺乳期的孩子，母亲上下午需要回来喂奶。"找个两家互看，一个老的看两家的。"① 白天到地里干活，晚上孩子睡了以后，还得做全家的活计："黑夜把孩子弄住吃了，躺住挨住身上，就开始做活，就睡不醒觉，那会也没有表，多会觉得瞌睡了，多会睡。早起早早地就要上工哩，队长安排，（上地）动了，下午弄了家务，还得去地。"② 这类女性没有人手帮忙，只能里里外外一把手，就更加艰辛，但也更加坚强。

当时大多数女性有两至三个子女，女性生育后的负担与当时婆家人手有关，更与婆媳关系有关，且大多数女性参加集体劳动时，都把孩子放给婆婆照看，这是基本模式，总之，在物质匮乏、需要全家竭尽全力才能维持温饱的年代，这两个村的婆媳关系大多是平稳的，也是基本和谐的。但也有个别的婆媳关系不好，丈夫在家里做不了主，不会协调婆媳关系，这类女性不但身心俱疲，往往还带着情绪，这对处于哺乳期的女性身体极为不利。"生了孩子不去（劳动）能行？哪能吃上饭了？那时候生了孩子 70 天就得去动了，孩子找人，要不两人搭帮，动上一小会回来。那时候冬天下雪，还不让你回家了。引上孩子也得往地再走了，十冬腊月天，下着雪，早起不明就起来吃饭，弄上孩子。"③

在大寨和西沟这两个名村，所有未婚女性都面临着一个相同的问题：嫁在本村还是嫁到外村？嫁到本村，荣誉感强，有前途，集体生活丰富多彩，尤其是作为大寨和西沟的女民兵，比周围村的女性有了更多的锻炼机会，参与文体活动，释放了年轻女性的天性，接待外宾内宾，增长见识，也有着更为深刻的生命体验。但是，留在名村，就意味着参加更多的集体劳动，吃更多的苦，对自身各项的要求必须更加严格，这也是当时很多女性纠结的地方。不过，大寨铁姑娘中的大多数，还是嫁在了大寨本村，这里还有一个原因，就是陈永贵担心大寨铁姑娘嫁到外村受苦。"大寨女性出嫁不出村，我们找对

① 《对西沟马书珍的访谈》，载李中元、杨茂林（主编），刘晓丽（执行主编）《西沟口述史及档案史料（1938—2014）》（《口述史卷一》），人民出版社，2017，第 215 页。
② 《对西沟马书珍的访谈》，载李中元、杨茂林（主编），刘晓丽（执行主编）《西沟口述史及档案史料（1938—2014）》（《口述史卷一》），人民出版社，2017，第 215 页。
③ 《对西沟郭清贞的访谈》，载李中元、杨茂林（主编），刘晓丽（执行主编）《西沟口述史及档案史料（1938—2014）》（《口述史卷一》），人民出版社，2017，第 237 页。

象他（陈永贵）也要过问，当时管得严，你找对象，一定要考虑好，关系到你的将来，不能轻率。大寨正红的时候，人家捧你敬你，具体到你这一个小姑娘，人家外头的人，是不是就是真心的？但是，（陈永贵）没说不让往外嫁，真正出来的也不多，就我和贾存锁来了洛阳，其他的都嫁到了当地。"①对于西沟来说，李顺达时代，西沟村民的生活水平比周围村要富裕得多，所以西沟女性很多还是嫁到了本村。另外，对于接受教育，在西沟，尽管李顺达兴办了金星大学，中小学在当地也很有名，教学质量也名列前茅，西沟男女青少年受教育程度在当地是比较高的，但是与男孩相比，西沟女性的受教育程度还是差一些。"女孩上学的就不多，男女还是有分别。我们这个村上的学历，女的最高的应该就是我，我上初中，完了以后当兵，在部队考到第四军医大。"②

<h1 style="text-align:center">四</h1>

本文着力分析的两个乡村女性群体——山西省大寨村"大寨铁姑娘"群体和西沟村"男女同工同酬"女性群体缘起于两个口述史学课题及其出版著作：《大寨口述史——150 位大寨人说大寨》（两卷本）和《西沟口述史及档案史料（1938—2014）》（十卷本）。口述大寨史项目开始于 2005 年，时任山西省社会科学院历史所所长孙丽萍，在带领历史所团队完成三卷本《山西抗战口述史》的基础上，着眼于历史所口述史学的学科建设和人才培养，于2005 年 12 月，组织参加《山西抗战口述史》的 5 名青年科研人员，启动了"口述大寨史"的科研课题。

"口述大寨史"课题从启动到成书出版，整个过程中有四个特点。一是在口述访谈的准备阶段，课题组成员有了之前参与《山西抗战口述史》的历练，在前期文本资料的搜集、访谈提纲的设计、访谈环节的互动和技巧、访谈现场的录音准备等方面，都比之前更加全面和充分。二是针对"大寨铁姑娘"这个专题的访谈，课题组体现了多层面多角度多次数，就是在访谈大寨全体村民这个总的主题下，将铁姑娘群体与大寨特有的"好汉组"、"老少组"和

① 《对大寨贾秀兰的访谈》，载孙丽萍（主编），刘晓丽（副主编）《口述大寨史——150 位大寨人说大寨》（上册），南方日报出版社，2008，第 178 页。

② 《对西沟张李珍的访谈》，载李中元、杨茂林（主编），刘晓丽（执行主编）《西沟口述史及档案史料（1938—2014）》（《口述史卷一》），人民出版社，2017，第 250 页。

铁姑娘之外的大寨妇女交叉访谈，既访谈铁姑娘本人，也访谈其他人对于铁姑娘的看法，还有铁姑娘之间的相互评价。三是体现了性别因素，课题组六位成员中，有三位男性三位女性，针对大寨铁姑娘的访谈，由于六位访谈者生命体验和经历的不同，男性与女性的访谈侧重点不一样、访谈者个人的关注点敏感点不同、访谈者年龄段的不同，针对整个铁姑娘群体，甚至每一个铁姑娘个体，都会产生出丰富的、多侧面的口述资料。这两点便于对于铁姑娘群体和个体进行全方位深入的了解。四是在出版环节上，课题组吸取了《山西抗战口述史》的出版教训，将《口述大寨史》放在出版观念更加开放的南方日报出版社出版，最大限度地保留了口述资料的完整性和生动性细节，这里当然也包括对于大寨铁姑娘的访谈成果。这个成果，对于研究大寨铁姑娘群体从集体化时期至今的女性生命史提供了直接的翔实的宝贵的口述史料。

在《口述大寨史》成功出版的基础上，经过几年的思考与积累，"口述大寨史"课题主要成员刘晓丽于 2012 年开始了"申纪兰口述历史"的研究课题。之所以选择这样一个选题，一是因为刘晓丽打算将自己的妇女史学研究方向与口述史研究结合起来，以口述史料弥补妇女史学研究中文本史料的不足，使两者相得益彰。二是刚刚完成了自己的年度史专著《1950 年的中国妇女》，这本专著从横切面的角度，展现了 1950 年这一特定年份中国女性群体的整体生存状态，是研究群体女性生命史的初次尝试。而申纪兰出生于 1929年，新中国成立后，正值青春年华，是女性生命史的黄金时段，国家也为当时的女性提供了展示自身的舞台。在李顺达的扶持下，申纪兰不负众望，成为西沟村互助合作社的副社长在副社长的岗位上，开展了西沟村"男女同工同酬"的实践，此后一路走来，成为当代中国女性的标志性人物。对申纪兰进行口述访谈，是对 1950 年中国女性群体的个体跟踪研究，如果说对 1950年中国妇女群体生命史的研究是横断面的话，对申纪兰这个生命个体进行研究，则是以时间为轴的纵向研究，就是研究申纪兰从 1950 年至今的个人生命史。三是因为笔者与申纪兰同是山西省长治地区人，从小就知道申纪兰，对申纪兰的传奇人生有着很深的好奇。开始历史研究之后，对申纪兰有了更深层次的学理上的了解，觉得申纪兰与自己是同乡，是上天赐给自己专业上的礼物，下决心要把对申纪兰的访谈做好。还有一个很重要的原因，就是对于口述访谈来讲，能听懂口述者的方言，尤其是听懂年龄较大的口述者的方言，是对访谈者最基本的要求，而对于申纪兰的访谈，笔者就具有了得天独厚的优势。且笔者与申纪兰同为女性，对申纪兰的生命体验更能认同，有助于访谈的深入。

经过充分的前期准备，2013 年 3 月，笔者前往西沟村，准备对申纪兰进行访谈。尽管有足够的心理准备，申纪兰的反应，还是出乎在场所有人的意料。申纪兰表示，个人是渺小的，要谈就谈一个支部一个人。一个支部，就是西沟党支部；一个人，就是李顺达。没有西沟党支部，就带领不了群众；没有李顺达，西沟也是一盘散沙。还说，要研究西沟党支部，她全力支持；要研究党培养西沟的历史，她知道什么就说什么，条理清晰，表明了不接受对她个人访谈的鲜明态度。

申纪兰以上的态度，笔者后来分析，有几个原因：一是申纪兰出身农民，自身的性格和多年历练，养成了朴实、低调的人生态度；二是对近年来一些新闻媒体对她本人不负责任的报道深感寒心，觉得多一事不如少一事，想远离媒体，踏实做事；三是文化程度较低，没有弄清口述访谈与新闻采访的区别，认为口述访谈就是她之前经历过的新闻采访，对访谈者承诺的"每一句都是你本人亲口说的，整理后需要经过你逐字逐句审阅"没有切身体验，对访谈成果会留下她本人的"信史"更无从了解；四是对笔者本人缺乏信任，认为还是之前少数不负责任的记者之类人。

在这样的情况下，笔者决定改变访谈策略，尊重申纪兰的要求，首先对西沟党支部和全体西沟村民进行访谈，因为申纪兰也是其中的一员，自然也应该接受访谈。这样，计划对申纪兰个人的访谈就变成了对西沟全体村民的访谈，与之前的《口述大寨史》中对大寨全体村民的访谈相呼应。至此，山西省 20 世纪 50 年代集体化时期和 20 世纪六七十年代农业学大寨时期的两个名村村史，就通过访谈每一位村民的形式得到留存。

西沟村在 20 世纪 50 年代崛起的主要原因是李顺达较早成立的互助组和申纪兰"男女同工同酬"的提出与实践，因此，针对西沟村"男女同工同酬"专题的访谈，比对"大寨铁姑娘"专题的访谈，在外延上有所扩大，在内涵上有所深化。"大寨铁姑娘"群体只包含大寨村的部分特定年龄的女性，它与大寨村是从属关系；申纪兰提出的"男女同工同酬"则是西沟村领导层面施行的东西，是全体西沟村民必须参与的，在劳动报酬方面影响着西沟的家家户户，在女性参加田间劳动上开西沟风气之先，在提高女性家庭地位和社会地位上更是在国家层面上引起了反响。因此，要了解"男女同工同酬"实践对西沟村女性生命史的影响，对访谈者来说，就有着不一样的要求。在访谈人群和访谈内容侧重上，不仅要访谈当年参与同工同酬的女性村民，还要访谈同时参与这个实践活动的男性村民，且对于男性村民的访谈，不只是作为同工同酬的旁观者，还是实实在在的实践者，就是说，在访谈内容上，男女两性村民的地位是一样的；在访谈者人数和性别构成上，虽然西沟村全村人口达 2000 多人，大寨村全村人口仅为 500 多人，但是参与西沟访谈的人数，比参与大寨村的访谈要少。开始时只有两名成员，一位男性一位女性，到中后期增加到两位男性两位女性，这样在访谈的多层次多角度多次数方面，就会差一些，但还是能体现访谈者的性别意识，而且在四位访谈者中，有三位出身农村家庭、经过本科及硕士研究生阶段专业历史学的训练，带着专业的素养，重回自己熟悉的农村生活，在与访谈者的情感和语言互动上有极大的优势；在被访谈者的社会阶层和文化层次上，课题组除了对西沟村民进行访谈外，还对走出西沟的西沟人、在西沟工作过的各级官员，以及研究过申纪兰和西沟的学者、作家，到过西沟的大寨村党支部成员和村民进行了访谈，在这方面做到了"男女同工同酬"与西沟女性的生命史关系的多层次多侧面访谈。

以上是对于本文关注的两个群体——大寨村的"大寨铁姑娘"群体和西沟村"男女同工同酬"女性群体访谈过程的简单梳理。笔者认为，口述史学进入中国以来，不同于以往的传统史学只注重研究结果的特点，在口述史学中，访谈的前期准备、访谈过程、访谈者与被访谈者双方的互动等，都是口述史研究成果的组成部分，这就是笔者简述访谈过程的原因。

郭凤莲作为大寨铁姑娘的带头人，申纪兰作为西沟"男女同工同酬"的发起者，今天她们的同龄人早已退出公共生活，享受天伦之乐，但是她们两人还活跃在公共政治生活领域，充当着当地经济发展领头羊和所在地"名片"的作用，她们的个人生命史早已超越了同时代的大多数女性，她们的口述带有强烈的女性精英意识，精彩纷呈，既有共同点，又有各自的特色，对中国当代史、中国妇女运动史、中国农村变迁史研究，都弥足珍贵。她们口述史的内容有：最初参与村级政治生活、时刻关心国家大事、自强不息和不服输的个性特征、面对人生低谷隐忍向前、在时代风云中练就了宽广的胸襟、永远立足脚下的土地、精神生活极其丰富，以及超越常人的健康体魄等，她们分别是大寨和西沟女性中的代表。由于本文的主要考察对象是大寨和西沟这两个村的女性群体，她们的个人生命史与大寨和西沟其他女性是相融相通的，所以在此没有将她们的口述史内容重点展开来分析，她们的口述内容，将在专文中探讨。在分析她们的口述史内容时，笔者将在访谈者与被访谈者的生命体验互动方面做进一步探讨。

中国女导演口述历史研究

周　夏[*]

摘要： 导演向来是男性占绝对优势的行业，中国女导演在 20 世纪 80 年代大量涌现有它特殊的历史机遇和个体因素。本文以 10 位第四代女导演口述访谈为文本，探寻女导演的职业追求和自我价值的形成过程，总结出女导演的家庭、教育、婚姻、电影事业方面的各种状况。同时，通过她们的电影来分析精英职业女性的精神世界构架和女性意识状态，并展望未来新生代女导演的发展前景。

关键词： 女导演；女性与电影；口述历史

想做女导演采访的专题由来已久。在电影这个对体力脑力都有高度要求的行业，女导演向来是少数群体，对女性是如何进入电影领域，逐渐掌握执导电影的权力，登上电影历史的舞台，我始终保持好奇的心态，所以一直在做女导演和女性电影的研究，通过考察和描述女性在中国电影业上的发展变化概况，来建构女性在中国电影史上社会地位、历史作用和价值意义。做女导演的采访是第一步的工作，也是首要的工作，通过个体的成长状态来考察女性所在的外部的社会环境和内在的能动性。2008 年底中国电影资料馆（中国电影艺术研究中心）启动"中国电影人口述历史"项目，此项目不是一次简单的关于电影的采访，而是用一种口述历史的方法去洞察一个人的心灵，是关于电影专业史、中国社会史、个人生活史等全方位的一种考察。这是前人对于女导演从来没有做过的深度采访方法和全新角度，它最终关注的是一个人心灵的历史，而不仅仅是关于电影方面的散论，对于我而言，也是一种全新的事业和挑战。从 2009 年我兴奋地加入这个项目中来至 2013 年这 4 年期间，对女导演的采访总计 178 盘高清录像带，录像加上录音的采访时长计 200 个小时，翻拍扫描照片资料 2600 余张。2013 年下半年我着手整理女导演的访

---

[*]　周夏，中国电影艺术研究中心副研究员，主编有"中国电影人口述历史丛书"《海上影踪：上海卷》（民族出版社，2011）和《她的光影：女导演访谈录》（中国电影出版社，2017）。

谈资料，10 人的录音原始抄本达到 260 万字，此次的编辑整理工作量大大超出了我的想象，为还原采访现场感，采用采访人和受访人一问一答的对话体，全文统稿，试图完整展现受访人各个阶段的成长经历，同时尽量保留受访人的口语特色，在浩如烟海的信息里删减合并，整个过程犹如大浪淘沙，之后再加上注释，配上图片，且文本和图片都经过了受访人的核对和审定，最后写采访手记，以对此次采访和编辑工作做出认知和总结，经过近两年的编辑工作，截止到 2015 年 5 月，共整理出访谈文本 80 万字，图片 300 余张。因为字数和篇幅的限制，分为上、下两卷，上卷主要收录了上海电影制片厂的女导演——黄蜀芹、史蜀君、石晓华、鲍芝芳，另外还有天山电影制片厂的广春兰；下卷主要收录了北京电影制片厂的女导演——王好为、王君正、刘国权，另外还有长春电影制片厂的姜树森和峨眉电影制片厂的陆小雅。她们大部分属于第四代女导演，20 世纪 40 年代前后生人，现如今都是七八十岁的老人。

在做第四代女导演口述历史研究之前，有必要简单回顾一下中国女性和中国电影的互动关系。女性最开始是以女演员的身份登上中国电影舞台的，1914 年，严珊珊敢为"天下妇女之先"，在香港第一部故事短片中《庄子试妻》中扮演扇坟的婢女，打破男女不同台的惯例，成为中国电影行业第一位女演员，开了女性从影的先河，其实践本身就代表着一种妇女解放的先锋精神，在当时的半封建半殖民地社会起到了移风易俗的作用。接着，大量的女演员、女明星被制造出来，以女性为主角、探讨女性生活出路的电影也陆续出现了，但是，大部分女性在第一、第二代中国男导演的影像中成为中国近代苦难的承受者和伦理道德的化身，女主角往往是被侮辱、被损害、被欺骗的弱者，女性苦情戏成为主要的叙事方式，而在一批以市民趣味为主的商业片中，女性则成为观赏和猎奇的对象。当然，在一些前卫的女性社会问题剧中，"职业新女性"形象的出现也是令人振奋的，但结局也往往以悲剧收场，看不到未来的希望。在此期间，还相继出现了中国电影史上第一位女编剧濮舜卿和第一位女导演谢采贞，但是，谢采贞于 1925 年自导自演了《孤雏悲声》，之后就无声无息了，女明星王汉伦也曾组建自己的电影公司，1929 年还排除万难制作拍摄了《女伶复仇记》，但之后便无奈地离开了电影圈。在当时动荡的社会环境中，女编剧、女导演、女制片人等都零星可数，力量微薄，而且没有持续的创作力，无论台前幕后，女性在新兴的电影业中都是相当的被动。这当然跟女性本身的弱势地位有关，也跟中国多灾多难的近代史相关，十四年抗战、三年解放战争，大时代的动乱使电影事业受到极大的影响，苦难深重的"女性"更是难以有所作为了。

一直到1946年，曾经的女明星陈波儿开始主持东北电影制片厂的创建工作，并在1947年主持拍摄了《民主东北》17辑，其中包括新中国第一部木偶片《皇帝梦》和第一部动画片《瓮中捉鳖》，成为新一代电影事业家，才接续了中国女导演的微弱薪火。新中国成立后，她被任命为电影局艺术委员会副主任委员兼艺术处处长，1950年由她直接领导并提出编创建议，完成了26部国产影片，为新中国电影事业奠定了一个初步基础。1950年9月，陈波儿建立的表演艺术研究所举行了开学典礼，开启了人民电影教育事业的新纪元，而这个表演艺术研究所就是日后为中国培养了大量电影人才的北京电影学院的前身。与此同时，新中国也出现了四位女导演，其中是两位穿军装的女导演——同在八一电影制片厂任职的王苹和王少岩，她们拍摄了一系列的"红色经典"，王苹还曾担任八一厂的副厂长，导演了大型音乐舞蹈史诗《东方红》和《中国革命之歌》。另外，还有上海电影制片厂的颜碧丽，她曾是有名的场记和副导演，还曾做上海电影专科学校导演系老师，1965年升任导演。北影厂的董克娜1962年独立执导的处女作《昆仑山上的一棵草》更是以新颖的电影语言一鸣惊人，而她的大部分作品则在"文革"后的新时期爆发了最大的激情，产量高达17部。

一 80 年代：历史上第一次女导演群的涌现

可以说，新中国成立前的第一、第二代导演中鲜有女导演，新中国的第三代导演中在新时代的背景下历练出的几位女导演，此三代女导演大部分是女演员出身，没有受过系统的电影教育，在电影现场逐渐摸爬滚打出来。真正的女导演群体出现在20世纪80年代，女导演的异军突起的确是中国电影史上一个值得研究的现象，从黄蜀芹、张暖忻、史蜀君、王好为、王君正、陆小雅、石晓华、广春兰、凌子到鲍芝芳、秦志钰、斯琴高娃等五十多位，形成了一组别具一格的女性创作群体，中国因此也拥有了全世界最为强大的女导演阵容，可谓前无古人后无来者，蔚为壮观。经历了"文革"时代女性性别身份的消弭和异化，女导演借着改革开放的春风急不可待地从"文革"的压抑氛围中解脱出来，长长地舒了口气，她们恢复女性身份，在20世纪80～90年代拍摄出150多部影片，而且多部在国内国际获奖，成绩斐然，在电影世界里挥洒出一片女性天地，显示了独具风格的女性力量。"据统计，新时期以来，除五十年代四位女导演之外，独立拍片的女导演已有 54 名——其中有 6 名是和丈夫共同合作导演的，总共导演拍摄了 182 部影片。新时期获奖的女导演有 15 人次，获奖的影片有 23 部。……这 54 名女导演中，有 28 名是北京电影学院、中央戏剧学院的毕业生。"[①] 这个女导演群体涵盖了第三代、第四代、第五代，主力则是"第四代"。第四代女导演大部分是 20 世纪 60 年代毕业于北京电影学院、中央戏剧学院以及上海电影专科学校等艺术院校的大学生，即中国首批系统学习电影专业知识的一代，这是她们与前三代导演最大的不同，这也是导致新时期女导演急遽增多的重要原因。当时"每年导演系 20~25 名学生中必有五个女学生，这是表演训练的需要。60 年代，每班五女生是形成 80 年代中国经常拍片的女导演多达二十多位的直接原因"[②]。从中可见电影教育的必要性和重要性，它直接为电影事业输送了大量人才，女导演也随之孕育而生了。除此之外，当然还有大的历史背景和其他很多综合因素共同造就了新时期女导演的显著成就。

（一）新中国的成立，男女平等观的树立，为培养女导演提供了优质的土壤和环境

1919 年五四运动之后，中国妇女解放运动高涨，社会提倡"男女平等"，女性纷纷走出家庭，接受教育，走向社会，尤其是职业新女性的出现，为女性的发展带来了一线生机。在战火纷飞的年代，中国共产党领导的革命队伍里，培养了不少女战士、女英雄。新中国成立之后，宣扬"男女都一样"，很快实现了男女同工同酬的理想。所以说，中国女性解放运动是随着中国的政治革命运动完成的，和西方女权运动有很大的不同，中国的妇女解放运动是自上而下的社会性运动，它始终是在社会主义主流的领导之下，而"西方的女权运动本身处于非主流地位，它是针对主流社会的一种思考……主要体现在文化上、意识上，更是一种'知性运动'"，"从一定意义上说，中国大陆的妇女解放运动是世界上进行得最彻底、社会效力最深广的。"[③]

① 荒煤：《序》，载鲁勒等（主编）《操纵银幕的女性：中国女导演》，北方妇女儿童出版社，1989，第 2 页。
② 黄蜀芹：《女性电影：一个独特的视角》，载王人殷（主编）《东边光影独好：黄蜀芹研究文集》，中国电影出版社，2002，第 152 页。
③ 黄蜀芹：《女性，在电影业的男人世界里》，《当代电影》1995 年第 5 期。

新时期的女导演普遍都接受了新中国的"男女平等观"，接受了"男女都一样"的洗礼，有的女导演就出身部队，从战争年代走过来，对新中国、共产党和革命有着更深的感情，比如王苹、董克娜、姜树森等。"新中国成立以来，妇女的地位发生了根本性的变化，在许多方面取得了和男人相同的平等地位。'妇女翻身当家做主'，大家都承认她们是'半边天'，'自尊、自信、自立、自强'已成为广大中国妇女的口号。"① 所以，新时代的女导演都是追求事业成功的女强人，自信昂扬的独立人格是她们本身就追求的优良品质，这一特质在她们的女主角电影中体现得更为明显。

（二）"文革"十年中断了女导演的电影理想，却积淀了深厚的人生阅历，新时期电影创作的兴盛就是电影人在十年压抑之后的积累和爆发

第四代女导演大部分是 1940 年前后生人，"文革"期间正当青春，但电影理想也就此中断，"文革"期间电影事业全面停顿，电影人先后到"五七干校"参加劳动改造，大部分第四代女导演在这个期间结婚生子，恢复女性身份，为人妻为人母。"文革"改变了她们的人生轨迹，但是也使她们拥有了另一个家庭小天地。广春兰在受访时坦言："在'文化大革命'之前，我打算终身不嫁，献身电影。特别是在电影学院，我很坚定地想过这一生就嫁给电影了，我为电影奋斗就是我的一生。我从来没想过谁会是我的丈夫，会有孩子叫我妈妈。'文化大革命'中，丈夫也有了，孩子也有了，有了这一切，我才度过了那段寂寞痛苦的岁月，从这个方面来讲，我得'感谢''文化大革命'，不然我就没有这个家庭了。……那是很奇怪的岁月，似乎电影离我远去了，我再也不会走近它，做母亲是另外一种感受，我当时觉得自己很崇高，我特别有这种感觉，怎么给他们喂奶，他们怎么走路，这些对女人来说是非常重要的一个过程。"② 黄蜀芹也感叹："'文革'让我学会了一种乐观的生活方式，结婚生子是我们在'文化大革命'期间的正经事。……我觉得结婚生子，在那个时代，其实对我们很重要，一个是有了平常生活，一个有了非常幸福的感觉。"③ 这对女导演的成长，阅历的丰富，以

---

① 董克娜：《我和电影艺术》，载杨远婴、魏时煜（编著）《女性的电影：对话中日女导演》，华东师范大学出版社，2009，第 10 页。
② 周夏：《广春兰口述访谈录》，2009。
③ 周夏：《黄蜀芹口述访谈录》，2009。

及之后执导儿童片、家庭生活片都不无益处。"文革"结束，电影人终于有机会重新回到电影导演的岗位上，此时第四代女导演大部分40岁左右，被"文革"耽误了十多年之久，青春不在，机会来之不易，她们也格外珍惜，努力投入电影生产的工作当中去，被压抑了十多年的知识和激情，在此时焕发出了勃勃生机。

（三）在计划经济体制下，大制片厂为电影的生产提供了经济保障和专业团队支持，新时期的女导演也成为这一体制的受益者

"文革"之后，百废待兴，各个电影厂纷纷恢复电影生产，在急需人才的情况之下，电影厂的领导人迅速提拔了一些年轻导演，给她们独立拍片的机会。这也为她们的才华展露提供了舞台。比如上影厂厂长徐桑楚就非常重视人才，许多上影女导演在谈及徐厂长时都怀感恩之心，黄蜀芹的处女作《当代人》就是在徐厂长推荐下完成的："我特别感谢徐桑楚厂长，我们的厂长是一个真正的电影实业家，人非常好，有眼光，他知道一个厂的灵魂是导演，他很有策略地保护了不少人，提拔了不少人，特别了不起，……是他给了我第一次导片的机会。"① 而电影厂在此之前都有意识地对她们进行了片场训练，把她们分配至大导演的剧组里担任场记和副导演的工作，上影厂大部分女导演都是谢晋带出来的女弟子，石晓华、黄蜀芹、鲍芝芳、史蜀君、武珍年等都曾做谢晋导演的场记或副导演。谈及恩师谢晋，黄蜀芹言："谢晋是中国很正派的一个导演，绝对是很无私的教育我们，不是藏一点，掖一点，不是小心眼的那种人，他希望我们快成长，挑大梁。……我跟了他两部戏，为大导演努力干活，真的学了不少东西，收获特别大，包括怎么做人，怎么做一个小艺术团体的领军人，怎么细致地对待每一个成员。"② 在这个学习过程当中，女导演们不仅熟悉了现场实操和拍片流程，锻炼了自己的实际工作能力，而且与电影的各个部门建立了良好的合作关系，为自己独立导片奠定了坚实的基础。鲍芝芳在回忆自己做场记和副导演时就直言："女导演工作真的很不容易，女的做导演要比男导演付出更多的东西，你一定要拿出你的真才实学，才能树立威信。做场记和副导演的时候，工作经验不断积累，到自己独立导演的时候，就觉得是水到渠成，不会战战兢兢了。而且，在此期间，我跟各

① 周夏：《黄蜀芹口述访谈录》，2009。
② 周夏：《黄蜀芹口述访谈录》，2009。

个部门建立了友好的合作关系，大家有了一定的友谊，等到我独立拍戏的时候，大家都很熟悉了，省去了磨合的时间和精力。"① 计划经济体制下，国家工业背景的电影厂不仅有意识地去培养年轻创作队伍，大胆启用年轻人，重新组建电影团队，为她们提供拍片的机会，而且为电影的生产提供了资金支持和技术保障，没有经济的压力，女导演才可以专心致志地投入电影的创作中去，不用太在意票房回报，这也是 20 世纪 80 年代电影艺术得以绽放的重要原因。

（四）专业的教育，理论的熏陶，实践的努力，使第四代女导演的电影和理论都表现出先锋前卫的创新精神

如前所述，第四代女导演大部分毕业于专业的艺术院校，受益于新中国新兴的电影教育事业，她们受苏联电影和外来文化的影响，对中国电影事业负有强烈的责任感和使命感，颇具理想主义色彩，所以她们往往集电影导演和电影理论家于一身，在电影观念和革新上表现出大胆新锐的勇气，比如张暖忻和她先生李陀 1979 年合写的《谈电影语言的现代化》②，就被视为新时期"探索片的纲领""第四代导演的艺术宣言"③。这篇论文批评了以往的中国电影过分依赖戏剧的现象，强调电影语言本身的独特性，主张借鉴国外电影经验，用造型、色彩、声音、运动摄影等手段对陈旧的电影语言进行更新，这对第四代和第五代影人的创作都产生了巨大的影响。同时，在自己执导的电影中张暖忻也自觉地进行了理论的实践，对电影语言进行有意识的革新，比如《北京，你早》中纪实美学的运用；《沙鸥》启用非职业演员，以人物心理为叙述主线；《青春祭》中性别意识的复苏，都让人耳目一新。

而黄蜀芹写于 1995 年的《女性，在电影业的男人世界里》（《女性电影：一个独特的视角》）④ 则堪称中国女性电影的宣言书，她对中国女导演及其女性意识、女性电影都做了全面而深刻的剖析和反思，颇具批判精神。与张暖

---

① 周夏:《黄蜀芹口述访谈录》,2009。

② 张暖忻、李陀:《谈电影语言的现代化》,《电影艺术》1979 年第 3 期。

③ 丁亚平（主编）《百年中国电影理论文选（1897—2001）》下册,文化艺术出版社,2002,第 10 页。

④ 《女性电影:一个独特的视角》系黄蜀芹于 1995 年在美国圣巴巴拉大学人类学系举办的"中国女性在传媒业中的地位"研讨会上的发言,此文章内容与黄蜀芹发于《当代电影》1995年第 5 期的《女性,在电影业的男人世界里》大部分重合。

忻对电影语言的超前意识不同，她是在拍摄影片《人·鬼·情》（1988）的过程中，女性意识才逐步清醒的，她坦言："我们有这么多女导演，拍了不少女主角的影片，也不一定有很多具有女性意识的作品。在过去讲究政治的年代里，以取消性别差异来达到男女平等，这是一种社会需要的男性化的女性。"① 并且极大地肯定了女性电影的价值，"女性自我意识的建立，是人类另一半的存在与觉醒。对电影来说，它开辟了另一视角，探索了另一片天地""女性意识强烈的电影应当起到另开一扇窗、另辟视野的作用，如果把南窗比作千年社会价值取向的男性视角的话，女性视角就是东窗。阳光首先从那里射入，从东窗看出去的园子与道路是侧面的，是另一角度。有它特定的敏感、妩媚、阴柔及力度、韧性。作为艺术，要求出新。女导演恰恰在这里具有了一种优势，也就是说，平日没人经意一个女人眼中的世界是怎么样的，但你有可能用你独特视角向观众展示这一面。人们将惊奇地发现：原来生活里有另一半的意蕴、另一种情怀，它将使世界完整。"② 其代表作《人·鬼·情》亦成为中国女性电影的经典之作。

（五）家庭另一半的鼓励和支持，有的伴侣成为女导演志同道合的事业伙伴，有的伴侣为女导演主动承担了家庭的责任

导演是一项高强度的体力脑力劳动，在采访时，有的女导演认为这个职业其实不太适合女性，广春兰就表示："北京1986年搞过一个新时期女导演研讨会③，胡玫发过一个言，说导演是不应该在女人中提倡的一个行当，因为付出的东西太多了，我们也同意这个观点，对女人来说，家庭很重要，丈夫和孩子是最不能割舍的，但是一个女导演，要是顾了家顾了孩子，对不起你改行吧。我牺牲了很多东西，甚至泯灭掉你是个女性。"④ 女导演成绩的背后离不开她们的另一半，在访谈中女导演都感谢了她们另一半的大力支持，很多女导演的伴侣是电影同行，王好为电影的摄影师一直就是她的丈夫李晨声，她表示在工作中已经很默契，换了人就不习惯，而石晓华的电影剧本来源很多是她的丈夫杨时文推荐的。有的女导演的另一半不仅是其电影事业上得力

① 黄蜀芹：《女性，在电影业的男人世界里》，《当代电影》1995年第5期。
② 黄蜀芹：《女性，在电影业的男人世界里》，《当代电影》1995年第5期。
③ "中国新时期女导演创作回顾研讨会"（这是第一次女性电影和女导演作品研讨会），1986年5月。
④ 周夏：《广春兰口述访谈录》，2009。

的合作伙伴，而且是家庭生活的主要承担者。黄蜀芹就一再强调"我是看了他（郑长符）的画，才启发我去拍《人·鬼·情》的"。① 而她的丈夫郑长符正是这部电影的美工师和戏曲顾问，拍《围城》的时候黄蜀芹是坐在轮椅上执行导演工作的，推轮椅的人就是她的丈夫，兼任她的生活助理。史蜀君导演就坦言："在我当导演过程当中，他（严明邦）是担负了很大的家庭责任的，还有小孩的教育，家里的很多事情是他来处理的，也是蛮繁重的，在外面还要被说是'史的老公'，可以说是'忍辱负重'吧。他像黄蜀芹的老公郑长符一样，都是'全能保姆'。我们厂这些女导演的丈夫都很愿意奉献的，像牛一样，很不容易的，而且都很忠心耿耿，没有什么花七花八的外遇，尽管女导演像男人一样的在外面跑，但是他们还是对爱情很忠贞的。"② 可见，家庭中的伴侣成为女导演的坚强后盾，只有另一半的理解欣赏、主动担当和默默付出，才使女导演没有后顾之忧，可以心无旁骛地投入电影的创作生产中去，这也是成就女导演一个重要的内部原因。

二 新时期女导演的电影创作："女性电影"第一次出现

"80 年代"是艺术电影的黄金时代，也是中国女导演的黄金时代。在这十年，中国女导演蓬勃发展，深入电影的各个领域中去，尝试拍摄各种题材，有战争片、工业片、农村片、改革片、爱情片、儿童片、青春片、喜剧片、法庭片、武打片、警匪片、侦探片、心理悬疑片、西部片、戏曲片、少数民族电影等，尤其在女性题材领域表现突出，取得了令人瞩目的成绩。"女导演的优势在于她们在情感领域更敏感，对于女性的和儿童的题材有更多的感受，关注的更多些。"③

新时期女导演不约而同地都拍摄过女性题材的电影，这些女主角电影展现了各行各业千姿百态的女性世界，比如《苗苗》《沙鸥》《青春祭》《女大学生宿舍》《青春万岁》《金色的指甲》《不当演员的姑娘》《女人的力量》《金鹿》《明姑娘》《相思女子客店》《山林中头一个女人》《谁是第三者》《黄土坡的婆姨们》《失去的梦》《女性世界》《女皇陵下的风流娘们》《潜网》《北国红豆》《哦，香雪》《女人世界》《燃烧的婚纱》《独身女人》《人·鬼·情》《画魂》

---

① 周夏：《广春兰口述访谈录》，2009。
② 周夏：《广春兰口述访谈录》，2009。
③ 周夏：《广春兰口述访谈录》，2009。

《女儿楼》《女人的故事》《马蹄声碎》《女人·TAXI·女人》等。影片里的女主角有老师、大学生、中学生、司机、知识分子、科学家、记者、售货员、厂长、服装设计师、公司白领、农村妇人、盲女、博士、战士、画家、医生、戏曲演员、下乡知青等，不同职业不同年龄不同性格不同文化不同理念，女性形象因此异常丰富生动，绚丽多彩。

（一）恢复女性身份，表达对美的渴望

女性身份复苏的第一步就表现在服装上，服装是人的第二层皮肤，"衣着或饰物是将身体社会化并赋予其意义与身份的一种手段"。[①] "文革"中，秉着"男女都一样"和统一的阶级理念，男女都身着统一单调的中山装，那是一片蓝色的海洋，改革开放之后，凸显女性个体的红色开始流行，中国女性像花木兰一样，在完成替父征军的任务后，开始"脱我战时袍，着我旧时裳。当窗理云鬓，对镜贴花黄"。《红衣少女》（陆小雅，1983）中少女成长的烦恼因为一件没有纽扣的红衬衣起起落落，红衬衣不仅代表着鲜艳美丽，而且代表着少女安然追求个性的勇气。《黑蜻蜓》（鲍芝芳，1984）则张扬了女性对时尚美的追求，影片里展现了上海第一支服装模特队几场新潮的表演秀，无不显示着朝气蓬勃的时代气息。鲍芝芳也感言此影片来源于去日本的一次刺激，"1982年去日本我是第一次出国，国外的人穿的衣服都是五颜六色的，当中突然出现了一队穿蓝颜色制服的人走过，就肯定是中国代表团，当时给了我很大刺激。……爱美之心人人皆有，人们通过服装来表现对生活的美好追求，生活本该如此"。[②]《青春祭》（张暖忻，1985）中北京女知青李纯下乡到云南插队，她艳羡地看着傣族少女在民族服装下包裹的曼妙身材，对美的渴望被触动了，性别意识开始萌动，当她脱下灰突突的正统衣服，换上凸显女性身材的傣族服装后显得妩媚动人，在云南插队她第一次懂得了女人的美，从而恢复了女人对美的欣赏和追求的天性。

（二）表达新锐的爱情观，对女性情感生活进行反思

在传统叙事序列中女性常常是和情感画等号的，爱情表达被"文革"长期压抑之后，在第四代女导演的电影作品中成为最渴望最本真的呼唤。《青春祭》中李

① 乔安妮·恩特维斯特尔：《时髦的身体：时尚、衣着和现代社会理论》，郜元宝等译，广西师范大学出版社，2005，第2页。
② 周夏：《鲍芝芳口述访谈录》，2012。

纯和傣乡大爹的儿子、北京男知青任佳之间流动着的淡淡的朦胧情愫，让人备感清新、美好和伤感。《山林中头一个女人》（王君正，1986）在新时代女大学生的探访中，让山林中的旧时代妓女"小白鞋""大力神"浮出水面，颇具地母气质的"大力神"则呼喊出"妓女也是女人，也要生儿育女，也要过幸福生活"的最强音，成为银幕上又一个独具魅力的女性形象。王好为1981年执导的《潜网》叙述了女主人公罗弦争取自由恋爱，却因为家庭反对而造成爱情悲剧，引发了观众的强烈反响。相同命运的还有董克娜1987年执导的《谁是第三者》，片中勇敢执拗的女画家桑雨晨始终按照自己的生活哲学去坚持自己认定的爱情观，提出"没有爱情的家庭是不道德的"，并大胆质疑"谁是第三者？"向世俗观念进行大胆挑战，在当时引发了很多争议。第五代导演胡玫的电影处女作《女儿楼》（1984）则以散文化的方式，表达了女主人公乔小雨矛盾的心理世界和懵懂的性意识。而史蜀君执导的琼瑶电影《庭院深深》（1989）和鲍芝芳执导的琼瑶电影《情海浪花》（1991）并没有落入男欢女爱的俗套爱情，反而是讨论了自由恋爱和家庭道德的冲突，把原作品进行了文化意味的提升，更具艺术品质。姜树森执导的《嗨！姐们儿》（1988）和陆小雅执导的《热恋》（1989）则率先探讨了爱情和金钱的关系，在金钱的诱惑下，女主角一步步被改革特区的残酷现实击垮，放弃了最初的爱情，投入金钱的怀抱，不由得让人深思。女导演们都敏感地捕捉到当代生活中爱情价值观的变化，并且及时地反映到大银幕上。

（三）塑造独立人格的女性形象

新时期的女主角电影中，比爱情更为重要的是女性价值的自我实现和女性人格的自我完善，姜树森在她的电影中就更偏爱有个性、有理想的新女性，她的《女人的力量》（1985）塑造了一位在改革时代使化纤厂扭亏为盈的女厂长黎莎的形象。她着装现代，刚柔兼济、坚强果敢，树立着新时代女性的典范，在化纤厂得救的那一刻，她竟然喜极而泣。而董克娜80%拍的是女人的戏，"每个女性的处境、经历、遭遇虽不同，但她们都有坚定的意志、高尚的情操和美好的心灵，她们都是自尊、自信、自强的女性。我追求的正是这种积极向上的美，我在这些女性形象上倾注了自己的全部的激情"。[1] 新时期女主角电影中对女性独立人格的追求和塑造显得尤为鲜明。在《第二次握手》

---

[1] 董克娜：《我和电影艺术》，载杨远婴、魏时煜（编著）《女性的电影：对话中日女导演》，华东师范大学出版社，2009，第11页。

中，董克娜就塑造了女科学家丁洁琼的形象，她代表着智慧和爱国。王好为执导的《北国红豆》中女主角鲁雪枝自强不息，坚持学文化，始终把命运掌握在自己手中。秦志钰导演的《独身女人》中潘虹所扮演的角色本身就是一名服装设计师，海伦时装公司副总经理，一个改革风潮中的女强人。秦志钰表示："我喜爱奋斗型的女性，并乐于在影片中表现那些争取独立人格，敢于和命运抗争的女性，她们时常是没有全部胜利，或者甚至是失败了，但在精神上都是赢家，可以说是虽败犹荣！我希望观众，特别是女性观众看了我的影片后，能从女主人公身上得到启示和力量，能对她们的生活有一些积极的影响，至少能唤起作为一个女性应有的自尊心。所以，我的影片中的主人公都是女性为第一主角，并且差不多是'女强人'。"①

（四）女性电影的探索，随之，逐渐清醒的女性意识浮出水面

但是女主角电影不一定都是"女性电影"，对于"女性电影"的界定争论很多，在这里，姑且把女导演、女主角、女性视角这三位一体的电影称为真正的"女性电影"。中国提倡"男女平等"，却很少提"女性意识"，反而是潜意识当中形成了女性视角。与西方的女导演自觉鲜明的女性主义立场不同，中国大陆女导演的女性意识大都出于后知后觉状态，就算是女性意识最为强烈的黄蜀芹来说，她的女性意识也是在拍《人·鬼·情》的过程中逐渐清醒的。这背后有着深刻的社会原因，西方有轰轰烈烈的女权运动，而中国的妇女解放运动向来都是裹挟在大的社会革命运动当中的，新中国成立之后，宣扬的是"女性和男性都一样"的性别平等观，激励了女性自信昂扬地走向社会，女导演更多的是把拍电影作为一种艺术事业来看待，而不是为女性争取权利的一种途径，电影中所体现出来的既有主流社会所赋予的责任感、又有精英知识分子的思考，还有一定程度上的商业诉求，其女性意识也处于深浅不一的潜意识当中。"西方的女性意识历史很长，我们这儿根本没这个词。这是我主动非常想拍的一部电影，潜意识当中我是有的，比如说女性视点，我从来没想说要拍女性电影，但是我很明白我是站在女性的角度去表达这个人。……我也是在拍这部电影的过程中逐渐清醒的，我心里当然认可，这就是我的女性意识角度，但是我不说，'女性电影'在国内有点贬义的意思，人家就会说电影定义得宽点不好嘛，干吗这么局限，但是我对'女性电影'没

① 秦志钰：《女导演和女性电影》，《文汇电影时报》1995 年 9 月 9 日。

有忌讳，它就是含有女性特质的东西。"①

1989 年《人·鬼·情》在法国克雷黛尔女性电影节上一致被认为是一部很彻底、很完整的女性电影，而且西方十分惊讶中国大陆怎么会有这么一部自觉的女性电影。但是此片却与西方激进的女权电影不同，黄蜀芹直言："我的女主角都不是天生的叛逆者，她们都生长在传统社会，她们都有传统的向往——嫁个好男人，向往好归宿。她们的幸运在于不得不选择生还是死的时刻，她们选择了生——女性人格的尊严和独立。""《人·鬼·情》中的秋芸，从'女人是祸水'→'我演男人'→'我嫁给了舞台'，《画魂》中的潘玉良，从'女人是千人骑的东西'→'女人为妾'→'女人是有独立价值的大写的人'。我喜欢表现的中国妇女形象，是那种从自己的坎坷经历中渐渐认识到自己存在价值的女人，随着剧情的发展，她们渐渐演变着自己的价值观，竖立起了独立的人格力量。"②《人·鬼·情》的诞生标志着中国女性电影的成熟，影片没有停留在女性的生活表面，而是第一次以自省的方式全面剖析了女人进入社会生活后的现实境遇和心灵世界。

鲍芝芳 1989 年执导的《金色的指甲》根据向娅的报告文学《女十人谈》改编，浓缩了五位女性形形色色的情感生活，代表着新时代不同的爱情观，并且将性爱观念推到前台，这无疑是大胆和超前的。在导演阐述中，鲍芝芳这样写道："作为一个女导演，我自然很喜欢拍女性电影，所以当女性世界的面面观展现在眼前的时候，必然会激发起一种创作意念，要深入当代女性世界最神秘的层次当中去思考，去探索。我就是想把当代女性世界中令多少人回避，又令多少人关注的性爱观念在银幕上透明化，以一种新的视觉来反映，让女性去更了解自身，让男性也更了解女性，从而让人们更了解时代。我绝不是去赶时髦，赶浪潮，我只是想做这么一件事情，就是一个有着几千年封建传统的中国社会，一个骤然打开了门户的社会，女性的解放，女性们在观念上的变化，也许是这个社会正在变化的最有说服力的例证，这就是我创作的初衷。"可见，鲍芝芳的女性电影创作意图是清晰而明确的。影片中的女主人公俞晓云是一位有才能有魄力的女强人，但不幸的是相貌丑陋，她也渴望漂亮男人，却得不到真爱，在这个以貌取人的男权社会当中她不断遭遇尴尬，反而引发我们对当下以男性审美趣味为主的社会的反思。

---

① 周夏：《黄蜀芹口述访谈录》，2009。
② 黄蜀芹：《女性，在电影业的男人世界里》，《当代电影》1995 年第 5 期。

史蜀君则认为西方的女权电影才是真正的女性电影，"我的电影只是女性当一号主角。在某种程度上，《燃烧的婚纱》应该算是女性电影，但也就是有一点女权的意识。那时我刚从加拿大参加女性电影研讨会回来，我就在这个电影里面，着意地表现一个女性在受到压迫侮辱之后进行的一个反抗和报复，她的一种女性意识的觉醒"。① 影片中的宋会长就是这些女企业家的领军人物，她就像一个女性盟主，帮助曾经失足的女性成功，最后在大厅里面有一个晚会，各种各样的很有地位的女人聚会，没有一个男人。这种景象，在中国电影里面还是第一次出现，好像能形成一股力量，形成对男权社会的压力。

王君正明确表示："我拍片很有女性意识，……身为女性，追寻女性的足迹，探索女性的心灵，感受女性的悲欢，我可以天然地投入。"② 拍摄于1991年的《女人·TAXI·女人》在国内遭到冷遇，在国外却被误认为同性恋电影，而王君正当时还不晓得同性恋是怎么一回事，但可以肯定说，《女人·TAXI·女人》是一部带有作者印记的"女性电影"。影片用现代先锋的影音语言，表现了女性精神上的苦闷和抑郁，导演把两个阶级身份差异很大的两个女性——女硕士和女司机碰撞出来的错位情绪表现得极致且富有激情，有些粗浅的的士女司机张改秀目睹了高级知识分子秦瑶对精神上的追求和求之不得的痛苦，她从开始的不理解到同情到最后给予秦瑶姐妹似的温暖，二人最后的嬉笑怒骂也可能只有女性观众深有感触，或者有着切肤之痛吧。

可以说，中国真正意义上的"女性电影"是从第四代女导演的作品开始的，之前大部分所谓的女性电影是主流视角下的女主角电影。与西方相比，中国女性电影的理论和实践虽然稀少，但是金贵，虽然边缘，但是独树一帜，而且达到了一个前所未有的高峰。中国女性终于卸下了沉重的政治意识形态和伦理道德观念，开始女性自我意识的探索、反省和表达。但是"女性电影"的发展却不容乐观，对此，黄蜀芹有着清醒而透彻的认识："（我们）这一茬人，五十年代受理想主义教育，是'荡起双桨'的一代；六七十年代经历了'你死我活'，承受着与理想主义相距十万八千里的现实；到了八十年代的好时光，已是不惑之年；到了九十年代，不管你是否认账，电影的商业属性已经大摇大摆地，巨人般立在你面前。真正的女性思维不属于主流思维，常常

---

① 周夏：《史蜀君口述访谈录》，2012。

② 《王君正访谈：月亮的两面》，载杨远婴、魏时煜（编著）《女性的电影：对话中日女导演》，华东师范大学出版社，2009，第75页。

不具备商业性。于是，无形的压力会阵阵袭来……"① 这个社会的主流思想无疑是男性的，也可以说是男权的，女性整体上还属于弱势群体，其思维方式往往依附于主流价值观，女性意识是边缘化的非主流思想，具有清醒独立女性意识的人群只存在于高端的精英分子圈层，这在大众的商业社会中不免落入了"高处不胜寒"的生存困境。20世纪90年代中后期，受到商业大潮的冲击，随着电影体制的改革转型，大制片厂衰败，计划经济体制瓦解，大部分第四代女导演对新的市场经济体制运作下的电影制片方式不能适应，再加上年龄和体力的因素，她们逐渐退出了电影舞台，女导演群不复存在。但是，作为承上启下的一代，第四代女导演和她们的电影却永远留在了中国电影史上。

如今，大部分第五代女导演已经转战到电视剧领域，活跃在当代影坛的新生代女导演，大部分是"70后"和"80后"，来源更为多元化，影视演员、编剧、电视台记者、主持人、歌手、作家、网络导演等，民营资本的大量涌入、电影技术的飞速革新、新媒体环境的蓬勃发展，都为女导演的可持续性发展提供了各种可能性，一大批女性加入电影这个行业来，但与前辈的女导演群不同，新生代女导演大都是独立制片的个体户，千差万别，风格各异，电影创作质量上也是参差不齐的，市场回报和社会影响力更是迥异，"入行容易，出头难，市场化背景下，带给女性导演的创作条件、机遇和要求，都与传统国有社会主义计划经济下的状况存在较大的差距，社会整体给予女性导演的扶持和扶助弱化了，更多依赖女性导演自身的资源和能力，这也是近年来大量女明星导演出现的原因，因为相比一般女性导演来说，她们拥有更多的业内和社会资源，也更具有市场卖点"。尽管在产业化的电影环境里，女导演的发展不容乐观，但是女导演存在和延续的本身还是令人振奋的，它激励着更多的女性去施展自己的才华和个性，以此来证明自己的社会价值，打破传统的性别分工模式，张扬女性独特的精神世界，当然，中国电影也因为女导演的加入而多了一份色彩和骄傲！

---

① 王人殷（主编）《东边光影独好：黄蜀芹研究文集》，中国电影出版社，2002，"足迹篇"，第1页。

旗人妇女口述史版本研究：以定宜庄旗人妇女口述史著作为中心

宝贵敏[*]

摘要： 本文选择定宜庄先生旗人妇女口述史著作进行考察，从版本角度比较分析三部旗人妇女口述史著作《最后的记忆：十六位旗人妇女的口述历史》《十六名旗人妇女口述》《胡同里的姑奶奶》之异同，最后，总结定宜庄先生旗人妇女口述史著作的版本之特点：其早期版本中访谈样本的选择具有经典性，而在后期版本中口述访谈的现场感增强从版本分析中，可以发现作为口述史家的定宜庄先生之口述访谈实践的时间脉络及思考路径。

关键词： 定宜庄；旗人妇女；口述历史

一　引言

定宜庄先生是中国社会科学院历史所研究员，主要研究方向为清史、满族史与北京史。作为历史学家，她出版有《清代八旗驻防研究》《满族的妇女生活与婚姻制度研究》《辽东移民中的旗人社会》等著作。[①] 作为口述史家，她进行口述访谈实践二十余年，出版著作十余部，其中《最后的记忆：十六位旗人妇女的口述历史》《十六名旗人妇女口述》《胡同里的姑奶奶》都是旗人妇女口述史著作。[②]

本文试选择定宜庄先生以旗人妇女为访谈对象的口述史著作进行考察。1999年，定宜庄先生出版两部关于满族妇女的著作，一为《满族的妇女生活

---

*　宝贵敏，民族出版社副编审，主要研究方向为口述历史、蒙古文化与性别研究。出版口述史著作《额吉河——十七位蒙古族妇女的口述历史》（民族出版社，2011）。

①　定宜庄：《清代八旗驻防研究》，辽宁民族出版社，2003；定宜庄：《满族的妇女生活与婚姻制度研究》，北京大学出版社，1999；定宜庄等：《辽东移民中的旗人社会》，上海社会科学院出版社，2004。

②　定宜庄：《最后的记忆：十六位旗人妇女的口述历史》，中国广播电视出版社，1999；定宜庄：《十六名旗人妇女口述》，商务印书馆，2016；定宜庄：《胡同里的姑奶奶》，北京出版社，2017。

与婚姻制度研究》，二为《最后的记忆：十六位旗人妇女的口述历史》。这两部书同一年完成出版，且内容上具有某种程度的互补性。① 后者是第一部以旗人妇女为访谈对象而成册的口述历史著作，定宜庄先生属于中国学术界较早涉足口述历史领域的学者。② 自此书出版之后，她继续进行口述访谈实践，2009 年出版两卷本《老北京人的口述历史》。③ 2016 年，《最后的记忆：十六位旗人妇女的口述历史》一书，以《十六名旗人妇女口述》为名再版，该书中除了保留原版的 16 位旗人妇女的口述内容外，又新增 11 位旗人妇女的口述（见表 1）。2017 年，定宜庄先生的五卷本"北京口述历史"出版，其中《胡同里的姑奶奶》是专门以北京旗人妇女为对象的口述历史著作，收录了 11 位北京旗人妇女的口述，与另一本北京八旗男子的口述史著作《八旗子弟的世界》形成呼应与对照。

表 1　《最后的记忆：十六位旗人妇女的口述历史》中口述人物访谈时间

序号	人物	采访时间	收录在哪本书中
1	祁淑红	1997 年 11 月 13 日	《最后的记忆：十六位旗人妇女口述历史》 《十六名旗人妇女口述》 《胡同里的姑奶奶》
2	爱新觉罗·毓臻	1998 年 11 月 13 日 1999 年 1 月 12 日	《最后的记忆：十六位旗人妇女口述历史》 《十六名旗人妇女口述》
3	张寿蓉	1999 年 1 月 19 日	《最后的记忆：十六位旗人妇女口述历史》 《十六名旗人妇女口述》

---

① 定宜庄先生说："这部小书（指《最后的记忆：十六位旗人妇女的口述历史》）与《满族的妇女生活与婚姻制度研究》基本上是同时写成的，当然后者用的时间要长得多，我在美国写完了初稿，然后回国来一边修改，一边忙里偷闲地抽空做旗人妇女的访谈。这两本书选择的是同一个主题，却采用了两种研究方法。其实本来我是想将这两类东西写成一本书，我当时对口述史的理论和实践都处于初学阶段，也没有奢望能够成为一本单独的书，只是想用来为我做满族妇女研究的辅助参考。后来我实在无法把这两个东西糅到一本书中，又觉得这些口述史的资料丢掉也很可惜，受到当时中国广播电视出版社的编辑钟晶晶的鼓励，便将这些做成了一本单独的书，并由她帮助出版了。"详细参见李卫民《做有现代感的古代史研究：定宜庄研究员访谈录》，《晋阳学刊》2010 年第 6 期，第 3～12 页。

② 1992 年，李小江主持的"20 世纪中国妇女口述史丛书"项目启动，直到 2003 年，由生活·读书·新知三联书店出版四本书：《让女人自己说话：文化寻踪》《让女人自己说话：民族叙事》《让女人自己说话：亲历战争》《让女人自己说话：独立的历程》。其中，定宜庄的《曾经沧海：20 世纪满族妇女叙事》收录在《让女人自己说话：民族叙事》一书中。1997 年，张晓的《西江苗族妇女口述史研究》由贵州人民出版社出版。

③ 定宜庄：《老北京人的口述历史》（两卷本），中国社会科学出版社，2009。该书中收录有 55 位老北京人的口述。

续表

序号	人物	采访时间	收录在哪本书中
4	鄂凌英	1998 年 3 月 9 日	《最后的记忆：十六位旗人妇女口述历史》 《十六名旗人妇女口述》 《胡同里的姑奶奶》
5	胡福贞	1997 年 12 月 10 日	《最后的记忆：十六位旗人妇女口述历史》 《十六名旗人妇女口述》
6	赵 颐	1998 年 6 月 18 日	《最后的记忆：十六位旗人妇女口述历史》 《十六名旗人妇女口述》
7	吴淑华	1998 年 1 月 3 日	《最后的记忆：十六位旗人妇女口述历史》 《十六名旗人妇女口述》
8	高引娣	1998 年 5 月 13 日	《最后的记忆：十六位旗人妇女口述历史》 《十六名旗人妇女口述》
9	孙宝芝	1998 年 10 月 16 日	《最后的记忆：十六位旗人妇女口述历史》 《十六名旗人妇女口述》
10	景双玉	1999 年 1 月 14 日 1999 年 1 月 19 日	《最后的记忆：十六位旗人妇女口述历史》 《十六名旗人妇女口述》
11	刘 澈	1997 年 10 月 27 日	《最后的记忆：十六位旗人妇女口述历史》 《十六名旗人妇女口述》
12	赵秀英	1998 年 1 月 20 日	《最后的记忆：十六位旗人妇女口述历史》 《十六名旗人妇女口述》
13	白惠民	1998 年 1 月 21 日	《最后的记忆：十六位旗人妇女口述历史》 《十六名旗人妇女口述》
14	安荣华	1998 年 2 月 22 日	《最后的记忆：十六位旗人妇女口述历史》 《十六名旗人妇女口述》
15	文毓秋	1998 年 11 月 11 日	《最后的记忆：十六位旗人妇女口述历史》 《十六名旗人妇女口述》 《胡同里的姑奶奶》
16	那清绪	1993～1994 年	《最后的记忆：十六位旗人妇女口述历史》 《十六名旗人妇女口述》

注：本书中比较特殊的是，那清绪女士的内容以她于 1993 年至 1994 年间写给定宜庄先生的三封信来表达并完成。再版的《十六名旗人妇女口述》中，增加两封信。

资料来源：根据《最后的记忆：十六位旗人妇女的口述历史》《十六名旗人妇女口述》《胡同里的姑奶奶》三部书中的相关信息整理制作。

二　《最后的记忆：十六位旗人妇女的口述历史》之版本特点

《最后的记忆：十六位旗人妇女的口述历史》，是定宜庄先生的第一部口述历史著作，出版近二十年，此书越来越成为研究妇女口述历史无法绕开的重要文本。按定先生自己的话说，那时她刚刚涉足口述历史领域，"无论采访前的案头作业，还是现场采访，以及事后整理，都存在诸多不足，最大的问题是取消了现场的对话，我也因此而得到许多学者十分中肯的建议和批评"，①尽管如定老师所言存在些许遗憾，但该书所承载的特殊意义越来越凸显，从采访时间，口述者的年龄、所处时代及其特点，访谈者按等几个方面试作分析，就能发现这部口述史著作的独特所在。

（一）采访的时间刻度

从采访时间看，集中在 1997～1999 年（见表 1）。对口述人刘澈女士的采访时间最早，系 1997 年 10 月 27 日，同年共采访三位，而 1998 年采访十位，所占比重最大，1999 年采访三位，均在 1999 年 1 月完成，其中，对爱新觉罗·毓臻和景双玉分别进行两次采访。这些访谈完成于 20 世纪末的最后三年，口述人此时经历了近一个世纪的风雨，其访谈中涉及的事件与时空，恰与旗人社会 20 世纪初及整个世纪所发生的动荡及变迁形成某种呼应，所以，采访的时间刻度成为重要因素。

（二）口述者的年龄、所处时代及其特点

16 位口述人的出生年代，集中在 20 世纪初的二三十年间，16 位口述人中的 15 位都在 1924 年之前出生，采访时年龄在 75 岁之上，平均年龄 81.2 岁，最年长者系 1905 年出生，采访当年已 93 岁高龄。这是一个非常重要的年龄段，可以说是作口述访谈的最佳年龄段，一则，她们的人生走到古稀乃至耄耋之年，人生阅历丰富，拥有做口述访谈的资历储备；其二，这个年龄段，记忆力尚好的情况下，还能够自如表达，能够完整地说出自己想说的故事。这两点是保证口述正常进行且能够完成的前提，反之则不然。这 16 位旗人妇女，恰好具备了这样的年龄特点和优势（见表 2）。

---

① 定宜庄：《再版前言》，载定宜庄《十六名旗人妇女口述》，商务印书馆，2016，第 I 页。

表 2　《最后的记忆：十六位旗人妇女的口述历史》中口述人物
出生年月、年龄、出生地及所属旗

序号	口述人	出生年月	采访时的年龄	出生地/所属旗	
1	祁淑红	1922 年	75 周岁	北京	正黄旗
2	爱新觉罗·毓臻	1924 年 5 月 2 日	75 岁	北京	爱新觉罗后裔
3	张寿蓉	1919 年	80 岁	北京	镶黄旗
4	鄂凌英	1916 年	83 岁	北京	八旗蒙古
5	胡福贞	1917 年	80 岁	北京	镶蓝旗
6	赵颐	1932 年	66 岁	北京	正黄旗
7	吴淑华	1918 年	80 岁	北京	镶红旗
8	高引娣	1905 年	93 岁	辽宁	正红旗
9	孙宝芝	1913 年	85 岁	辽宁	随旗
10	景双玉	1916 年	83 岁	东北	
11	刘澈	1918 年	79 岁	东北	旗人
12	赵秀英	1916 年	82 岁	内蒙古呼和浩特镶白旗	
13	白惠民	1921 年	77 岁	内蒙古呼和浩特正（镶）白旗	
14	安荣华	光绪三十三年（1907 年）	91 岁	河北　正（镶）红旗	
15	文毓秋	1921 年	77 岁	杭州	
16	那清绪	1914 年	79 岁	东北	

注：根据《最后的记忆：十六位旗人妇女的口述历史》书中的相关信息整理制作。

　　从口述人所处的社会环境看，这些口述人诞生于 20 世纪初，恰是清朝末年帝国崩溃的历史转折点上，1912 年清帝逊位，1924 年清朝末代皇帝被逐出故宫，作为旗人而言，她们的家族是被历史的浪潮翻卷得最为剧烈的部分。具体讲一点，1924 年北京旗人的旗饷停发，京旗完全没有了生活来源，而这 15 位口述人均出生在 1924 年前，她们或多或少经历了家族动荡变迁的风云。正因处于这样的历史节点上，她们关于母亲、姑姑、祖母及家中相关女性的记忆，甚至包括所有祖上的记忆，都带着朝代更迭的特殊印记，带着旗人妇女的独特身份与视角。

　　这十六位旗人妇女，涵盖了京旗、东北旗人、驻防旗人等，又包括满族八旗、蒙古八旗、汉军八旗，驻防旗人中又有京师禁旅、畿辅驻防旗人、绥远驻防旗人、杭州驻防旗人等后裔。① 16 位口述人都具有典型性，她们的口

① 此书访谈样本的选择依据实为定宜庄先生的著作《清代八旗驻防研究》，以对八旗驻防深刻研究为基础，按地域选择口述对象。

述里承载的历史与记忆，只属于她们，只有她们能讲出这样的故事，绝无仅有。祁淑红老人的口述中，八国联军进北京城时，兵荒马乱四处殉死的场景，简直是另类的历史纪录片，尤其关于母亲的回忆生动亦悲情；爱新觉罗·毓臻女士出身皇族却一生孤苦，晚年研佛；胡福贞女士关于挑花的口述是当年京城女性所特有的生活场景；93 岁的东北旗人高引娣老人讲述自己作为农民的劳动经历，可谓身临其境，充满诗情画意；八旗驻防的后裔赵秀英等口述了绥远城 1929 年罕见的天灾人祸不曾见诸史书；91 岁的河北旗人妇女安荣华系畿辅八旗驻防的后裔，这位吃过钱粮的老人讲述了一个世纪前的旗人生活，听来恍如隔世；而杭州驻防旗人的后裔文毓秋则是泼辣能干、敢做敢当还有那么一点剽悍的性格，正是旗人妇女的典型特性。

随着这些口述人的逝去，她们所讲述并承载的珍贵记忆，亦随之而去。那些生动的、充满个性的、只属于旗人妇女的生活记忆，再也没有谁能像她们讲述的那么精彩那么记忆犹新、那么栩栩如生。也正因此，这部旗人妇女的口述历史显得愈加珍贵。"回首再读这本旗人妇女的口述史，我却不无感慨地发现，无论这部初学之作有多少不足和瑕疵，却有许多内容是用经验、技巧替代不了的，这就是已经逝去的老人所经历过的生活和她们的回忆。"①

（三）从"访谈者记"看版本特点

从"访谈者记"看，这一板块凸显定宜庄先生作为历史学家的深厚功底。这一部分对于全书非常必要，口述人是按自己的语境讲述，细致而琐碎，"访谈者记"则提纲挈领，言简意赅，为理解口述访谈的内容提供了清晰的历史线索和史料依据，将这些访谈内容置于大历史的情境之中，也就是将个体经验置于历史之帷幕中，个体的独特性既被凸显又有所依托，从而形成意义，这也是此部口述历史著作独树一帜之处。

三 《十六名旗人妇女口述》之版本特点

2016 年，中国社会科学院历史所内陆欧亚学研究中心组织出版一套"欧亚备要"丛书，《十六名旗人妇女口述》收录其中。此书以《最后的记忆：十六位旗人妇女的口述历史》为基础，保留原有的 16 篇访谈口述外，又新增

---

① 定宜庄：《再版前言》，载定宜庄《十六名旗人妇女口述》，商务印书馆，2016，第 I 页。

11 篇口述，以"后续访谈"的方式附入书中。在祁淑红老人的口述后，附李清莲、胡秀清、吴效兰和张国庄的口述；在爱新觉罗·毓臻访谈之后，附入金秀珍、金竹青、金恒德的口述；在张寿蓉的访谈之后，附入张寿椿、蒋亚男、蒋亚娴的口述；赵颐的口述后，附入司文琴的访谈。此大量内容的补充，使得这本书的分量和视角都有所变化。两部书的异同，按定先生的话说："为保持原貌，除个别错字外，本次再版未对原来的 16 篇访谈予以改动，补充的几篇后续访谈，都是在我其他作品中公开出版过的，加入这几篇访谈的目的，或为对前作进行补充充实，或为与前作进行某种对比。"① 尽管又增加访谈人数，扩大口述范围，扩充如此多的新内容，但再版书名仍然定格于"十六名旗人妇女口述"。新增的内容从形式上讲，保留了访谈者的问话，有互动的情境，增强了口述历史的现场感。

表3 《十六名旗人妇女口述》中新增 11 位口述人物的出生年月、年龄、出生地及所属旗

序号	口述人	出生年月	采访时年龄（岁）	访谈时间（年）	出生地/所属旗
1	李清莲	1934 年	68	2002	北京东总布胡同
2	胡秀清	1913 年 8 月	91	2004	北京东单新开路胡同
3	吴效兰	1938 年	68	2006	黄旗/北京火药局二条
4	张国庄	1919 年	85	2004	北京宝钞胡同
5	金秀珍	1918 年	81	2000	正黄旗/新街口张秃子胡同
6	金竹青	1916 年	87	2003	黄带子/十五王爷府
7	金恒德			2003	中国政法大学
8	张寿椿	1926 年	77	2003	东城
9	蒋亚娴	1931 年	72	2003	镶蓝旗
10	蒋亚男	1925 年	82	2007	镶蓝旗
11	司文琴	1919 年	81	2000	镶黄旗

注：根据《十六名旗人妇女口述》书中的相关信息整理制作。

关于后续采访的人物及口述内容，主要呈现以下几个特点。

其一，后续的采访人物与之前采访的人物之间，存在着错综复杂的关系，其口述内容，既有家族的共性特征，很好地补充了其他口述人的访谈内容，同时，其作为家族的独立一员又具有个体的独特视角，所述形成新的角度，可以看出其家族的变迁轨迹；如口述人张寿椿的曾祖父与张寿崇的曾祖父是

① 定宜庄：《再版前言》，载定宜庄《十六名旗人妇女口述》，商务印书馆，2016，第 I 页。

兄弟，均属于那家一脉，家族中还存在着错综复杂的婚姻关系，但她的人生与其祖上，有着血脉的延续，同时又生长出自己的枝叶。

其二，后续访谈部分的采访时间为 2000～2007 年，这个时间段，是定宜庄先生的《最后的记忆：十六位旗人妇女的口述历史》出版之后的几年，等于说，第一本口述历史著作出版后，定宜庄先生一直在寻找相关人物，访谈工作一直在陆续进行中，新纳入的访谈对象之延续性特点，可以看出定先生敏锐的史家嗅觉和丰富的口述采访经验。

其三，访谈人物的年龄集中在 68 岁至 91 岁，这是重要的口述年龄段，口述人物的出生年代，集中在 1913 年到 1938 年间，所以，口述人所涉及的话题都很有特点，所访人物包括满洲八旗，汉军八旗等。

其四，与此前的访谈布局不同的是，"后续访谈"部分，每一个开篇都有"访谈者按"，每一个人物还另有更加具体的"访谈者按"，共同来说明此"后续访谈"与之前人物的关系、采访的机缘、访谈的要点等重要信息，不同于《最后的记忆：十六位旗人妇女的口述历史》中"访谈者记"置于文末的特点。

其五，此部口述历史著作，比《最后的记忆：十六位旗人妇女的口述历史》更具有厚重感，采访人物的增多，口述视角的丰富，都使其成为独立的旗人妇女口述历史著作，而远远超越了再版的意义。特别需要提出的一点是，祁淑红老人的访谈之后的"后续访谈"，就是以"胡同里的姑奶奶"命名的，从这里依稀可以看出定宜庄先生第三部旗人妇女口述历史著作《胡同里的姑奶奶》之萌芽。

四　《胡同里的姑奶奶》之版本特点

《十六位旗人妇女的口述》中，祁淑红老人那篇的"后续访谈"部分，即以"胡同里的'姑奶奶'"命名之，收录了四位胡同里的旗人妇女之口述，2017 年，北京旗人妇女的口述史著作《胡同里的姑奶奶》出版。这部书中的六篇来自《老北京人的口述历史》，另四篇来自《最后的记忆：十六位旗人妇女的口述历史》。这部著作将旗人妇女的范围定格到京旗妇女，甚至胡同里的旗人妇女，突出其生存的地域共性，以京城为其活动空间来考察，更能呈现出旗人妇女在特定的生存区域里生活成长时所具有的共性及其特点。

表4 关于定宜庄旗人妇女口述历史书籍中所涉及的人物列表

序号	《最后的记忆：十六位旗人妇女的口述历史》	《十六名旗人妇女口述》	《胡同里的姑奶奶》
1	祁淑红	祁淑红 附：李青莲 胡秀清 吴效兰 张国庄	祁淑红
2	爱新觉罗·毓臻	爱新觉罗·毓臻 附：金秀珍 金竹青 金恒德	李青莲
3	张寿蓉	张寿蓉 附：张寿椿 蒋亚男 蒋亚娴	胡玉明
4	鄂凌英	鄂凌英	吴效兰
5	胡福贞	胡福贞	张国庄
6	赵颐	赵颐 附：司文琴	陈允庄
7	吴淑华	吴淑华	郭淑惠
8	高引娣	高引娣	文毓秋
9	孙宝芝	孙宝芝	鄂凌英
10	景双玉	景双玉	蒋亚男 蒋亚娴
11	刘澈	刘澈	
12	赵秀英	赵秀英	
13	白惠民	白惠民	
14	安荣华	安荣华	
15	文毓秋	文毓秋	
16	那清绪	那清绪	

注：根据《最后的记忆：十六位旗人妇女的口述历史》《十六名旗人妇女口述》《胡同里的姑奶奶》三部书中的相关信息整理制作。

近年，定宜庄先生主编"北京口述历史"丛书，她自己做了大量老北京人的口述历史，分五卷本出版时，将八旗官兵后裔的访谈因之人物众多，以性别划分为两卷——《胡同里的姑奶奶》和《八旗子弟的世界》，两部书互相烘托，彼此映衬，用定宜庄先生的话说："按照性别来将旗人后裔的访谈分为两卷，是我做的一个新尝试。这样的划分，使原先只是按居住的不同地域或不同人群所做的分类，呈现出了另一种样貌，具体地说，就是将京城旗人女性独特的气质，鲜明地呈现出来，八旗男子的生活方式和性格特点也因此而被衬托和凸显出来。"① 从这些京旗女性的口述中，可以感受到她们"独具特色的京味儿"。口述人具有如下特点：其一，从地域看，这些"姑奶奶"主要居住在北京内城，生活的地域独特，以"胡同"来框定更显具体；其二，从性格看，老北京的旗人女性，骨子里有着颇具旗人味儿的"姑奶奶"性格特点。

这部著作从出版角度看，是非常成功的版本。其一，每一篇的访谈文字前，加入手绘的"被访谈者在北京城内的住址及主要活动区域"，文末，又加入手绘的被访谈者"所述居住地点与活动区域图"，清晰地标注出来，一目了然。这是一项非常重要的内容，强烈地突出了地域性，富有空间感，与文字相呼应，且比文字更加直观，手绘的温度也增强了口述文本的能量。其二，图片的视觉意义非同一般。本书增加了很多图片，包括与被访谈者相关的家庭人物照片，以及与口述内容相呼应的历史图片，更有定宜庄先生自己拍摄的家谱、胡同等照片，那些旧日影像与今日之现状形成对比，可以透视北京的城市变迁，与口述人的访谈形成互补。其三，严谨的注释文字，使这部著作的信息量及学术含量加大，定宜庄先生所做的注释，引经据典，与口述文本相互解释，成为书中重要组成部分。

五　小结

定宜庄先生从事口述历史实践，已二十余年，主要围绕着"旗人妇女口述历史"和"北京人口述历史"两大板块进行，二者相互交叉，彼此影响。从旗人妇女口述史的三部著作看，总结如下。

其一，定宜庄先生以满族妇女身份来研究旗人妇女，有着同情之默应，无论访谈过程中，还是"访谈者按"中，都能读到她与口述人之间那种惺惺相惜的氛围，访谈中间始终有一种情感的互动，有一种共鸣凝聚在对话中，这是她的口述历史做得成功之处，也是其口述史不同于文献研究之所在。又因定宜庄先生的女性身份，她对于妇女的口述内容更能够感同身受，这也是其做旗人妇女口述史的优势所在。其二，作为历史学家，定宜庄先生有深厚的史学功底和理论素养，这一点无论在"访谈者按"中还是每一篇"序言"及详细的注释文字里，都有所呈现，这也增强其口述史著作的学术性，成就其口述史家的地位。其三，满族历史文化的独特性，使得旗人妇女的口述显

---

① 定宜庄：《序言》，载定宜庄《胡同里的姑奶奶》，北京出版社，2017，第2页。

得更加弥足珍贵，定宜庄先生最好地把握了采访的时间刻度，留下了永不再得的口述文本，因此成为经典。几部著作中的旗人妇女之口述内容非常丰富，亦独具特色，还可进一步从民族认同、婚姻关系、宗教信仰等多方面再进行细致研究。

　　本文以定宜庄先生的旗人妇女口述史著作为中心，用比较的方法研究其版本的异同，一方面能够了解定宜庄先生进行口述史实践的时间脉络和思考路径；另一方面，对于口述历史学者、妇女研究者及民族学者等，具有重要的参考价值。

口述历史与企业（商业）研究

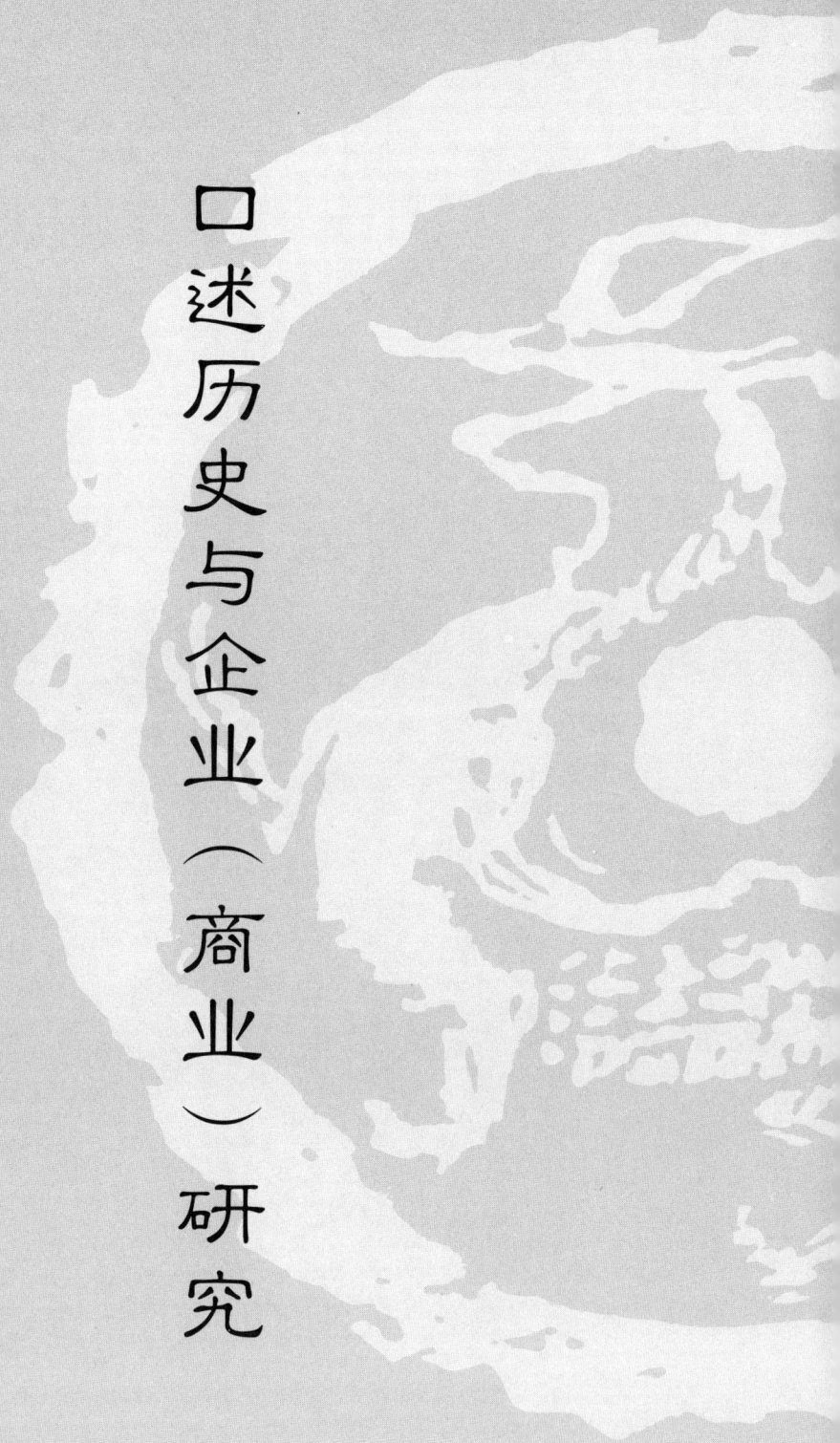

口述历史与市场营销史研究[*]

口述历史与市场营销史研究[*]

罗伯特·克劳福德　马修·贝利[**]

摘要：本文的目的是探究口述历史对市场营销历史学家的价值，提供澳大利亚国内项目的案例研究，以论证口述历史的效用。这些案例研究的主题是市场研究及其在两个行业（广告业和零售物业）的历史发展。本研究调查了来自两个营销历史项目的口述历史。第一个是对广告业的研究，通过 120 次采访，调查了 20 世纪 50 年代到 80 年代澳大利亚广告公司的全球化。第二个是澳大利亚零售物业的历史，其中包括对澳大利亚最大的零售物业公司高管的 25 次采访，这些公司的历程从 20 世纪 60 年代中期延续到现在。

该研究证明，口述历史提供了一个有用的切入口，通过该入口可以调查市场营销历史、市场研究方法的转变以及行业内部态度的变化。访谈提供了对公司文化和公司实践的深刻见解；证明了公司内部和各行业间各个方法的可变性；记录了一直以来开展市场研究的方法；揭示了尽管研究方法在技术上已经取得了进步，一些有经验的经营者继续依赖传统做法的方式。澳大利亚的广告业和零售物业虽然无处不在，但是受到的学术关注度却很有限。最近的学术成就正在纠正这一差距，但是这需要更多地理解公司在历史背景下的内部运作方式。口述历史为获得这种理解提供了一种途径。当然，本文还有助于更广泛地讨论口述历史在商业和营销历史中的作用。

关键词：澳大利亚；广告业历史；零售业历史；市场研究历史；口述历史

---

[*] 该文译自 Robert Crawford and Matthew Bailey, "Speaking of Research: Oral History and Marketing History," *Journal of Historical Research in Marketing*, Vol. 10, No. 1, 2018, pp. 107 – 128. 经作者和杂志同意后在本刊发表。该文保留了英文原文的注释格式，与本刊注释格式有所不同，特此说明。

[**] 罗伯特·克劳福德（Robert Crawford），曾任悉尼科技大学传播学院（School of Communication, University of Technology Sydney）教授，现任皇家墨尔本理工大学媒体与传播学院（School of Media and Communication, RMIT University）教授；马修·贝利（Matthew Bailey），麦考瑞大学现代史、政治学与国际关系系（Department of Modern History, Politics and International Relations, Macquarie University）讲师。

作为"一种研究方法论（……）和研究过程的结果"（Abrams，2016，p.2），口述历史为市场营销历史做出了独一无二的贡献。虽然口述历史越来越多地进入市场营销历史，但是在对这一发展的反思中投入的工作却较少。本文借鉴了针对澳大利亚广告业和零售物业的两个不同项目的研究，承担了这项任务。这两个项目有两个关键的相似之处：首先，它们基于口述历史方法；其次，两个项目的受访者都讨论了澳大利亚市场研究的使用和发展情况。访谈结果显示，两个行业都在持续关注如何利用市场研究来加强他们对消费者和其他利益相关者的理解。然而，市场研究在澳大利亚的引入和发展既不是线性的，也不是顺利的。在两个项目中，口述历史使我们能够探索这些发展，为澳大利亚的市场研究历史提供新的视角，包括概念和理论在营销实践中的表现方式。

虽然这两个项目是在不同的规模上独立开展的，但是它们提供了一个机会，可以说明口述历史可能对学术营销研究做出的贡献。通过探索20世纪下半叶广告行业和零售物业行业对市场研究的看法，我们论证了口述历史作为营销历史学家的一种工具，它的重要性和多功能性，并且显著地证明了口述历史在营销实践和概念的发展方面能够提供更广泛的视角。在此过程中，我们还发现，在口述历史明显不愿与商业行业接触及其随后忽视"个人、公众和企业之间的复杂关系"的情况下，营销历史可以通过挑战这一点为口述历史提供帮助（Perks，2010，p.49）。站在消费者和商业公司之间的关键时刻，我们对市场研究和更广泛的市场营销领域的研究，为探索消费者和商业公司之间的相互联系提供了一个适当的机会。在确定和绘制其中一些关系时，本文还将证明这些关系对营销实践的影响是显著的。

一　口述历史和市场营销

口述历史最初被认为是一种恢复没有记录的历史资料的工具。开创性的口述历史是由哥伦比亚大学的阿兰·内文斯（Allan Nevins）等商业历史学家进行的，而大学最初开展的大部分北美口述历史工作是由企业资助的。不过，从那以后，这种方法论在很大程度上与进步历史（progressive histories）联系在了一起，后者试图记录被边缘化和被忽视的社会群体的声音（Perks，2010，pp.220-221）。随后，力量减弱和重新平衡的历史叙事渐渐地不再像之前一样重点关注"伟大的白人"，口述历史在表明这些历史叙事中发挥了重要作用

（Green and Troup，1999，p. 231）。然而，这些历史的重要性和价值不应该掩盖口述历史为其他类型的历史研究提供的价值，包括营销和商业历史。莱恩特（Ryant，1988，p. 560）在 30 年前就提出了这一观点，他认为："由于能够通过精心设计问题来定制证据，并且重视居民或组织内的从最低到最高的所有群体，口述历史非常适合通过调查企业文化来研究商业历史。"帕特里克·弗里德森（Patrick Fridenson）随后认为："对于 20 世纪和 21 世纪的研究而言，口述历史已经成为商业史的标准做法，其程度在历史专业的大多数其他部分仍然是无与伦比的。"（Fridenson，2007，p. 10）罗伯特·佩克斯（Rob Perks）认为这种说法有些夸张，特别是在英国（Perks，2010，p. 218）。贝利和克劳福德（Bailey and Crawford，2016）提到，澳大利亚的商业历史学家同样不愿意在他们的工作中有效使用口述历史。

尽管越来越多的学术研究认可口述历史的实用性、口述历史对访谈资料的复杂解读以及对批评者的挑战，口述历史从商业历史学家那里得到的反应却并不一样。玛丽莲·科林斯（Marilynn Collins）和罗伯特·布鲁姆（Robert Bloom）在撰写口述历史对于会计历史的价值时发现，让"主要参与者"参与进来是有用的，他们建议"在没有可用的书面记录时，使用口述历史研究来补充或者替代书面记录"（Collins and Bloom，1991，pp. 23，30）。特里萨·哈蒙德（Theresa Hammond）和普拉姆·斯卡（Prem Sikka）质疑书面记录对口述证词具有所假定的权威性。他们宣称"历史是一种充满矛盾、争论和预见后果的生活经历"。他们声称口述历史提出了多种角度，加强了我们对过去的理解（Hammond and Sikka，1996，p. 81）。特伦斯·威特科夫斯基（Terrence Witkowski）和布莱恩·琼斯（Brian Jones）同样反驳口述历史被认为相对于传统来源的自卑感，称"访谈资料可能和任何其他证据有着同样的主观性和代表性，并且它们有自己的特殊优势"（Witkowski and Jones，2006，p. 75）。正如戴维斯（Davies）所指出的那样，这包括揭露人们生活中所包含的文化话语的能力，因为"它是对过去经验的记忆，而不是在访谈中捕捉到的生活体验的文字表达"（Davies，2011，p. 479）。这表明，历史学家有机会"直接干预与最近的往事有关的历史证据的产生"，有机会批判性地参与这一往事的产生及其解释（Davies and Elliott，2006，p. 1109）。这些方法挑战了批评者对记忆易错性的担忧。汤普森（Thompson，1988，p. 113）提出了进一步的反驳，他认为记忆的可靠性与线人对话题的兴趣程度相一致。在采访工作生活与各自行业密切相关的商业精英时，尤其要注意这一点。

口述历史访谈为档案添加了历史证据。访谈生成了逸事细节，揭示了核心业务活动、消失的工作实践、日常工作生活的细节、技术创新带来的变化以及广泛的团体内部的工作关系（Perks，2010，p. 41）。此外，如同科伊伦和克罗兹（Keulen and Kroeze，2012，pp. 15 – 16）所论述的那样，口述历史记录提供了可能会从档案中消失的信息记录。因此，它可以通过为直接从事行业和公司工作的人——从领导人员到初级员工——提供发言权来调解公共记录的扭曲。当然，有一些人提出了警告。因此，凯特·菲奇（Kate Fitch）提醒我们："访谈和个人叙事可以提供丰富的见解，但只有在采取批判性立场、接受作者的反对意见时才可以。"（Fitch，2015，p. 141）

2011 年，戴维斯认为，"口述历史在营销史上是一种未被充分利用的方法"（Davies，2011，p. 470）。从那时起，《市场营销历史研究杂志》（*Journal of Historical Research in Marketing*）揭示，营销历史学家越来越有兴趣参与口述历史方法论，或将口述历史资料纳入他们的研究之中（Witkowski，2009；Davies，2011；Harrison，Veeck，and Gentry，2011；Savitt，2011；Jones，2013；Barbara Walsh，2014；Battilani and Bertagnoni，2015；Fasce and Bini，2015；Reid，2016；Bailey，2015j，2016）。关于营销的其他口述历史包括"研究网络"（Research Network）记录英国市场研究历史的努力（Market Research Society，c2015）。商业类杂志同样为这一领域做出了贡献。《彭博商业周刊》（Bloomberg Businessweek）发表了黑莓公司（Blackberry）的口述历史，而 *DM News* 则制作了一个有关 "Get a Mac" 活动的播客（Gillette et al.，2013；DMN，2016）。

理查德·艾略特（Richard Elliott）和安德里亚·戴维斯（Andrea Davies）评论说，"在理论层面，口述历史与解释性消费者研究方法（interpretive consumer research approach）有很多共同之处，没有严格的主观与客观的划分，这部分解释了为什么口述历史更加受营销历史学家的欢迎"（Davies and Elliott，2006，p. 245）。为此，记录消费者体验的历史记录很容易利用口述历史（Davies，2011，p. 479），尽管正如史蒂芬·施瓦茨科夫（Stefan Schwarzkopf，2015，p. 296）所指出的那样，仍有充分的空间可以进一步研究"什么能够不严谨地被称为'消费者的声音'"。戴维斯（Davies，2011，p. 479）也认可这种口述历史记录"营销从业者日常和可能不起眼的行为和经验"的能力，"可能为 20 世纪营销机构的出现提供有价值的见解"。她在与戴维斯和菲切特（Davies and Fitchett，2015）的合作中提供了这种过程的例子，使用了母亲和女儿的口述历史，来探索战后英国家庭中理解消费习惯、并将消费习惯当作神话的方式。因此，口述历史不仅有助于我们构建无法记录的营销历史，而且也是探究大众描述非常有用的手段。通过将经验重新纳入历史记录，口述历史在一个学科中提供了一种平衡，在这个学科中，人工产物仍然是主要的证据形式（Elliot and Davies，2006，p. 245）。

二　方法

在对市场研究的兴起和发展史学的概述中，马克·塔杰夫斯基（Mark Tadjewski）和布莱恩·琼斯（Brian Jones）观察到，学者表面上关注的是工具、个人、组织和美国，虽然他们也注意到该领域的研究开始采用一种更广阔的视野（Tadjewski and Jones，2014，pp. 1243 - 1245）。澳大利亚的学术研究为这一进程做出了贡献。澳大利亚市场研究协会（Market Research Society of Australia）的新南威尔士分部（NSW Division）在其成立 50 周年之际，准备了澳大利亚市场研究行业的早期报道。作为“职业如何发展”的记录，该报道是以最主要从业者的回忆为基础的（McNair，c. 1979，p. 3）。随后的研究，概述了市场研究行业的历史、探索这种研究与消费者（Reekie，1991；McLeod，2007）和市场营销（Crawford，2016a，2016b，2016c）之间关系的实践以及市场研究的应用（McLeod，2003；Balnaves and O'Regan，2011；Goot，2014）。奥克曼（Oakman，1995）对澳大利亚市场研究行业的研究概述得最全面。虽然该研究使用口述历史来获得“市场研究公司的私人经验和公共经验”，但是对这些联系没有深入思考，更不用说深入思考它所采用的方法。在分析研究如何影响广告行业和零售物业行业中澳大利亚员工的日常实践时，我们所做的两项研究提供了看待市场研究行业的不同视角。

我们的第一个案例研究，考察了在 20 世纪 60 年代、70 年代和 80 年代广告行业内部市场研究的使用情况。研究中，我们借鉴了对澳大利亚广告公司全球化的研究，这项研究受到澳大利亚研究理事会（Australian Research Council，DP120100777）支持。狄金森（Dickenson）呼吁，要采取“将经济活动视为一种文化活动”的广告方式（Dickenson，2014，p. 328）。在此基础上，该项目试图通过对澳大利亚主要广告公司的 120 名工作人员进行访谈，来补充不足的行业档案。我们最初确认、采访了这些公司的 10 位关键人物，随后用滚雪球的方法（a snowball technique）招募了更多的贡献者（受访者）。从

2012 年到 2014 年，我们采访了该机构所有部门的工作人员，有客户服务、创意、媒体、行政、会计部、生产部和调度部等，还有从初级秘书到全球 CEO 地各级人员。这些受访者中，几乎 1/3 是女性。在持续 1~4 小时的半结构化访谈（semi-structured interviews）过程中，我们询问了参与者的背景资料，他们进入广告业的情况，在广告公司的日常工作经历以及全球化对他们广告事业的影响。在此过程中，他们反思了他们的职业生涯，回忆了自己的生活故事，这使得我们可以更加详细且公正地理解公司生活的专业、技术、政治、文化和社会方面。作为伦理审查（ethics clearance，墨尔本大学 HREC 1137326）的一部分，受访者同意验证自己的身份。这些访谈记录已经捐赠给澳大利亚国家电影和声音档案馆（Australia's National Film and Sound Archive）。

零售物业项目规模较小，重点较窄。澳大利亚最大的零售物业公司，例如 Westfield、Lend Lease、GPT、Stockland 和 Charter Hall 等，我们对其前任和现任高管进行了 31 次访谈。再次，我们采用了一种滚雪球的方法（snowball methodology），确定了愿意给其他潜在受访者提供参考的最初的参与者。只有一个参与者要求保留他的名字，所有参与者签署了包含去识别（de-identification）选项的同意书。在持续 1~2 小时的访谈中，我们采用口述历史方法，来探索参与者的职业生涯和经历。该访谈补充了档案来源，提供了在行业历史的不同阶段对创新和战略转变地分析，调查了企业文化和商业理念，研究了知识流动和转移，讨论了充溢于市场研究方法中的论据，还绘制了受访者的个人职业道路。绝大多数受访者是男性，这反映了在 20 世纪 70 年代和 80 年代期间，零售物业行业，更确切地说是澳大利亚企业上层人士中的性别失衡。迄今为止，资金限制已经排除了更广大范围内的受访者，但目前的资料集被设想为大型研究的一个组成部分，其中包括来自公共权威人士、规划者、员工、消费者、零售商和小企业经营者的口述证据。

此项目中对于采访的各个方法存在一定的差异。作为一个拥有外部资金支持的大型项目，广告代理项目开展了更多次、更长时间的访谈。因此，它采用了更多的生活故事方法。提供给"受访者足够的时间，让他们讲述访谈者想要的内容，同时也是他们想要讲述的内容"（Ritchie，2015，p.27），这种方法使得访谈可以探索个人和专业人士的故事。零售物业项目采用了更具插曲性的技术方法，专注于参与者的职业经历。然而，受访者也获得了重要的机会，来讲述他们希望讲述的故事，描绘他们过去的经历。为此，两个项目都使用了讨论指南来组织访谈，但是访谈者仍然对所提出的主题内的回复期望持开放态度，并且允许对话转换至无计划的讨论领域。

两个项目采用了相对开放的方法，需要访谈者在每次访谈中做出"自发的个人判断"（Atkinson，2002，p. 132）。对批评者而言，这种直接参与进一步加剧了口述历史的内在主观性（Ritchie，2015，p. 10）。然而，口述历史学家接受这种主观性，将其视为一种力量，一种典型的特征。玛丽·昆兰（Mary Kay Quinlan）声称口述历史学家"永不中立"，她认为"口述历史访谈是进行解释、所有各方……都有各自的观点，这会影响口述历史的意思"（Quinlan，2011，p. 35）。由于每次访谈是"独特的遭遇"（Quinlan，2011，p. 35），任何比较它们的尝试都不可避免地需要细微差别的解读，以适应任何差异，同时确定共性。保罗·汤普森（Paul Thompson）声称"采访者实际上不是一个平等的伙伴，因为口述历史的最终价值取决于受访者的故事的实质内容"（Ritchie，2015，p. 12），他提醒我们注意采访者和受访者之间的动态。这种平衡也表明，我们的项目中（稍微）不同的方法，不一定会破坏我们的受访者对形成和理解澳大利亚市场研究历史的贡献。

我们的案例研究也提供了一个独特的机会，可以来探索口述历史"将营销历史与营销思想的历史联系起来"的能力（Davies，2011，p. 480）。凭借其吸引受访者的能力，口述历史可以获得一些支持历史行动的动机和想法。因此，将理论和实践联系起来的问题可以提交给受访者。当然，受访者的回答是基于他们的记忆，所以有意或无意地容易改变或者受到扭曲。然而，如上所述，口述历史学家很容易认识到与记忆相关的问题，并且接受它们的启发性能力。保持对"事件的特定环境和复杂的记忆过程塑造记忆故事的方式"的警惕（Thomson，2011，p. 91），使得口述历史学家能够进一步提高他们的分析水平，能够识别理论与实践之间其他不那么直接的联系。因此，我们的方法让我们不仅可以探索营销实践与营销故事之间的联系，还可以将这些联系置于更广泛的社会、文化和经济背景之中去思考。

三 广告业：从测量工具到指导性启发

市场研究人员西尔维亚·阿什比（Sylvia Ashby）在国外待了三个半月，当她于1953年回到澳大利亚时，她吹嘘"在这个研究领域，澳大利亚在这方面遥遥领先，在某些方面甚至超过美国。澳大利亚有一种更加实用的方法"（Argus，1953，p. 9）。作为一家当地公司 Ashby Research Service 的负责人，阿什比当然有理由颂扬澳大利亚人的市场研究实力。澳大利亚各州和联邦一级的市场研究协会的形成，证明了该领域在 20 世纪 50 年代一直在持续发展。这些发展导致奥克曼说，此时"某种实质性的市场研究产业已经出现了"（Oakman，1995，p.33）。但是，马克斯·斯托兹诺（Max Stollznow）却有一种稍微不同的观点。这位市场研究人员在 2013 年接受了采访，她回忆说在 20 世纪 50 年代澳大利亚的公司非常不愿意投资市场研究："他们的态度是'为什么我需要研究？'这始终是一场战斗。你要做的第一件事是推销研究"（Crawford，2013h）。克里斯·马丁·墨菲（Chris Martin Murphy）于 1969 年从英国来到了澳大利亚。他指出，澳大利亚的广告公司对研究表现出类似的矛盾心理："所以我们来到了澳大利亚，这里没有人使用营销计划，没有人做很多的研究"（Crawford，2013e）。"有一种说法是，要揭露的故事是一个单一普遍的故事"，通过质疑这种说法，这样的叙述强调了口述历史证词对营销历史学家的重要性（Hammond and Sikka，1996，p.81）。此类描述同样可以让我们更加深刻地理解跨越市场研究和广告的营销实践的相互关联发展情况，以及个人经历与更广泛的公共和企业故事相关联的程度。

虽然大卫·斯图尔特（David Stewart，2010）声称市场研究实践可以追溯到古代，但是一种理解市场的系统方法只有到了 20 世纪才出现。在澳大利亚，正式的市场研究是由广告业开创的。当 J. Walter Thompson（JWT）于 1930 年在澳大利亚开设办事处时，其广告中强调了 JWT 的研究能力（*Newspaper News*，1931，p.3；Crawford，2016c）。研究对他们的运营至关重要，其研究部门被证明是为市场研究人员提供发展可能的培训基地。早在 1936 年开设自己的市场研究公司之前，西尔维亚·阿什比就已经开始在 JWT 的研究部门工作。据她回忆，"澳大利亚的市场研究活动由少数几个主要的机构承担……，澳大利亚的大型业务几乎是靠直觉或过去的经历在运营"。回忆中她强调了该机构的作用是开拓性的，澳大利亚商业领域的前景更广阔（Ashby，c.1979，p.8）。到 1944 年，JWT 将其非常成功的无线电调查部门注册为一个单独的实体。这样做是为了"互相竞争的广告公司可以向他们的客户保证，没有给予 JWT 小组不公平的优势"（McNair，c.1979，p.37）。然而，JWT 的研究部门仍然是该公司业务的一部分。因此，1959 年关于该公司澳大利亚业务的报告中称赞了该研究部门及其"对专业营销问题的持续分析和研究"。报告还指出，研究部门的"综合参考图书馆"通过"将所有本地和海外期刊发送给员工"，协助"员工及时了解基本的广告和营销原理"（Advertising：The

Magazine of Marketing，1958，p. 10）。Ian Dawson（伊恩·道森）概述了图书馆的重要性及其影响。回顾他作为初级客户主管的早期经历，道森指出："在 1970 年掌握信息，是一个非常耗时且往往是一个费钱的过程。所以 JWT 认真地订阅了所有的文献（和）期刊。"道森还提请我们注意 JWT 的图书管理员詹森夫人（Mrs. Jansen），以及她为研究人员提供的"良好方向"（Crawford，2012a）。这些回忆不仅提醒我们该公司还存在着支持人员，还揭示了他们这些人对该公司工作的积极贡献。

20 世纪 60 年代，新一波跨国广告公司在澳大利亚的到来引发了对研究能力新的关注。当麦肯世界集团（McCann Erickson）于 1959 年开始其澳大利亚的业务时，它自夸自己正在为广告业带来一种更加科学的方法（Crawford，2016c）。贸易杂志《广播和电视》（*Broadcasting and Television*）报道了这家公司的到来，解释说 McCann Erickson 将推出"一种预先测试广告业的特殊方案……。这种特殊方案注意到有 169 个因素影响了广告的有效性，并且已在应用中精准地运用了这种方案"（Broadcasting and Television，1959，p. 1）。这家公司的广告同样突出了其创建有效活动的科学方法。因此，1961 年的广告通过详细说明研究部门的技能、方法和联系，概述了该公司的资质（Broadcasting and Television，1961，p. 5）。其他广告公司同样宣传他们的研究能力。因此，Goldberg Advertising 推广其新的推销服务，以"与我们 4 年前的研究部门互补"，然而琳达丝（Lintas）解释说"研究电视商业广告的有效性、复制测试以及对购买动机的心理探索，都在加强我们的创造性努力"（Newspaper News，1960，p. 17；Broadcasting and Television，1960，p. 9）。

广告中宣称，"他们是从美国、英国和海外其他地方的 McCann 公司那里获得的想法"，借以颂扬 McCann Erickson 的全球网络（Broadcasting and Television，1961，p. 5）。麦克（Mike Larbalestier）从英国被派往澳大利亚，领导 McCann Erickson - Hansen Rubensohn 的研究部门，并监督其转变为一家独立的研究公司。虽然 McCann Erickson 以其美国的前景而闻名，但麦克的背景意味着，在澳大利亚进行的研究最终变成一种"更多体现英国方向而非美国方向"（Crawford，2013h）。其他受访者提供了对这两个方向的见解。因此，JWT 媒体部门的阿兰·罗伯森（Alan Robertson）详细介绍了英国和美国方法之间的"主要差异"："如果你在英国开展一项研究……，英国人就这种方法是否正确，样本是否正确分层进行争论……美国人……他们不要知道你是怎么做的，'它'只是'给我结果'。"（Crawford，2012b）顺利使用这两种方法将成为澳大利亚公司背景下市场研究实践的标志。

出国旅行的澳大利亚人也同样接触过新的研究方法。布莱森（Reg Bryson）在1968年高中毕业后不久就开始在悉尼做广告。七年后，他前往英国打工度假。由于无法在像Collett Dickenson Pearce这样的创意公司中获得职位，布莱森在Masius担任了一个客户服务的职位。他回忆说，Masius是一个"认真专业"的公司，对"广告业务"有很好的理解。Masius的规模给他留下了更深刻的印象，其规模是澳大利亚最大的广告公司的两倍，它"有一个研究部门，还有规划人员……这在澳大利亚完全是无法想象的……，这只是一个真正、非常深入的商业视角"（Crawford，2013b）。杰夫·考辛斯（Geoff Cousins）曾在澳大利亚最大的广告公司George Patterson工作，该公司的所有人也是达彼思广告公司（Ted Bates）。20世纪70年代初，考辛斯前往纽约达彼思广告公司的总部，在那里总部的运营规模同样令他印象深刻。考辛斯认为，"他们是一个非常强硬的结果驱动公司"，他认为强调研究意味着该公司一定要"非常官僚化"。然而，他对达彼思广告公司对研究的支持不太热心，特别是对Burke测试的承诺。他认为这些测试产生了没有产品的广告（Crawford，2013c）。随着布莱森成为一名具有开拓性的策划者，考辛斯继续领导澳大利亚最大的广告公司，出国旅行将证明形成的经验对澳大利亚的机构将研究融入其运营的方式也会产生重大影响。

虽然澳大利亚广告业的专业人士对海外业务的印象可能各不相同，但是他们仍然认识到，研究是其公司未来不可或缺的一部分。George Patterson在20世纪60年代初就已拥有自己的研究部门。它的重点是定量资料。然而，1963年澳大利亚广播委员会（Australian Broadcasting Commission）的观众研究部门招聘了休·麦凯（Hugh Mackay），这标志着一个关键性的转变。麦凯的兴趣在于定性资料，并且用它来形成对消费大众的见解。他的方法很快给他的同事们留下了深刻的印象，他很快被邀请去领导该机构的独立定性研究分支Consensus。作为"一家几乎可以匹敌的研究部门"，Consensus雇用了12位心理学家，可以自由地参与实验研究（Francis，2013c）。麦凯对这一巨大机构的研究方法及其业务做出了贡献，这种贡献强调了个人、公众和企业之间的相互联系。

像JWT和McCann一样，Ogilvy & Mather（O&M）在迈克尔·鲍尔（Michael Ball）的指导下于1967年建立了澳大利亚业务，那个时候它强调了自己具有研究资格。作为一位拥有丰富的O&M北美和欧洲办公室经验的澳大利亚人，鲍尔重申澳大利亚的研究仍然不够：在那些日子里，广告业被认为是一种创造性的商业……，但很少有研究用于形成广告信息或对其进行预测试。所以我们提供了其他人没提供过的东西（Francis，2013a）。该机构的一则广告强调了这一点，上面解释说它寻求"充分利用研究，并且有效地进行研究，作为一种启发手段而不是支柱"（*B and T*，1969，p. 14）。20 世纪 80 年代接替鲍尔的莱尼·康奈克（Renny Cunnack）回忆说，O&M 的研究不再是前沿研究。他表示，O&M 的澳大利亚业务缺乏"类似英国和美国的研究部门"。观察到研究"变得日益重要"，康奈克在接下来的十年中投入了更多的时间和精力来增强 O&M 的研究能力。值得注意的是，他解释说，在澳大利亚进行研究的方法断断续续，可能部分归因于当地条件的特殊性：澳大利亚广告公司的工作时间比英国和美国同行更紧凑，他们的工作人员也较少。康奈克声称"研究需要时间"，他认为大多数澳大利亚广告公司缺乏将时间和精力用于认真研究的能力（Francis，2013b）。

Clemenger BBDO 对研究的支持受到了当地和国际因素的启发。杰夫·怀尔德（Geoff Wild）于 1971 年抵达悉尼，以处理营业处的大笔财产。怀尔德的战略是支持创造力和研究。他的第一步是确保悉尼的一些最佳创意，然后继续提升其研究能力。他回忆说："我们是第一个拥有全职研究部门的机构之一"："我们组建了自己的焦点小组……平均每周四晚上……我们……有一个单面镜，所以客户、广告撰稿人……可以听到消费者关于真实产品的真实谈话。"研究将用于推动创造力。怀尔德阐明了个人和企业叙事交叉的方式，他详细解释，他的策略有个特征，就是在美国"我们从 BBDO 所看到的东西"，这是"作为研究机构有这种美好的声誉，他们让非常非常高级的专业人士进行研究"。研究部门的报告也证明"很成功"，不仅引起了媒体对该机构的关注，而且证明了其活动有科学依据而非基于直觉（Crawford，2013i）。

在 20 世纪 60 年代末 70 年代初，将研究与创造力联系起来已成为广告公司的一个认真的关切（Crawford，2016a，p. 5）。受访者揭示了新的研究方法的变革性影响。创意机构 SPASM 的联合创始人迈克·施特劳斯（Mike Strauss）回忆说，他雇用了一家由前心理学讲师彼得·肯尼（Peter Kenny）博士所领导的独立研究公司。据施特劳斯回忆，肯尼和他揭露的真相把他完全迷住了："定性研究要比定量研究重要得多，因为在六十年代和七十年代早期没有人做过定性研究……，所有的研究都是'哦，有 5000 名消费者正在这样做或者记得你的品牌 x、y 和 z'。"（Francis，2012）休·斯宾塞（Hugh Spencer）呼应了施特劳斯的说法。20 世纪 60 年代后期在美国的 JWT 工作时，斯宾塞发现那里的研究主要是"测量沟通要点是否已经完成，而不是以后来的方式使用这些要点"，而像休·麦凯这样的聪明人会说"我们先只听听他们谈论的内容，然后决定机会是什么"（Crawford，2013g）。

随着更广泛地获取消费者的内心想法，广告公司开始考虑如何利用这些见解来增强自己的业务。这种新的研究方法的影响给创意部门的员工留下了深刻的印象。作为 McCann Erickson – Hansen Rubensohn 的初级广告撰稿人，约翰·白雯思（John Bevins）回忆说，广告和商业广告的写作在 20 世纪 60 年代后期仍然是一个"试错"过程。该公司使用 Starch 报告，来评估创意工作对受众的影响。然而，白雯思透露，这种探索消费者心理的科学方法并不一定会产生同样有条不紊的反应："一方面（有）这种对因素、分析结果以及让广告起作用的因素的强烈关注。另一方面，完全自由，没有责任。"（Crawford，2013a）随着各个公司在研究方面增加投入，这种鼓舞人心的方法面临着压力。麦凯详细说明了这种转变所带来的挫败感：广告测试的整个想法在行业中引起创意人对研究人员的巨大反感，因为……创意人认为这些讨厌的研究人员正在给我们的工作打分。"他们正在评判……他们会扼杀我们的创造力！"（Francis，2013c）在行业新闻中也提到了这种令人担忧的关系（*B and T*，1971，p. 12）。到 20 世纪 70 年代中期，创意人士开始将研究视为一种"友敌"。经过三年的中断，创意总监约翰·牛顿（John Newton）于 1975 年重新回到了广告业。他回忆说，在他离开的那段时间，研究已经"明显变得更加普遍、更加突出、更加重要"。显而易见，研究已不再是一个简单的测量工具：我们（这些创意人员）已经形成了这样的信念：在广告创建之前，研究将用于同人们交谈。在那些想要在创建广告之后测试广告的人与我们之间存在这种紧张关系。我们想利用研究来找出人们的想法，这样我们就可以离开，利用这种思维来写广告（Crawford，2013f）。创意总监德里克·汉森（Derek Hansen）重申了这种方法，不过他指出这种方法也有潜在的危险。汉森提到"研究正在不知不觉地开展，我发现研究越多，这些想法就越不自然，因为你最终选择了方框而不是实际想出广告"，他揭示了市场研究见解是如何改变代理公司实践的（Crawford，2013d）。但是，这种限制也会产生意想不到的后果。正如汉森间接提到的那样，有条理的理解和向公众讲话的方法几乎没有对创意产生激励作用。沮丧的创意人员决定离开跨国公司，创办自己的创意机构（Crawford，2015）。

通过研究客户服务和创意部门的实践，各个公司越来越多地探索其他使用研究的方法。当麦凯于 1971 年要离开 George Patterson 建立自己的研究公司时，他被邀请负责该公司墨尔本分公司的创意部门。对于麦凯来说，这个邀请："表明他们在思考创意过程中走了多远。他们认为我们可以建立一个创意部门，由一位不是作家或艺术家……而是研究员的人经营。"（Francis，2013c）虽然广告公司 George Patterson 雄心勃勃的计划并未最终实现，但是在澳大利亚广告公司中，将研究和消费者置于公司层级中更显著位置的愿望仍然很明显。这种策略使得在公司业务中出现了新的人物——规划人员。

战略规划人员或客户规划人员负责使用研究来形成对消费者的独特见解。JWT 的史蒂芬·金（Stephen King）和 BMP 的斯丹利·波利特（Stanley Pollitt）在 20 世纪 60 年代后期最先使用了规划。十年后，规划人员在伦敦的各个机构开展业务。在 20 世纪 70 年代后期，约翰·莱特（John Wright）在 Young & Rubicam 的伦敦办事处短暂工作过，他看到了通过该机构提供的大量资料，以及需要专家来搜索这些信息，确定对公众想法的新见解，这样可以指导创意工作（Crawford，2013j）。在向澳大利亚公司介绍计划战略时，像莱特这样在海外机构工作过的澳大利亚游客在更新当地公司业务方面发挥了关键作用。

访谈揭示了在澳大利亚公司的实践中执行规划的方式上面存在显著的差异。JWT 伦敦客户规划部门的影响促使其澳大利亚分公司在 20 世纪 70 年代末向英国派遣了保罗·加斯金（Paul Gaskin），以"决定是否应该在悉尼和墨尔本引入客户规划"。不过，加斯金建议不要这样做："现在还太早了，事实上是我们太害怕，我们认为我们已经做了客户规划在伦敦所做的一切事情，我们不需要重新命名。"（Gaskin，2014）虽然 JWT 的公司结构已经响应了公众的呼声，其他公司却没有。布莱森对他在伦敦的经历印象深刻，他在澳大利亚的规划中发现了明显的差距，因此热衷于利用这种差距。布莱森的单人规划运动最终赢得了 The Campaign Palace 的支持，相比公司业务，这家公司更看重创意问题（Crawford and Dickenson，2016，p. 105）。然而，向客户销售规划方案更加困难。布莱森解释说："你不能走出去说……'我们获得了一个叫作战略规划的新东西，我们是唯一得到它的人'。我们知道……我们证明这一点的最好方法就是去做战略规划。"（Crawford，2013b）到 20 世纪 80 年代中期，JWT、The Campaign Palace 和众多其他机构都逐渐公开接受以研究为主导的规划理念（Langtry，1985，p.12）。布莱森警告称，这种接受并不一定是全心全意的，因为许多公司只是将他们的新业务经理重新命名为规划人员（Crawford，2013b）。那些认真考虑规划的公司投资了不同的规划部门。1986年，SSC&B：Lintas 宣称"他们有一个由 9 名人员组成的规划部门，其中拥有5 名全职规划人员"，而布莱森的 The Campaign Palace 则雇用了 7 位规划人员（Newell，1986，p.14；Crawford，2013b）。

Clemenger BBDO 的发言人提到"大多数规划人员从前是研究人员，我确信他们的报酬更高"，他论证了研究及对公众的了解在 20 世纪 80 年代的规划革命中发挥重要作用的程度（B and T，1986，p.25）。到这个时候为止，研究已经不再是一项额外的服务或事后的想法——它已经成为公司业务的一个组成部分。正如我们的受访者隐藏的历史所生动揭示的那样，在 20 世纪 60年代、70 年代和 80 年代，研究和负责指导研究的人逐渐由外围走到了澳大利亚公司的日常业务中的中心位置。在详细说明这种转变时，我们的受访者讲述的故事还揭示了，一系列动态以及个人、公众和企业之间的联系在多大程度上为营销实践的发展提供了依据。

四 零售物业："必须依赖研究才能存活下来"

在早期营销思想中，零售业是一种受到关注的创始领域。虽然这一领域已经扩展和发展，零售业一直以来都是营销人员关注的核心领域（Wilkie and Moore，2003）。零售业的历史源于这种兴趣，这种历史为我们对分配功能的理解做出了重要贡献，因为随着时间的推移，分配功能在各种环境中已经发生了变化。（Hower，1938；Hollander，1960）。在澳大利亚，这种参与相对有限，因为大部分质量学术工作专注于社会和文化而非商业历史。这种缺席为澳大利亚购物中心发展的研究提供了动力。虽然可以获得贸易期刊和一些档案资料，但是口述历史也被用来获取行业的意见，这可以提供对企业流程、管理决策、战略创新和专业关系的进一步了解。与上述广告代理案例研究一样，这些口述历史也揭示了受访者的个人经历、他们所工作的公司以及他们想要吸引到零售环境中的消费者之间的联系。

20 世纪 50 年代后期，澳大利亚出现了购物中心，这是一种对促使购物中心在美国发展的相似条件的回应：汽车数量逐渐增加、交通拥堵、城市人口分散以及富裕的郊区市场越来越多（Bailey，2014d；Spearritt，1995）。向郊区的转变为成熟的零售商带来了机遇和挑战（Wolfers，1980；*Retail Merchandiser*，1962，p. 20）。随着郊区销售的蓬勃发展，城市销售停滞不前（ABS，1948/1963）。零售商被迫追随他们的市场，特别是汽车拥有量的增加，导致交通堵塞，堵塞了进入城市商店的道路。但是，确定商店和购物中心的位置并不是一个简单的过程。安德鲁·斯科特（Andrew Scott）于 20 世纪 90 年代担任 Coles Myer 的战略和房地产总监，随后担任 Centro 的首席执行官直至2007 年。他认为，对于零售业来说，选址地点要比大多数其他房地产资产更重要。"你不只是像在营业处一样。如果在柯林斯大街（Collins Street，墨尔本）或者在大多数城镇的郊区街道上租用了一个营业处，那么无论你是 100号还是 500 号都没关系，它通常与你正在处理的位置相同，并不具有特定的地理位置关键性。在购物中心的环境中，如果你穿过街道的另一边，你可能会得到所有的零售销售，但如果你在街道的右侧，你可能会获得巨大的零售额，因为那是便于人们购物的位置。"（Bailey，2015i）虽然斯科特对场地位置的引用处于相对微观的层面，但在可达性和周边贸易区的质量方面，场地位置的重要性在更广泛的零售地区以及正在进行的零售开发类型上起了作用。在这种背景下，研究从来就不是一个"友敌"，这是因为，虽然它最初被认为是对经验和直觉的辅助，但是广告业的一些人已经认识到研究的重要性。随后，零售物业研究随着营销思想的发展而发展，因为技术促使我们对消费者行为的理解更深，并且随着城市环境变得更加密集，导致了更激烈的竞争（Bailey，2015c；2015d；2015g）。

在零售物业领域，研究在很大程度上是建设性的，因为事后并没有用它来衡量产品的成功或者评论产品的创作，这和广告业的情况一样。虽然后者的研究方法从测量到预测逐步发展，但零售物业从一开始就采用先验研究，为物业经理提供更好的工具来制定决策——特别是在初始开发过程中。企业和企业开发人员总是意识到需要知道消费大众所处的位置，以及理想情况下他们可能花钱的地方。这并不是说没有表现出对传统的选址方法的偏好，但是在这里进行的口述历史中几乎没有证据表明研究是负面的。相反，它被认为是一种不断发展的科学，一些经验丰富的早期运营商认为这具有基本的帮助作用，不过，随着时间的推移，研究对市场及其未来前景产生了更大的确定性（Bailey，2014a；2015b）。

关于购物中心场地的经济市场研究，最初是由澳大利亚的乔治·康纳（George Connor）于 20 世纪 50 年代中期开始的。一位叫莱格·杰布（Reg

Jebb）的受访者和康纳合作开始了他的市场研究生涯。据他回忆，在战争期间从事军事情报工作的康纳成功地利用自己的经验将自己定位为一名顾问："墨尔本即将准备一个新的规划方案，该方案成为墨尔本的 1954 年规划方案，乔治的任务是作为首席经济学家撰写该计划……（提供那个时候的）所有经济投入、业务增长和人口统计数据。在那种情况下，这工作有点开创性……（然后）他去了，把自己当作顾问推销了出去。他把自己卖给了 Myers（一家百货商店），他认识 Ken 和 Baillieu Myer，他们当时是公司的董事，或多或少……他基本上是找到他们说：'看，我做了所有的规划，墨尔本经济方面的计划，我能告诉你哪里的人口会增长……'。"（Bailey，2015e）康纳与美国市场研究员拉里·史密斯（Larry Smith）一起，为查尔斯通（Chadstone）的选址提供了经济研究。查尔斯通是一家独创性的澳大利亚购物中心，于 1960 年在墨尔本迅速扩张的东南部郊区开业（Hutson，1999；*Retail Merchandiser*，1960，pp. 8 – 10）。从 20 世纪 60 年代直到现在，康纳、杰布以及从他们那里学习贸易的人，都是从事该行业工作最具影响力的市场研究人员（Bailey，2015a，2015b）。20 世纪 90 年代担任 AMP Capital Investors 房地产总监的杰克·里奇（Jack Ritch）回忆说，当 AMP 在 20 世纪 60 年代和 70 年代开始接触零售物业时："乔治·康纳在我们所有的经济人口统计学研究中做得都不错。在我们获得董事会批准之前，我们会让乔治和他的年轻助手莱格·杰布，就指定场地合理距离内的现有人口和潜在人口做一份报告，……在 AMP 早期研究人口统计数据、确定其潜在增长方式、从而看看您可能从给定的支出中得到什么回报方面，莱格和乔治·康纳是重要人物。"（Bailey，2015f）

虽然有关澳大利亚统计局（ABS）提供的资料效用的讨论越来越多，不过相对而言，康纳和杰布的研究在当时是无与伦比的。自 1948 年以来，ABS 一直在发布全国的零售销售资料（ABS，1948/1963）。这些报告，连同住宅普查中包含的人口统计信息，受到了那些使用它们的人的高度重视，尽管其他有经验的经营者似乎认为对这些资料的分析是一种过度思考。例如，弗拉泽·克洛斯（Fraser Cross）在 20 世纪 60 年代和 70 年代曾为大型超市连锁 Woolworths 选择场地。据他后来回忆，在一次对话中，他曾经和一位高级经理嘲笑投资者获取特定开发资料的请求。他认为："当你走进一个地方时，你会有一种感觉。这个地方很好，我们应该有一个商店，等等。但如果你让我用这么多白纸黑字的话说出为什么，我可能无法告诉你。但我知道这很好。如果你愿意的话，你可以说你凭的是经验，但我在很多场合都表现得很好。有房子的地方，就会有人，他们都要吃饭等等。"（Hudson，1995c）在 Wool-worths（及其主要竞争对手 G. J. Coles & Co. ）从其各种连锁店横向扩展到超市业务期间，克洛斯负责收购场地（Murray，2006；Barber and Montagnana - Wallace，2013）。这与预先计划的购物中心引入澳大利亚是同时发生的（Bailey，2014d）。百货商店中央商务区的销售表现停滞不前，超市连锁店追求带有停车场的优越场地，企业开发商寻求在快速发展的郊区利用这种需求，这些都为购物中心的建设提供了动力（Modern Merchandising Methods，1965；*Retail Merchandiser*，1955，p. 8）。

关于企业开发者的影响，Westfield 公司是一个有用的例子。该公司由两位东欧犹太移民约翰·桑德斯（John Saunders）和弗兰克·洛伊（Frank Lowy）创立，于 20 世纪 50 年代中期开始在悉尼的工人阶级的西部郊区开发小型住宅和零售项目，最终发展成为一家全球最大的零售物业公司（Sammartino，2007；Margo，2001；Westfield Holdings Ltd. ，2000c）。艾伦·布里格斯（Alan Briggs）于 1984 年加入 Westfield，随后在 20 世纪 90 年代成为购物中心管理总监，他回忆起与桑德斯的对话，桑德斯指导他从事这项业务："有一天我跟他说，'针对购物中心你做了什么样的研究？'他说，'我，我进了驾驶室，开车逛了一会儿'。我回来后，对弗兰克说，'我们这里有一个购物中心，可能还有三家百货公司，四家超市？'弗兰克就说，'好吧，也许我们可以有一家百货公司、一家超级市场等等'……结局却（总是）事与愿违，但那是一种普遍存在的非常初步、笨拙的想法。"（Bailey，2014a）

这种方法呼应了前述西尔维亚·阿什比（Sylvia Ashby）的观点，即那个时候，在澳大利亚的商业决策制定过程中，直觉和经验起了决定性的作用。其他市场的情况也一样（Wilkie and Moore，2003），战后初期的管理人员很少受过技术培训。这种看法与桑德斯所表达的看法相似，不过当地条件也发挥了作用。布里格斯指出，随着 20 世纪 50 年代和 60 年代郊区人口的增长如此迅猛："机会就在那里，无处不在，如果你要试图确定周围有多少零售空间，那没有必要……悉尼像疯了一样爆发……你可以在某个地方的围场中间放一个狗箱，那会吸引一些人。"（Bailey，2014a）

虽然布里格斯的观察可能有些夸张，但他的评论中无拘无束的热情反映了一种普遍的行业态度，即澳大利亚购物中心发展的新兴阶段充满了机遇。AMP Capital 购物中心的前董事总经理布莱恩·海因斯（Bryan Hynes）回忆说，即使在 20 世纪 70 年代和 80 年代，研究也是："非常碰运气的。这是描述研究的最佳方式。其中大部分的研究是利用过时的 ABS 资料。它确实处于一个非常高的宏观水平……（但）馅饼太大了，你不能真的犯太多错误。你要看现在。市场竞争非常激烈……随着岁月的流逝，零售商越来越精明，因为他们必须对准他们所追求的细分市场，了解如何定制产品。"（Bailey，2015d）

西蒙·卢博德（Simon Rumbold）曾经在职业生涯的早期与莱格·杰布合作，现在是澳大利亚最大的一家市场研究公司 Urbis 的董事，他回忆起做出准确预测的困难："回到 70 年代……，你会得到一张地图的复印件，你会在你认为可能是一个新的购物中心的贸易区域、人流密集区画一些线条……我们会做一个非常基本的分析，曾经在那个区域有多少人，一天可能有多少人……通常，您可能正在使用的资料可能是 5、6 或 7 年前的资料。这是一个非常普遍的问题。我们周围没有关于人口容量对我们的业务如此重要的资料水平……没有人能真正告诉你……但是那时候竞争对手也没那么多。我们会应用一些常识……"（Bailey，2015g）

同时与杰布和卢博德合作的托尼·迪马斯（Tony Dimasi）指出，资料有限，需要大量的初步研究："除了非常基本的人口普查信息之外，该阶段的所有信息都只是市级层面，也许是邮政层面等如此广大的区域的信息。并且，仅有复印件可用。我们不得不从第一原则中获取其他所有东西。确确实实，你花了很多时间出去和议会、零售商和人们交谈……没有太多的信息来源或事情需要跟进。你真的从第一手的原则中获取了任何项目的信息，并用一点ABS 员工补充它。"（Bailey，2015c）

随着行业的专业化发展，研究被更加广泛地欣然接受，研究的注意力也转向营销理论的发展，最显著的是转向消费者行为的研究（Shaw and Jones，2005）。这表示行业试图更好地了解公众。然而，采用新方法，实际上采用任何实质性的研究都是不平衡的，较小的企业尤其不太可能在信息收集或改变实践上投资。相比之下，较大的企业具有吸引研究人员的财务能力以及足以证明投资合理性的业务规模。在澳大利亚零售物业领域，Lend Lease 是一家领先的创新者（Murphy，1984），它在 20 世纪 80 年代中期有意识地决定重新构思营销及其在公司决策中的地位。迈克尔·劳埃德（Michael Lloyd）当时负责Lend Lease 的零售物业部门的租赁、营销和规划，据他回忆："当时的营销经理……都是准艺人。他们一直在乘船游览。他们一直在广播……'我们的营销经理'是一个广播艺人，做过测验节目、做分内的事情。他曾经是 Lend

Lease 的全国营销经理。其他曾经在游轮上担任过 MC 的人……他们是你在购物中心所接受的，因为它是关于'下周我们有"电视节目"96 号的演员阵容'。并且，所有人都会看着他们，他们会上台。而且，这就是营销。这不是营销，而是促销。它不是营销方面的营销方式，而是根据消费者和用户的需求来适应产品的变化。"（Bailey，2014b）

随着竞争的加剧，像 Lend Lease 这样的公司再也无法将他们的营销活动交给亲爱的演艺人员。Lend Lease 的首席执行官斯图尔特·霍内里（Stuart Hornery）告诉劳埃德，该公司"必须真正做到市场营销"才能确定"未来的方向和人们的行为；消费者习惯和社会人口构成"（Bailey，2014b）。Lend Lease 重新调整了他们的营销部门，引入了大学毕业生，如现任集团执行官兼 Stockland 的商业地产 Commercial Property 首席执行官约翰·施罗德（John Schroder）。这与美国的发展相一致。在美国，到 20 世纪 70 年代后期，市场营销思想有着强大的学术基础，而这种思想越来越多地受到定量科学和行为科学的资料支持（Wilkie and Moore，2003）。因此，施罗德这样的毕业生来到了公司，他们与高级同事的看法截然不同，这些同事的技术培训有限，几乎没有学过营销理论（Bailey，2015b）。

虽然 Lend Lease 确定了严谨的学术培训的价值，但它也非常重视现实世界的经验。施罗德回忆说，这种文化不是"不论成败、孤注一掷"，而是"看到他或她可能快要淹死，我会将他们救回来……在人们年轻时推动他们做事。他们不甘平庸"（Bailey，2015h）。招聘人员担任特定购物中心的营销经理，"因为这样可以让他们接触到所有东西：社区、零售商甚至建筑物的安全方面，了解所有资料"（Bailey，2015b）。通过确保毕业生在其职业生涯的早期阶段承担广泛的企业角色和经验丰富的责任，Lend Lease 建立了自己的企业文化。

该行业的营销转向使得 Lend Lease 和其他大型零售物业公司参与了更多的实质性研究，以此作为其开发和营销决策的基础（Bailey，2014c）。这类研究包括虽然时间顺序上略微落后于广告业但是更广泛地使用定性研究的机构，如焦点小组。尽管如此，尽管 Lend Lease 热切地利用了市场营销思想发展中出现的方法，但是实际效用和经验却缓解了各种方法的影响。1986 年至 20 世纪 90 年代初，理查德·克拉克（Richard Clarke）担任 Lend Lease Retail 的首席执行官，他在访谈中表现出一些矛盾心理。他说焦点小组研究得出的资料虽然依赖于"协调人提出的问题……"以及焦点小组内的个人，但是"很有用"。虽然对当时澳大利亚市场营销中出现的想法和方法持开放态度，但是该公司采用了一种实用的混合方法，利用了一系列可用资源。克拉克指出，除了经济研究和定性研究之外，Lend Lease 还"使用了一个稍微宽阔的网络，就像 Hugh MacKay 为我们做了一些工作，给我们一种……在山上可能发生的事情，典型的素材。所有这些都与零售商自己的反馈相结合。因为，我们当时有大约 18 个购物中心的投资组合。我们在这些购物中心拥有一整套零售商，可以（提供）非常为您提供有用的信息反馈，您知道，"我们正在考虑做 Penrith（一家悉尼西郊的区域中心），你知道，你们觉得怎么样？"·他们会说，"好吧，我们必须改变我们的产品范畴，因为你们有一个不同的行销，一个不同的消费者形象"（Bailey, 2015b）。

虽然他们的房东/租户关系引发了困难（Davies, 1992; Eakin, 1993; Crosby, 2006），但是大型零售商和零售物业开发商之间的互动可能因此形成一个积极的反馈循环。在克拉克看来，这取决于公司的招聘策略，以及员工不断变化的能力。Lend Lease 在 20 世纪 80 年代的新毕业生取代了一批年龄较大的员工，"这些年龄较大的员工已经从某种类型的推销员中脱颖而出"。据克拉克说，新的毕业生"智力更高，但他们（也）有更大的动力或热情，总的来说，他们与专业零售商建立了更好的关系。所以你得到一种一加一等于三的协同效应，而不是一加一等于一点五，后面这种情况在以前往往会更频繁地发生。"（Bailey, 2015b）

克拉克还注意到他在 Lend Lease 工作期间专业零售的转变。他回忆说，最初有更多的"妈妈和爸爸类型的运营商"，他们逐渐被更专业的零售商所取代，其中许多零售商都有为大型零售企业工作的经验。在这种背景下，零售房地产行业的方法变化不仅取决于毕业生接触到的市场营销理论中新兴观念，还取决于零售业构成的变化以及零售业者的生活经历。格拉姆·马赫（Graeme Maher）提供了克拉克所描述的一个专业零售商类型的有用示例。马赫从 Woolworths 辞职后，和别人共同创立了 Suzanne Grae 时装连锁店，截至 20 世纪 80 年代中期，该连锁店在澳大利亚拥有超过 180 家商店。马赫在 Woolworths 的培训让他特别重视支持成功运作的"数字"，以及研究生成这些数字的能力："今天，你不必犯下我们曾经所犯的错误，因为在过去的日子里很多错误都是直觉引起的。你知道，你在镇上的主要街道上走来走去，你会走去议会，然后你就会觉得你是否应该在那里。现在，你不理解的是客户、支出，还有收入，所有这些都可以从这项研究中获得……政治家通过民意调

查生存，零售商必须靠研究生存。他们必须有研究。"（Bailey，2014c）

20 世纪 80 年代末 90 年代初对研究的关注和需求不断增长，这恰逢技术能力变得更加强大（Proctor，1991）。自 20 世纪 70 年代以来，使用计算机技术来管理供应链和控制库存的现象一直在扩大（Barber and Montagnana - Wallace，2013，pp. 78 - 80）。这些运营系统通过提供在细粒度水平上跟踪货物销售过程的机会，为大型企业实现了更高的分销效率。计算机化所提供的详细分析也可以应用于购买这些商品的人（Schwarzkopf，2016）。然而，澳大利亚零物业行业在利用计算机进行市场研究方面起步相对较晚。他们引入计算机反映出上述消费者研究变得日益复杂，大型购物中心之间的竞争日益激烈。大型购物中心之间的竞争变得更加尖锐，因为重新开发扩张扩大了贸易区域，侵入了竞争对手的领土。通过计算机，可以更深入地了解消费者支出和购物行为的能力，这就提供了一种帮助应对这种竞争的工具。西蒙·卢博德（Simon Rumbold）回忆说："一旦计算机的作用显现出来，我认为是 90 年代初，人们就开始建立支出模型。至少在过去的 15 年里，可能是 20 年里，我们已经有了一个小区域的零售支出模型，这可以归结为非常简单的支出类别。然后，可以将支出建模到相当小的区域，建立更准确的市场规模。"（Bailey，2015g）

整理、存储和分析资料的能力也使得卢博德的公司 Urbis 制定了购物中心的业绩基准。澳大利亚购物中心的绝大多数零售商向其房东报告月度销售资料。在 20 世纪 90 年代，澳大利亚公司愿意将这些资料发布给 Urbis，后者对其进行了去识别和整理，以提供有关营业额、访问量、产品类别的销售量等的行业资料。卢博德声称这产生了一种独特的资源："世界上没有人真正拥有那么深奥的资料集……这就是与计算能力的结合；这就产生了差别。"竞争企业通过与第三方 Urbis 的合作实现共同利益的这种意愿，表明了 20 世纪 90 年代澳大利亚零售物业的组织能力，并进一步强调了其对研究的日益重视。

到 20 世纪 90 年代，该行业的主要参与者非常依赖于一系列嵌入决策过程的研究方法，这些方法比早期操作者的直观方法更加科学。这种转变的历史反映了整个时期国家分配格局的变化以及营销理论和实践的发展。当郊区化在 20 世纪 50 年代和 60 年代重塑城市地理区域时，零售机会很多。但是，零售商和开发商的密集追求创造了一个密集开发、竞争激烈的环境，需要更有针对性和战略性的方法来选择场地和开展营销（*Inside Retailing*，1986，p. 16）。实践是各不相同的，特别是在大公司和小公司之间，以及公司内部几代高管之间——即使他们周围的知识分子基本上已有所改变，许多老员工都仍然坚持直观的方法。然而，更加依赖研究的趋势表明，零售、发展和咨询公司的组织能力在不断提高，所有这些公司积累了具有竞争优势的专业知识。这种专业知识源于市场营销思想的学术发展，这种发展是随着从 20 世纪 80 年代中期开始，毕业生进入该行业而发生的。

五　结论

口述历史提供了一个有价值的切入口，通过这个切入口可以确认和审视市场营销的历史、市场研究方法的转变和行业内的态度转变。上述案例研究清楚地证明了口述历史对于营销历史学家的价值，因为它能够揭开企业文化和实践的面纱，还能证明公司内部和各行业之间各个方法的可变性；提供了随着时间的推移开展市场研究的记录，并且揭示一些有经验的运营商继续依赖传统做法的方式。在这两种案例中，访谈本身也可作为缺乏记录区域的重要记录。

口述历史也使我们能够追踪"个人、公众和企业"之间的联系（Perks，2010，p. 49）。访谈揭示了个体员工或管理人员、他们工作的公司以及他们为其制作产品、图像和想法的公众之间的关系。随着时间的推移，尽管公司和行业之间存在差异和不同的变化，了解公众对公司利益的重要性日益增加，从而导致公司通过研究实践和研究方法，更多的利用营销理念及其实践。因此，我们的案例研究支持戴维斯（Davies，2011，p. 480）的主张，即口述历史可以"将营销历史与营销思想的历史联系起来"，而同时受访者讲述了研究如何以不同的方式影响或了解他们的日常工作场所及与他们有关的营销活动。

我们的访谈还揭露了行业之间的联系，比如休·麦凯（他们开辟了跨行业研究领域）等人物的出现，引入定性研究方法以建立更全面的消费者行为写照，个人或企业不情愿在引入新技术时开展研究或宁愿在研究方面落后于别人。因此，这些见解为历史故事带来了多种视角（Hammond and Sikka，1996）：并非所有广告代理商接受战略规划；并非每个购物中心认识到健全经济研究的价值，更不用说对消费者进行定性研究了。20 世纪下半叶市场研究复杂程度的提高是一个容易被接受的真理。使用口述历史来了解市场研究发展的细微差别、对其进展的抵制因素以及接受这种研究的条件，最终提供了一个更复杂、更引人注目的历史记录。

【参考文献】

Abrams, L. (2016), *Oral History Theory*, 2nd ed., Routledge, Abingdon, Oxon&New York, NY.

Advertising: The Magazine of Marketing (1958), "Overseas knowledge solves local problems", *Advertising: The Magazine of Marketing*, August, p. 10.

Argus (1953), "She has no duplicate", *Argus*, 22 December, p. 9.

Ashby, S. (c. 1979), "The twenties and thirties", in McNair, W. A. (Ed.), *Some Reflection on the First Fifty Years of Market Research in Australia 1928 – 1978*, Market Research Society of Australia (NSW Division), Sydney.

Atkinson, R. (2002), "The life story in interview", in Gubirum, J. F. and Holstein, J. A. (Eds), *Handbook of Interview Research: Context & Method*, Sage, Thousand Oaks, London, New Delhi, pp. 121 – 140.

Australian Bureau of Statistics (ABS) (1948/1963), *Census of Retail Establishments*, Australian Bureau of Statistics, Canberra.

B&T (1969), "Ogilvy & Mather reports on its first two years in Australia", *B&T*, 5 June, p. 14.

B&T (1971), "Market researchers – the foreigners in advertising", *B&T*, 1 July, p. 12.

B&T (1986), "Account planning's not just a clever Ruse", *B&T*, 17 January, p. 25.

Bailey, M. (2014a), interview with Alan Briggs, 26 June 2014.

Bailey, M. (2014b), interview with Michael Lloyd, 11 June 2014.

Bailey, M. (2014c), interview with Graeme Maher, 17 September 2014.

Bailey, M. (2014d), "Retailing and the home in 1960s Sydney", *History Australia*, Vol. 11 No. 1, pp. 59 – 81.

Bailey, M. (2015a), interview with Greg Chubb, 18 March 2015.

Bailey, M. (2015b), interview with Richard Clarke, 24 March 2015.

Bailey, M. (2015c), interview with Tony Dimasi, 3 November 2015.

Bailey, M. (2015d), interview with Bryan Hynes, 2 March 2015.

Bailey, M. (2015e), interview with Reg Jebb, 23 February 2015.

Bailey, M. (2015f), interview with Jack Ritch, 24March 2015.

Bailey, M. (2015g), interview with Simon Rumbold, 3 November 2015.

Bailey, M. (2015h), interview with John Schroder, 4 March 2015.

Bailey, M. (2015i), interview with Andrew Scott, 31 March 2015.

Bailey, M. (2015j), "Written testimony, oral history and retail environments: Australian shopping centers in the 1960s", *Journal of Historical Research in Marketing*, Vol. 7, No. 3, pp. 356 – 372.

Bailey, M. (2016), "Marketing to the big Middle: Establishing Australian Discount Department Stores", *Journal of Historical Research in Marketing*, Vol. 8, No. 3, pp. 416 – 433.

Bailey, M. and Crawford, R. (2016), "Shop talk: Revisiting Business History and Oral History", *Oral History Australia Journal*, No. 38, pp. 29 – 35.

Balnaves, M. and O'Regan, T. (2011), *Rating the Audience: The Business of Media*, Bloomsbury Academic, London.

Barbara, Walsh, B. (2014), "Chain Store Retailing in Ireland: A Case Study of F. W. Woolworth & co. Ltd. , 1914 – 2008", *Journal of Historical Research in Marketing*, Vol. 6, No. 1, pp. 98 – 115.

Barber, S. and Montagnana – Wallace, N. (2013), *Coles: 100 Years of Quality, Service & Value*, Bounce Books Pty Ltd. , Thornbury, Victoria.

Battilani, P. and Bertagnoni, G. (2015), "The Use of Social Networks in Marketing: The Italian Co – operative Experience", *Journal of Historical Research in Marketing*, Vol. 7, No. 1, pp. 31 – 57.

Broadcasting and Television (1959), "McCann's Entry Confirmed", *Broadcasting and Television*, 1 October, p. 1.

Broadcasting and Television (1960), "Which Way are You Facing the Wind of Change?", *Broadcasting and Television*, 20 April, p. 9.

Broadcasting and Television (1961), "It Takes an Expert", *Broadcasting and Television*, 20 April, p. 5.

Collins, M. and Bloom, R. (1991), "The Role of Oral History in Accounting", *Accounting, Auditing & Accountability Journal*, Vol. 4, No. 4, pp. 23 – 31.

Crawford, R. (2012a), interview with Ian Dawson, 14 December 2012.

Crawford, R. (2012b), interview with Ian Robertson, 23 November 2012.

Crawford, R. (2013a), interview with John Bevins, 10 May 2013.

Crawford, R. (2013b), interview with Reg Bryson, 11 February 2013.

Crawford, R. (2013c), interview with Geoff Cousins, 15 March 2013.

Crawford, R. (2013d), interview with Derek Hansen, 26 April 2013.

Crawford, R. (2013e), interview with Chris Martin Murphy, 8 March 2013.

Crawford, R. (2013f), interview with John Newton, 9 April 2013.

Crawford, R. (2013g), interview with Hugh Spencer, 3 May 2013.

Crawford, R. (2013h), interview with Max Stollznow, 29 January 2013.

Crawford, R. (2013i), interview with Geoff Wild, 17 May 2013.

Crawford, R. (2013j), interview with John Wright, 16 January 2013.

Crawford, R. (2015), "A tale of two advertising cities: Sydney suits v Melbourne creative", *Journal of Australian Studies*, Vol. 39, No. 2, pp. 235 – 251.

Crawford, R. (2016a), "Creating a Creative Industry: Advertising Agencies in the 1960s and 1970s", *Creative Industries Journal*, Vol. 9, No. 2, pp. 146 – 161.

Crawford, R. (2016b), "More than Froth and Bubble: Marketing in Australia, 1788 – 1969", in Jones, D. B. and Tadjewski, M. (Eds.), *The Routledge Companion to Marketing History*, Routledge, Abingdon, Oxon, pp. 297 – 314.

Crawford, R. (2016c), "Opening for Business: A Comparison of the J. Walter Thompson and McCann Erickson Agencies' Entries into the Australian Market", *Journal of Historical Research in Marketing*, Vol. 8, No. 3, pp. 452 – 472.

Crawford, R. and Dickenson, J. (2016), *Behind Glass Doors: The World of Australian Advertising Agencies 1959 – 1989*, UWA Publishing, Crawley, WA.

Crosby, N. (2006), *An Evaluation of the Policy Implications for the UK of the Approach to Small Business Tenant Legislation in Australia*, University of Reading, Reading.

Davies, A. (2011), "Voices passed", *Journal of Historical Research in Marketing*, Vol. 3, No. 4, pp. 469 – 485.

Davies, A. and Elliott, R. (2006), "The Evolution of the Empowered Consumer", *European Journal of Marketing*, Vol. 40, No. 9, pp. 1106 – 1121.

Davies, A. and Fitchett, J. (2015), "In the Family Way: Bringing a Mother – daughter (Matrilineal) Perspective to Retail Innovation and Consumer Culture", *Environment and Planning A*, Vol. 47, No. 3, pp. 727 – 743.

Davies, L. (1992), *Final Report on a Consultancy Study of Common National Commercial and Retail Tenancy Issues 1991*, Australian Government Publishing Service, Canberra.

Dickenson, J. (2014), "Global Advertising Histories: An Australian Perspective", *History Compass*, Vol. 12, No. 4, pp. 321 – 332.

DMN (2016), "From Campaign: An Oral History of 'Get a Mac'", 8 December, available at: www. dmnews. com/marketing – strategy/from – campaign – an – oral – history – of – get – a – mac/article/577871/ (accessed 20 February 2017).

Eakin, L. (1993), "Tenants' Rights to be a Reality", *Shopping Centre News*, Vol. 3, No. 11, May/June, pp. 42 – 47.

Elliot, R. and Davies, A. (2006), "Using Oral History Methods in Consumer Research", in Belk, R. W. (Ed.), *Handbook of Qualitative Research Methods in Marketing*, Edward Elgar, Cheltenham & Northampton, MA, pp. 244 – 254.

Fasce, F. and Bini, E. (2015), "Irresistible Empire or Innocents Abroad? American Ad vertising Agencies in Post – war Italy, 1950s – 1970s", *Journal of Historical Research in Marketing*, *Vol.* 7, No. 1, pp. 7 – 30.

Fitch, K. (2015), "Making History: Reflection on Memory and Elite Interview in Public Relations Research", *Public Relations Inquiry*, Vol. 4, No. 2, pp. 131 – 144.

Francis, R. (2012), interview with Mike Strauss, 4 September 2012.

Francis, R. (2013a), interview with Michael Ball, 13 March 2013.

Francis, R. (2013b), interview with Renny Cunnack, 14 May 2013.

Francis, R. (2013c), interview with HughMackay, 18 December 2013.

Fridenson, P. (2007), "Business History and History", in Jones, G. and Zeitlin, J. (Eds), *The Oxford Handbook of Business History*, Oxford University Press, Oxford, pp. 9 – 36.

Gillette, F., Brady, D. and Winter, C. (2013), "The Rise and Fall of Blackberry: An Oral History", Bloomberg, 10 December, available at: www. bloomberg. com/news/articles/2013 – 12 – 05/the – riseand – fall – of – blackberry – an – oral – history (accessed 20 February 2017).

Goot, M. (2014), "Labor's 1943 Landslide: Political Market Research, Evatt, and the Public Opinion Polls", *Labour History*, Vol. 107, pp. 149 – 166.

Green, A. and Troup, K. (1999), *The Houses of History: A Critical Reader in Twentieth Century History and Theory*, Manchester University Press, Manchester.

Hammond, T. and Sikka, P. (1996), "Radicalizing Accounting History: The Potential of Oral History", *Accounting, Auditing & Accountability Journal*, Vol. 9, No. 4, pp. 79 – 97.

Harrison, R. L., Veeck, A. and Gentry, J. W. (2011), "A Life Course Perspective of Family Meals via the Life Grid Method", *Journal of Historical Research in Marketing*, Vol. 3, No. 2, pp. 214 – 233.

Hollander, S. C. (1960), "The Wheel of Retailing", *Journal of Marketing*, Vol. 25, No. 1, pp. 37 – 42.

Hower, R. M. (1938), "Urban Retailing 100 Years Ago", *Business History Review*, Vol. 12, No. 6, pp. 91 – 101.

Hudson, J. (c1995), *Oral History Interview with Fraser Coss*, MLOH 451, Nos 23 & 24, State Library of New South Wales, Sydney.

Hutson, A. (1999), "I Dream of Jeannie? 'The American Origins of the Chadstone Shopping Centre", *Fabrications*, Vol. 9, No. 1, pp. 17 – 33.

Inside Retailing (1986), "AMP Aims to Create Better Landlord – tenant Liaison with Ex – retailer as Manager", *Inside Retailing*, 21 July, p. 16.

Jones, D. G. B. (2013), "Pauline Arnold (1894 – 1974): Pioneer in Market Research", *Journal of Historical Research in Marketing*, Vol. 5, No. 3, pp. 291 – 307.

Keulen, S. and Kroeze, R. (2012), "Back to Business: A Next Step in the Field of Oral

History – the Usefulness of Oral History for Leadership and Organizational Research", *The Oral History Review*, Vol. 39, No. 1, pp. 15 – 36.

Langtry, R. (1985), "Strategic Planning: It's the Discipline of the Year", *B&T*, 13 December, p. 12.

Margo, J. (2001), *Frank Lowy: Pushing the Limits*, Harper Collins, Pymble, N. S. W.

Market Research Society (c2015), "The Research Network Oral History Project", available at: www. mrs. org. uk/article/item/1938 (accessed 20 February 2017).

McLeod, A. (2003), "The Lady Means Business': Marketing to the Electrical Appliance Consumer in the 1950s and 1960s", *Melbourne Historical Journal*, Vol. 31, No. 1, pp. 54 – 73.

McLeod, A. (2007), *Abundance: Buying and Selling in Postwar Australia*, Australian Scholarly Publishing, Melbourne.

McNair, W. A. (1979), "The Forties", in McNair, W. A. (Ed.), *Some Reflection on the First Fifty Years of Market Research in Australia 1928 – 1978*, Market Research Society of Australia (NSWDivision), Sydney.

Modern Merchandising Methods (1965), *Australian Shopping Centres*, Modern Merchandising Methods.

Murphy, M. (1984), *Challenges of Change: The Lend Lease Story*, Lend Lease Group of Companies, Sydney.

Murray, J. (2006), *The Woolworths Way: A Great Australian Success Story 1924 – 2004*, Focus Publishing Interactive, Edgecliff, N. S. W.

Newell, R. (1986), "Planning: Your Agency May Have It but are You Getting It?", *B&T*, 7 March, p. 14.

Newspaper News (1931), "Advertising Science versus the 'Blue Sky'", April, p. 3.

Newspaper News (1960), "Found – The Missing Link in Market Resarch", July, p. 17.

Oakman, D. (1995) "Research Australia: A History of the Market Research Industry in Australia 1928 – 1990", MA Dissertation, Department of History, Monash University.

Perks, R. (2010), "The Roots of Oral History: Exploring Contrasting Attitudes to Elite, Corporate, and Business Oral History in Britain and the US", *The Oral History Review*, Vol. 37, No. 2, pp. 215 – 224.

Proctor, R. A. (1991), "Marketing Information Systems", *Management Decision*, Vol. 29, No. 4, pp. 55 – 60.

Quinlan, M. K. (2011), "The Dynamics of Interviewing", in Ritchie, D. (Ed.), *The Oxford Handbook of Oral History*, Oxford University Press, Oxford, New York, pp. 23 – 36.

Reekie, G. (1991), "Market Research and the Post – war Housewife", *Australian Feminist Studies*, Vol. 6, No. 14, pp. 15 – 27.

Reid, S. E. (2016), "Cold War Binaries and the Culture of Consumption in the Late Soviet home", *Journal of Historical Research in Marketing*, Vol. 8, No. 1, pp. 17 – 43.

Retail Merchandiser (1955), "Growth of Shopping Areas: Preliminary Notes on the Retail Census", *Retail Merchandiser*, August, p. 8.

Retail Merchandiser (1960), "The Chadstone Project", *Retail Merchandiser*, May, pp. 8 – 10.

Retail Merchandiser (1962), "Is the City Getting Its Share?", *Retail Merchandiser*, March, pp. 20 – 28.

Ritchie, D. (2015), *Doing Oral History*, 3rd ed., Oxford University Press, Oxford.

Ryant, C. (1988), "Oral History and Business History", *The Journal of American History*, Vol. 75, No. 2, pp. 560 – 566.

Sammartino, A. (2007), "The Westfield group", in Dick, H. and Merrett, D. (Eds.), *The Internationalisation Strategies of Small – Country Firms: The Australian Experience of Globalisation*, Edward Elgar, Cheltenham.

Savitt, R. (2011), "On Biography in Marketing", *Journal of Historical Research in Marketing*, Vol. 3, No. 4, pp. 486 – 506.

Schwarzkopf, S. (2015), "Marketing History from below: Towards a Paradigm Shift in Marketing Historical Research", *Journal of Historical Research in Marketing*, Vol. 7, No. 3, pp. 295 – 309.

Schwarzkopf, S. (2016), "In Search of the Consumer", in Brian, D. G. and Jones and Mark Tadajewski (Eds.), *The Routledge Companion to Marketing History*, Routledge, Abingdon.

Shaw, E. H. and Jones, D. G. B. (2005), "A History of Schools of Marketing Thought", *Marketing Theory*, Vol. 5, No. 3, pp. 239 – 281.

Spearritt, P. (1995), "Suburban Cathedrals: The Rise of the Drive – in Shopping Centre", in Davison, G., Dingle, T. and O'Hanlon, S. (Eds.), *The Cream Brick Frontier: Histories of Australian Suburbia*, Monash Publications in History, Clayton, Victoria, pp. 88 – 107.

Stewart, D. W. (2010), "The Evolution of Market Research", in Maclaran, P., Saren M., Stern, B. and Tadajewski, M. (Eds.), *The SAGE Handbook of Marketing Theory*, Sage, London, pp. 74 – 88.

Tadjewski, M. and Jones, D. G. B. (2014), "Historical Research in Marketing Theory and Practice: A Review Essay", *Journal of Marketing Management*, Vol. 30, Nos. 11/12, pp. 1239 – 1291.

Thomson, A. (2011), "Memory and Remembering in Oral History", in Ritchie, D. (Ed.), *The Oxford Handbook of Oral History*, Oxford University Press, Oxford, New York.

Thompson, P. (1988), *The Voice of the past*, Oxford University Press, Oxford, New York.

Westfield Holdings Ltd. (c2000), *The Westfield Story: The First 40 Years*, Westfield Holdings, Sydney.

Wilkie, W. L. and Moore, E. S. (2003), "Scholarly Research in Marketing: Exploring the '4 Eras' of Thought Development", *Journal of Public Policy & Marketing*, Vol. 22, No. 2, pp. 116 – 146.

Witkowski, T. H. (2009), "General Book Store in Chicago, 1938 – 1947: Linking Neighborhood to Nation", *Journal of Historical Research in Marketing*, Vol. 1, No. 1, pp. 93 – 121.

Witkowski, T. H. and Jones, D. G. B. (2006), "Qualitative Historical Research in Marketing", in Belk, R. W. (Ed.), *Handbook of Qualitative Research Methods in Marketing*, Edward Elgar, Cheltenham & Northampton, MA, pp. 70 – 82.

Wolfers, H. (1980), "The Big Stores between the Wars", in Roe, J. (Ed.), *Twentieth Century Sydney: Studies in Urban and Social History*, Hale and Iremonger, Sydney, pp. 18 – 33.

从市场小贩到全球企业：乐购的口述
历史与企业文化[*]

尼亚夫·狄龙^{**}

摘要：尽管国家商业报刊已经对乐购有所报道，却鲜有对此公司的深入研究，尤其是在这样一个易受公众强烈关注的时代。"乐购：口述历史"项目在2004年至2007年间采访了近40位企业员工，并记录了他们的人生故事。他们有些还在职，有些已离职或退休，从中我们可以辨识出起源于公司早期各种矛盾的企业叙事。在乐购发展过程中，从根本上改变了其经营方式的各个关键事件都被从不同的角度予以了审视，以此也说明了对单一事件可以做出多么不同的观察和阐释。此外，该分析研究还涉及组织变迁的根源与影响。我个人认为，对企业环境采用口述历史的研究方式在面临挑战的同时也可以获得益处。

关键词：乐购；英国零售业；企业叙事；组织变迁

20世纪英国零售业的面貌发生了翻天覆地的变化。在该世纪的前半期，小型、地方性、家庭经营的商店占主导，所能够提供的商品种类也非常有限。不过，由于帝国自由贸易政策的影响，与欧洲其他国家相比，英国进口的食品数量巨大，种类繁多，因此在英国的杂货店里可以找到来自阿根廷或者新西兰的肉类、加勒比地区的水果，以及南非的罐装食品。这一时期伴随着商品配送方式的发展，权力也由食品的直接生产者转移到了加工者手中。①

20世纪30年代是一个匮乏的时代，对于挣扎于贫困线上的大多数人而

---

* 该文译自 Niamh Dillon, "From Market Trader to Global Player: Oral History and Corporate Culture in Tesco, Britain's Largest Supermarket," *Oral History*, Vol. 43, No. 1, 2015, pp. 52 – 62. 经作者和杂志同意后在本刊发表。该文由清华大学历史系博士生成威华翻译。

** 尼亚夫·狄龙 (Niamh Dillon), 大英图书馆国家生活故事 (National Life Stories, British Library) 项目访谈员。

① Derek J. Oddy, "From Corner Shop to Supermarket: The Revolution in Food Retailing in Britain, 1932 – 1992," in Adel P. den Flartog (ed.), *Food Technology*, *Science and Marketing*: *European Diet in the Twentieth Century*, Phantassie: Tuckwell Press, 1995, pp. 187 – 199.

言，可供选择的食品非常有限。从 1939 年直到 20 世纪 50 年代早期，国家对某些商品实行了配给制。战后零售行业从私人服务（personal service）转变为自助服务（self-service），很多商品不再单独打包称重而是已经预先包装好了。① 不过，商店相对来说还是小型的，通常在 3000~4000 平方英尺之间，往往坐落在主干道上。1969 年法国零售商家乐福在卡菲利（Caerphilly）创办了第一家大型自助商场，随后英国超市纷纷对这种零售创新进行了效仿，零售行业进入发展期。此后的几十年间，新超市先后建立，而且地点通常位于轿车可以抵达的城镇边界附近。在这些大型的商场中，零售商提供的商品种类繁多，有家居用品、服装、鱼类、肉类柜台，以及汽油。随着英联邦移民的增多和国际旅行支付能力的提高，超市的商品也得到了扩展，包括所谓的"来自全球各地的食品"，并且全年都提供很多新鲜的产品种类。到 20 世纪末的时候，零售业掌握在了少数几家连锁店的手中，并且大多数人在周末的时候拥入这些商店购物。

乐购就是在 20 世纪零售行业的这一版图中实现了自身的转型。一战之后不久，出生于东欧犹太移民家庭的杰克·科恩（Jack Cohen）于伦敦东区创办了乐购。他开了一家货摊，专门向当地购物者出售罐装食物。20 世纪 20~30 年代，乐购在伦敦进一步扩张并且抵达英格兰东南部，不过它仍然保留了经常叫卖打折的销售商形象。50~60 年代，随着客源的增长，乐购成为国家品牌并且吞并了其他小的零售商，但是直到挑战转售价格维持政策（Resale Price Maintenance policy，一种批发商能够决定其商品价格的能力）之时，杰克·科恩才真正成为全国性知名人物。② 然而，70 年代滞胀时期，由于油价的上涨和英国加入欧洲经济联盟，乐购不再为客户提供廉价的食品杂货，尽管它仍然保留着打折商店的形象——手写的指示牌以及高高堆满货物的货架。③

公司的根本性转变发生在 20 世纪 70 年代后期，科恩家族退出，伊恩·麦克劳林（Ian MacLaurin）和大卫·马尔帕斯（David Malpas）团队掌权。为了适应需求的增长，新团队进行了一场大胆改革，发起了结账行动（Operation Checkout），取消了原先打折的绿盾积分券（Green Shield loyalty stamps），

① Derek J. Oddy, "From Corner Shop to Supermarket: The Revolution in Food Retailing in Britain, 1932-1992," in Adel P. den Flartog (ed.), *Food Technology, Science and Marketing: European Diet in the Twentieth Century*, Phantassie: Tuckwell Press, 1995, pp. 187-199.

② Maurice Corina, *Pile it High, Sell it Cheap: An Authorised Biography of Sir Jack Cohen*, London: Littlehampton Publishing Service, 1971.

③ Interview with Kevin Doherty, born in north London, 1946, former CEO of Tesco Poland; recorded by Niamh Dillon, 2005.

重组了配送和仓储部门。这样做的目的就是改革乐购，以便与市场老大英佰瑞（Sainsbury's）在价格和质量两个方面展开竞争。① 除了改善商品的质量、扩展新鲜产品的种类之外，真正的革新在于会员卡（一种早期的积分卡）的发放、新鲜的店面格局、从基本到最好的等级划分以及向东欧和南亚的成功扩张，这些都使乐购在世纪之交成为最大和最盈利的零售商。② 不过，这种成功也引起了相应的关注，除了国家报刊之外，1999 年至 2007 年间英国竞争委员会（Competition Commission）还对超市业务进行了三次调查。

由于 20 世纪英国食品在生产、加工、销售和消费等方面发生了重大变化，国家生活故事（National Life Stories）——大英图书馆口述历史部门的一个独立慈善项目决定开展一项为期十年的口述历史记录计划。该计划名为"食品：从货源到销售点"（Food：From Source to Salespoint），共计 300 多条人生故事记录，受访者涉及该工业部门的各个层面，从农民到销售点员工，所记录的批发商店既有家庭经营的独立商店也有大型的连锁商店。像鱼类、肉类、家禽和水果，这些食品生产销售的不同方式在交叉互补中都被详细地记录了下来。零售是食品生产、供给和消费的一个重要方面，所以囊括一家主要零售商就显得至关重要。英佰瑞和玛莎百货（Marks and Spencer）的高级主管参与了访谈，而乐购则被选为主要零售商的代表，原因如下。首先，它创办于 20 世纪初，到 21 世纪初的时候它已经由最初的单一贸易经营商发展为国家性的甚至全球性的零售商。其次，它的高层具有连续性，它所有的总经理毕生都在乐购任职（现任总裁是唯一例外，2014 年 12 月）。

一 文献回顾

"乐购：口述历史"（Tesco：An Oral History）项目开始之际，关于该公司的细致研究很少。大多数作品要么是对超市业务的评论，③ 要么就是公司所

---

① Interview with David Malpas, born in South Wales, 1939, managing director; recorded by Niamh Dillon, 2006.

② Dominic Fenn (ed.), "Key Note Market Intelligence, Food Retailing Industry," *Market Review*, 2002, p. 97.

③ Joanna Blythman, *Shopped：The Shocking Power of British Supermarkets*, London：Harper Perennial, 2005; Judi Bevan, *Trolley Wars：The Battie of the Supermarkets*, London：Profile Books, 2005; Andrew Simms, *Tescopoly：How One Shop Came Out on Top and Why it Matters*, London：Constable and Robinson, 2007.

资助的传记。① 国家商业报刊有不少关于乐购的报道，但是这些都集中在特定的事件或者是惯例上，并非历史的总览，而且乐购也没有关于自身历史的完整档案信息。当时尚有一些企业口述历史项目，比如"沃尔夫·奥林斯（Wolff Olins）口述历史"、"邮局口述历史"以及"巴林：口述历史"，这些都是由国家生活故事所发起的。② 对于该研究项目而言，安德鲁·亚历山大（Andrew Alexander）的著作具有重要的意义。他研究了从 20 世纪初到目前为止零售业的发展状况，其中消费者对零售行业变迁的态度和购物体验的感知这些比较研究极具价值。③ 波利·罗素（Polly Russell）的研究则有助于理解玛莎百货是如何利用历史的参考和想象来确保它们的奥卡姆鸡肉维持稳定的客源和传统价值的。因此，历史叙事可以缓解对于强制生产的恐惧并且为顾客提供产品出处和安全保证。④

卢安·琼斯（Lu Ann Jones）以美国北方北卡罗来纳的杜邦（Dupont）工厂为研究对象，重点考察了工人们对 20 世纪 50 年代工厂提供的有利因素所做出的各种反应，以及在民权法规颁布之后，创造的机会是如何让妇女和黑人得到了先前无法获得的工作的。这些法规上的变化意味着尽管这些工人们获得了新的向他们敞开的工作机会，但是他们还是必须在这种变动的工作环境中同工友们的各种反应做斗争。⑤ 詹妮丝·希森（Janis Thiessen）对加拿大两家公司的企业神话进行了研究。该研究探讨了在家族制窗企业中，公司起源和宗教信仰观念是如何影响了企业气质的。在她的另一个零食加工企业事例中，企业理念则是由其加拿大认同，以及劳动力与产品特性之间的强烈联系所塑造的。⑥

① Maurice Corina, *Pile it High*, *Sell it Cheap*: *An Authorised Biography of Sir Jack Cohen*, London: Littlehampton Publishing Service, 1971; Ian MacLaurin, *Tiger by the Tail*: *A Life in Business from Tesco to Test Cricket*, London: Macmillan, 1999.

② NLS interview projects (web page). Accessed online at www. bl. uk/reshelp/findhelprestype/sound/ohist/ohnls/ nationallifestories. html, 2 February 2015.

③ Adrian Bailey, Gareth Shaw, Andrew Alexander, and Dawn Nell, "Consumer Behaviour and the Life - Course: Shopper Reactions to Self - Service Grocery Shops and Supermarkets in England, c 1947 - 1975," *Environment and Planning*, Vol. 42, No. 6, 2010, pp. 1496 - 1512.

④ Polly Russell, "Manufacturing Memories: Commercial, Team and Individual Narratives in Poultry Production," *Oral History*, Vol. 36, No. 1, 2008, pp. 81 - 94.

⑤ Lu Ann Jones, "Dupont Comes to Tobacco Road: Oral History and Rural Industrialization in the Post - War American South", *Oral History*, Vol. 42, No. 1, 2014, pp. 35 - 46.

⑥ Janis Thiessen, "From Faith to Food: Using Oral History to Study Corporate Mythology in Canadian Manufacturing Firms", *Oral History*, Vol. 42, No. 1, 2014, pp. 59 - 71.

虽然公共领域有一些关于乐购的信息，却缺乏相应深入的研究。尽管有一些类似口述历史的作品以公司和机构为基础，但是现存的资料仍需要补充。那么，研究乐购为何要使用口述历史的方式呢？因为该研究首要的目的是创建档案，以便供现在和未来的研究者使用。正如罗伯特·佩克斯所谓"企业亦是人"所主张的，口述历史提供"大量新的原始档案……不仅包括增补性的材料，而且还有对核心业务作综合理解所需要的关键信息"，这将使它更加接近史学。① 口述历史还可以使日常生活的细节被文献记录下来。② 这基本没有得到商业史的认可，不过日常的常规或者惯例的重要性可以帮助我们理解公司是如何运行的。例如，当艾迪·克拉克（Eddie Clark）描述 20 世纪 50 年代他在艾奇韦尔路（Edgware）乐购食品柜台（provisions counter）的工作角色时，他貌似单纯地在描述手工切割打包黄油，为顾客提供个人服务，但这说明了在自助服务和包装商品出现之前零售行业那段时间的历史。③

阿利桑乔·波特利（Alessandro Portelli）认为，口述历史给个人提供了机会，不仅可以让他们讲述他们人生中的事件，而且同时也是对人生进行回顾性反思。④ 在总经理泰瑞·莱西（Terry Leahy）十一个小时的访谈中，他反思了他在销售部做初级经理的经历，以及他是如何从最初的战斗式管理风格转变为团队协作共同决策方式："对于如何最大限度地调动大家的积极性，我原本没有太多的想法。所有的年轻员工是我从外面招募的，当你回顾的时候，你会发现这是一件奇怪的事情。他们都像我一样，是雄心勃勃的大学毕业生。这可不是什么聪明的做法，因为我们都太相像了，不过充沛的精力和机会帮助我们渡过了难关。"⑤

企业处于社会之中，它们通常是其所处社会的反映。乐购这种规模的公司不仅影响顾客，同时也影响消费者。21 世纪初，乐购在整个英国零售行业

① Rob Perks, "Corporations Are People Tool: Business and Corporate Oral History in Britain," *Oral History*, Vol. 38, No. 1, 2010, pp. 36 – 54.

② Rob Perks, "Corporations Are People Tool: Business and Corporate Oral History in Britain," *Oral History*, Vol. 38, No. 1, 2010, pp. 36 – 54.

③ Interview with Eddie Clark, born in London, 1925, store manager; recorded by Niamh Dillon, 2005.

④ Alessandro Portelli, "What Makes Oral History Different," in Robert Perks and Alistair Thomson (eds.), *The Oral History Reader*, London and New York: Routledge, second edition, 2006, pp. 32 – 42.

⑤ Interview with Terry Leahy, born in Liverpool, 1956, chief executive; recorded by Niamh Dillon, 2005 – 2006.

中占据最大的市场份额。① 理解人们如何以及去哪购物，货物如何筛选、配给、储存与运送，对于理解供应链至关重要。因此，选择以英国最大的零售商为研究对象，海量的信息将会让我们弄清楚食物的味道、食物的生产，店面的设计和建造等方面的变化，以及拥有超过 25 万员工的企业是如何组织和管理其劳动力的。

二 方法论

该研究项目试图采访企业的所有主要职能部门，除零售外，还包括配送、仓储、采购和信息技术，其目的是涵盖管理结构中的所有面向，不仅仅是董事成员而且还包括基层员工。访谈也不是让受访者回答特定的研究问题，而是记录他们的人生故事，因此除了受访者个人回忆和工作反思外，还包括他们对儿时家庭和学校的记忆。

"食品：从源头到销售点"委员会成员都是食品工业的资深人员，由他们负责在国家生活故事与乐购之间进行接洽协调。当时乐购处于国家报刊和竞争委员会的严密监督之下，因此非常谨慎。"国家生活故事"强调其目的就是记录该公司的历史，将其置于英国食品工业的结构之下，而非仅仅聚焦于当前的关切。一旦乐购同意参与该计划，接下来就讨论受访者的筛选问题。乐购最初的回应是选择那些长期任职并且充满故事的员工，但是"国家生活故事"更注重受访者的代表性。计划启动之后，乐购并没有试图限定问题和采访区域，国家生活故事与受访者本人之间逐渐建立了联系。需要强调的是，个人完全有权结束他们的所有或部分记录，也可以选择不回答问题。

到项目截止的时候，共有 39 位员工记录了他们的故事，有过去的也有现任的，年龄处于 39 岁到 82 岁之间。乐购提供了一份最初的潜在受访者名单，虽然项目开始前这一名单经过定期审查，但是当进行到一半的时候发现上层管理人员比重过大，于是决定吸纳更多的基层员工。联系的员工基本上接受了访谈，虽然有些出于身体健康或者正在海外工作的原因没能参加。然而，当访谈开始之后，一些最初不情愿接受采访的人也同意参与该计划了。

来自国家生活故事的罗伯特·佩克斯和凯西·科特尼（Cathy Courtney）

---

① Dominic Fenn (ed.), "Key Note Market Intelligence, Food Retailing Industry," *Market Review*, 2002, p. 74.

掌管该项目，露西·内维尔－罗尔夫（Lucy Neville－Rolfe）则是乐购方的负责主管。采访最初由黛博拉·阿古尔尼克（Deborah Agulnik）执行，后来由我本人接手。有些访谈只进行了三到四个小时，而大部分在八到十二小时之间。访谈地点在受访者的家中，或者上班的人则在他们的办公室。大多数的参与者起初以为记录仅限于他们的工作，被问及早年生活时偶尔会很好奇，很少有人拒绝讨论他们的童年或者工作的地方。

三　挑战与机遇

如果说"乐购：口述历史"收集了大量的资料，这些资料不仅是关于该公司的历史而且还涉及个人的记忆和反思的话，那么期间都涌现了哪些挑战呢？正如上面已经提到的，这些记录发生于乐购和超市普遍处于调查的时期。因此主要挑战之一就是征询那些现任员工的批判性意见。谈论那些不切实际的事件或者政策非常重要，同时也可以通过这些谈论逐渐认识到员工对于国家和地方报刊中公开批评的态度。运用人生故事的方式讨论个人工作的细节，还有童年和学校教育，受访者会认为其目的是收集各种材料而非仅仅刺探组织中的缺陷。询问受访者关于各种程序或管理惯例的细节并让他们做出评论，有助于避免给他们造成针对公司的运营作评判的感觉。

有趣的是，很多受访者在谈及过去缺陷的时候似乎更加自在，可能是因为这看起来属于另一个零售惯例的时代。当安迪·杜赫斯特（Andy Dewhurst）20世纪80年代早期作为年轻的大学毕业生加入采购中心的时候，他发现："从技术角度看，最令人惊奇的是，当我进入水果蔬菜采购中心时看到墙上有块黑板，这块黑板被划分为52份并且记录有相关的经营信息，每周他们会用粉笔记录下苹果、橘子、香蕉等一切待售货物的箱数。1983年的经营信息就是粉笔加黑板。"①

安迪加入的时候是个热情洋溢的大学毕业生，对信息技术感兴趣，粉笔书写的销售板这一过时的惯例，对他而言属于市场贸易商而非全国性的连锁超市。

此外，在采访资深管理人员时，尤其是那些习惯于同带有敌意的媒体打

---

① Interview with Andy Dewhurst, born in Lancashire, 1959, head of Tesco Mobile; recorded by Niamh Dillon, 2006.

交道的人员，想要触及公司背后的社会关系网则是件颇具挑战的事情。弗吉尼亚·贝里奇（Virginia Berridge）就谈到了采访公共健康领域的精英时所面临的挑战。① 不过运用人生故事而非简短集中的访谈这一方式，个人可以详尽地讨论他们发起或者实施的各项政策。因为记录让每个受访者反思自身的经历，而非直接遭受盘问，所以他们可以主导自己的叙述。访谈不会被剪辑却可以结束，这一事实意味着作者身份仍属于个人。有些主管对潜在的争议问题持保留态度，有些则相当坦率。大卫·波茨（David Potts）董事回忆了在爱尔兰报刊投放的一则广告："英国公司在爱尔兰刊登了一则肉类广告，上面写道：'我们所有的肉均来自英国'，下面用括弧补充，'我们在爱尔兰可以取得更便宜的价格，但是我们不在此购买'。类似这样的话。因为很多报纸是在英国印刷然后到爱尔兰销售，所以整个爱尔兰农业勃然大怒。"②

他回忆了同爱尔兰总理（Taoiseach）的沟通和保证，敦促英国采购团队购买爱尔兰牛肉，而且是大量的采购。在此事例中，波茨对新近在爱尔兰开展新业务所引发的商业事故进行了反思，这一事故揭示了企业内部交流的缺失。他强调乐购对地方市场和消费者不够敏感因而遭遇了激烈的反应。除了对叙事的掌控力以外，或许还因为波茨的资深地位以及亲身的经历，他感觉能够讨论乐购在爱尔兰市场出现的这一管理失误。

某些挑战从项目一开始或许就可以预见到，像上面提到的这两例，还有一些其他私人方面的挑战，而这是在对一个组织进行漫长记录过程中会遇到的。在持续好几个月或者几个访谈时段中，很容易和受访者建立起密切的关系。瓦拉利·姚（Valerie Yow）就受访者对访谈过程的态度与访谈者在访谈中的角色进行了细致的分析。口述历史的或与此领域相关的大多数从业者对访谈者能否保持公正存在质疑。③ 在这样一个形象存在争议的大企业中进行采访，访谈会因变量的不同而受到影响。对叙述者的同情大体可以接受，而不经批判地接收信息却不行。因此作为该项目的访谈者，在与受访者确立关系和与公司保持适当的批判距离二者之间也存在奇怪的对立。对该计划的反应

---

① Virginia Berridge, "Hidden from History?: Oral History and Public Health Policy," *Oral History*, Vol. 38, No. 1, 2010, pp. 91 - 100.

② Interview with David Potts, bom in Greater Manchester, 1957, retail and logistics director; recorded by Niamh Dillon, 2006.

③ Valerie Yow, "'Do I Like Them Too Much?' Effects of the Oral History Interview on the Interviewer and Vice - Versa," in Robert Perks and Alistair Thomson (eds.), *The Oral History Reader*, London and New York: Routledge, second edition, 2006, pp. 54 - 72.

也进一步加剧了保持平衡的困难，人们普遍认为公司与所有参与者都是尽可能地展现最好的一面，因此想要看透表象是不太可能的。

"乐购：口述历史"项目本身在执行方面的另一挑战就是个人叙事与企业叙事的区分。在选取的所有人都与乐购有关的情况下，受访者时而会出现描述企业的历史而非他们自身在其中所扮演的角色这样一种倾向。然而，个人作用的发现却是关键。组织是个人的集合，个人对事件如何做出反应将决定事件发展的最终结果。因此，有必要将受访者置于他们鲜活经验的细节当中，并且鼓励他们思考与其相关的事件。

四　叙事的作用与组织变迁的记录

该项目的重要发现之一就是，从"乐购：口述历史"中涌现出了一种元叙事，认为乐购在英国零售行业中微不足道，而同时又承认乐购在国内和国际两个方面取得了成功。为什么会有这种双重性的存在呢？从乐购长期雇员的访谈来看，很多因素都发挥着作用。低消费的市场贸易商背景、店面标准化的缺失，以及新鲜产品的种类有限，这些因素都造成了乐购在英国零售业中的低端地位。这一形象又通过公众的感知和反应进一步强化。大卫·波茨回忆，刚毕业的时候曾告诉朋友自己不是在乐购而是在实验室工作，而贝丽尔·辛德（Beryl Hinde）则回忆，她在切森特的肉类柜台工作时曾经遭到轻视。尽管店面设计和产品种类都得到了改善，达德利·门罗（Dudley Moore）也专门针对品质问题做了员工培训与广告宣传，但是乐购仍然与早期市场贸易商的商业背景联系在一起。这因而引发了一些问题，相互矛盾的叙事是如何在一个组织中共存的，以及这些叙事是如何渗透进这一组织的。谁又造就了企业精神的转变呢？

在佩尔·汉森（Per Hansen）研究叙事对于组织与商业历史重要性的著作中，他提出，"叙事不仅仅是属于个人的故事，它们是集体共享的。历史叙事是集体认同、想象性或认知性共同体，以及组织文化的重要建构手段"。在讨论这些叙事的作用时，他评论道，"叙事不仅在组织文化和组织认同中扮演着角色，它们在组织的知识、回忆和学习中都发挥着重要作用"。① 难道这就意

---

① Per H. Hansen, "Business History: A Cultural and Narrative Approach," *Business History Review*, Vol. 86, No. 4, 2012, pp. 693 –717.

味着，在乐购内部存在一种关于乐购地位的组织记忆，该记忆与普遍认同的市场贸易商相联系，而且在实际事实改变之后仍然长期持续性地存在着？

贝丽尔·辛德注意到了这种新旧形象的转变："乐购转变了自身的形象。你知道吗，这种变化也极具乐购特色，我所谓的旧乐购是指科恩时代，而伊恩爵士（麦克劳林）掌权之后，一切都发生了变化。我们变成了新乐购，我们的层次提高了，感觉也更好了。每个人都感觉焕然一新，可以同玛莎百货相提并论了，而非某个籍籍无名的可怜贸易商，我们迎头赶了上来，我们正蒸蒸日上。"①

詹妮丝·希森的比较研究似乎认为，每一公司中都存在着一种隐蔽性叙事，这个他者具有一系列的价值，它们并非公司所主动倡导的但是却渗透在公司当中。② 乐购内部，这种价值上的轻视和商业上的成功同时存在的双重叙事，并非由上层领导所创造或者提倡，但是却仍然存在着。似乎尽管乐购很成功，但是它仍旧存在。这也意味着当员工们乐于成为目前成功企业的一分子的同时，或许他们感觉到这种成功是稍纵即逝的。

"企业亦是人"主张，口述历史可以让各种不同的视角共存。③ 乐购内部，结账行动在当时被看作而且其结果也确实是公司的转折点。20世纪70年代经济形势严峻，管理层也从创始人杰克·科恩转变为由伊恩·麦克劳林和大卫·马尔帕斯所领导的管理团队，这些都意味着乐购亟须巨大的政策转变从而为公司重新定位。我认为结账行动从根本上改变了行业内外对零售商的看法以及零售商的运营方式。对于这一关键性事件，当时的乐购高层、中层和基层在口述历史的访谈中，都是将其作为一个成功叙事而提及的；公司是如何通过艰难的决策和有效的组织对外部威胁做出回应并且最终取得成功的。不过，这些访谈也表明当时的公司内部存在着冲突。

结账行动展现给公众的是关闭的店面，遮挡的窗户和大量的广告活动。受到刺激的顾客早早就排好队抢购这些打折商品。然而，乐购内部绿盾券的取消却经历了激烈的斗争，并且成为创始人杰克·科恩时代与伊恩·麦克劳

---

① Interview with Beryl Hinde, recorded by Deborah Agulnik, "Tesco: An Oral History", *British Library*, catalogue reference C1087/1/1 – 5.

② Janis Thiessen, "From Faith to Food: Using Oral History to Study Corporate Mythology in Canadian Manufacturing Firms", *Oral History*, Vol. 42, No. 1, 2014, pp. 59 – 71.

③ Rob Perks, "Corporations Are People Tool: Business and Corporate Oral History in Britain," *Oral History*, Vol. 38, No. 1, 2010, pp. 36 – 54.

林和大卫·马尔帕斯新管理团队之间的分界线："乐购内部本身就是否继续使用绿盾券产生了意见分歧。不过，在经过相当激烈的董事讨论之后我们最终决定放弃绿盾券。所以这件事不得不极其隐秘地进行。事实上，因为隐秘，我们并没有真正地让整个公司都知道我们将要进行的事情。这是我们，或许是当时任何零售商做过的最大的一次升级，所以我们决定大干一场，一场真正能够吸引头条的举动，因此我们在周六晚上关门停业，挡住了所有的窗户，最大限度地保密，等它再重新开张的时候，绿盾券已经被取消了而大量的产品都是低价出售。"①

大卫·马尔帕斯对"相当激烈的董事讨论"的回忆颇为圆滑谨慎。当时与马尔帕斯密切合作的总经理伊恩·麦克劳林则回忆了杰克·科恩在关于绿盾券的投票失败之后的反应："杰克勃然大怒。他在投票中从来没有失败过……我永远不会忘记他走进我的办公室抓着我的翻领晃着我说，'这全是你的鬼主意，如果失败的话，你知道你将会是什么下场'。我回答道，'老板，我知道我将会是什么下场'"。②

这两段引文说明个人对同一事件的回忆呈现可能会多么迥然不同。大卫·马尔帕斯关注的是这一决定背后的原则，以及结账行动的成就。而伊恩·麦克劳林，或许是因为与杰克·科恩更亲密的关系（他是科恩本人所选的第一个见习经理），除了结账行动的决策过程之外，还回忆了与科恩在决策上的私人恩怨。

公司内部，员工的记忆也证实了隐秘的普遍性和与之伴随的担忧。有些员工认为遮住的窗户意味着店面要倒闭了，有些则更为乐观，认为它显示了公司新的发展方向。这些不同的记忆表明，由于年龄和在业务中所处的地位或公司参与度的不同，同一事件可以得到多么不同的阐释。组织变迁不仅需要董事层面的政策决定，而且需要所有管理层的共同协作和认同。当结账行动充满秘密的时候，受到影响的很多部门并没有足够的时间准备。当时负责配送的年轻人维克·威克斯（Vic Weeks）回忆道："结账行动是个巨大的成功，但是对我当时所干的配送而言则不堪重负。网络订单和仓库不再同步，仓库难以处理一下子暴涨的订单。"③

---

① Interview with David Malpas, born in South Wales, 1939, managing director; recorded by Niamh Dillon, 2006.

② Interview with Ian MacLaurin, born in Kent, 1937, former managing director and chairman; recorded by Niamh Dillon, 2006.

③ Interview with Vic Weeks, born in north London, 1945, IT and distribution manager; recorded by Niamh Dillon, 2005.

所以，以后见之明来看，结账行动可以被看作达致更加精准高效的技术的一个步骤。关于结账行动的叙事是一种困境情况下取得成功的叙事。不过，这些记录生动地说明了当时的热情、焦虑、私人冒险和后勤计划：这一决策和执行背后存在着大量相互矛盾的情绪。它们同时也表明这一事业是场巨大的赌博。只有在回顾时，它才成了取得成功的叙事。

这符合安德鲁·亚历山大关于 20 世纪 50 年代英国消费者对杂货店引入自助服务的反应研究。流行的大多数观点认为，自助服务是一种现代化且经济的方式，这种方式对家庭主妇而言，简化了社会交往并让购物过程显得更加独立。但是对当时的女顾客主体的访谈却表明，事实上私人服务并不总是像它所声称的是愉悦的邂逅。对于年轻的具有节约意识的家庭主妇而言，私人服务令人生畏也不舒服自在，而且她们更倾向于自己选择自己的商品。①

组织变迁对于商业管理的成败而言，是最困难的方面之一，而且受多种因素的制约。这些因素可能是外部的，比如同行的竞争、利润的下降或者市场条件的变化；也可能是内部的，像公司的领导层和发展方向的变动。管理的变化可以说明组织很多方面的情况：决策如何下达并执行，决策如何在内部交流并传达给广大的普通员工，决策又是如何得到评估。

在考查像结账行动这种具有根本和深远影响的变化时，口述历史证词可以与报刊报道、公司账目甚至当时的广告等其他文献证据互证。不过，如果考查对象是不那么显著但是有时又同样重要的组织变迁的话，口述历史不仅可以描述这些事件，而且可以给这些事件提供一个背景和解释。正如卢安·琼斯对北卡罗来纳杜邦工厂的研究，② 乐购的研究也对个人获得雇用所需的调整提供了有趣的洞见。使用口述历史研究乐购可以揭示员工关系是如何发生改变的。正如上面已经讨论过的，乐购内部所流传的叙事之一是，乐购无法与其相应的很多竞争超市相提并论。在公司内部，这一形象又因员工不受重视的做法所强化。下面这段引文中，乔·杜迪（Joe Doody）描述了在 20 世纪 70 年代的伦敦东南部，他是如何得到他的第一份经理工作的："他（区域经理）走了进来说：'你懂结算吗？'我回答道：'懂。'现在老实说，我一窍不

---

① Adrian Bailey, Gareth Shaw, Andrew Alexander, and Dawn Nell, "Consumer Behaviour and the Life - Course: Shopper Reactions to Self - Service Grocery Shops and Supermarkets in England, 1947 - 1975," *Environment and Planning*, Vol. 42, No. 6, 2010, pp. 1496 - 1512.

② Lu Ann Jones, "Dupont Comes to Tobacco Road: Oral History and Rural Industrialization in the Post - War American South," *Oral History*, Vol. 42, No. 1, 2014, pp. 35 - 46.

通，真的是一窍不通，但是你知道我是不会对他说不的。然后他说：'好，那你现在停下来去结算，然后我让你直接接管这家店。'我说：'嗯，你的意思是让我当经理？'他说：'是的。''没问题'，我答道。再也没有谈钱和工资的问题，再也没有提。我告诉你，他刚刚将经理赶走。如果你犯错了那你就出局，他将经理赶走了并把店交给了我。"①

商店经理的考核只关注他们提高营业额的能力。从这段引文中，我们可以感受到当时流行的"受聘或走人"的心态，以及缺乏员工培训和升职规划的问题。经理必须强势，也只能如此才能生存下去。乔能够反思当时在乐购工作的不安，以及在公司中升职的犹豫。一方面，升职对安全、待遇、条件和地位都很重要，但另一方面培训和支持的缺乏也意味着这种升职担负着失败的不安。

在乐购的访谈中，员工通常所面临的困难处境也得到了涉及和反思。不过，由于有些受访者也是资深的管理者，所以有可能弄清领导层是如何看待这些处境的，以及这些处境长期来看会对公司产生怎样的影响。大卫·马尔帕斯董事谈道："超市工作一直都不是什么好工作，那根本不是你会让你的子女去并找一份工作的地方。曾有个笑话，如果你在乐购身处雇员底层，那么你一辈子都只能是上架或者结账。低生产率、低收入，因此大多也不是高素质的人，因为高素质的人都到其他地方找工作去了。于是我们决定改变这一状况，让零售业，不仅仅乐购而是让整个行业变成一个好的工作去处。"②

在这两段引文中，大卫·马尔帕斯反思了乔·杜迪讨论过的基层工作处境。乔反思了当时在乐购工作的不安和对升职的犹豫。而当时处于公司更高地位的大卫·马尔帕斯则更加客观地认识到，培训的缺乏常常导致了员工的低素质或者员工不会长期任职。为了给公司重新定向，他们需要转变注重营业额的短期公司计划，给予员工和商店更大的优先权。

这两段引文记录了公司的一个重要组织变迁，此外，人生故事记录还以其他的方式记载了乐购的管理变化。乐购并不像 20 世纪中后期某些公司那么正规或者严格，它在资历和层级方面仍然实行一种形式化方式。一个显示就是资深员工使用的仍然是家族姓氏而非名字，而麦克劳林和马尔帕斯团队在

---

① Interview with Joe Doody, born in Athy, Ireland, 1948, store manager; recorded by Niamh Dillon, 2005.

② Interview with David Malpas, born in South Wales, 1939, managing director; recorded by Niamh Dillon, 2006.

试图改革基层员工与管理层之间层级关系的时候，其方法之一就是使用名字。大卫·马尔帕斯曾在公司的一次会议上以鲜明的姿态宣布了这一改革。据当时的商店经理凯文·多尔蒂（Kevin Doherty）回忆，这一经理和基层员工关系的重大改变对于大多数人而言，尤其是那些老员工，极其困难："那确实是在全国性会议上的一个重要片段。总经理大卫·马尔帕斯站起来说道："我将要求你们干一件困难的事"，他的话通过话筒显得相当平静，"我要求我们开始像正常人那样用教名称呼彼此"。有些人比其他人容易接受一些，而有些却很难很难改变。他们认为员工称呼自己的教名有失身份和尊严。"①

在层级关系上这一看似很小却十分重要的变化，在当时的报刊中却没有任何的提及，在企业著作中也没有；只有在长期记录乐购员工生涯的人生故事中才得到了揭示。这些记录让我们看到了管理上的变化是如何发生的，它是如何实施的，以及乐购内部对它的各种反应。

五　结语

乐购细致研究的缺乏意味着深入研究的需要。尽管关于机构的口述历史数量有限，但是口述历史却是一种非常有效的方法，尤其是在其他研究材料不足的情况下。通过对乐购员工大面积的访谈，我们对该公司的历史有了多方面的了解并且对它进行了反思：首先，明白了在一个组织中双重叙事是如何存在的；其次，了解了关于同一事件不同的视角是如何共存的；最后，理解了公司中组织变迁的起源和影响。不过，在赞成将口述历史作为一种重要的研究工具使用的时候，我们需要认识到，对组织使用这些方法在取得益处的同时也面临着必然的挑战。

---

①　Interview with Kevin Doherty, born in north London, 1946, former CEO of Tesco Poland; recorded by Niamh Dillon, 2005.

口述历史、社区规划与历史建筑

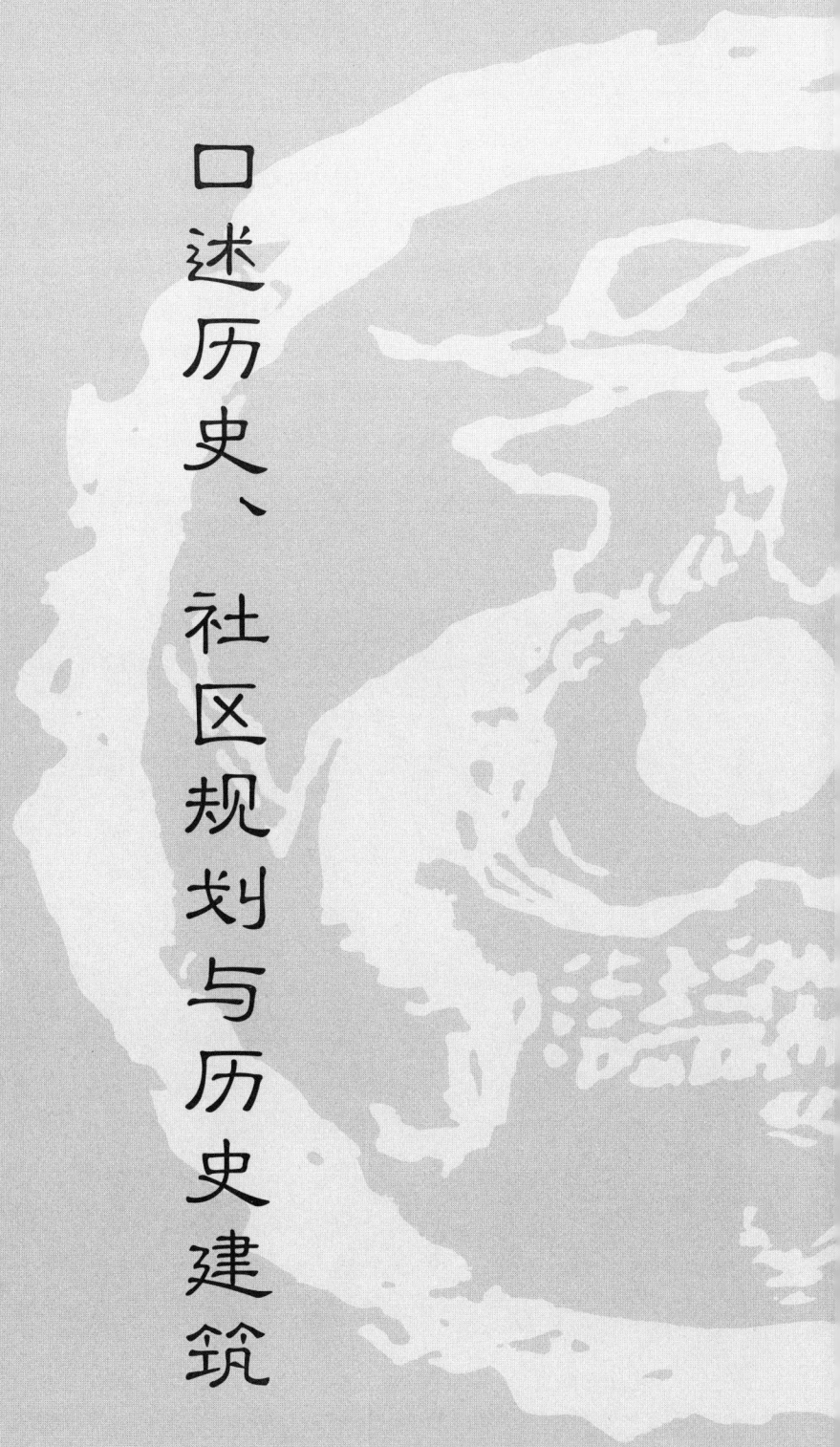

社区规划与口述历史[*]

琼·曼宁·托马斯^{**}

摘要：在美国贫困的中心城市，基于社区改善的社区规划（neighborhood planning）特别困难，因为物理环境可能让人望而生畏，而社会环境可能让人难以接近。口述历史这种方法可以帮助我们从生活在受困社区中的社会边缘人群身上获取信息。本文分析了用于社区规划的口述历史所带来的潜在价值。本文还分析了对两家底特律社区组织董事会成员的采访，以便收集居民个人经历在社区内的重要性方面的教训。作者意在说明，收集此等历史见解会成为社区规划的一个有效部分。

关键词：口述历史；社区规划；社区；非裔美国人；底特律

学者仍在探索历史、城市以及区域规划之间的联系，本刊也对这种探索努力帮了大忙。我们开始更加了解有关规划的特定历史事件和过程，以及这种演变如何影响世界各地的城市。然而，我们只是刚刚开始挖掘历史的潜在用途，将其作为一种在现代城市规划中熟悉难题、指导难题的工具，具体程度尚难以形容。

一个受关注领域就是如何挖掘社区居民的经历，将其作为一种指导资源，用于当前和未来的社区规划努力。在这一点上，我们知道更多有关社区规划特定方面的信息。比方说，有效的规划是有效社区组织必须具有的一种技能。有一些研究，已经开始探索规划的特定作用和本质在组织发展和成功方面的

---

* 该文译自 June Manning Thomas, "Neighborhood Planning: Uses of Oral History," *Journal of Planning History*, Vol. 2, No. 1, 2004, pp. 50 – 70. 经作者和杂志同意后在本刊发表。

** 琼·曼宁·托马斯（June Manning Thomas），曾任密歇根州立大学（Michigan State Univeristy）城市与区域规划教授，现任密歇根大学陶布曼建筑与城市规划学院（University of Michigan Taubman College of Architecture and Urban Planning）讲座教授，著有《重建与种族：战后底特律更好城市规划》（*Redevelopment and Race: Planning a Finer City in Postwar Detroit*, Johns Hopkins University Press, 1997）等。

功能，① 案例研究提供了有关社区倡议发展和历史方面的多种多样的信息。②
不过，还需要更详细的信息，即涉及居民自身的研究如何才能帮助开创、保
持和提高社区改善的努力。一些学者③建议，社区规划所必需的信息系统应该
包括人口统计资料、社区历史、土地使用信息、房屋质量等。这类文章很少
解释规划者和社区领导如何使用局部的社区历史信息，或者社区居民的集体
记忆④做好行动的准备。

口述历史是一种为获取额外知识和策略提供了巨大潜力的方法论。之前
已经有许多有关社区发展的研究，揭示了口述访谈的价值，特别是赫伯特·
鲁宾（Herbert Rubin）的研究，⑤ 但是，口述历史在社区发展方面的使用评价
较少。我将为社区规划确定与叙事有关的具体需求，探索口述历史的潜力，
提供两个底特律社区访谈的例子，进而提出专业历史学家可能会进一步帮助
这一过程的方式。

一 社区规划的特定需求

我们首先将探讨社区规划的概念，社区规划立足于社区，社区是主要的
分析单元。正如彼特曼（Peterman）在其《社区规划和社区发展》一书中所
指出的那样，当今城市规划专家所使用的社区概念尚未得到所有人的认可，
部分原因是"社区"在人类历史上实际上是一个相对较新的概念。⑥ 规划专
业所接受的社区，实际上是指一种更类似于 20 世纪中期住宅分区的概念，即
为中等或上层阶级家庭设计的住宅分区。有些人提到甘斯（Gans）的《城市

---

① B. Checkoway, "Six Strategies of Community Change," *Community Development Journal*, Vol. 30,
No. 1, 1995, pp. 2 – 20; R. Stoecker, "The CDC Model of Urban Redevelopment: A Critique and
an Alternative," *Journal of Urban Affairs*, Vol. 19, No. 1, 1997, pp. 1 – 22.

② P. Medoff and H. Sklar, *Streets of Hope: The Fall and Rise of an Urban Neighborhood*, Boston: South
End, 1994.

③ B. Jones, *Neighborhood Planning: A Guide for Citizens and Planners*, Chicago: Planners' Press,
1990; W. R. Morrish and C. Brown, *Planning to Stay: Learning to See the Physical Features of Your
Neighborhood*, Minneapolis: Milkweed, 1994.

④ G. Lerner, *Why History Matters: Life and Thought*, New York: Oxford University Press, 1997,
p. 199.

⑤ H. J. Rubin, *Renewing Hope within Neighborhoods of Despair: The Community – Based Development
Model*, Albany: State University of New York Press, 2000.

⑥ W. Peterman, *Neighborhood Planning and Community – Based Development: The Potential and Limits
of Grassroots Action*, Thousand Oaks: Sage, 2000, p. 11 – 12.

村民》这样的作品，把它当作社区是一种社会建设的存在证据，但彼特曼提醒我们，甘斯认为，"少数族裔村民"（ethnic villagers）在现代城市中只是至少5种居民中的1种，而且人们的聚集过程差异很大。① 与此类似，简·雅各布斯（Jane Jacobs）指出，城市中的人具有流动性，他们倾向于从整个城市中选择朋友和同事，因此她认为社区的概念应该是变化的。② 彼特曼回顾了这些不同的观点，最后提出，一个社区或者我们所认为的社区，在不同的时间和不同的地方可能会有所不同。③ 这也许可以解释，相比其他地方，为何社区概念似乎更吸引一些（城市中的）住宅区；比如说，"社区规划"一词中的社区更可能指中心城市的社区，而非外围郊区的社区。

彼特曼还指出，在城市学者之间，对于"社区规划"的定义也存在很大差异。简·雅各布斯从本质上将街区的最小级别视为街道级别，还据此表明，这是进行一些规划的级别。伯尼·琼斯（Bernie Jones）将社区规划定义为城市规划的缩小版本，他的许多技术是用于市政规划的。④ 但是巴里·切科维（Barry Checkoway）认为，社区规划可能是自上而下的，也可能是自下而上的。⑤ 社区层面的自下而上的规划涉及基层组织，可能包括创建作为社区发展公司（CDC）的正式组织。

正如彼特曼所指出的，将社区规划限制在社区发展公司蓬勃发展的区域过于排外。他认为，在当今城市的社区层面进行的规划与宣传计划和股权计划密切相关。这两者都是解决权力问题的规划理论：这都意味着，规划者必须认识到，规划不是价值中立，服务于一般大众，而是要求承认不同的大众，并且都应该作为弱势群体的规划代表。因此，从自下而上的角度来看，社区规划旨在以一种在受影响的社区帮助创建能力发展社区的方式，为未来做出规划。

如果我们接受这一社区规划的定义，那么这类社区规划的特殊需求就会变得更加清晰。彼特曼描述了三种这样的特殊需求。第一，社区规划必须是

① H. Gans, *The Urban Villagers: Group and Class in the Life of Italian - Americans*, New York: Free Press, 1962.

② J. Jacobs, *The Death and Life of Great American Cities*, New York: Vintage, 1961.

③ W. Peterman, *Neighborhood Planning and Community - Based Development: The Potential and Limits of Grassroots Action*, Thousand Oaks: Sage, 2000, p. 22.

④ B. Jones, *Neighborhood Planning: A Guide for Citizens and Planners*, Chicago: Planners'Press, 1990.

⑤ B. Checkoway, "Two Types of Planning in Neighborhoods," *Journal of Planning, Education and Research*, Vol. 3, No. 2, 1984, pp. 102 - 109.

协作过程，这一过程需要许多专家，包括规划者的参与，而且需要社区居民和社区组织者的参与。真正意义上的协作是指，各方地位应该平等，因为尊重其他人的意见对每个人来说都是必要的。第二，社区规划的过程应该相对公开、透明。这样一来，居民就可以理解一切有关技术和过程的事项，同时，规划过程也成为一种教育过程。第三，彼特曼建议所有的社区规划都应该由社区推动，焦点放在社区的日程上，而非规划者的日程上。社会变革过程应该成为一种授权过程，这种定义有许多方式，包括越来越多投资社区的成员，使他们能够对规划的过程和结果做出决策。①

在这个社区规划的三个要求清单中，我们可以添加其他作者的其他一些要求，对于正在经历社会和经济变革过程的城市地区进行社区规划的情况，这些要求特别适用。在这种情形下，鲍姆（Baum）指出，社区规划可能需要克服可能的人种、阶级和种族背景的撕裂。他建议，对于规划过程来说，如果社区正在发生的变化不是为了让社区变得更好，那么也许有必要克服居民对社区这种变化的悲痛。② 此外，彼特曼所列的要求清单及其在其他地方所指出的言外之意，就是社区规划可能需要将组织发展囊括在内，这和包括维达尔（Vidal）在内的许多作者所描述的一样。③

因此，此处所定义的社区规划是一个复杂过程，必然涉及一系列目的和多层面要求。我们现在转而讨论可能会有助于这一规划过程的规划工具，以及可能起到帮助作用的历史方法论（historical methodology）。

二　必要的规划工具

曼德尔鲍姆（Mandelbaum）认为，所有规划都依赖于技术工具，这些技术分为四大类：模型、理论、信息系统和叙事。④ 在这四个大类中，理论和叙

---

① W. Peterman, *Neighborhood Planning and Community - Based Development: The Potential and Limits of Grassroots Action*, Thousand Oaks: Sage, 2000, pp. 165 - 166.

② H. S. Baum, "Forgetting to Plan," *Journal of Planning Education and Research* 19, No. 1, 1999, pp. 2 - 14.

③ A. Vidal, "Can Community Development Re - invent Itself? The Challenges of Strengthening Neighborhoods in the 21st Century," *Journal of the American Planning Association*, Vol. 63, No. 4, 1997, pp. 429 - 438.

④ S. Mandelbaum, "Narrative and Other Tools," in Barbara Eckstein and James A. Throgmorton (eds.), *Story and Sustainability: Planning, Practice, and Possibility for American Cities*, Cambridge: MIT Press, 2003, pp. 185 - 194.

事对上述特殊需求似乎特别有用，而历史又对理论和叙事都有用，特别是对于叙事。

在社区规划中，几乎不使用定量模型，而且，随着计划正以物理形式实施，其他模型（例如物理模型或建筑模型）在此过程中出现得更晚。在这种背景下，概念（与定量或物理相对的）模型与理论实质上是一样东西。在理论领域，参考社区变革规划的理论基础可能非常有用，特别是关于上面讨论的一些主题，如倡导规划和公平规划。使用组织变革理论的规划者也有一些例子，来指导他们在社区发展方面的工作。① 虽然规划理论的产生对历史工作的依赖程度，不如对以其他方式构建的理论框架的依赖程度，但历史视角可以促进关于特定社会系统如何运作和变化的理论概念的发展，劳伦斯·瓦勒（Lawrence Vale）最近对波士顿几个公共住房社区变化演变的历史评估就是一个例子。②

规划人员严重依赖第三个领域，即信息系统，该信息系统包括人口普查资料和其他社会调查结果的分析，以及地理信息系统。虽然对于社区规划的实际行为，有必要从定量的角度评估当前的状况和过去的趋势，而且让居民参与资料收集和分析也可以赋予他们自主权，但是这种整体类型可能对社区发展的前景没什么帮助。不过，信息系统是历史性的，只是在某种意义上，资料也是历史性的。

而第四个领域就是叙事，这才真的有望满足彼特曼上面所确定的特殊需求，帮助我们确定（除了理论建构以外的）其他具体方式，这些都是历史对所涉及的必要任务有所贡献的方式。究竟什么是"叙事"？这个术语包括很多潜在的方法。我们将简要讨论四种③：定性访谈，围绕许多受关注的关键问题的重点对话；讲故事，是对某一事件或经历的叙述；历史，一个广义的术语，包括与手头主题相关的书面材料的传统探究机制；口述历史，它既是一种历史方法，也是一种我认为对社区规划具有特殊潜力的方法。虽然所有这些技

---

① W. Peterman, *Neighborhood Planning and Community – Based Development: The Potential and Limits of Grassroots Action*, Thousand Oaks: Sage, 2000, p. 5.

② L. Vale, *From the Puritans to the Projects: Public Housing and Public Neighbors*, Cambridge: Harvard University Press, 2000; L. Vale, *Reclaiming Public Housing: A Half Century of Struggle in Three Public Neighborhoods*, Cambridge: Harvard University Press, 2002.

③ 其他定性研究方法可参阅 V. J. Janesick, "The Dance of Qualitative Research Design: Metaphor, Methodolatry, and Meaning," in Norman K. Denzin and Yvonna S. Lincoln (eds.), *Handbook of Qualitative Research*, Thousand Oaks: Sage, 1994, p. 212。

巧都具有某种意义上的相关性，但是每个技巧也对这一讨论有着各自的特殊贡献。

在社区发展努力方面，定性访谈非常有用，因为它可以直接解决重要的具体问题，例如什么因素导致特定社区的经济发展成功或失败。人们可以利用这些访谈结果，创建总体理论，或者为战略行动提供渐进的建议。赫伯特·鲁宾也许是这一系列用途的最好例子，他采访了一系列社区发展从业者，以辨别实际适用的关键原则。他的方法是选取与关键主题相关的各种访谈，使用这些访谈提高理论和实践知识，正如他在《在绝望的社区中重建希望：基于社区的发展模式》一书中所描述的那样。①

在某些规划学术领域，讲故事也已开始成为一种工具。埃克斯坦（Eckstein）将故事定义为"叙述事件在某段时间和某个特定地点展开的口述表达"。② 沟通式规划运动依赖于对话，在许多情况下，该对话可以构建为一种讲故事的过程，诸如福雷斯特（Forester）、曼德尔鲍姆（Mandelbaum）、雷恩（Rein）和舍恩（Schon）等作者都说明了这种规划的可能性。③

在埃克斯坦和斯洛格莫顿（Throgmorton）主编的《故事与可持续性：美国城市的规划、实践和发展前景》一书中，一些作者提出了讲故事的好处，这些好处看起来比定性访谈更具特定事件性或具体情境性，而且在描述一组给定的事件时更具凝聚力。罗特拉（Rotella）讲述了一个她与芝加哥社区环境相互影响的故事，这种讲述以一种模型和信息系统永远无法做到的方式，描述了社会和经济的衰退。④ 与此类似，在乔·巴特尔（Joe Barthel）引人注目的一个章节中，他讲述了因城市衰落而精神受创者的故事，然后创建了自己的理论框架，用以解释为什么人们会以一种导致他们犯罪活动的方式对社

---

① H. J. Rubin, *Renewing Hope within Neighborhoods of Despair：The Community – Based Development Model*, Albany：State University of New York Press, 2000.

② B. Eckstein, "Making Space," in Barbara Eckstein and James A. Throgmorton（eds.）, *Story and Sustainability：Planning, Practice, and Possibility for American Cities*, Cambridge：MIT Press, 2003, p. 14.

③ B. Eckstein, "Making Space," in Barbara Eckstein and James A. Throgmorton（eds.）, *Story and Sustainability：Planning, Practice, and Possibility for American Cities*, Cambridge：MIT Press, 2003, p. 23, 25.

④ C. Rotella, "The Old Neighborhood," in Barbara Eckstein and James A. Throgmorton（eds.）, *Story and Sustainability：Planning, Practice, and Possibility for American Cities*, Cambridge：MIT Press, 2003, pp. 87 – 112.

区条件的变化做出反应。① 斯洛格莫顿的另一本书是《作为有说服力的讲故事的规划：芝加哥电力未来的修辞建构》，其中讲述了一家著名公司的公用事业计划导致社区抗议的事件，来评论社区权力和社会变革。②

在少数情况下，依赖传统的、大量书面信息来源的历史被用作一种理解社区规划的工具。当特定社区的努力历史可以编织成对规划历史更全面的评估时，尤其如此。一个例子就是托马斯（Thomas）的《重建与种族：战后底特律更好城市规划》一书，该书利用底特律 Mack – Concord 社区（一个没有经历过传统城市重建的特殊社区）的经验，分析种族变化如何影响 20 世纪 50 年代、60 年代的社区规划努力，以及社区规划如何因为种族的更替而失败。③ 然而，如同关于底特律的叙述一样，依赖于少量当代访谈和过去记录的大量书面资料，很难想象这样的历史如何在当代社区的背景下为社区发展提供信息。

口述历史是一种与定性访谈和讲故事完全结合的技术，是一种历史形式，可能非常适合这里定义的社区规划的需要。虽然到目前为止，在规划学术研究方面，口述历史似乎要么被用来创作著名规划者的叙述报告④，要么在少数情况下，被用来阐明少数族群公民的作用，而这些公民的故事本来就不为人所知⑤，但是口述历史也还存在其他潜在的用途。

三　口述历史与社区规划

两位学者曾指出，"口述历史与无结构访谈（又称自由访谈或深度访谈）在方法论上没有区别，但目的不同"。⑥ 也有人认为，口述历史涉及一系列策

① J. Barthel, "The Meanest Streets," in Barbara Eckstein and James A. Throgmorton (eds.), *Story and Sustainability: Planning, Practice, and Possibility for American Cities*, Cambridge: MIT Press, 2003, pp. 227 – 242.

② J. A. Throgmorton, *Planning as Persuasive Storytelling: The Rhetorical Construction of Chicago's Electric Future*, Chicago: University of Chicago Press, 1996.

③ J. M. Thomas, *Redevelopment and Race: Planning a Finer City in Postwar Detroit*, Baltimore: Johns Hopkins University Press, 1997.

④ See A. Garvin, "Philadelphia's Planner: A Conversation with Edmund Bacon," *Journal of Planning History*, Vol. 1, No. 1, 2002, pp. 58 – 78.

⑤ C. Connerly and B. Wilson, "The Roots and Origins of African American Planning in Birmingham, Alabama," in June Manning Thomas and Marsha Ritzdorf (eds.), *Urban Planning and the African American Community: In the Shadows*, Thousand Oaks: Sage, 1996, pp. 201 – 219.

⑥ A. Fontana and J. Frey, "Interviewing: The Art of Science," in Norman K. Denzin and Yvonna S. Lincoln (eds.), *Handbook of Qualitative Research*, Thousand Oaks: Sage, 1994, p. 184.

略，从使用预先构建的问题列表，到要求人们以他们选择的方式讲述各自故事。但总的来说，口述历史将注意力从"正确的问题"转移到了"过程"上面，即参与有关事件和经历的对话。① 也许，要最佳地介绍口述历史就要回顾几部备受好评的口述历史作品。其中，特别有影响力的是波特利（Portelli）的《卢奇·特拉斯图利之死与其他故事：口述历史的形式与意义》。在这部作品中，作者使用他从意大利工人和肯塔基州工人那里收集的口述历史，吸取令人信服的有关历史、社会变革和研究的教训，向我们呈现了如何从工人阶级的角度重写重大事件的官方记录。

从该书和其他相关著作中，我们可以预见口述历史的一些好处，其中许多好处源于该方法能够在有关规划的对话中引出闻所未闻的看法。例如，口述历史学家已经深入认识到，有必要让研究人员和受试者在平等的基础上获得信任，以促进对话，这是波特利深入探讨的一个主题。② 这种技巧可以成为一种赋予居民权力的特别工具，如同克尔（Kerr）与无家可归者合作的著作那样，书中一个大规模的口述历史项目直接引起了社会变革运动。③ 口述历史尤其擅长一点，就是征求那些没有任何书面记录的人，或者文盲或相对弱势群体的意见，这两部著作的作者都说明了这一点。正如约翰·斯坦菲尔德二世（John Stanfield Ⅱ）强烈论述的那样，口述历史等方法论在"边缘"人群中具有特殊的效力。他指出，"像市中心居民和阿巴拉契亚人这种来自资本主义生产方式中心的人，被边缘化、被排斥的现象"影响了一些人，要理解他们的本性，收集口述资料很重要。④ 他主张，"收集口述历史，让被问询的有色人种能够清楚地阐明他们如何构建自己的现实生活"。⑤ 这种方法也与下面这种努力有关。最近，有些努力将规划历史视为一种涉及普通公民，而不仅

---

① K. Anderson and D. Jack, "Learning to Listen: Interview Techniques and Analyses," in Sherna Berger Gluck and Daphne Patai (eds.), *Women's Words: The Feminist Practice of Oral History*, London and New York: Routledge, 1991, pp. 11 – 26. 转引自 D. Jean Clandinin and F. Michael Connelly, "Personal Experience Methods," in Norman K. Denzin and Yvonna S. Lincoln (eds.), *Handbook of Qualitative Research*, Thousand Oaks: Sage, 1994, p. 419.

② Alessandro Portelli, *The Death of Luigi Trastulli and Other Stories: Form and Meaning of Oral History*, Albany: State University of New York Press, 1991, chapter 2.

③ D. Kerr, "'We Know What the Problem Is': Using Oral History to Develop a Collaborative Analysis of Homelessness from the Bottom Up," *Oral History Review*, Vol. 30, No. 1, 2003, pp. 27 – 45.

④ J. Stanfield, "Ethnic Modeling in Qualitative Research," in Norman K. Denzin and Yvonna S. Lincoln (eds.), *Handbook of Qualitative Research*, Thousand Oaks: Sage, 1994, p. 184.

⑤ J. Stanfield, "Ethnic Modeling in Qualitative Research," in Norman K. Denzin and Yvonna S. Lincoln (eds.), *Handbook of Qualitative Research*, Thousand Oaks: Sage, 1994, p. 185.

仅是专业规划者或著名城市领导者的活动。这些普通居民，例如妇女和边缘化的少数群体，也在努力改善社区。[1]

在贫困的中心城市社区中，挖掘居民的知识这种需求尤其重要，因为他们需要所有可供使用的资源。居民的主动、智慧和参与是重要的潜在资源。可以使用与社区居民的对话，作为协助完成此任务的一种方法。

口述历史提供了一种提供此类对话的潜在途径。这种技巧相当简单，或者可能相对简单：它主要包括找到博学之人，让他们谈论各自的生活史或社区历史，提供一种谈话框架，然后仔细聆听他们所说的话。[2]

四　体验底特律社区

我们将提供一个项目的一些成果，作为额外思考社区规划和口述历史之间潜在联系的一种方式。产生本文资料的这项整体研究采访了大约 30 人，这 30 人与密歇根州底特律市和巴特尔克里克（Battle Creek）市五个活跃的社区发展组织（CBDOs）相关。该研究基于定性访谈，其中包含有关社区规划愿景和策略的问题。[3] 与这些组织相关的受访人员，下至 20 岁出头，上到 80 多岁。一些人是工作人员，比如社区组织者和住房主管，其他人是董事会成员；他们虽然来自不同的种族，但都是各自组织中的重要角色。

---

[1] G. Lerner, *Why History Matters: Life and Thought*, New York: Oxford University Press, 1997, p. 368; L. Sandercock, *Making the Invisible Visible: A Multicultural Planning History*, Berkeley: University of California Press, 1998.

[2] 当然，这是对一项要求很高的事业的过度简化。即便是经验丰富的口述历史学家，也可能会在与研究对象交谈的方式和方法上出错。相关研究参阅 K. Anderson and D. Jack, "Learning to Listen: Interview Techniques and Analyses," in Sherna Berger Gluck and Daphne Patai (eds.), *Women's Words: The Feminist Practice of Oral History*, London and New York: Routledge, 1991, pp. 11 - 26. 然而，这项技术并不需要广泛的培训，可以简单地作为另一种框架，对有趣的主题进行广泛采访，选择得当且目的明确。有关口述历史方法的多样性，可参阅《口述历史评论》特刊（*Oral History Review*, Vol. 29, No. 2, 2002），另外还参阅 S. Terkel, J. Vansina, D. Tedlock, S. Benison, A. Harris, and R. Grele (eds.), *Envelopes of Sound: Six Practitioners Discuss the Method*, *Theory and Practice of Oral History and Oral Testimony*, Chicago: Precedent Publishing, 1975。

[3] 口述历史和口述定性访谈之间的界限并不明显。相关研究参阅 H. Rubin and I. Rubin, *Qualitative Interviewing: The Art of Hearing Data*, Thousand Oaks: Sage, 1995. "口述历史" 与 "研究访谈" 之间的相似而又对立的定义，可参阅 D. Clandinin and F. Connelly, "Personal Experience Methods," in Norman K. Denzin and Yvonna S. Lincoln (eds.), *Handbook of Qualitative Research*, Thousand Oaks: Sage, 1994, pp. 413 - 427。

在 4 次采访中发生了一些意想不到的事情。有些问题只是为了引出关于个人背景的粗略信息和更多有关社区规划的信息，虽然这 4 位居民似乎愿意回答这些问题，但是在这些情况下，他们自己将这次采访变成了口述历史时段。（口述历史学家波特利指出，当人们似乎要"接管"访谈过程时，通常最好的做法是随他们的意，因为研究人员必须学会倾听，"要表现出你尊重人们选择告诉你的方式"。① ）在目前的讨论中，我们重点介绍了 4 个人的意见。这些人主要关注他们社区的历史和演变，或者更确切地说，是关注他们在社区中的经历，特别动用了他们自传式的经历。

这 4 人中有两位非裔美国成年女性——艾丝特和梅普尔（"Esther"和"Maple"），一位非裔美国男性——埃里克（"Eric"），还有一位成年美国白人——比尔神父（Father Bill）。其中，梅普尔年龄最大，有 80 岁；埃里克 30 多岁。② 据他们服务的两个中心城市"底特律社区发展组织"（CBDO）的执行董事和工作人员说，这 4 人都是帮助制订社区改善计划的关键人物；梅普尔的社区发展组织主管称，她是该组织的"心脏和灵魂"。

梅普尔和艾丝特是最热衷口述历史的两个人。她们避开了结构化访谈的限制，讲述了大量的个人历史，这些历史成为社区集体记忆的导入口。并且，大部分接下来的议论来自这些历史。梅普尔和艾丝特住得较近，都居住在底特律中西部的一个非裔美国人地区，这个地区在社区改善方面取得了不同程度的成功。自 1984 年以来，就一直存在一家能干的 CBDO 社区发展组织，这个组织最初是由一个宗教团体的志愿者组成的。这家组织做了许多工作，包括修复公寓与开发新的多户住房，但这是在经历了多年的社会经济衰退、遭人遗弃和拆迁之后。在威廉姆斯（Williams）与两位非裔美国女性公共住房领

---

① Alessandro Portelli, *The Death of Luigi Trastulli and Other Stories: Form and Meaning of Oral History*, Albany: State University of New York Press, 1991, p. x. 口述历史不需要"指导"主题，而可以寻求自发性。例如，在采访新英格兰一个小镇的居民时，霍伯曼描述了他的方法。详细参阅 M. Hoberman, "High Crimes and Fallen Factories: Nostalgic Utopianism in an Eclipsed New England Industrial Town," *Oral History Review*, Vol. 28, No. 1, 2001, pp. 17 – 39. 在故事方面，可以将这些故事与里兹多夫（Ritzdorf）班上的女性讲述的"童话故事"进行比较，她们对城市环境中的性别和个人安全问题提供了敏锐的见解。详细参阅 M. Ritzdorf, "The Fairy's Tale: Teaching Planning and Public Policy in a Different Voice," *Journal of Planning Education and Research*, Vol. 12, No. 2, 1993, pp. 99 – 106。

② 真实姓名之所以不被使用，是因为根据我所在大学管理的联邦"人类受试者"（Human Subjects）指导方针，这些信息提供者被告知他们的姓名不会被公布。出于同样的原因，他们的组织机构也没有被指出来，因为他们在组织机构中的特定角色有时会被描述。

袖的口述历史对话中，以及在洛克（Rucker）和阿布朗（Abron）与黑豹党
（Black Panther Party）两位女性的口述历史访谈中，正如她们强烈形容的一
样，我们将利用从这些对话中获得的经验来推断更多一般的情况。①

这两人也给出了历史叙事。埃里克、梅普尔和艾丝特属于同一家 CBDO
组织。虽然他已从社区搬了出去，但仍然回来担任了这个西部 CBDO 组织的
主席；比尔神父在底特律东部的另一家 CBDO 组织的董事会任职，这是一个
非裔美国人社区，该社区虽然逐渐衰落，但也得益于 CBDO 的存在。

在 30 次的访谈（包括这里所讲的 4 次访谈）中，每个主题的录制时间都
超过两个小时，但是和许多口述历史项目不同，这些访谈在几个小时或者几
天内都没有涉及详尽的叙事。这里所报告的结果都是探究性的。我们还应该
注意到，作者和她的研究生助理都是非裔美国人，这种采访的基调，会使人
想起某种针对女性的基于种族和性别的融洽关系，这让人想起了如口述历史
学家波特利和德·沃特（De Vault）所提出的问题。② 我们将在结论的实际应
用摘要中重新探讨这些问题。

我们可以将他们整体的评论分为三个主题领域：对往事的感觉，关注他
们在社区中目睹的积极和消极的趋势；关于组织发展的评论，审视他们的社
区团体发生了什么变化；在不利条件下取得潜在胜利的对话。

（一）对往事的感觉

这 4 个人（尤其是梅普尔和艾丝特）叙述了他们各自大部分的人生历史，
其中始终如一的主题是对过去的渴望，那个时候的社区条件比现在更好。梅
普尔年轻时，潘兴高中（Pershing Senior High School）的西部社区和高中附近
的另一个社区"对黑人来说是最好的社区。而且我很幸运能够在这两个社区
生活"。她说，当时人们更能够自给自足："为了养育妈妈、他自己和八个孩

---

① R. Y. Williams, "'I'm a Keeper of Information'：History – Telling and Voice," *Oral History Review*, Vol. 28, No. 1, 2001, pp. 41 – 63；M. C. Rocker, and J. Abron. "'Comrade Sisters'：Two Women of the Black Panther Party," in G. Etter – Lewis and M. Foster（Eds.）, *Unrelated Kin：Race and Gender in Women's Personal Narratives*, New York：Routledge, 1996, pp. 139 – 168. 这里本文作者将上述作者之一 Rocker 错写成 Richer, 特此更正。——编者注

② Alessandro Portelli, *The Death of Luigi Trastulli and Other Stories：Form and Meaning of Oral History*, Albany：State University of New York Press, 1991；M. DeVault, "Talking and Listening from Women's Standpoint：Feminist Strategies for Interviewing and Analysis," *Social Problems*, Vol. 37, No. 1, 1990, pp. 96 – 116.

子，我父亲曾经租骡子和犁，在整个城市街区耕作。"她回忆起一个充满灵活调整和创业精神的时代，有意识地表明在充满绝望的社区中，如果可能的话，大萧条时代父母的坚强行为应该得到效仿。

比尔神父是一位年长的牧师，他对社区的历史有着强烈的感觉。这种感觉转化为他对复兴社区的依恋和奉献精神。他知道，他的会众教堂的大多数创建者最初来自不列颠群岛，他们是工薪阶层的工人。他会为当地 CBDO 提供数小时的志愿服务，这背后的激励力量，似乎是他希望帮助找回那些更加美好的年代，关于这一点他详细讲述过。埃里克，是一位相当年轻的 CBDO 总裁，他不知道 30 年前的社区历史，但他清楚记得他自身的经历，足以将这种记忆作为他未来愿景的一部分。他告诉我们，当时的社区里有很多居民，也有很多种服务，在其中成长是一种什么感觉。"我在这里长大，我的兄弟姐妹在这里长大……这显然是一个家庭，一个社区类型的地方。"他想让现在的社区变得和过去一样，"但那意味着你必须有资源，使很多人想要把它变成一个社区。那意味着你必须有商业（用途），比如商店等类似的地方；干洗店和银行等等店铺。这就是为什么（Project X）包括一个商业中心，一个潜在的工作区域"。

对于受访者而言，过去的负面记忆似乎与积极记忆同样重要。比尔神父将教区的起源与它出现之前和之后的状况进行了对比。"在 20 世纪 80 年代早期的时候有一些拓展尝试，所以有一些社区用餐活动，这些安排试图让人们彼此认识，因为在那时候，人们……几乎都住在他们各自的家里，你知道，所有这类事情……有些房间经常涉毒……我记得他们曾经停下车，在'X 路'把某些人放下来。这些人会来到巷子里，走进那些涉毒的房子里，拿到毒品，然后在'X 路'上又被接走了。至于那些妓女，当他们在'Y 和 Z 路'遭遇骚扰时，他们就会回到这个地方。"

艾丝特在这个社区长大，但后来搬到了加利福尼亚州生活了许多年。当她和丈夫于 1981 年回到已故母亲的家时，他们惊讶地发现这个社区已经萧条了许多。社区的建筑破坏得很严重，但是，艾丝特还讲述了一系列说明社会瓦解的故事。在一部分的讲述中，她详细讲述了住在一个充满犯罪活动的房子旁边是什么感受："他们经常持刀械斗。我丈夫走到他们中间，制止了一场真正意义上的刀战……我们隔壁有一所房子，他们三班倒，每八小时倒一次班。那是销赃的地方。他们在那里存放盗窃来的东西。卖淫，还卖毒品"。她继续说，"看，（在我们回来之前），我母亲还在这里生活。我那时对她所说的社区变化充耳不闻"。

她母亲记得那段美好时光，看到这些变化之后，向他们指了指她已经移民的女儿艾丝特，艾丝特多年来一直"充耳不闻"、无法理解她，但是，艾丝特最终成为社区改善的归依者。

（二）组织变革与方向

在讲述中出现的另一个主题是，社区组织的性质不断变化。例如，相比于底特律的大多数组织，艾丝特的社区组织更积极地将新建筑的准备与旧建筑的修复相结合起来。要理解其中的原因，请细想一下她如何将自己 CBDO 组织的故事与她的个人历史交织起来，表明她是如何帮助组织改变其计划方向的。

艾丝特的其中一个故事讲到，在最近的财政困难情况下，她如何在其组织的住房董事会上成为历史保护的积极提倡者。她支持保护，一部分原因是在她和丈夫一起努力解决失业问题时，她越来越有兴趣尽其所能挽救母亲家里的一切。她指出，她母亲的老房子有许多城市的中产阶级看重的特点：木地板、华丽的门和高高的天花板，一个爪形铁浴缸，最特别的是一个巨大的老式厨房水槽。她一件一件地收集了家装杂志上展示的文章和照片，并制作了一本剪贴簿，展示了高档保护主义者想要的东西，以及她在自己颇具可比性的房子里所能够做到的东西。她随身携带着这本剪贴簿，向所有感兴趣的人展示，还展示她和丈夫开始清除杂草和碎片前后的附近空地的照片。她的家在很多方面都成了一个展览室。

在其他人认为是贫民窟的社区，她越来越认识到其中固有的美好，她意识到拆除所有的旧房子并不一定是最好的策略。她原来的邻居和兄弟让她看到了光明：

采访者：你看到居民想要什么？他们对自己想要的东西有什么看法？

艾丝特：他们想要，他们希望他们的房子可以保留下来。他们希望得到帮助。需要拆除的房子，每个人都同意拆除。拆掉那些破旧的东西，那些碍眼的东西……但是有几个人站在这里，经历了混乱，试图坚持住，帮助我们。上了年纪的黑人，他们正在看着，他们说好，我们帮助你接受教育。（我兄弟说）黑人被贴上拆毁房子或者破坏社区的标签，但是你们这些受过教育的人也好不到哪去。你们并不比那些拆除房子的人好，因为……你们现在想要做的就是来拆掉我们剩余的房屋，然后在毫无保留的情况下重建，建造……我们想要新的住房，但希望保留一些东西，提醒我们的父母来自哪里。

她的 CBDO 组织一度只规划了基于清理大片土地和建造联排别墅的项目，以及旨在使老房子"现代化"的孤立和敷衍了事的住房修复工作。这一整体战略，让人联想到城市重建，就是把推土机开到剩下的几个房子里，然后从头开始建造新的综合建筑群。相比之下，这位女士所提倡的方法，同时还有在她的剪贴簿基础上的讲故事运动，是为了保留那些可以保留的房屋，然后以一种承认其历史根源的方式让它们恢复原状。逐渐地，这位女士能够将其CBDO 组织的议程转向更加综合用途的战略，即在历史保护模式的基础上，将新建筑与旧建筑的修复结合起来。这一努力的历史，有助于解释 CBDO 战略演变背后的原因，证明实现这一战略的合理性。

比尔神父清楚地记得聘用他的 CBDO 第一任常务执行董事的情形，他把每年夏天对需求评估的不断调查，当作一种对成功战略的重复。正如他所指出的那样，早期的努力就是让社区人员走出去，进行挨家挨户的调查，但是由于胆怯和恐惧，他们几乎完成不了这项调查。他们认为主要的需求是住房，但这些问题"远远超过了我们可怜的小脑袋……我们也看到了青年的需要，他们需要一个可以玩耍的地方"。他们整理了一份工作描述，从各种宗教团体那里获得了资金。"我们找了六个月，收到的都是一些奇怪的申请……然后我们突然收到 4 份申请……所有人都是合格的。""弗洛伊德夫人"（Mrs. Floyd）脱颖而出，因为她乐观，是最杰出的申请者，"居民中的聪明人"，而且她还熟悉社区。她能够轻易地敲门进行需求评估，组织街区派对，启动青年计划，这有助于建立一个强大的居民组织，采取一系列包括住房开发在内的策略，而在这一方面弗洛伊德夫人本人并未受过特别好的培训。比尔神父的记忆，是对引起组织发展和领导力的路线图的实况报道。

梅普尔对组织能力的记忆非常具体，具有长期性和规范性。她记得，在1984 年 CBDO 成立之前很久就已经制定了战略，当时底特律到处是街区俱乐部和社区协会。在讲述了她的父亲清理空地后不久，她说，西区人际关系委员会（Westside Human Relations Council）"是一个由街区俱乐部组成的一流组织……我敢说那时有一百个街区俱乐部或者更多……领导力不错，而且你知道，人们保住了他们的财产；这与底特律现在的情况完全不同"。她希望将此视为当前的一种战略：

梅普尔：我一直告诉隔壁的邻居；我说，"我希望你的房子和我的房子一样漂亮。"

采访者：所以你是在说他们应该参与街区俱乐部，加入各种协会，这非常重要。

梅普尔：不是各种协会；协会（在这个区域）到处是。你看，首先你拥有所有这些不同的街区俱乐部……然后你将这种协会作为所有这些俱乐部的组合，所以无论协会做什么……都可以从所有生活在这里的居民那里得到帮助。这就是我希望看到的（我的 CBDO）所要做的事情。事实上，居民已经说过这是他们想做的事情，但为了让他们这样做，我们需要有一个计划，让我们现在回到社区中，鼓励大家拥有自己的个人街区俱乐部。

当社区协会成为底特律的重要组成部分时，梅普尔正在回忆年轻人并不记得的那些日子。这个城市有一张关于协会的照片是关于白人房主的协会，这些协会建立于 20 世纪中期，是为了防止黑人入侵。① 然而，事实上，1975年沃伦（Warren）的记录显示，黑人已经创建了很好的街区俱乐部系统和协会；托马斯（Thomas）指出，在 20 世纪 50 年代，该市的社会规划者在组织这些团体方面发挥了重要作用。② 社会资本的支持者认为，像街区俱乐部这样的组织确实可以作为社区赋权的基础。③ 基于她的记忆，梅普尔倡导一种策略，她认为这种策略是几十年前成功完成的一部分。

埃里克对组织变革讨论的主要贡献是，解释他自己如何引出个人的历史记录，作为一种建立组织能力的手段。在一篇引人注目的文章中，他详细描述了这一点："我认为要做的第二件事是，尝试走出去和社区里的人交谈。你喜欢什么，你不喜欢什么，怎么样。回想一下，回想你真的很喜欢生活在社区中的那段时光：你知道什么，那段时间你对社区的记忆是什么？也许是二十五年前，也许他们记得那个，你知道，社区里住着白人，也住着黑人。也许他们记得每一个地块上都挤满了房子，也许他们记得交通公共汽车经常在街上跑来跑去，或者无论他们记得什么，试图回忆一些（美好的事情）。你无法找回所有这些美好的东西，但你可以开始关注让人快乐的事情；那就是重要的事情，试图让一个社区恢复生机的是（带回）……那些让人们感到快乐

---

① T. Sugrue, *The Origins of the Urban Crisis*: *Race and Inequality in Postwar Detroit*, Princeton: Princeton University Press, 1996.

② D. Warren, *Black Neighborhoods*: *An Assessment of Community Power*, Ann Arbor: University of Michigan Press, 1975; J. M. Thomas, *Redevelopment and Race*: *Planning a Finer City in Postwar Detroit*, Baltimore: Johns Hopkins University Press, 1997.

③ S. Cochrun, "Understanding and Enhancing Neighborhood Sense of Community," *Journal of Planning Literature*, Vol. 9, No. 1, 1994, pp. 92 – 99.

的东西。"

（三）奉献和胜利

似乎出现的第三个主题是奉献和战胜逆境。例如，比尔神父就讲述了一个"灌木丛生"的偏远地区；他的教堂购买了两块地，这两块地的社区组织因此获得了资金，用来建造一处公园。一些居民热情参与了公园的建造工作，许多年来这所公园都良好。比尔神父接着描述了陷入困境的社区的其他变化，这些变化也是由比创建公园更重要的问题所引起的。接下来，居民对社区的犯罪行为和社会秩序做出了重要陈述。

在同一时间发生了一些事情。一位女士……她的钱包被抢走了，一位七八十岁的老人长得像这位年轻的抢劫犯，消防车返回时看到了这一幕，所以他们合力抓住了这个人，这是一回事。（另一个例子：）一个妓女和嫖客一起回到了这里的一条街道上，社区里的各位女士把她赶了出去。所以对我来说，你知道，事情正在发生变化。你看那个社区中心前面的标志，风化的标志，变化就要来了。

比尔神父这些成功的故事，有助于抵消那些说社区状况非常糟糕的故事。

这是从奉献和胜利的故事到愿景的一小步。注意梅普尔的评论，她描述了她的邻居和他们的"精神"如何受到那些不好时期的影响，然后她也继续称赞那些留下来的人："已经影响我们的毒品，所有这种暴力，所有这些东西，已经多少影响了……社区的精神；这让很多人愤世嫉俗……感到绝望，彻底的绝望。然后那些有能力搬出去的人，首先是'白人外迁者'，然后接下来是'黑人外迁者'，'黑人外迁'现象仍在进行之中……留下来的人，我们有信仰，我们相信，我们有远见，我们有信心。社区规划过程可以做一件事，它可以给人们信心，可以带给他们一个愿景，可以带给他们希望。"

梅普尔有一个愿景，她承认其他人也有这样的愿景。她为她的同志们提供了灵感，因为虽然她已经活了八十年，但是她仍然计划继续努力，让社区变得更好。这就是她愿意为社区和组织继续工作的原因："因为我们可以……我试着灌输他们这样的观点，重要的不是你为你的房子支付了多少钱，贫民窟是一种心态，我们可以就在这里拥有我们美丽的社区精神。我拥有的这种精神，我试着把它带给那些我能以各种方式接触到的人。我住在一个地方，我买了我旁边的房子，房子旁边的房子，现在我拥有了这些房子，我计划为社区中的孩子们建立一个中心。我想为孩子们做点什么，因为，如果我们不努力帮助拯救我们的孩子，我们可能会忘记这个社区。"

艾丝特也代表了这种胜利的精神，在她社区生活的口述自传中，她讲述了许多自己和丈夫的故事，这些故事表现出了极大的勇气和奉献精神。例如，她谈到了一个酗酒的邻居。艾丝特注意到这位邻居的孩子已经几个月没有洗过澡，就把肥皂和毛巾送到了他们家里。不过这些举动没起什么作用，所以她就去找了那位妈妈，"（我）非常亲切又善良地开始为孩子们洗澡，一边洗一边亲切地告诉他们，从今天开始你们每天都要这样洗澡；清洗这里，这是用在那里的，把衣服带回给我们，我们会洗的"。他们的妈妈警惕地看着这一切。当梅普尔注意到他们饿了，去偷食物的时候，牧师和他妻子开始为孩子们买衣服，教他们如何买菜省钱。

我觉得有必要向这些孩子证明如何在不偷东西的情况下活下来，所以我去了东部市场，我之前从未做过这样的事情，因为我没有必要这样做。在一天结束的时候，农民丢下了一些食物。人们可以在此之后进入市场里面，从地上捡到一些好的食物，或者在一天结束的时候你可以合理的价格买到食物……但是我突然意识到他们甚至可能没有什么钱……我（对孩子们）说，你们可能没有钱为你的家人买食物。我说，但要一直记得我告诉你们的，你们再也不能偷。你们可以随时来这里，为自己和家人捡到一些新鲜的食物。后来人们就开始给我们提供食物。

艾丝特的丈夫移居到了她妈妈的社区，他有些担心，因为附近的所有空地，包括相当一英亩的土地，让人无法直视，那里长着五六英尺高的杂草。艾丝特只割掉了自家前面和所购买的隔壁空地上的杂草。

所以，我丈夫向更远处望去。他说，"不，亲爱的。我正在看着（一片区域），目之所及的一片区域；当我从前窗向外望时，我想要一切都很美好。"我说，"你在说什么？"他说，"我说，某某街区中的每一个地块和某某街区中的每一个地块上的杂草都要砍掉。"……现在那是他的愿景，而且有很多已经荒草丛生的地块。20 年来，瓶子、破烂、轮胎、家具一直在增加，因为这个城市一年才清理一次。那么现在你已经拥有了所有这些破旧的沙发。你已经得到了所有这些垃圾。看起来就像地狱一般。那就是它的样子。你几乎可以……它看起来毫无希望，如果你每天都经过那里，你差点都见怪不怪了。你想想，那就是它的样子。

这位丈夫开始了一场系统性的社区清理运动。尽管心脏有问题，他还是先用一把老式的镰刀割掉了高大的杂草。当城市最后割掉大块地段的杂草后，他们把垃圾留了下来，这让一切看起来更糟。所以他们俩开始把出来所有的垃圾，然后打包好，虽然每个地段都长约 145 英尺。这是他从邻居那里得到的反应："大家几乎无处不在地看着，因为他日复一日地这样做。他早上六点就到了那里，一直到晚上，虽然夏天炎热，他还是日复一日不间断，所以人们开始走出家门。他们会出来问：'谁付钱给你这么做？你知道，'他们会说，'你就是个傻子。那是城市的财产。让城市去割掉那些杂草。'他就会说，'人们不要［不应该］这样生活。我们住在这里，所以必须做点什么。'其他人会说出来，'哦，你真的在为我们着想。你在鼓励我们。我们现在看到光明了。我们经常看到那些杂草，所以一直以来都见怪不怪了。'"这些人大多数是老年人。一位女士出来给了他 16 美元。有个人在一个角落里开了家商店，他给了他几杯弗诺（Vernor）姜汁汽水（Ginger Ale，饮料）。这是他拍摄的一些照片。这是之前的样子，所有这些都有五六英尺（那么高），但你可以看到垃圾。

在这场改变社区的个人运动中，艾丝特的丈夫尽其所能地取得了成功。他的关键胜利是激励了他的邻居采取行动。他独自一人，用铁锹挖开旧的人行道，用锯修剪树木，这样一来人们终于可以沿着人行道散步了。他继续在已经清理过的地段上除草。最后，他说服那些街区的居民——所有人都靠有限的收入生活，包括他们自己——每个月捐出 15 美元，用来给城市公共地段除草。人们来帮忙耙草，或者把报纸捡起来。当他 1994 年去世的时候，社区里一名曾经的吸毒成瘾者买了一台新的割草机，继续他的工作。与此同时，很大程度上因为她丈夫的启发，社区的 CBDO 开始实施一项计划，与该市签订了合同，为公共区域的地段除草。很快，CBDO 每年夏天都要除掉数百英亩的杂草。艾丝特自豪地拿出来，给我们展示社区之前和之后的照片，就像一些人自豪地展示照片给孙子辈看一样。

五　评估

关于"旧时情形"的讲述既有关于过去的积极回忆，也有消极回忆。在他对意大利工人的讲述中，波特利指出，他们中的许多人经历了同样的创伤时期——劳动压抑时期，这不同于我们的社区衰退这一主题——这些人以不同的方式回忆起这些事情，事实上这些事情具有指导意义。人们想要记住过去的美好时光，这一事实可能是在一个有明显问题的社区生存的自然部分。

但鲍姆指出，怀旧可能是一个障碍，这种障碍未能以积极主动的方式将过去和未来联系起来，积极主动就需要忘记过去的大部分事情。他建议，需要让人们分享过去的美好回忆，但鼓励对当前现实和可能的未来进行严格评估。[①]一些口述历史学家指出，老年人容易忽视过去明显的贫困问题，夸大梅普尔所描述的坚韧和适应等精神的重要性，这是一种对怀旧的放纵。[②]

然而在这种情况下，受访者似乎平衡了好的记忆和坏的记忆，并以积极的方式使用这种平衡。他们知道社区确实已经衰落了，但他们也见证了非常糟糕的时期的一些积极的运动，似乎也正在利用这些运动作为支持社区改造工作的一种方式。例如，埃里克利用他的记忆作为一种对未来愿景的锻炼：这个愿景的一部分就包括一个居住着所有年龄段的人的家庭社区。这一愿景也是一种历史记忆，使他支持建造新的家庭住房的辛勤工作变得更加重要。它也刺激了建造商业设施的行动，证实了曾经那些居民可以轻松前往当地商店购物（现在的社区中几乎没有出现过）的日子。

过去的照片和以前的美好生活，驱使牧师努力改善现状。过去令人恐惧的照片，为衡量该地区的生活质量提供了一个基准，现在这两个社区的生活质量都有所改善。这样的回忆表明，过去的情形越糟糕，越有助于激励这些参与者参与持续的改善，让一切变得更好。

就第二个主题组织发展而言，个人历史与积极变化之间的联系似乎更为强烈。此处，针对剪贴簿、人员雇用和以前的组织战略的讲述带给我们直接的反馈，告诉我们在社区中什么做法有效，什么做法无效。人们可以轻易地表明，这种知识可能非常有用；收集这种讲述作为一种组织分析形式也是可能的。在这种情况下，所有这些人都积极参与 CBDO 董事会，互相分享这些知识。但问题是，那些目前没有在董事会任职的其他社区居民，有多少人可能会在他们的个人故事中保留这些组织历史；还有，如何利用这些知识可能会影响当前的战略。埃里克询问个人的记忆是影响组织发展的一种方式，但目前尚不清楚他的探究深度。

第三个主题是关于奉献和胜利的经历，有关该主题的评论表明，人们经历了如何努力改变非常糟糕的状况，这种努力让他们产生了自豪感和成就感。

---

① H. S. Baum, "Forgetting to Plan," *Journal of Planning Education and Research* 19, No. 1, 1999, pp. 2 – 14.

② M. Hoberman, "High Crimes and Fallen Factories: Nostalgic Utopianism in an Eclipsed New England Industrial Town," *Oral History Review*, Vol. 28, No. 1, 2001, pp. 17 – 39.

社区组织帮助改善了早期的恶劣条件，可以想象得到，记住这些曾经的恶劣条件会给这些居民一种权力感，让他们持续努力、改善未来感到乐观。

在废弃的住房和杂草丛生的空地那种情况下，我们不难理解，为什么一个谈论对社区儿童的善意行为和面对嘲笑时具有英雄主义行为的说唱艺人会有影响力。毫无疑问，艾丝特在她的组织中有影响力。当被问到时，特别是在这些社区最古老的居民中，找到可以想起这类故事的人可能并不少见。

和梅普尔一样，在讨论艾丝特所在社区的规划历史和变化时，艾丝特开始讲述她自己的故事。她显然认为她和丈夫的努力恰恰是"社区规划"的全部内涵：为邻居创造一种社区感和责任感。她的 CBDO 引导研究人员与艾丝特和梅普尔交谈，作为了解改善社区努力的精神财富的一种手段，这也很重要。CBDO 将这些当地居民视为信息和动力的储存宝库。

发掘这种奉献和牺牲的经历，可以为未来的改善奠定基础。在与其他居民共享这些故事的程度上，他们有能力激励进一步的行动，就像一个人主动行动、单独割草的那个例子，鼓励着其他居民也开始行动起来。来自内城的战斗和胜利，来自人们努力复兴被其他人所抛弃的社区的故事，让我们能够分析、更好地理解、更有效地规划未来。这些故事也必然会让我们不得不佩服人类精神的力量。

在本文开头，我们为自下而上的社区规划确定了6个必要条件（协作过程、公开透明的方法、社区驱动的变革推动力、上升的阶级和种族裂痕、克服悲伤以及组织发展），这些其中的对话表明，口述历史可能对至少三种特定需求有着潜在贡献。创建协作过程的贡献可能来自让人们回忆他们的个人历史，来解释过去，展望未来。艾丝特的讲述表明，可以利用个人历史作为赋予个人权力、指导社区变革的力量。当然，关于组织发展的评论涉及帮助组织发展的潜力，这种讲述也可能在指导下进行。在埃里克等熟练的当地领导人的指导下，这种叙述也有可能有助于完成第四项任务，即为社区规划创造一个更加开放和透明的过程。然而，要做到这一点，需要理解在这种情况下使用口述历史的一些实际考虑因素。

六　实际问题

这里可能会出现这样一个问题，即如何恰当地使用这种口述历史。应该注意到，在开展精心设计和反思性研究，以收集社区的口述历史数年之后，一些历史学家对结果确实感到失望。困难主要有受访者倾向于转向对他们个人生活具有重要意义的主题，而不是倾向于更广泛的愿景。另外，受访者无法在任何有意义的观念上使用结果访谈（resulting interview）。[1] 然而，从上面的文本和德洛丽丝·海登（Delores Hayden）[2] 等作者那里，我们可以知道，对地方和经历的记忆可以成为现在整修的有力工具。所以我们最后会考虑两件事：第一，在社区规划中更多使用口述历史的必要条件是什么；第二，专业历史学家可能对这一过程做出什么样的具体贡献。

关于所需的条件，可能需要的是仅在正在开展积极的社区发展计划的背景下，将口述历史作为一种工具。在关键的社区收集口述历史，作为一种记录失去的声音的方式，是有趣的，也是有益的，不过不难想象，这样一个项目会变成一种简单的收集或徒劳无益的练习。另一种选择是，像埃里克一样，将口述历史作为一种方式，进而获取推进现有社区发展议程所需的洞察力。这意味着，在美国的城市中，必然要存在一个正式的社区组织，负责提出这样的议程，因此这也可能是一个条件。这也意味着，这个组织将积极参与社区组织活动，或者积极地让居民持续地参与到设想更美好未来的过程中，即规划中。至少有些怀有历史记忆的居民，有必要让他们住在社区中，鉴于某些地区的人员更替，这并不是一个无聊的要求。并且，有必要让一些具有一些口述历史专业知识（或其他定性的、基于叙事的技巧）的人参与进来。

因此，我们谈一谈第二个考虑因素：历史学家的角色。我们可以展望两类贡献，第一类是将口述历史作为一种方法的专业历史学家做出的；第二类是可以帮助培训社区规划者的专业历史学家做出的。这两类贡献主要围绕这样一个事实：没有多少人知道如何参与口述历史项目，更不用说指导它，将它融入社区发展的工作中去了。正如我上面所讨论的，我现在重点讨论的是在特定的规划中如何使用这种技巧，而不是在谈论什么才是全面的口述历史项目。

历史文献提供了许多方法论的结果，这些结果对于使用口述历史的情形很重要。例如，有一组评论，涉及如何观察和分析采访者与被采访者之间的关系。我们注意到，共同使用的非裔美国人遗产，似乎是以积极的方式影响

---

[1] L. Shopes, "Oral History and Community Involvement: The Baltimore Neighborhood Heritage Project," in Susan P. Benson, Stephen Brier, and Roy Rosenzweig (eds.), *Presenting the Past: Essays on History and the Public*, Philadelphia: Temple University Press, 1986, pp. 249–263.

[2] D. Hayden, *The Power of Place: Urban Landscapes as Public History*, Cambridge: MIT Press, 1995.

了我们的访谈。有时候，种族可以成为融洽关系的一个源泉，这同阶级、出生地、性别、政治倾向等的作用是一样的。但是，在有意识地理解起作用的因素的同时，无论是否存在类似的个人特征，建立联系都是可能的。① 一种方法是，以某一种方式设计一些问题，以便可以用一些口述历史学家描述的方法，让受访者畅所欲言。另一种合作讨论是，使用书面记录的问题，这是一种记录采访中发生的复杂动态的过程中不太有用的方式。② 这些发现可能会给口述历史学家之外的其他人带来很大的好处。

另一个潜在的贡献是培训。由于这些技术并不广为人知，因此可能需要集中精力才能将它们付诸实践。专业规划人员（他们可能只接受过资料收集的定量技术的培训）和社区领导者（可能受到了叙事技巧的自然吸引，但并不承认它们的适用性）都可以从这种训练中受益。他们更有可能使用这种方法。

如果我们能够解决这些问题，我们就可以从中获得很好的见解、灵感来源、潜在策略、组织分析方法和前景。收集口述历史可能成为支持、鼓励以及指导的另一个来源。这些历史不仅仅记录了社区的经历，也可以提高组织能力，帮助改善未来的条件。这确实是历史的一个恰当的角色："通过追溯一个人的历史，将他的身份与一个共同的过去联系在一起，一个人可以获得稳定和社区的基础……历史的必要性深深植根于个人的精神需求和人类对社区的追求之中。"③

---

① Alessandro Portelli, *The Death of Luigi Trastulli and Other Stories: Form and Meaning of Oral History*, Albany: State University of New York Press, 1991, chapter 2.

② Alessandro Portelli, *The Death of Luigi Trastulli and Other Stories: Form and Meaning of Oral History*, Albany: State University of New York Press, 1991, chapter 2; D. Kerr, " 'We Know What the Problem Is': Using Oral History to Develop a Collaborative Analysis of Homelessness from the Bottom Up," *Oral History Review*, Vol. 30, No. 1, 2003, pp. 27 – 45; M. DeVault, "Talking and Listening from Women's Standpoint: Feminist Strategies for Interviewing and Analysis," *Social Problems*, Vol. 37, No. 1, 1990, pp. 96 – 116.

③ G. Lerner, *Why History Matters: Life and Thought*, New York: Oxford University Press, 1997, p. 118.

口述史方法与建筑史研究：以浙西南民居考察为例[*]

王　媛^{**}

摘要：本文首先总结了建筑史研究的一般方法，并通过在浙江西南部山区进行民居调查的实例说明在建筑史研究中借鉴口述史方法的调查传统以及如何将这种方法纳入更加规范化和学术化的轨道，指出其在建筑历史研究尤其是民居研究中应引起重视。

关键词：建筑史；口述史；民居

一　建筑史研究一般方法的总结

笔者认为，在目前建筑史研究中并存着以下几种基本方法，一项具体的研究往往是对这些方法同时综合运用的结果。

方法一为考古学中的类型学归纳法。简单地说，即根据对古建筑的出檐、斗拱、构架等建筑形态和装饰题材分析判断它与哪个朝代的类型特征相符，便把它归到哪一个朝代类型中去。因为根据已有资料总结出的建筑年代特点即类型分类标准带有一定的不确定成分，随着新资料的发现，要不断补充或修改。

方法二为文化人类学方法。把这种方法引进中国建筑史研究是同济大学常青研究室的开创性工作，主要理路是把建筑现象与当时的社会生活以及文化习俗等状况联系起来，在场景和行为语境中解读历史建筑及其演变。清华大学陈志华先生的村落研究也可归结为这种方法。①

方法三为图像学方法。这种方法从艺术史借鉴而来，实际上是对建筑的

　＊　该文原载《同济大学学报》（社会科学版）2009 年第 5 期，经作者同意后在本刊发表，题目也有所更改。

＊＊　王媛，博士，河北山海关人，上海交通大学科学史系副教授。

　①　陈志华：《楠溪江中游古村落》，生活·读书·新知三联书店，2005。

译码工作，通过可见的建筑形式语言追问意义及意义的本质。它至今仍是西方文艺复兴和中世纪艺术研究的主要的方法论，中国建筑史界一些优秀的研究比如王鲁民先生的《中国古典建筑探源》所采用的就是典型意义上的图像学方法。①

方法四为文献分析方法。建筑史研究尤其需要对中国古代文献的深入解读的功力，有些建筑在古代的碑铭中有详细的描述，如果能够发现这些直接描写建筑的资料，在断代时便多了有力的佐证。

以上这些方法贯穿在中国建筑史学科发展的始终。到 20 世纪 80 ~ 90 年代，建筑史研究出现了许多新的气象，东南大学陈薇教授曾撰文指出：从 20世纪 90 年代以来，中国建筑史的研究呈现出以下三个特点。其一，从中心移向边缘，即研究对象从帝王将相的建筑活动向民众历史和乡野建筑研究转移，从汉民族的建筑研究向少数民族、周边地区的建筑研究拓展。其二，从中观转向林木互见，从方法上引进不同层次和角度的视角，把建筑历史置于更为宽广的跨学科研究的背景下。其三，从旁观走进心态和人，把建筑史与心态史、社会史的研究结合起来。② 陈教授所总结的这三个特点，其实是当今考古学和历史学研究转向的一种反映，中国考古学和历史学的研究理路都在从政治经济转向社会学和人类学，视野从精英转向平民，从文献走向田野，关注乡村民间生活中的自然与历史场景。学术思想的转向带来了研究内容与研究方法的重大变化，各学科的交叉与创新层出不穷。笔者认为，在建筑史领域最能代表这种趋势的当数研究中历史人类学方法与传统建筑分析方法的深度整合以及在研究视野中社会史视角的凸显，这一方向也是前述的考古学、文化人类学以及文献分析方法更加密切融合的发展趋势的需要，在建筑历史研究中已经受到广泛关注。

由于一项与香港中文大学合作调查浙西南移民民居的研究课题，自 2006年以来，笔者与历史学的几位同事合作考察了浙江南部山区的汀州移民村落。历史学家对浙南地区的客家移民的来源、分布、数量、时间以及土著化等问题在 20 世纪 90 年代便有深入的研究。③ 引起我们兴趣的是，这里的移民村落还保留有众多完整的清代民居建筑群。这些移民的老宅布局各有不同，但装饰具有同样的本地化特点，与东阳和徽州的民居属于一种体系，都以"牛腿"

---

① 王鲁民：《中国古典建筑文化探源》，同济大学出版社，1997。

② 陈薇：《90 年代中国建筑史研究谈》，《建筑师》2004 年第 6 期。

③ 曹树基：《中国移民史》（第六卷），福建人民出版社，1997，第 282 ~ 283 页。

构件为主要特点。但是，因为我们现有的建筑史领域的知识和理论是以《清式营造则例》中北方及官式建筑为主体，除了"斗拱"、大木的"抬梁""穿斗""井干"等一些术语，关于地方性的建筑结构和构造特点的介绍只限于屋角起翘的南北区别，不但无法清楚地阐释这些客家移民民居的特点和演变过程，更无法对其特点和演变做出合理解释。

由于民居建筑研究和历史学界村落研究的相关性，笔者与历史学家和人类学家共同进行了田野考察，并通过在中山大学"历史人类学"以及南开大学"社会史"培训班的学习，系统了解和实践了历史人类学的理论与方法。口述史是历史人类学研究中的常用方法，本文就以口述史方法在村落民居田野调查中的应用为例探讨为何建筑史研究者要掌握相关的历史专业的调查方法并树立相对缺乏的问题意识。

二 口述史方法的应用

口述史指的是通过传统的笔录、录音或录影等现代技术手段方式收集、整理历史事件的当事人或者目击者回忆的历史研究方法。在中国历史上，建筑活动是工匠的工作，很少进入历史文献的记载之中，许多建筑传统是靠工匠师徒口耳相传延续下来，大多数木匠有一身出色的木匠手艺却目不识丁，不可能将建筑工艺和活动变成文字的形式传播下去。为了研究传统建筑体系，必须借助调查访谈等直接手段，从当地的传统匠人传人或相关者那里了解和收集口头资料。其实口述史的方法早在建筑历史学科建立的时候就已经被不自觉地使用了，梁思成先生便是通过在北京的胡同中对老匠人进行访谈以弄清楚古建筑中各构件的名称和含义的，比如清式旋子彩画中的"钩丝绕"，也称"狗死咬"，就是来自北京匠人的口语翻译，梁先生所用的方法，就是口述史的调查方法。当今熟悉传统建筑做法的民间建筑老匠人已经所剩不多，对他们进行"口述"访谈并留下历史记录的工作更加迫切。

笔者所调查的浙江西南部山区是民居建筑具有鲜明特色的区域，以精雕细刻的"牛腿"构件为人所知。带有"牛腿"构件的民居分布在金衢盆地的金华、衢州、丽水一带和徽州地区，大家所熟知的东阳民居、兰溪诸葛村、武义俞源村、郭洞村和徽州民居都在其中。关于这些民居已经有许多出版物，我们可以从书中看到许多精美的"牛腿"照片。然而令人奇怪的是，没有人去问这些民居的极具特色的檐下构件是怎样组合在一起的，它们之间有无固定的结构关系，其他的构件都叫什么名字，承担什么样的结构作用，这些基本的建筑问题在任何一本出版物中都未被提到。为何对于结构和构造规律的关注在"乱花渐欲迷人眼"的"牛腿"面前几乎淡出观察者的视野？正如科学史上的证伪主义者波普尔所说：问题是研究工作的开始。而我们长于归纳，常常不知道如何去分析和发现，从某种意义上说，这是问题意识和方法训练缺失的表现。

仅仅从表象上看，稍加注意就可以发现浙西南民居檐下的构件组合具有相当明显的程式化规律。这些规律在清代是木工匠人们所稔熟的，今天知道这些建筑是怎样制作出来的人却所剩无几，需要我们花费许多周折才可以找得到。再过几年，就如随时都可能坍塌或者被拆掉的明清民居一样，这些传承着古民居营造技艺的老木匠可能再难寻觅。可是怎样寻找那些隐于乡间的老师傅，又怎样才能从他们那里获取真实有效的信息呢？

我们在乡村考察时首先遇到的问题是语言不通。一般年纪大些的村里老人们都只会说方言，北方乡村的方言我们几乎能听懂大概，而在南方的乡村里，就一定要借助当地的"翻译"，这位"翻译"找得好不好，直接关系到调查的收获大小，因为他几乎是我们在调查当地的合作者，他不仅仅要正确地传递双方的信息，而且在大多数时候，他读过书，在村中有较高的声望，熟知这个村落的历史，又关心村落的发展，会主动提供许多有价值的调查线索并参与调查。我们在浙南山区的民居调查，便得益于这样一些人的帮助。

在调查之前，我们事先需要准备几份东西。首先是一份表格，表格中填上被访问者的姓名、住址、出生年月和电话以及访问的时间和地点；其次是一份访问提纲，列出问题；最好再准备一些照片，以使被采访人更加清楚我们所要问的建筑部位和构件是哪里；最后还有一份小礼物。当然，录音设备要仔细检查，尤其是充电情况。

我们在松阳县枫萍乡根下村通过一位小学老师的帮助找到了一位83岁的老木匠。老人虽然年事已高，但是思路清楚，记忆清晰，访谈之后还带着我们在村子里看了几幢年代较早的民居，进行"现场教学"。那一次访谈收获很大，从老人那里我们知道，这一带清代民居的"牛腿"构件与其他的附属构件一起，其实是一种程式化的结构体系，紧密结合在一起使用，在匠人中有专门的称呼，叫作"七块"，但在建筑史领域，还没有人做过总结。在之前和之后的考察中我们证实这个体系是浙西南地区以及东阳和徽州民居共有的特点，偶尔在一些个别村落会稍有变异。以"七块"体系的构成和各构件名称及其演变过程为线索，可以写出一部颇为深入的区域建筑史，对此笔者有专文论及，① 在此不复赘述。不是每个村落每次下乡都能找到这样的老人，有的时候，老人不在家，或者记忆减退，或者根本不知道你要找的信息，但是多次寻访还是会有收获。

在采集这些老人的口述历史时，因为采集到的资料要被当作文献资料使用，对这一文献产生的过程和情景需要有记录，并保留以备使用者核查。另外，访谈应尽可能在讲述人熟悉的环境里进行，最好在他的家里，以免环境的强烈变化引起讲述人的紧张。访谈时录音或录影设备尽可能简单，同时按访谈对象的原话做笔记。在发问时，我们尽可能采用简单的和直白的词语并配以照片，比如，"多大年纪？""盖过这样的房子吗？"等等。在获取足够多的信息之后，我们要根据记录进行信息重构的工作，比如讲述人的身世，我们要根据时间顺序把他所提供的信息排列起来，而对一些矛盾的信息进行甄别。提问时指一个构件问："这是什么？""它为什么是这样？"等等，而不是问："这是某某构件吗？""它是如何如何的吗？"这里重要的不是要求访谈对象明白你，而是你要明白他表达的意思。

所以，口述史的方法和访谈有相似之处，但比访谈更加严谨。由于工匠表达的常常是匠人们内部通用的语言，我们的翻译者也不一定明白特殊音节的含义。我们的做法是尽量记下音节，通过照片或实物请被采访人指认音节所代表的建筑部位，再与其他资料进行对照。

当你要深入地研究一个村落时，不能希望一次便把所有的资料搜集全，这些对于过去的记载或者讲述在某种机缘下出现时，我们要及时抓住。今年正月我们到松阳县后宅村感应庙调查时，正赶上村中龙灯会散灯聚餐，村中长者热情招呼我们留下吃饭。与长者们同桌进餐时，我们顺便了解到了许多村落历史信息。我们的访谈对象多是老人家，去拜访这些老人家的时候，我们常带些小礼物，或者在临近午饭或者晚饭的时间请他们在村边的小饭店吃顿饭，这样可以在双方之间营造一种亲近的气氛，也表达尊重与感谢。尊重是面对访谈对象时应有的态度，要入乡随俗，把自己定位成虚心的学习者。有时老人们对过去的回忆并不确切，不同老人们所说的话常常有矛盾，需要我们不断地求证。

---

① 王媛、曹树基：《浙南山区明代普通民居发现的意义》，《上海交通大学学报》（哲学社会科学版）2009 年第 3 期。

由于来自"口述"，资料有可能被加入了被采访人错误的信息，以致我们会在判断时被误导。比如我们在松阳县石仓村判断一幢破损情况严重的普通老宅时，根据族谱、牌位以及建筑特点我们认为这是一幢明末的普通民居，明代所建官宅与豪宅保留至今已属不易，建于明代的普通民居保留至今更为罕见，也有更为特殊的意义，因而我们的判断要相当慎重。所以，我们又对房屋建造者的后代进行访谈。一位60多岁的老者说这幢房屋是建在旁边的一幢房子之后，也就是说这幢房子的历史不会超过一百年。我们在仔细地分析了两幢建筑的空间位置和地形之后，明确肯定这位老人口述的情况是不可能发生的。值得注意的是：老人的口述是来自转述，不是他亲身经历，所以我们可以推翻；如果是老人的亲身经历，便需要修改我们的判断。当然，在具体判断材料时，最好有相关的旁证帮助证实口述材料的真实性，比如碑铭、文献或遗址、实物等。我们要使建筑历史的研究凸显出历史建筑的文化价值，研究的视野必然要拓宽到工匠与民众层面上，对民间文献和口述史资料的搜集整理便是研究的基础工作之一。

三　如何利用口述资料进行进一步分析

同一课题组的历史学者所有的出色判断能力常常使笔者惊讶：他们通过观察祠堂或社庙中的不同神主的身份和位置，可以推断村落信仰系统的来龙去脉；通过辨读庙中捐款人的名单，判断村中族姓的来源和村中土客人口比例……在遂昌县的王江口镇，我们在民居中走访，了解到主人姓程，历史学同事曹老师肯定地说他们是徽州移民，了解下来果然如此。而在吴处村、柳方村等处，曹老师亦从房屋主人姓赖、姓巫推断出他们是福建汀州移民。这些历史信息，使我们对民居风格特点的把握从单纯的建筑学领域拓展到移民对建筑风格的影响，这些判断需要建立在深厚的知识底蕴和研究经验基础上，利用口述资料进行分析，首先要求我们有一定的历史学和人类学知识基础。

对建筑本身的分析、测绘等工作是我们的专业特长，而文献分析是建构历史脉络的基础。以我们在浙南山区的石仓村调查为例，族谱和文献为我们提供了村落经济文化的历史图景和居民之间的宗族血缘关系，在进一步调查古民居的居住史之后，对于石仓民居，我们得以在社会史、经济史、国家区域历史甚至村民生活空间变化的各个维度加以把握。

在我们两年来重点调查的浙西南石仓村，民居有这样一个趋势：从清代初年开始，村里建造的住宅把檐下各个构件尤其是"牛腿"变得越来越繁复丰富，同时出现了雕刻有龙须纹的插梁，出现了楼层，出现了纵深多进的院落和横屋、檐廊。那么，这些变化是在什么样的历史背景下出现的？对人们的生活有怎样的影响呢？我们在石仓村中的小饭店里访问了村里 72 岁的老木匠阙祥源老人和 80 岁的阙成义老人，了解到老宅中一根较好的"牛腿"需要 120 个雕工，也就是需要一个雕工工作 120 天才能完成，而新中国成立后一根不要装饰的柱头只要 56 个大木工（一个工是一个工匠工作一天的劳动量）。民国时期，雕工的报酬是一个工 8 升米，我们可以算出一根"牛腿"需要花费的代价是 960 升米。在这个基础上，我们分析"牛腿"构件的出现和演变，显然会联系到当时"康乾盛世"经济繁荣的历史背景，也会意识到村民先祖在那时的富裕生活。

构件的演变我们可以在现象层面把握，现象背后的原因则需要我们对当事者的文化心理以及社会历史背景做准确的分析。比如 1850～1950 年的 100 年，正是石仓人口快速增加而对新的居住空间需求不断增强的时期，而在这 100 年中，他们几乎没有建造任何新的住宅。老人们普遍的说法是由于家族生意衰落而造成生活贫穷。生活贫穷，有洋货的输入对民间手工业的挤压，有人口过快增长带来的生活质量下降，但是贫穷并不妨碍人们建造一些造价便宜、低矮简陋的房子，为何连这样的房子也未曾建造？我们在访谈的资料中记录到石仓村的老人们说："宁肯挤也不肯做简单房子"，"有钱的就盖好房子，没钱的就不盖"。我们突然醒悟：最根本的原因在于人们对"住宅"的定义已经定型在清代中期老宅的那种富丽形式，大家不知道除了这种需花巨资建造的住宅之外，还可以有什么样的房子。隐藏在只言片语之中的真相往往连述说者都没有觉察，但这些记录为我们寻找真相提供了一条追寻的脉络，也使建筑史的研究深入社会史和传统文化心理的层面。仅仅局限在建筑学的领域内，是无法想象这样宽广的研究视野的。

我国传统民居的数量在过去二三十年间急剧减少，我们迫切需要对一种迅速消失的居住文化以及与之相关的生活方式展开历史研究，事实上，传统民居建筑也的确在近年来成为建筑史研究的热点。笔者认为，要对民居建筑现象之下的解释性表述有深刻把握，要在相似的区域文化和历史背景下解释村落独特的民居建筑个性以及建构区域建筑史，对区域历史、经济、文化的微观和宏观两方面的准确把握是基础，而微观的研究材料的获取，除了对建筑对象的专业考察，正规的历史学、人类学以及社会学的田野调查方法是必不可少的训练。

四 结语

建筑史研究中常见的困惑是我们经常在做着归纳总结然后演绎推理的简单资料处理的工作，隐藏在表象后面的那些复杂的联系却很难呈现。我们的探索是把建筑的历史看作社会历史的一部分，利用历史学方法搜集族谱、文献、碑铭，进行访谈和历史事件现场考察，对古建筑进行多种方法互相验证的清楚断代，总结各时期建筑特点，分析特点形成和演变的原因，在区域社会史的背景下勾勒出完整的区域建筑史链条，并观照更大范围的建筑发展规律。"验证"固然重要，"发现"却更加体现学科价值所在，口述史无疑是我们挖掘和发现历史建筑中居住、礼制文化深层内涵的重要途径。

【参考文献】

常青：《世纪末的中国建筑史研究》，《建筑师》2004 年第 6 期。

陈春声：《中国社会史研究必须重视田野调查》，《历史研究》1993 年第 2 期。

陈明达：《古代建筑史研究的基础和发展》，《文物》1981 年第 5 期。

黄国信等：《历史人类学与近代区域社会史研究》，《近代史研究》2006 年第 5 期。

王贵祥：《关于建筑史学研究的几点思考》，《建筑师》2004 年第 6 期。

吴良镛：《关于中国古建理论研究的几个问题》，《建筑学报》1999 年第 4 期。

萧默：《当代史学潮流与中国建筑史学》，《新建筑》1989 年第 3 期。

赵世瑜：《大历史与小历史：区域社会史的理念、方法与实践》，三联书店，2007 年。

朱和双：《试论法国年鉴学派的历史人类学研究》，《史学理论研究》2003 年第 4 期。

陕西伊斯兰建筑鹿龄寺及周边环境
再生研究：从口述史开始[*]

蒲仪军[**]

摘要：陕西西乡鹿龄寺是西北地区重要的伊斯兰宗教拱北建筑群，见证了中国伊斯兰教在其漫长的发展过程中不断中国化的历史进程。现代口述史是历史学科中的一个方法论体系，被广泛应用于跨学科与交叉研究中。本文通过鹿龄寺的保护再生实例，说明在历史建筑保护研究中借鉴口述史的方法传统，以及如何将这种方法再运用于遗产研究和保护设计中。

关键词：伊斯兰拱北建筑；鹿龄寺；再生；口述史

在建筑史领域最能代表当今史学研究思想趋势[①]，当数研究中历史人类学方法与传统建筑分析方法的深度整合以及在研究视野中社会史视角的凸显[②]，要对建筑现象之下的解释性表述有深刻把握。需要将社会学、历史学、人类学的研究方法和建筑学的独特视野联系起来，与建筑空间形态和设计实践的微观分析与仔细阅读结合起来；需要紧密联系社会与建筑问题，聚焦具体历史时期又能跨越时间阶段，同时与日常话语与主导视野保持自觉反思距离的分析性的研究结合起来。因此，除了对建筑对象的专业考察，正规的历史学、人类学以及社会学的田野调查方法是必不可少的训练。而口述史的方法则是

---

[*] 该文原载《华中建筑》2013 年第 5 期，经作者同意并部分修改后在本刊发表。

[**] 蒲仪军，同济大学建筑学博士，上海济光职业技术学院副教授，中国建筑学会工业遗产学术委员会学术委员，中勘协传统建筑分会副秘书长，主要从事建筑及遗产保护研究工作，近年来，曾出版专著《都市演进的技术支撑》（同济大学出版社，2017），并参编《中国近代建筑史》。

[①] 陈薇教授认为当今中国考古学和历史学的研究理路都在从政治经济转向社会学和人类学，视野从精英转向平民，从文献走向田野，关注乡村民间生活中的自然与历史场景。学术思想的转变带来了研究方法和内容的重大变化，各种学术的交叉与创新层出不穷。详细参见陈薇《90 年代中国建筑史研究谈》，《建筑师》2004 年第 6 期。

[②] 王媛：《对建筑史研究中"口述史"方法压用的探讨：以浙西南民居考察为例》，《同济大学学报》（社会科学版）2009 年第 5 期，第 52 页。

田野调查最重要的手段。

正如汤普逊所指出的，口述史的最大作用是"它给了我们一个机会，把历史恢复成普通人的历史，并使历史密切与现实相联系。口述史学凭着人们记忆里丰富得惊人的经验；为我们提供了一个描述时代根本变革的工具"。①研究者如何能从口述史的获取和研究中，得出分析性与理论性的结论，如何能从具体的建筑现象或者一个微型社会入手，收到竹管窥豹、以小见大的功效，是建筑历史研究和遗产保护所面临的共同问题。基于以上认识，本文将通过对于陕西西乡鹿龄寺建筑及环境的再生案例来探讨运用口述史进行历史建筑保护的方法。

一　历史背景

陕西西乡鹿龄寺是西北地区伊斯兰教四大门宦之一格迪林耶教派的大拱北门宦②的三大圣地之一（另外两处为四川阆中巴巴寺和甘肃临夏大拱北）。是该门宦创始人甘肃河州（今临夏市）人祁静一的修真地。已被列入陕西省重点文物保护单位。清康熙五十八年（1719年）始建至今，260余年来，信仰该教的回族、维吾尔族、哈拉族、东乡族、保安族等教徒，从陕、甘、宁、青、新、滇、川、黑等省，长途跋涉，不远万里，来此朝拜瞻仰者，络绎不绝。鹿龄寺规模宽敞，建筑瑰丽（见图1）。结合陇南和陕南特点的建筑融合了中国传统样式和伊斯兰的特色，其石雕和砖雕艺术堪称一绝（见图2），见证了中国伊斯兰教在其漫长的发展过程中不断中国化的历史进程。

鹿龄寺的变迁大概经历了以下几个阶段。

清康熙五十八年（1719年），祁静一归真，众徒建香亭，葬其遗体于亭内。后祁静一金骨安葬于河州西郊，墓庐名为永久亭，即今临夏大拱北所

---

① 转引自沈固朝《与人民共写历史：西方口述史的发展及对我们的启发》，《史学理论》1995年第2期，第103页。

② "门宦"为一种严密的教权组织给是中国伊斯兰教特有的组织形式。明末清初伊斯兰苏菲神秘主义传入中国，形成虎夫耶、哲赫忍耶、卡迪林耶和库卜忍耶四大门宦及四十余支系。"卡迪林耶"意为大能者，是苏非主义中比较大的教团。清康熙初由穆罕默德二19世后裔花哲阿布·董希拉传入中国，在长期发展过程中受中国佛道影响，具有佛道色彩。卡迪林耶主张"先有道、后有教"。在遵行《古兰经》《圣训》的同时必须静修参悟，才能达到认主、近主的目的。大拱北门室是卡迪林耶在中国主要继承者和传播者之一，徒约有八万余人，分布于甘、陕、川、青等省，其教旨为"抛离家乡，独自修"。由于苏非主义强调导师的作用和价值，因此以导师为中心的苏非教团纷纷以修建导师的墓庐来表达纪念和崇拜之情。

图1　鹿龄寺的牌坊（作者自摄）

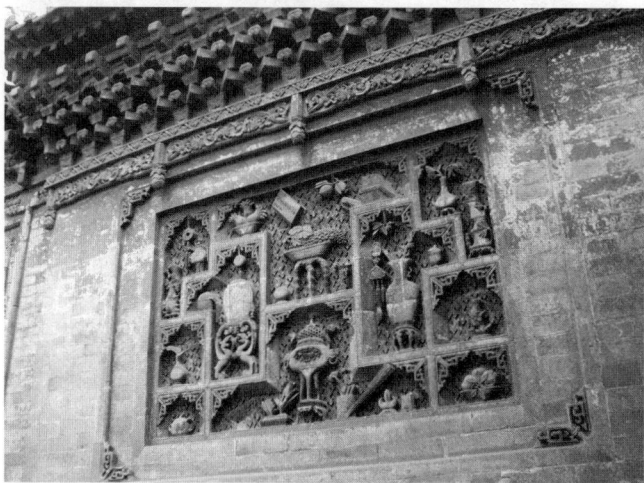

图2　鹿龄寺的砖雕（作者自摄）

在地。

同治元年（1862年）庙亭毁于兵事，七年（1868年），祁徒祁遇先与妥云清重修香亭，命名为悠久亭，并建客厅、当家住宅等50余间及三禄牌楼一座，光绪十一年（1885年）才告修竣牌坊工程，恢复了原貌。

1958年宗教改革，20世纪60年代"文化大革命"开始及1970年新建水泥厂，大量占用，鹿龄寺遭受了极大的破坏，建筑物及环境行将坍塌及荒废。

20世纪80年代，落实宗教政策，临夏大拱北对鹿龄寺进行了三次大的维修，前后历时五年。恢复了大量的景观和建筑（见图3和图4）。

2009年水泥厂停产，鹿龄寺的环境得到极大的改善，当地政府和临夏大拱北准备联合对基地环境进行改造。

鹿龄寺的空间图景是由"续断的农耕文明残存，粗陋的初级工业文明改造结果和无处不在的后工业文明冲击交织在一起"。① 鹿龄寺的现状也是我国很多建筑遗产面临窘境的一个缩影，因鹿龄寺结合了民族宗教、历史建筑、城市发展、旅游开发、遗产保护等各种因素而变得更加复杂（见图5）。

图3 20世纪80年代对于鹿龄寺的维修（作者翻拍）

图4 20世纪80年代对于鹿龄寺的维修（作者翻拍）

---

① 常青：《历史环境的再生之道——历史意识与设计探索》，中国建筑工业出版社，2009，第15页。

图5 鹿龄寺的现状环境（作者自摄）

二 口述史方法

　　我们的探索是把建筑的历史看作社会历史的一部分，利用历史学方法搜集族谱、文献、碑铭，进行访谈和历史事件现场考察，对古建筑进行多种方法互相验证的清楚断代，总结各时期建筑特点，分析特点形成和演变的原因，在区域社会史的背景下勾勒出完整的区域建筑史链条，并观照更大范围的建筑发展规律。"验证"固然重要，"发现"却更加体现学科价值所在。

　　基于初步调查，鹿龄寺因战乱、宗教改革和文革等影响，所存文献资料缺乏，因此本研究在实地考察，碑铭，文献研究，建筑测绘的基础上，更偏重于口述史调查。对建筑本身的分析、测绘等工作构筑了研究本体，而文献及口述分析则是建构历史脉络的基础。

　　我们采用了第二种研究模式，第二类口述史①作者们认为，口述历史研究的意义在于"证明人们对以往历史的认识是怎样形成的"、采访者通过导向性的或是有针对性的提问和对事件的评价展开与当事人的互动，更易于启发当事人从内心深处审视过去，从而得到较大的主动权和参与权。研究者的主动权不仅表现在访问过程中的问题设计，提问方式等方面，也表现在口述史作

---

　　① 王媛：《对建筑史研究中"口述史"方法应用的探讨：以浙西南民居考察为例》，《同济大学学报》（社会科学版）2009年第5期，第52页。

品中对被采访者所陈述的内容提出质疑、解释或做出取舍甚至做出评价。而同时，口述史调查作为调研的关键从开始取样上就具有一定的广泛性和代表性（见图6、图7和表1）。

图6　在陕西和甘肃进行口述史的调研（同济大学项目组摄）

图7　在陕西和甘肃进行口述史的调研（同济大学项目组摄）

表 1　口述史调查表一览

访谈人姓名	籍贯	身份	年龄	访谈地点	访谈侧重内容
马云发	临夏	大拱北管委会主任	52	临夏	大拱北宗教事务，鹿龄寺产权纠纷等
拜云虎	临夏	大拱北管委会副主任	48	临夏	大拱北宗教事务；临夏回教概况
马义明	东乡	大拱北阿訇	40	临夏	临夏及大拱北宗教
马敬成	东乡	大拱北阿訇	34	临夏	临夏及大拱北宗教（被大拱北送去上民族学院）
伦有才	临夏	大拱北老阿訇	82	临夏	临夏及大拱北宗教
绽学仁	临夏	伊斯兰古建工匠	80	临夏	伊斯兰教建筑及装饰设计施工
妥德荣	临夏	原鹿龄寺当家人拜世礼徒弟	69	西乡	作为守陵人，其亲身经历的鹿龄寺变迁
赵玉祥	东乡	大拱北出家弟子	24	西乡	宗教及其生活
杨文俊	西乡	原水泥厂副书记	70	上海	原水泥厂对鹿龄寺的使用情况
周仁明	西乡	西乡县统战部部长	51	西乡	政府对待鹿龄寺项目的态度
王滨	西乡	西乡大新装饰设计总监	45	西乡	普通市民对该项目的认知和期望

　　建筑史研究中常见的困惑是我们经常在做着归纳总结然后演绎推理的简单资料处理的工作，隐藏在表象后面的那些复杂的联系却很难呈现。而以上的取样代表了宗教、社会、政府、企业、民众等相关群体，通过他们不同的视角，我们试图可以完善和还原一个"他者"的鹿龄寺。这些不同的诉求代表了鹿龄寺在复杂的历史环境中所需要扮演的多重角色的矛盾性。

　　口述史的使用使得我们能够对对象在社会史、宗教史，经济史甚至生活空间变化的各个维度加以把握。这样就获得了更宽广的研究视野。这些记录为我们寻找真相提供了一条追寻的脉络，也使建筑史的研究深入社会史和传统文化心理的层面。我们认为，鹿龄寺的存在始终与时间的维度相连，不同的时代下不同的历史场景互相迭合，才是一个完整的鹿龄寺。

三　运用口述资料的分析

　　基于以上的研究，我们逐步对鹿龄寺的历史及变迁有了更加清晰的认识，并有如下的判断。而这些判断所能得到的结论除了建筑历史研究的基本方法外，与口述访谈密切相关。这更是以后工作的基础和出发点。

1. 历史价值判断

通过口述的梳理，厘清了鹿龄寺在其发展演变过程中经历的几个重要阶段，每个阶段对其空间格局和建筑都有一定程度的变动，对于这些变动和宗教方提出的新的功能要求，我们在保护修复过程中如何对待这些过去？要采用什么样的策略？如何对不同时期的建筑进行价值判断？

现有已经关停的、对环境造成严重污染的水泥厂的基地原本为鹿龄寺周围环境的用地，但根据调查发现，这个水泥厂为当地第一个现代意义上的工厂。从保留保持城市记忆的意义上来说，也成为该地区历史景观不可缺少的一部分是不是可以保留片段？进而，鹿龄寺和水泥厂之间的关系如何处理？水泥厂的地块最终要变成伊斯兰文化广场或公园，从专业的角度来说，但如何保留，保留的体量是多少，采用什么样的手法（见图8）？

图 8　鹿龄寺旁边的水泥厂（作者自摄）

2. 遗产价值判断

作为目前国内现存保留的历史最悠久的拱北建筑之一，不仅本身是珍贵的建筑遗产，而且长期以来，来鹿龄寺朝拜的西北五省的教众络绎不绝，其建筑制式影响着该教派位于西部五省各处的拱北建筑，临夏伊斯兰拱北建筑如何与陕南建筑样式结合并相互影响？如果我们将该教派的三个圣地（陕西西乡鹿龄寺，四川阆中巴巴寺，甘肃临夏大拱北）的建筑群进行比较，是否可以得出宗教的传播与建筑样式传播的关系？

从访谈中得知，在甘肃，1958 年的宗教改革和从 20 世纪 60 年代开始的"文化大革命"中，绝大多数的伊斯兰宗教建筑被摧毁（当今的甘肃的伊斯兰教清真寺及拱北基本上是"文革"后重建的），侥幸保存下来的鹿龄寺更成研究伊斯兰拱北建筑的最原真的样本。特别是在该教派临夏大拱北在1958年宗教改革中被毁坏，而后的重建，其大部分的制式、布局和建筑装饰以鹿龄寺为蓝本。而临夏三绝"木雕、石雕、砖雕"与而鹿龄寺精美的雕刻之间什么样的派生关系，民族传统建筑工艺的传播与继承等更是我们期望从更深入的研究中得到答案。

3. 场景价值判断

通过访谈我们还发现，原本鹿龄寺离县城两公里，周围一片草木树林，自然环境非常良好，非常适合宗教清修。但随着城市化的进程，城市的扩张和发展使得鹿龄寺已经位于城市规划区的核心区域。使其原本单一的宗教功能变得复杂，位于城市区域的鹿龄寺如何从一个郊野的寺庙转化为一个城市公共空间？在城市化的进程中又将会扮演什么样的角色？

在与守墓人妥老先生的访谈中，我们得到了他作为1949年以后鹿龄寺所有事件亲身经历者的珍贵资料，其中不仅包括各个时期寺庙的规模情况，运行方式、后来的破坏及修复等主要情况，他还谈到了一个容易被忽视的细节，就是在宗教改革前，每到传统节日，鹿龄寺都要开放，并做花事，城里及乡邻纷纷来参观，使得这个偏僻清幽的寺庙非常热闹。这个情节引起笔者的浓厚兴趣，顺着这个脉络，笔者又翻阅了西乡文史，终于在第五辑找到了佐证，"寺宇清洁，树木葱郁，寺内奇花异草甚多，……令人有西方妙境之感，西乡地方习俗，每年端午节，城中回汉士女，着新装，系香袋，游览'巴巴寺'（时人对鹿龄寺的别称），间有夺香袋为嬉戏者，人不以为怪，因而在端午节游人更多"。[1] 这与妥老先生的描述一致，并得出重要的信息是其一，鹿龄寺在当时也有着特别优美的自然及人工环境。与目前面临的严重污染有着天壤之别，那么这样的环境需要并如何恢复？其二指出了鹿龄寺在当时不仅有宗教的功能，更有着郊野公园的功能，并成为人们重要的休闲娱乐的活动场所。那么这种节场能否再现？是否能在修复历史节场空间与激活民俗仪式之间找到本应具有的内在联系？

在访谈中，政府甚至宗教方面要求和期望是基于其已有的经验，其勾勒

---

[1] 范来成：《祁静一与西乡鹿龄寺拱北：记临夏回教在西乡的活动史》，载西乡县政协编《西乡文史资料汇编》（第五辑），1993，第65页。

的蓝图更是目前我国大量的城市设计和公共空间设计存在着"迪士尼化"的倾向。其背后对城市历史的表现完全按照利益的原则来进行，用一种资本利好的方式塑造出一种虚假的幻象，用幻想来代替植根于城市历史的真实的城市景观。① 如何避免鹿龄寺新生成的景观"迪士尼化"？这对于我们的设计提出很严峻的挑战。

4. 社会价值判断

本次规划设计，是当地政府审定，宗教人士投资建设的双重管理体制，因此鹿龄寺再生被赋予了多种的期望，通过与大拱北管委会和西乡政府官员的访谈，认识到当地政府希望鹿龄寺能成为振兴当地旅游发展的推动剂，更希望新建的穆斯林广场成为市民活动的重要场所，而宗教方则要求恢复原来的空间格局，并在广场处加入商业内容，这些诉求如何进行平衡？

作为祁静一一生最重要的活动地点，西乡对大拱北门宦有着特殊的意义，"临夏大拱北在西乡从事伊斯兰教活动三百多年来，对西乡回教的存在与发展有着深远的历史意义，西乡所有的穆斯林对祁静一也十分尊敬，临夏、西乡虽处两地，但信仰归一，数百年来，彼此无论是教务关系还是人事情谊，都形同一体，团结协作，源远流长，这对西乡经济文化的促进，也有着不可磨灭的作用"。② 两地民众期间的往来更应该被看作一种文化和民族交融史，这些活动的发生，不仅影响着宗教的传播，也影响着包括风俗，文化乃至建筑风格的交融，如何在当今重塑辉煌，加强协作，并通过对鹿龄寺的保护、修复和再生，从而筑"民族团结于山水间"？

以上基于口述史及其他调研的基础上得到的一系列的判断是下一步进行历史梳理和保护设计的前提，而通过问题的整理，更加厘清了保护研究和设计的目的（见图9）。

四　结语

正如凯文·林奇指出"我们保护旧事物，既不是为了它们自身的缘故，

---

① 周向频：《中国当代城市景观的"迪斯尼"化现象及其文化解读》，《建筑学报》2009年第6期，第88页。

② 范来成：《祁静一与西乡鹿龄寺拱北：记临夏回教在西乡的活动史》，载西乡县政协编《西乡文史资料汇编》（第五辑），1993，第67页。

图 9 鹿龄寺的复原效果图（源自同济大学项目文本）

也不是像堂·吉诃德那样企图阻止变化，而是为了更好地传达某种历史感……它意味着将历史进程与当前的变化及价值观相联系，而不是企图使它们相脱离"[1]。保护与再生的工作始终与对历史的研究和再认知联系在一起的。对于历史环境的再生在更深的层次上是对时空坐标轴上的各种历史进行的功能整合与活力再造，目的是保留记忆，实现环境的和谐发展。而口述史的开展是我们通向事实，挖掘和发现历史建筑中深层内涵的重要途径。

---

① 凯文·林奇：《城市形态》，林庆怡等译，华夏出版社，2001，第 184 页。

书评书介

让该记录的被记录，该倾听的被倾听

——评张李玺等（主编）《倾听与发现：妇女口述历史丛书》

闵 杰[*]

张李玺（主编）《追寻她们的人生——新四军、志愿军女战士和妇女干部卷》（"倾听与发现：妇女口述历史丛书"第1卷），中国妇女出版社，2014。

张李玺（主编）《追寻她们的人生——学前和初等教育女性工作者卷》（"倾听与发现：妇女口述历史丛书"第2卷），中国妇女出版社，2014。

张李玺（主编）《追寻她们的人生——新疆生产建设兵团女性卷》（"倾听与发现：妇女口述历史丛书"第3卷），中国妇女出版社，2014。

张李玺（主编）《追寻她们的人生——女性专业技术人员卷》（"倾听与发现：妇女口述历史丛书"第4卷），中国妇女出版社，2014。

张李玺（主编）《追寻她们的人生——女工人和女行政人员卷》（"倾听与发现：妇女口述历史丛书"第5卷），中国妇女出版社，2014。

卢小飞（主编）《追寻她们的人生——女新闻工作者卷》（"倾听与发现：妇女口述历史丛书"第6卷），中国妇女出版社，2016。

张李玺（主编）《记录她们20年的行动足迹：北京+20妇女活动家访谈录（第1辑）》（"倾听与发现：妇女口述历史丛书"第7卷），中国妇女出版社，2015。

张李玺（主编）《记录她们20年的行动足迹：北京+20妇女活动家访谈录（第2辑）》（"倾听与发现：妇女口述历史丛书"第8卷），中国妇女出版社，2015。

张李玺（主编）《记录她们20年的行动足迹：北京+20妇女活动家访谈录（第3辑）》（"倾听与发现：妇女口述历史丛书"第9卷），中国妇女出版社，2015。

张李玺（主编）《女性人生价值的诠释及口述史本土化探究》（"倾听与

* 闵杰，黑龙江省妇女研究所副研究员。

发现：妇女口述历史丛书"第 10 卷），中国妇女出版社，2016。

自 20 世纪 40 年代哥伦比亚大学成立口述历史研究室以来的七十年里，现代口述史学不断丰富、拓展，发展成为具有独特意义的史料搜集方法和公众史学研究的重要学科分支。在我国，2000 年前后，随着报纸、电视等大众传媒对传统新闻访谈方式的丰富和拓展，口述史学得到了越来越多民众的关注和青睐，开始在国内方兴未艾。

2011 年，中华女子学院中国女性图书馆启动国内首家大规模的妇女口述历史资料收集整理项目——"倾听与发现：妇女口述历史"，对各行各业、各族各界妇女进行口述历史访谈，截至 2016 年，已由中国妇女出版社公开出版"女性生命故事访谈"（第 1 ~ 6 卷）、"北京 + 20——妇女活动家访谈"（第 7 ~ 9 卷）和"妇女口述资料的分析研究及口述史本土化探究"（第 10 卷）共十卷。《倾听与发现：妇女口述历史丛书》带着社会性别视角和历史追问，真正将个体与群体、男性和女性共享历史话语权的理念深植于每一篇访谈当中，是当前国内妇女历史研究不可或缺的史料资源。

一　从"她们"到每一个鲜活的生命个体

恩格斯曾说，人们创造自己的历史，并且"不能随心所欲，而必须受既定条件制约"。正因如此，倾听每个人的声音，通过个体感受和微观视角揭示历史经纬下的政治环境、经济状况、社会意识、文化肌理，将官修正史中缺位的普通人，尤其是普通的"她们"以鲜活生动的生命记录和呈现，以不同的声音和评价反馈着政治运动、历史变迁在个体生命留下的线索，真正将历史引入个体，将个体融入历史。

在《追寻她们的人生》六卷本 77 篇访谈中，无论是在战火纷飞年代投身民族独立和国家解放的新四军、志愿军女战士，还是新中国成立后在教育领域、科研领域、党政机关、新闻传媒以及生产一线刻苦工作、拼搏奋进的劳动者，她们的口述故事让历史叙述有温度，让情感传递有深度。

在"新四军、志愿军女战士和妇女干部卷"中，从这些耄耋老人的讲述中可以感受到一代女性的家国情怀，以及对战争与和平的真实感受、独到见解。在"新疆生产建设兵团女性卷"中，不同的受访者对入疆支边有不同的体验和经历，她们对自我的身份期待、自我解放，在国家和集体对性别模式的构建和复制中所得到的个人感悟大相径庭，她们到底是历史的嵌入者，还是时代的创造者；她们是个人命运的主宰还是裹挟在时代洪流中的浮萍，她们自己在反复思考，也值得我们每个人深深思索。在"学前和初等教育女性工作者卷""女性专业技术人员卷""女工人和女行政人员卷""女新闻工作者卷"中，我们看到了平凡岗位中奉献精神的闪耀，看到了劳动女性在"时代不同了，男女都一样"的感召下不计代价的艰苦付出，然而，值得我们探究的是，时代对女性在公领域的付出和奉献给予了褒奖，那么"服从安排"做了军属、家属的女性，她们的劳动、她们的人生是否有意义有价值？在职业妇女人群，她们平衡工作和家庭过程中"自觉"承担的养育和照料，其价值又如何？这对当前"全面两孩"政策下女性求职难、晋升难有何启示？这些都值得深入探讨和梳理。

二　她们是见证者，也是彰显者

在《记录她们 20 年的行动足迹》三卷本中，展现了 1995 年世界妇女大会后 20 年间，中国一批具有社会影响力的妇女活动家践行"以行动谋求平等、发展与和平"的共识和承诺，不仅用妇女的眼光看世界，传递妇女的声音，共同创造了妇女研究前所未有的发展机遇，更是以行动将妇女问题与社会可持续发展和包容性发展、以及人类命运相联结，敦促和影响公共部门接受和采纳社会性别理念，推进社会性别纳入决策主流，保障和实现妇女各项生存发展权利，从而推动妇女人权事业的进步。这些妇女活动家用新思路、新方法、新行动，从各自所在的高校、党校、科研机构以及政府部门发力，积极译介国际女性主义经典著作，组织和推广中外妇女发展学术交流，力促高校和研究机构中性别平等和妇女研究相关学科设置，并通过实证研究对立法决策提供基础数据和意见建议等方式积极推进社会性别主流化和妇女问题社会化，是新时期中国妇女运动不可或缺的组成部分。

三　妇女口述历史的未来需要我们更深入的思索和更积极的行动

在这套十卷本的口述历史资料中，最后一卷《女性人生价值的诠释及口述史本土化探究》收录了关于妇女口述历史的理论与方法、妇女口述历史资料分析、访谈员的素养、口述史料的伦理和法律问题以及口述史料的收集与保存共 5 个部分的 33 篇具有代表性的学术文章，以期带来更多的关于理论和方法论层面的交流和讨论。由此，我们也可以看到，尽管目前口述历史在学界和民众中热度不减，但个人即政治、普通人的生命故事就是历史这一观念远没有形成共识，受访者自身也存此疑惑，而带着社会性别视角发掘就更显难能可贵。在具体的访谈过程中，对于受访者而言难点是记忆真实与自我呈现，对于访谈员而言是倾听、交流、储存与筛选所有的信息点，而对于某一群体而言，不同受访者之间传达的信息冲突与一致，个人的挣扎与坚定，所呈现出来的自我选择和别无选择，都是具有张力和魅力的。此外，在多元媒介和视觉媒介为主要传播手段的当下，如何利用书籍以外的形式呈现口述历史资料，用受众更广泛的传播手段扩大女性主义的公众影响力，增强代际多元交流对话，激发和凝聚各种行动力量，都是未来我们要面临的课题。

评保罗·汤普森和乔安娜·博纳特《过去的声音：口述历史》*

唐纳德·里奇**

Paul Thompson and Joanna Bornat, *The Voice of the Past*：*Oral History*, London and New York：Oxford University Press, fourth edition, 2017.

牛津大学出版社出版的《过去的声音》一书的第四版，距该书第一版已近 40 年，距该书上一版也有 17 年之久。它标志着口述史学一个重要的里程碑。该书的第一版挑战了口述历史学家及其怀疑论者的成见。保罗·汤普森帮助推动口述史学领域向新的方向发展，并向其他学科开放。本版是对该书前三版所引起的剧变的见证。作为这些变化最明显的衡量标准，新书几乎是原来长度的两倍。

口述史学先驱保罗·汤普森现在是英国埃塞克斯大学（University of Essex）社会学名誉教授。在这一版中，他与英国公开大学（Open University）口述史学名誉教授乔安娜·博纳特合作。他们都编辑了著名的英国口述历史学会刊物《口述历史》（*Oral History*），并且都敏锐地意识到该领域的发展。本版还包含了由睿智的分析家林恩·阿布拉姆斯（Lynn Abrams）对口述历史理论的概述。

《过去的声音》第一版则更为简洁，更具争议性，也更具挑衅性。既然已经赢得如此多的争论，作者们可以退后一步以审视口述证据（oral evidence）是如何重新建构我们对于过去的理解。汤普森和博纳特并没有像以前那样鼓励学者认真对待口述证据，而是在这里记录了其他学科是如何积极地采取这种研究方法。尽管一些较为顽固的反对者可能会继续反对，但辩论已经从是

* 该文最初发表于 *The Public Historian*（Vol. 40, No. 1, 2018, pp. 178 – 181），经作者和杂志社同意后在本刊发表，谨致谢忱！本文译者为中山大学历史系特聘副研究员刘宇博士。

** 唐纳德·里奇（Donald A. Richle），美国参议院历史办公室（United States Senate Historical Office）荣誉历史学家。

否使用口述历史转变为如何最好地使用它。对比第一本书从英国例子中吸取大量经验，以及强调西欧和美国的实践之间的差异，新版则对大量的全球范围内的口述历史文献进行筛选，以提供一个耀眼的世界之旅。

《过去的声音》除了对口述史学第一次严肃的方法论解释外，还强调学术间的社会目的。它当时和现在都认为历史不应仅仅是安慰，而是应该提供一种导致行动的理解，并最终有助于"改变世界"（p. 21）。作者承认在最初的版本中，这种情绪反映了20世纪70年代口述史学运动中的理想主义精神，但即使他们对许多不同问题的关注扩大，他们坚持说，"寻求社会正义仍是我们工作的核心"（p. vii）。

事实上，正是这个社会目标最初激怒了一些美国早期的口述历史学家。在美国，口述历史项目最初集中在一些大型的大学档案馆，这是模仿阿兰·内文斯（Allan Nevins）于1948年创建的哥伦比亚大学口述历史研究室。哥伦比亚大学模式促进了对政府、商业、军队和其他高层领域的杰出人士的访谈——与当时在历史学专业里盛行的"自上而下"的方法并行。汤普森曾接受过"自下而上"的欧洲社会历史方法的教育，其中个别学者采访了一些以前在国家叙事（national narratives）中被忽略的人。他们专注于出版书籍而不是搜集档案资料。

然后，截然相反的观点的冲突随后成了一个普遍接受的整体。欧洲人一直在采访令内文斯着迷的政界和商界领袖，从北海石油和天然气业务到吉百利（Cadbury）糖果公司，值得注意的是汤普森研究有关英国投资银行家的城市生活（City Lives）项目。欧洲口述历史学家也将更多的注意力放在口述历史的存档上。例如，汤普森就在大英图书馆发起了大规模的英国生活口述历史项目。与此同时，美国口述历史学家接受了社会历史和社会科学，以哥伦比亚大学广泛的"9·11"事件口述历史项目为代表，该项目已采访了大量幸存者、急救人员和其他受灾难影响的人。正如这些例子所示，口述历史学家可以将这些方法应用于任何一种提议。当项目涵盖广泛的受访者，收集到不同的记忆和观点时，项目是最行之有效的。

在第四版中，作者鉴别了在过去四十年里出现的新问题，特别是那些与记忆研究有关以及人们如何在个人故事中展示自己的问题。他们注意到，我们对记忆的普遍理解已经变得更加微妙，"从专注于建立客观的可靠性转变为认识到人们对记忆的重新建构"为学术分析提供了有力的线索。的确，口述历史已经促使人们普遍意识到主观感知（subjective perception）塑造了所有的历史证据。当个人和社群可能将单独的事件合并成一个，或者当受访者提供他们自己的"个人真相"可能与现实不符时，作者权衡了听到混乱的故事的问题。他们将口述历史访谈与精神分析和家庭治疗相比较，并将注意力集中在创伤记忆（traumatic memory），创伤后压力以及其他与讲述痛苦经历相关的问题的影响。他们考虑了口述历史在老年人"怀旧疗法"（reminiscence therapy）中的应用，以及它与生命回顾（life review）访谈的联系。他们讨论了种族、性别和社会阶级对于访谈关系的影响。总的来说，这些问题提供了一个更好的理解，即访谈的基本的一对一互动是如何影响了访谈者和受访者并进而塑造了结果。

口述历史的本质是去记录现在的记忆并反思过去。成功的访谈要求大量的技巧，从预先的调研到掌握设备，设置合适的环境，以及表现出一种促进信任和坦诚的同情心。口述历史也要求对伦理问题具有敏锐的敏感性，以避免在访谈中或随后的使用过程中对受访者造成伤害。《过去的声音》为口述历史过程的每一步提供了清晰的指导，提醒访谈者要意识到自己的责任。该书承诺，这些结果将是值得努力的。收集和使用口述证据已将研究的"对象"转化为"主体"，创造了"一个不仅更丰富，更生动，更令人心碎，而且更真实的历史"（p. 187）。

存档（archiving）在最初的版本中更多的是事后想法，被压缩到一个关于"存储和筛选"（Storing and Sifting）的章节中。而当前这个版本显示出对专业保存录音的需要有了更明确的意识，现在的数字时代已经清楚地表明，任何存储系统都不能被认为是永久的。同样，这一版更适合于棘手的法律问题，涉及将采访保存在档案中以备将来使用。

虽然作者很少关注公共历史（public history），但他们对口述历史来源的评价，以及人们试图理解和解释自己一生中所发生的巨大变化的方式，与公共历史学家的关注点是一致的。随着如此多的公共历史项目依赖于口述历史来保存过去并将其呈现给现代受众，如作为档案和通过纪录片、博物馆展览、音频游览，和其他有创造性的形式展现，本书的建议和忠告将有助于任何范围和目的的项目。

任何试图追溯口述历史在我们这个时代的戏剧性演变和国际影响的人都会发现，《过去的声音》是一本最有益的指南。

评克里斯蒂娜·卢埃林、亚历山大·弗罗因德和诺兰·赖利（主编）《加拿大口述史学读本》*

罗伯特·佩克斯**

Kristina R. Llewellyn, Alexander Freund, and Nolan Reilly (eds.), *The Canadian Oral History Reader*, Montreal: McGill – Queen's University Press, 2015.

在过去的十年里，口述史学在加拿大经历了一次复兴。这一现象令人振奋，而《加拿大口述史学读本》（以下简称《读本》）这本书走在了该领域的前沿。它"首次对加拿大学者所做的口述历史论文，以及有关加拿大题材的口述历史文章做了全面的搜集"（p. 16）。当然，加拿大是二战后全球口述史学潮流（或者可称为"听觉历史"——"aural"的称法源自加拿大）的引领者，但由于受到种种争议，从 20 世纪 80 年代末开始到 21 世纪初，加拿大的口述史学活动陷入了低潮。亚历山大·弗罗因德（Alexander Freund）认为，由于"公共档案建设的财政预算大幅裁减，不仅导致一系列口述历史计划搁浅（包括口述史学研究人员和研究范围缩减），而且造成相关研究机构萎缩，尤其是加拿大口述历史协会（Canadian Oral History Association）"。但查理德·洛克黑德（Richard Lochead）的观点则与之相左，他反驳说，因为加拿大的档案学家扼杀了学术争论，造成"加拿大口述历史协会作茧自缚，导致口述史学在 20 世纪 90 年代无法扩大吸引力"。[①]

本文对这本新《读本》的介绍，无意于卷入这一争论：事实上，这部论

＊ 该文最初发表于 *Oral History*（Vol. 45, No. 1, 2017, pp. 119 – 121），经作者同意后在本刊发表，谨致谢忱！

＊＊ 罗伯特·佩克斯（Rob Perks），大英图书馆（British Library）口述历史馆首席馆长（Lead Curator of Oral History）和国家生活故事收藏部主任（Director of National Life Stories）、英国口述历史学会（Oral History Society）秘书长。

① Richard Lochead, "Back to the 1980s: Revisiting and Rethinking the Role of Archives in COHA," *Oral History Forum*, Vol. 35, 2015, pp. 1 – 2.

集缺乏对加拿大口述历史活动的历史反思，它收有 16 篇文章，其中 13 篇文章最初发表于 1992 年以后，主要是 2002 年以后。读者可能会对一些文章感到熟悉，因为它们曾刊登于其他论文集或知名的网络期刊《口述历史论坛》（*Oral History Forum*）中。因此，这部《读本》主要反映了重回世界舞台的加拿大口述史学，以及近年一系列新机构设立所带来的影响，尤其是康考迪亚大学口述历史与数字故事中心（Concordia University Centre for Oral History and Digital Storytelling）、21 号码头加拿大移民博物馆（Canadian Museum of Immigration at Pier 21）与温尼伯大学口述历史中心（Oral History Centre at University of Winnipeg）。

然而，在加拿大口述史学界的新一代中，有一些赫赫有名的前辈，例如大名鼎鼎的琼·桑斯特（Joan Sangster）教授。她在重要的章节中，重新审视了她的两个口述历史项目。这两个项目横跨两个时代，采访对象都是工人阶层的女性。桑斯特希望通过对这两个项目的回顾，给我们呈现"复原主义"（recuperative）与"主观主义"（subjectivist）的特质，以论证在理解口述历史发展的过程中，"故事进程"的线性程度往往低于预期。另外一位资深专家是哥伦比亚大学口述历史研究室（Columbia University Oral History Research Office）前主任罗纳德·格里（Ronald Grele），虽然他并非加拿大人，只是客串一下，但他为该书的论文写了非常出色的后记，可能比笔者这篇简短的书评更值得一看。

该书编者认为，"加拿大口述史学界几乎缺席与世界同行的讨论"。因此，该书致力于让加拿大国内外的人都认识到加拿大在口述史学领域的贡献，以及它对开启新争论的作用（pp. 15 - 16）。这本论文集体现了三位主编卓绝的工作，他们广搜博采且精挑细选了一些具有加拿大独特性的口述史学领域，进而提醒我们曾长期忽视加拿大学者对普遍议题与争论的投入。本书的四个组成部分（方法论、诠释、保存与呈现与倡导）正是体现了这一点，它们围绕比如性别、移民、家庭记忆、残疾人、档案再利用等论题展开讨论，而这些论题都是口述史学界非常熟悉的。

在对档案及其再利用的争论中，伊利斯·切尼尔（Elise Chenier）对档案中女性同性恋史的状况做了一个很好的综述。与此同时，亚历山大·弗罗因德探讨了更为隐晦的内容——"过程生成数据"（process - generated data，档案），这将会激发档案学家的兴趣去研究用户是如何处理档案的问题。然而，弗罗因德还有另外一篇精美的文章，这篇文章涉及"跨代访谈"和"交际记忆"（communicative memory），记述了三位有亲属关系的德裔妇女的记忆，她们的记忆发人深省，具有魅力和感染力。学界曾有一种观点，即"一对一访谈的个性力量暗含具有独自经历和记忆的独立个体"，而此文不禁使我们把对三代人访谈的方法作为反驳这一观点的理由之一。弗罗因德认为，家族访谈"证明叙述者处在经历与记忆相交织的网中"（p. 176）。与此主题类似，斯泰西·曾布齐基（Stacey Zembrzycki）在攻读博士期间曾对安大略省北部乌克兰社区展开研究（已发表于英国《口述历史》杂志），她颇有趣味地解释了她是如何将她的奶奶放进该研究中的。为此她建议，对初涉口述史学的新手来说，在口述历史访谈中，灵活地出入角色是十分有帮助的。我察觉到她曾言简意赅地说："同时要像奶奶一样，以亲历者的角色带入到历史叙述中，这对访谈大有裨益，毫无疑问，这种方法营造了更复杂的访谈空间。"（p. 66）

曾布齐基是康考迪亚大学口述历史与数字故事中心众多年轻且多产的口述历史学家之一。她在本书中还有另外一篇与斯蒂文·海伊（Steven High）先生合作的文章，这篇文章举例介绍了康考迪亚大学近些年在结合过程、理论、方法、介入、数字传播方面的规划。他们对大屠杀幸存者教育工作的探索具有创新性，不禁使我们想到其所体现的"记忆社群"（community of memory）正好与弗罗因德提出的"交际记忆"（communicative memory）的概念相呼应。在第十二章中，布朗温·洛（Bronwen Low）和艾曼纽·松塔格（Emmanuelle Sonntag）介绍了口述历史在人权教育方面的应用。

通观这本《读本》，其传递出加拿大口述史学最具代表性的贡献是理解和记录土著文化。正如朱莉·克鲁克香克（Julie Cruikshank）在该书的一章中提醒我们，加拿大口述史学具有丰富的实践性，其起源与民俗学及人类学有密切的联系。她于文中考察了育空地区的印第安人/第一民族（Native American/First Nation）的长者讲述和使用他们故事的情况。布莱恩·卡由（Brian Calliou）提供了一些记录土著老人口述历史易学有用的技巧。威诺娜·惠勒（Winona Wheeler）通过口头传统寻找过去的"叙事缕"（narrative wisps）。一部分与土著社会的对话提升了伦理问题的重要性，故而一些篇章提出要合作、处理好权力关系及"共享权威"（sharing authority）。帕梅拉·苏齐曼（Pamela Sugiman）的文章精美且发人深省，和凯瑟琳·博兰德（Katherine Borland）写于1991年关于她奶奶的文章一样经典，犹如后者的当代版本。"这不是我要说的"，苏齐曼再次强调需要倾听主流经历之外的声音。倘若不是这样，战争时期作为少数分子的日裔加拿大俘虏将会因自己没有受到关注而感到愤怒。

　　很明显，在一定程度上，与英国学者相较，加拿大的口述历史研究者和他们的美国同行一样，受到大学伦理委员会的审查。南希·贾努维克（Nancy Janovicek）为"委员会关于涉及伦理的人类研究的三个声明（TCPS2）"给出了精确典据。关于全球口述史学界对伦理关注的总体发展，及对研究土著社会的影响，南希提供了有趣的思考。她的结论是，口述历史学家所认为的"伦理机构阻挠了研究，其对大学的保护大于对处于弱势的研究者的保护……是没有根据的"（p.93）。当然，就加拿大的环境而言（和澳大利亚、新西兰相似），其间利害关系重大：早在1997年，加拿大最高法院就已批准土著的口头传统可以作为土地索赔案件的证据。这催生了一大批新的口述历史项目。其中，越来越多的项目是由土著学者主持的。

　　讽刺的是，对于这场争论，吉尔·贾维斯—托努斯（Jill Jarvis – Tonus）的文章给出了吸引眼球却又令人意外的结论。她指出，加拿大口述历史的法律体制与英美两国有一个重要的区别——加拿大的版权法只承认研究者/采访者拥有版权，而没有确立受访者的版权。这表面上是因为受访者对记忆的叙述是随机和自发的（往往夹杂了故事和信息），而专业研究人员对其的引用很难证明是否得到授权，毕竟这和书面文本或行为有所不同。这当然引起了我的深思。

　　这本《读本》姗姗来迟。尽管在很长的一段时间里，加拿大的口述史学多少有点受到忽视，但该书的编者很有成效地给我们绘制和展示了当今加拿大口述史学的独特性和活力。有充足的证据表明虽然加拿大口述历史学在20世纪90年代走向沉寂，但现如今它已恢复了以前强大的声势与创造力。

> 　　坐在破旧的沙发上，奥尔德·亚历克（Old Alec）举目仰望，双手拍击节奏……"我们来自北方，在沼泽与岩石交汇，驯鹿与麋鹿遍布的地方。这是我还在孩童时，和我在同一条船上工作的老吉姆告诉我的。那时候，我们有些人被认为是asiniwininiwak——岩石克里族人（Rock Cree Peoples）。现在我们都叫作muskegowininiwak——湿地克里族人（Swampy Cree Peoples）。为何会出现这样的变化，说来话长……"（pp. 293 – 294）

评马克·凯夫与史蒂芬·斯隆（主编）《在边缘处聆听：危机余波中的口述历史》*

珍妮·哈定**

Mark Cave and Stephen M. Sloan（eds.），*Listening on the Edge*：*Oral History in the Aftermath of Crisis*，Oxford and New York：Oxford University Press，2014.

《在边缘处聆听》是一本引人入胜、打动人心的文集，这本书向口述历史学家提出了许多重要问题。对于"危机口述历史"（crisis oral history）这一新研究趋势，该书不仅举出例证进行阐释，且进行了批判性思考。正如马克·凯夫（Mark Cave）在书中引言所指出的，口述历史学家长期以来一直热衷于获取受访者人生当中危急时刻的经历，但这样的采访往往是在危机已经过去一段时间之后（通常这是一段相当长的时间）才进行。与此相反，马克·凯夫认为危机口述历史访谈，"应该在危机过去之初，或是在危机进程之中进行"（p.1）。危机口述历史对口述历史学家实践与访谈参与者来说到底有何种意义，《在边缘处聆听》针对这一问题进行了探讨。

该书所探讨的核心主题是：时间、记忆与情感之间的关系；口述历史之目的与口述历史学家对个人、大众的责任；口述历史实践与媒体行业或心理治疗行业的类比；对于叙述者来说，在危机过去之初，或是在危机进程之中进行采访，是否会对他们造成伤害，或使其治愈。

书中每章都包含了不同危急时刻的访谈节选与采访者评论，内容包括塞尔维亚军队实施的斯雷布雷尼察大屠杀事件、弗吉尼亚理工大学枪击案事件、古巴偷渡船危机、"9·11"事件、自然灾害、墨西哥毒品战争、伊拉克和阿

---

* 该文最初发表于 *Oral History*（Vol. 44，No. 2，2016，pp. 106 – 108），经作者同意后在本刊发表，谨致谢忱！

** 珍妮·哈定（Jenny Harding），文化学博士，伦敦城市大学（London Metropolitan University）计算机与数字媒体学院的文化研究与传播教授，主要从事性别、媒体、情感理论和口述历史研究。

富汗战争。受访个体对危机的描述往往生动而饱含张力，传达了个体在面对危机时的忍耐、勇气以及集体归属感。采访者的评论，则为口述证词提供了历史、社会与政治方面的相关背景，并对危机口述历史访谈本身进行了反思。

口述历史学家会接近危机进行工作，以便调查、记录和使公众认识到（否则不知道）灾难的经历。书中一些文章作者也承认，这种活动听起来与新闻业很类似。新闻记者也会利用口述采访来呈现事件，创造基于个人叙述的集体故事，并将其公之于众。确实，电视和互联网加快并强化了新闻报道的传播，使世界各地的公众能够更深入的了解灾难。然而，新闻周期不断加快，大多数故事热点转瞬即逝，导致了新闻曝光的局限。不仅如此，调查性新闻可能还会进一步受到传媒集团商业战略的限制，这往往会导致在新闻中出现耸动故事、孤立叙述和刻板印象。正如史蒂芬·斯隆（Stephen Sloan）在该书结语中所言，全天候的新闻周期可能会让我们更贴近事件与某些特定的灾难，但未必能加深我们的理解。

与此相对，口述历史能够增进人们对灾难主观经验的理解，在官方（大众传媒、国家与公共政策制定者）叙述的单一连贯的故事之外，捕捉到更为多元的声音和不同的观点（玛丽·克拉克）：例如，卡特里娜飓风后不久人们的主观经验（马克·凯夫），或是有毒环境对于中国妇女工作健康所造成的影响（凯洛琳·马可）。关于华雷斯城的毒品战争，一些小报醉心于对毒品有关的处决进行幻想性描述，口述历史学家的叙述则提供了毒品战争中更为隐蔽的图景，它展示了暴力是如何通过袭击、抢劫、武装劫车、勒索和安全部队施暴等机会主义事件渗透到日常生活中（艾瑞克·罗德里戈·梅林格）。因此口述历史学家倾向于花更多的时间采访个人，并试图创造一种持久的公共记录。

贯穿全书，作者们始终在追寻的问题是：人们想要记住并讲述危机吗？讲述创伤性事件，会对脆弱的（危机过后）受访者造成伤害吗？讲述故事是否有助于叙述者理解过往的经历，从而达到治愈效果？非治疗师能帮助创伤受害者吗？许多作者认为口述历史对危机经历进行了验证（validates），而口述历史学家在让被采访者叙述自己的主观经历时，可以帮助他们在危急时刻中创造意义（meaning），并开始对创伤形成一定程度的控制。从这个层面来讲，口述历史在多大程度上与心理治疗类似？

显然口述历史学家和心理治疗师都对个人述说的故事感兴趣。但治疗师更关注叙述过程和叙述者，而口述历史学家则更关注访谈产品和叙事本身

（斯隆）。心理治疗师关注的是患者个体在叙述过程中的描述、和解与经历，以及医患之间正在发生的治疗关系（凯夫）。口述历史访谈或许可以对经历进行验证，但其主要目的在于"记录参与者在事件中的视角，以创造出一种历史叙事"（凯夫，p. 3），并有助于拓展更为细腻的历史视野（吉莱纳·布朗热）。口述历史恒久的价值在于，它能够扩展到访谈之外的受众（斯隆，p. 266）：受访者得到了认同，通过书本、学术文章和其他媒介，他们的叙述成为一种档案，且能够被公开利用（布朗热）。心理分析则往往更看重保密性，这种特殊叙事会被承诺保存在心理咨询室内。

《在边缘处聆听》主编在引言和结语中称，口述历史学家为了更好地捕捉到情感（emotion）和气氛（atmosphere），应该接近危机进行工作。凯夫指出这不仅是"理解受访者行为和态度的关键"，同时也是"把各种事件的回忆串联起来的黏合剂"（p. 5）。他认为受访者感觉的敏感程度会随着时间的推移而消退，但如果在危机过后不久，或是在危机之中就进行采访，我们就能捕捉到受访者的情感，使得未来的世代能够"更加深入的了解事件参与者的动机"。此外，危机口述历史能够"在记忆受到环境变化或集体解释变化的影响之前记录记忆"（p. 6），例如大众传媒、国家和公共政策制定者就能转变对灾难的定义（玛丽·克拉克，p. 258）。

我对上述理论阐释有很多疑问。首先，此种理论将情感主要视为一种孤立的个体现象，并想象在排除社会进程与联系的情况下，就能触摸到个体的感觉。实际上，上述原理将个体与社会想象成为各自孤立（而非混合在一起）的实体。第二，它似乎贬低了反思的过程——随着时间的推移，环境与话语的转变——通常会带来更具有价值的历史洞见。第三，创伤与危机连接（两者过分接近）在一起，可能会影响到回忆的过程，导致矛盾与断裂的叙述（塞拉·雷迪斯托夫）。当然，很大程度上这涉及另外一个议题。

有趣的是，凯夫确实提出，对叙述者的后续采访可能有助于口述历史学家更好地理解记忆的过程。其他一些作者（如丹尼斯·菲利普、史蒂芬·海伊、大卫·彼得、玛丽·克拉克、史蒂芬·斯隆）提倡用长时段（longitudinal）采访的方法来处理危机口述历史，以使得个体能够体悟到时间沉淀后的意义，并得出更多对灾难经验变化的理解。但该书讨论后续采访的作者并不多，这可能是采访资源有限，以及与参与者的沟通不充分所造成。关于长时段采访的方法又会带来一个新问题："何时代表叙述与灾难已经结束？"（玛丽·克拉克，p. 259）。或许换句话说，如何对危急时刻（period of crisis）进行定义？该书关于危机的访谈时间点就各不相同，一些作者也指出，危急时刻本身往往更是难以定义。

危机口述历史提出了一系列重要的问题，这些问题涉及对创伤性受访者、采访者、访谈实践和叙述本身的影响。对于那些经历过灾难性创伤的受访者，想要在访谈中建立起信任是一件很难的事情。对过往创伤的回忆，会带来巨大的能量，采访者在倾听的过程中也许同样会感到悲伤（菲利普，pp. 47 - 49）。危机口述历史还提出了伦理问题，包括：争取一次访谈应该努力到何种程度？争取获得受访者特定经历的细节应该努力到何种程度？（伊丽莎白·坎皮西，p. 86）。一些作者讨论了采用灵活采访方法的必要性，以适应受访者对舒适度、受支持感和安全感的需要：也许危机口述历史这个新兴领域需要为此建立起新的伦理准则？（菲利普）。

《在边缘处聆听》无疑是一本重要且具有生命力的文集。它将读者的注意力吸引到一系列灾难中的主观体验方面，并通过对危机口述历史实践和影响的深刻反思，阐明和探讨了所有口述历史学家都关心的问题。

评保罗·约翰逊《前往斯特拉斯堡：性取向歧视口述历史与欧洲人权公约》*

罗伯·克鲁卡斯**

Paul Johnson, *Going to Strasbourg*: *An Oral History of Sexual Orientation Discrimination and the European Convention on Human Rights*, Oxford and New York: Oxford University Press, 2016.

保罗·约翰逊（Paul Johnson）著述的《前往斯特拉斯堡：性取向歧视口述历史与欧洲人权公约》全书分为三部分。全书之首要宗旨在于"展现1972年至2010年间，一系列向欧洲人权法院申诉英国政府的社会法背景，斯特拉斯堡所在机构①为了回应这些申诉所发展出的法律体系，以及此种法律体系对英国法律的影响"（p.4）。

该书第一部分详尽论述了欧洲人权法院从最初对性取向权利主张的拒绝，到逐渐形成理解的过程，即法院最终主张异性恋多数人对同性恋少数人的偏见，并不能成为干涉个人私生活的理由（欧洲人权法院第一次承认同性恋权利，是在1999年欧洲人权法院英国申诉第五号"英国拉斯蒂格·皮瑞安与贝克特案"，以及1999年欧洲人权法院英国申诉第六号"英国史密斯与格雷迪案"，两案的编号分别为31417/96和32377/96）。本章对此事件按时间顺序进行了详尽讨论，内容主要是描述性的，且许多内容都应该为读者所熟知。正如约翰逊所指出的那样，自2000年以后，前往斯特拉斯堡上告英国政府的行动有所减少，原因在于这段时期英国越来越多地聚焦于国内平权立法，尽管此后还是相继发生了移民案、难民营案和变性人案。

---

* 该文最初发表于 *American Journal of Sociology*（Vol. 123, No. 5, 2018, pp. 1504 – 1506），经作者与杂志同意后在本刊发表，谨致谢忱！

** 罗伯·克鲁卡斯（Rob Clucas），英国赫尔大学（University of Hull）法学讲师，他的研究和教学兴趣主要集中在性行为、性别与法律领域。

① 这里指的是斯特拉斯堡所在的欧洲人权法院。——编者注

第二部分包括 15 个向斯特拉斯堡发起性取向歧视申诉案件的口述历史，内容分别为第二章《刑法》、第三章《军队》和第四章《家庭生活》。书中所呈现的个人叙述，为相关法律讨论增添了有趣的背景，对于在平权和反歧视立法时代背景里长大的一代学者来说，这部分的内容可能最有价值。这些受访者的叙述，确实让我回忆起了笔者年轻时的恐同政治氛围，以及当时的法律限制对同性恋的影响。约翰逊的一位受访者说："重点是事实上，当你在年轻时坠入爱河。这样的爱却遭到禁止……年轻人走到一起时会发生什么事情呢——你知道的，那是注定要燃烧的星辰！——这正是年轻时的美妙时光。无论是否涉及到性别，将爱视为非法，只会让人感到恐怖"（p. 86）。

该书第三部分从申诉人的角度，而不是从律师的角度，进行了口述历史专题分析，以深入理解向斯特拉斯堡提出申诉的过程和经验。原书作者在这部分进行了社会学分析。在这个部分，我们可以听到约翰逊的声音，我发现他的主题分析很有趣，虽然有时也令人感到沮丧。例如在《非政府组织》这个小节中，约翰逊讨论了申诉人与非政府组织之间可能存在的紧张关系，一方面非政府组织会为申诉行动提供支持，另一方面也会进行煽动。例如石墙组织（Stonewall）① 为了达到目的，故意招募一名 19 岁的少年参加有预谋的请愿活动，但申诉人拉尔夫·王尔德（Ralph Wilde）认为这样的做法"有些冒险"。我希望作者能够提供更广泛的讨论，以更好的分析口述历史材料。

这本书最吸引人的地方也许是在附录一，《关于方法的注解》。虽然在内容上不像期刊文章的方法论部分那样严谨，却交代了约翰逊在本书所追求的宗旨，以及材料取舍的背景，令人感到有趣。和主题分析那部分内容一样，我觉得附录一比该书的第一部分更吸引人。我更倾向于应该把这部分内容放到全书的引言里，而不是放在附录中。

我知道约翰逊学识渊博，但还是存在一些零星的纰漏之处。尽管书名如此，但这本书实际上并不是关于性取向歧视的：它实际关注的是男同性恋和女同性恋。这当然也是可以理解的，因为男同和女同向斯特拉斯堡申诉时，他们的身份是清楚的，但也有例外之处〔例如，变性者申诉人不会公开自己的性取向，因此不知道他们是男同还是女同（p. 68）——另外作者还没有考虑到双性恋〕。

作者假定性取向歧视仅仅只是针对非异性恋（同性恋）群体；但在"平

---

① 这是一家旨在促进英国男女同性恋、双性恋和变性人平权的非政府组织机构。——编者注

等恋爱关系运动"中，因为存在不同性伴侣，而带来的平等民事伴侣关系主张的问题，作者却没有对此进行讨论。另外作者认为 2010 年的"乔森案"（Johnson）是重要的时间节点，但引用的相关案例是 2011 年欧洲人权法院英国申诉第五号"英国富尔格森与其他人案"（申诉号 8254/11），作者并没有标明为什么该案明显处在所谓的时间节点之外。

纰漏之处还包括变性人对性别认同的讨论（pp. 67 – 68），作者没有解释性别认同与这本书有什么关系，尤其是这些对性取向问题保持沉默的特殊案例。

另外，作者在讨论 1993 年"布朗案"（英国国家法院编号：2 All ER 75）的各类后续变种问题时，涉及（同性恋）自愿施受虐性行为的问题（英国"V. W. X. Y. 和 Z. v. 案件"，申诉编号：22170/93，判案时间：1995 年 1 月 19 日），这些申诉人既有同性恋，也有爱好性虐（BDSM）① 的异性恋，还有群交群体（英国"A. D. T. v. 案件"，2000 年欧洲人权法院英国第九号申诉）。作者把上述非正常性行为案例纳入该书主题之内，因为所有这些案例都有男同性恋与女同性恋参与，但这些例子实际反映的是同性恋性行为，与性取向歧视无关。

这些异质主题的混杂（尤其是变性人的案例）表明，约翰逊的关注点至少部分集中在挑战社会性行为规范和性别规范的案例上；但是，他将同性恋进行简单二分的做法，与此目的不符。关于性别和性行为，原书作者缺乏明确的理论支撑，故难有灼见。

但在我看来，这还是一个有趣的口述历史项目，最好是将本书视为约翰逊早期作品《同性恋与欧洲人权法院》的补充，本书提供了更有代表性的例子，展现了约翰逊学识的渊博。以现状来说，这本书是一部发人深省的历史著作，必将引起英国和国际人权学者的兴趣。

---

① BDSM，指绑缚与调教、支配与臣服、施虐与受虐（bondage & discipline, dominance & submission, sadism & masochism）。——编者注

评安尼卡·阿诺德《气候变化与讲故事：环境传播中的叙事与文化意义》

叶　珲*

Annika Arnold, *Climate Change and Storytelling*: *Narratives and Cultural Meaning in Environmental Communication*, Cham: Palgrave Macmillan, 2018.

环境问题目前毫无疑问已经成为中国社会发展的重点议题。随着改革进入深水期，环境治理和经济发展效率之间的冲突逐渐成为影响中国探索、发展其自身现代性道路合法性的重要矛盾。尤其是随着环境问题成为国际舆论进行话语权争夺和利益博弈的"主战场"①，使得环境问题的叙事成为影响中国改革开放成就评价和国际形象建构的角力场域。从建构主义的角度看，国家形象是由主体间的互动形成的，围绕中国社会环境问题的叙事，其实质是利用环境问题输出不同主体间的舆论话语，从而实现以主体利益为目的的权力建构活动。

从学术界的知识生产来看，环境传播（Environment Communication）已经有30多年的历史。作为一个研究领域，它具有很明显的交叉学科色彩，社会学、传播学、语言学等学科领域的研究问题、理论资源、学术旨趣都能在环境传播领域里得到体现。在一开始，环境传播的研究呈现的是非常显著的实用主义色彩，这个倾向在1979年，勒妮·吉列尔雷（Renee Guillierie）和克莱·舍恩菲尔德（Clay Schoenfeld）在《环境传播研究与评论的文献注释（1969-1979）》一书中对环境传播的定义可见一斑，他们认为，"环境传播是指围绕环境、环境管理、环境议题方面的文字、语言或视觉信息，对其进行策划、生产、交流或研究的过程与实践"。而后，环境传播的议题则越来越向建构主义的认识论基础转移。1989年，德国社会学家卢曼将环境传播定义为，

---

*　叶珲，传播学博士，中国传媒大学国家传播创新研究中心讲师。

① 高福海：《环境气候问题：下一个外宣主战场》，《对外传播》2010年第4期，第23~24页。

"旨在改变社会传播结构与话语系统的任何一种有关环境议题表达的交流实践与方式。"① 从这个定义看，环境传播显然呈现出了语言学话语研究的建构主义色彩，这为之后的研究奠定了方法论和认识论的学术基础。

不同学者对环境传播的议题有不同的划分，比如美国学者罗伯特·考克斯划分的七个领域②，国内学者刘涛划分的九个领域③。此外，有国内学者通过对国外学术数据库的文献梳理后得出了环境传播的十大研究主题。④ 无论划分结果如何，环境话语、环境修辞、媒体议程建构、环境问题报道框架分析等涉及话语建构、媒介叙事相关的主题均在划分行列中，充分体现出环境传播对于传播这一维度的重视。而从近些年国内在环境传播领域的研究成果看，有学者指出，对环境问题的探讨，也逐渐融入了话语、修辞和公共领域理论视角⑤。尤其是在数字技术日新月异，新媒体传播深度改造社会信息交流格局的今天，传播主体的日益多元化、复杂化，传播主体与客体之间界限日益模糊，使得在环境传播领域形成普通公民的话语、以专家、媒体从业人员为代表的职业话语以及以政府主导的官方话语交错互勾，互相之间无法形成稳定的沟通关系的复杂局面。⑥

综上所述，无论是从研究的现实格局还是环境传播整体的学术图谱来看，都需要以叙事话语为主导视角的理论文献著作来支撑环境传播的方法论大厦。安尼卡·阿诺德《气候变化与讲故事：环境传播中的叙事与文化意义》一书则在这方面提供了十分有益的贡献。作者在全书开头开宗明义地指出，我们从小是听着故事长大的，我们对于世界的认知，来源于故事结构中或大或小的事件，这些事件是故事讲述者对于自身生命经验的投射。因此，发生在媒介和公共话语中的政治议程、科学争论等叙事及其组织方式、话语结构，能折射出叙事者话语诉求和利益倾向。

作者认为，一个好的故事，在叙事结构上需要有悬念（suspenseful）、让

① 转引自李文竹、曹素贞《国际环境传播研究的特征与范式——基于 EBSCO 数据库的相关内容分析》，《河北经贸大学学报》2016 年第 2 期，第 20~25 页。

② 罗伯特·考克斯：《假如自然不再沉默：环境传播与公共领域》（第三版），纪莉译，北京大学出版社，2016，第 17~20 页。

③ 刘涛：《环境传播：话语、修辞与政治》，北京大学出版社，2011，第 11~27 页。

④ 李文竹、曹素贞：《国际环境传播研究的特征与范式——基于 EBSCO》数据库的相关内容分析》，《河北经贸大学学报》2016 年第 2 期，第 20~25 页。

⑤ 赵红勋：《2017 年新闻传播学理论研究纵览》，《现代视听》2018 年第 1 期。

⑥ 参见江作苏、孙志鹏《环境传播议题中"三元主体"的互动模式蠡探》，《中国地质大学学报》（社会科学版）2017 年第 1 期，第 110~119 页。

读者有参与感（engaging）、制造一种归属感（sense of belonging），同时还需要通过叙事达到对复杂世界一种有意义和秩序化的解释，尤其重要的是，故事还需要具有说服力。本书聚焦于环境传播中的一个分支——气候变化问题，同时侧重于有关气候变化问题的叙事分析——在诸多有关气候变化的叙事中，环保行动主义者、政客、公民社会活动家甚至艺术家都参与其中。这使得气候问题这个业已棘手的议程变得更加复杂，这之中汇集了气候数据、经济因素、对他者的同情以及或日常琐碎或长期远景的政治因素；更重要的是，这个议程还直接触及对于我们所生存的社会的运行逻辑及其制度缺陷。因此，为了让气候变化问题的重要性和紧要性得到相应的重视，气候问题的参与者需要学会讲故事，从而实现让大众观念转变并由此引导他们行为的目的。[①]

作者进一步指出，环境传播之所以重要，是因为环境变化本身可以通过科学手段进行测量，但是环境问题的观念形成和传播则是另外一回事，作者在本书一开始明确引用了伯格和卢克曼"社会的现实建构"的观点来说明，如何向公众讲述环境问题是环境问题传播的关键所在。随后，他又引入戈夫曼的"框架理论"、赫格森的"认知结构理论"和博霍姆的"文化的认知图式作用"来说明不同主体因为所处的文化语境、自身所处阶层职业、社会关系的不同，对于社会现象有自己的意义解读和信息选取，这进一步说明了社会现实是由主体之间的社会互动建构的。这种建构主义的观点在环境传播中的适用性也是由环境问题本身特性决定的，以气候变化为例，由于气候变化对普通大众来说，其影响的直接性难以像"电视里播放的暴力镜头"那样能被轻易感知到。按照作者自己的话说，对气候变化的警觉性，专家精英远比普通大众要强许多。[②] 因此，气候变化叙事的重要性更加得以凸显。

在这种认识论的指导下，该书作者安尼卡·阿诺德访谈了来自美国和德国的气候问题倡导者，并在所得的质化数据的基础上展开的叙事分析，并借助现有的叙事分析指导理论总结提炼全书观点，旨在帮助读者更好地理解环境传播，尤其是增进有关气候变化方面问题的理解。首先，安尼卡·阿诺德回顾了有关气候变化问题的文献，他的关注点集中在了危机意识和危机传播领域的学术讨论，尤其关注了媒介研究领域与话语分析视角的文献贡献。安

---

① Shaul R. Shenhav, *Analyzing Social Narratives*, New York：Routledge，2015，p. 5.

② Annika Arnold, *Climate Change and Storytelling：Narratives and Cultural Meaning in Environment Communication*，Cham：Palgrave Macmillan，2018，p. 2.

尼卡·阿诺德认为，这些文献为社会提供了感知气候危机问题补充了有益的信息。在此基础上，作者进一步将视角推进到了文化理论或文化研究的路径，为之后的实证研究提供了文化社会学理论视角的分析框架。

个体所处的文化语境会高度影响他们感知不同的社会或自然现象，人们对于气候变化现象的感知亦是如此。[①] 因此，叙事分析作为一种研究方法可以帮助研究者了解那些在日常生活中塑造我们对世界的观念的那些基本文化要素；换言之，叙事研究非常适用于研究构成我们社会的"细致肌理"——诸如，人互相之间如何互动、我们生活的环境如何影响我们的观念、社会是如何通过日常生活的细节得以运作的。同时，叙事分析也能帮助研究者理解文化以及文化结构内部的互动在塑造兴趣方面的作用，从而避免在社会科学研究中的文化本质主义倾向。[②] 作者通过介绍叙事的概念界定、叙事分析的不同类型、叙事的结构分析、叙事的形式类型分析、现有叙事模型的不足，以及政策的叙事分析框架为例介绍叙事分析的内容，最终构建出了符合气候变化分析需要的"综合性"文化叙事分析模型（integrated model of cultural narrative analysis）。这种分析模式可以良好地应对两类被之前的分析模式忽略的问题，第一，它能有效把握一个社会群体内的多元化叙事声音。这些不同的叙事不仅仅因为时间的推移或者不同事实的发现而发生，更多是因为社会语境甚至叙事对象本身特点的不同导致了叙事方式的选择不同。第二，因此把握清楚叙事及其特征之间相互作用是洞察社会公共话语的关键所在，比如环境传播。

在方法论整合的基础上，作者展开了他的经验分析部分。作者首先关注的是叙事文本的内容，包括主题、叙述者和叙述对象等；其次是在前一点的基础上呈现叙事的结构，以及构成叙事结构的角色分配——主人公、恶棍和受害者。通过对叙事的结构和内容的分析，作者在繁杂的叙事文本中分析识别除了五种主要的叙事模式。在这五种叙事模式里，出于经济层面的考虑、出于环境方面的考虑以及受访者对于他们国家、政府在气候变化问题上的认知都成为分析中构成叙事模式、叙事倾向的关键因素。

---

① Annika Arnold, *Climate Change and Storytelling*: *Narratives and Cultural Meaning in Environment Communication*, Cham: Palgrave Macmillan, 2018, p. 57.

② Francesca Polletta, *It Was Like a Fever*: *Storytelling in Protest and Politics*, Chicago: University of Chicago Press, 2006, p. 27.

　　这五种叙事模式分别是：（1）以经济原理为出发点，给气候问题的影响估价。应对气候变化问题能为经济发展带来积极影响；（2）面对气候变化问题的态度成为党派间意见分野的标志，也反映出国家在其中承担的角色；（3）作为一种道德话题的环保忧虑；（4）有关"全球变暖"表达中的"全球"一词辨析：作为激励因素的团结和责任；（5）强调气候问题的历史责任。

　　最后，根据刚刚提及的五种叙事模式的结论，作者进一步勾勒出了对于气候变化问题传播的若干建议。这些建议可从叙述者、叙述者与叙述对象、叙述内容中不同角色的边界这三个方面进行解读。同时，作者强调，提出这些建议的目的，并不是为了操控公共舆论，而是为了在进行气候变化相关行动的议程设置时，能够将隐含在社会现象叙事之下的文化模式的力量充分考虑在内。

　　比如，就叙述者和内容角色而言，作者发现，这些叙述者在展开叙事时，叙事结构中的动机和主体往往呈现出高度重复的特征，比如他们都强调了从经济的角度去看待气候变化问题。这本身没有问题，但作者同时也指出，现在的学术研究表明，即便仅仅是经济的视角，推动治理气候变化的运动也可以带来很多经济方面的益处。而很多叙述者往往只会翻来覆去地强调一点。同时在从经济的角度展开气候变化的叙事时，对于气候变化的经济代价的强调几乎重组了气候变化故事的基调——无外乎气候变化带来的商机（正面的）或经济后果（负面的）。同时，在进行叙事过程中，叙述者还倾向于通过强调对自然环境的责任、对因为气候变化而受到戕害的人类群体的责任，乃至人类社会某些历史遗留问题（诸如因享受高速工业发展带来环境危机隐患），来强化叙事的感染力，推动叙述对象对于其叙事动机的理解。这样的叙事模式通常会使叙事中的角色结构黑白分明，使得主人公、恶棍和受害者三个形象维度易于辨认，但这些叙事却缺少拓展对于这些角色行为描述之上拓展性分析，从而丧失了挖掘故事内部角色与外部参与者（叙述者和叙述对象）之间互动联系的发展潜力。这样也不利于将气候变化的故事讲述纳入一个更有意义的现实社会建构中。

　　再如对于叙述者和叙述对象之间的关系来说，作者引用了奈斯比的观点来证明在进行气候变化传播时考虑传播对象文化立场的重要性："要打破在进行传播活动时的种种壁垒——如人性、党派身份、媒介的碎片化呈现等。信息需要严丝合缝地传达到受众那里，这需要若干叙事技巧，比如使用经过严密推敲得出的隐喻、暗示等手法，或者能够触发人们对个体与气候变化之间关系的思考的例证。"① 在作者自己的研究中，他发现，虽然现有的数据表明气候变化的叙事本身触及公共健康的层面，却没有明确提出、论述气候变化与公共健康之间的关联。叙述者仅仅将这一提议置于更加宏大叙事的环境问题层面，比如强调干净的空气和清洁的河流是如何如何重要，我们为此如何做出努力，诸如此类。这种方式就在很大程度上将叙述者的叙事立场与叙述对象的现实关切隔离开来。

　　早期的环境传播研究是将"环境"与"传播"的简单结合，到现在成为一种认知世界的方式，从"关注环境作为一个问题或议题相关的信念和知识，后来进一步延伸到个体、文化和社会范畴，深刻地指向我们认识、感知、评价、解释环境的方式"。② 这是学术界经过 30 多年努力之后确立的环境传播的研究旨趣。就本研究而言，阿诺德向我们展示了在环境传播的一线运动中，环境行动者们良好的初衷愿景之外，他们行动的性质依然还有早期学术研究将环境问题和传播问题简单化叠加的问题。这本文献的价值也在于，它提醒环境传播的学者们从书斋中走出来，想方设法更加有效地将自己的研究成果缝合进现实的环境传播实践的需要中去。

---

① P. Sol Hart and Erik C. Nisbet, "Boomerang Effects in Science Communication: How Motivated Reasoning and Identity Cues Amplify Opinion Polarization About Climate Mitigation Policies," *Communication Research*, Vol. 39, No. 6, 2012, p. 15.

② Anders Hansen, "Communication, Media and Environment: Towards Reconnecting Research on the Production, Content and Social Implications of Environment Communication," *International Communication Gazette*, Vol. 73, No. 1 - 2, 2011, p. 8. 转引自刘涛《"传播环境"还是"环境传播"——环境传播的学术框架与意义起源》，《新闻与传播研究》2016 年第 7 期，第 110～125 页。

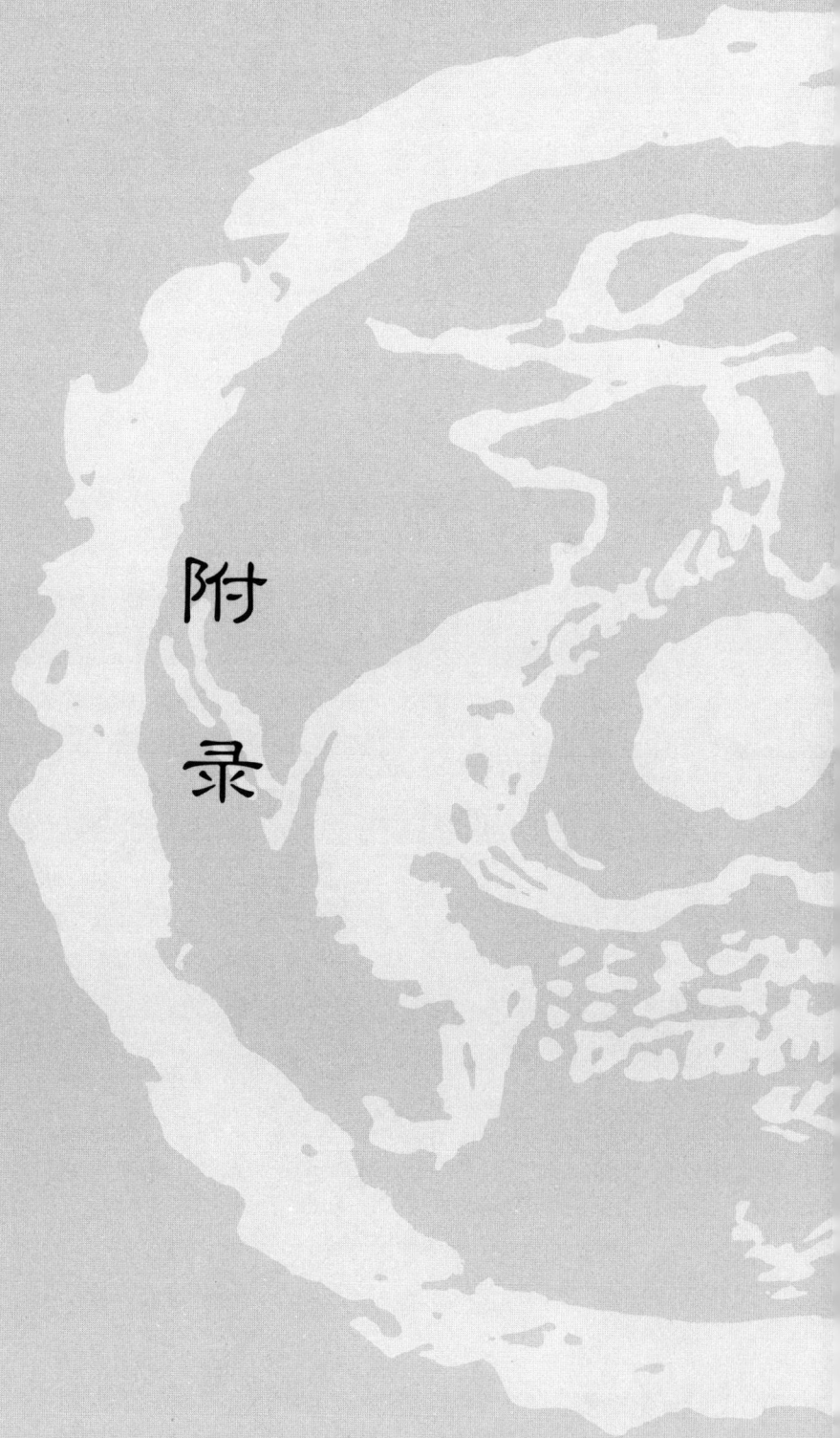

附录

Abstracts of Major Articles

The Oral History Interview and Its Literary Representation

Alessandro Portelli

Professor of American Literature, University of Roma – La Sapienza

Abstract: Oral history is a dialogic narrative about the past originated and defined by the encounter between a subject that I will call the narrator, and another subject that I will call the historian. The making process of oral history includes several procedures such as interviewing, transcribing, editing, publishing, researching and presenting, etc. , among which the transcription of an oral narrative into a written text inevitably involves the literary reproduction. In order to better understand this critical issue, I argue that all kinds of narrative theories originating from the literature, folklore, linguistics and other disciplines should be used to analyze oral history interviews, and the history – telling should be regarded as a cultural practice. In this paper, I will touch on these issues by referring to two practices of discourse that are adjacent to oral history inasmuch as both rely on dialogic narratives: psychoanalysis and the detective novel.

Keywords: Oral History; Interview; Literary Reproduction; Psychoanalysis; Detective Novel

Diversify Aging Community Development And Oral History Practices: The Case of Taiwan Experiences

Duujian Tsai

Chair Professor, Pingtung Christian Hospital

Abstract: This paper explores the oral history engagement with community infrastructure establishment, medical humanity education and community health development in Taiwan. Moreover, ways in which community development dynamics illustrated by oral history practices are established before using oral history for aging community development as part of long term care policy. This paper also researches into possible role play and application orientation for potential oral history practices. Those policy makers who cherish the integrated power along with empathetically sharing the common feelings created both by community engagement and by oral history in Taiwan have induced and contrasted diverse resource integrating possibilities for community long term care with oral history practices. While creating multi – layer macro history imaginations through peoples' knowing competences of observing minors with broad senses in community development, experiences could serve as material foundations to find the underprivileged power at the bottom of a society, to assist identity formation for the marginal populations, and to create community of differences with empathetically sharing the common feelings. Reviewing the use of oral history as the foundation for designing community long term care, this paper has shown different inclusive approaches empowering elder populations at the traditional Shi – Pei community, the veteran Chang – Ron community as well as the Wu – Lai tribal community.

Keywords: Community Development; Empathetically Sharing the Common Feelings; Community Long Term Care; Observing Minors with Broad Sense; Identity Formation

Integrating Oral Histories with Technology Applications for the Memories and Innovations of the Tribal Elderly

Hsin Mi Lu and Guan Ye Mivo Chen

Research Fellow, Pingtung Christian Hospital

Assistant Professor, National Taipei University of Business

Abstract: This paper proposes to use the narrative identity analysis oriented oral history methodology as the core concept to induce autonomous powers and actions for community identity formation and transformation. It reviews the processes we have adopted to integrate information technologies with community dynamics through participatory oral history practices. Virtual Reality and Augmented Reality technologies are applied to restore and signify the historical past of an indigenous tribe for nurturing the sense of continuity and existence with subjective and objective experiences related to collective memories shared by self, others and even outsiders. Both subjective and objective identity formations embedded in self and other relations are the representations recorded beyond any well established from. So are histories of shared environments and living contexts. Furthermore, cultural forms and connotations represented by technologies could be feedbacks to past experiences and historical imaginations. Hence, new sentiments as well as shared feelings will become parts of collective subjectivity experienced within new tribal environments. In so doing, memory exchanges, transformations and reformations through oral history practices will create aspirations and opportunities for humanity – oriented technology applications. Smart technology applications in remote tribal areas have show the essence of "People Foremost Engagement of Humanity and Technology" in Taiwanese policy contexts not only activating collective memories for communities, but also revitalizing the spirits of the tribal elderly.

Keywords: Oral History; Community Development; Communities; Collective Memories

Oral History and Care for the Mentally Ill Elderly

Ailing Huang

Mental Health Social Worker, Taipei Veterans General Hospital Yuli Branch

Abstract: Under the trends of evidence based science and professional division labor in modern medicine, clinical medicine frequently may not grant warm feelings to people nor provide living hints to cultural contexts. Psychiatry, supposed to be closely linked to individual daily living, is in fact dominated by biomedical model with little concern to life experience or its influences on care quality. However, the mental ill is actually a mix among life experiences, past memories and clinical symptoms. It is even true for the more and more senior dementia population. Their residue memories mix with realities and hallucinations wherein present and past life experiences are embedded. Based upon pragmatic clinical practices, this article uses narrative identity oral history methodology to explore three psychiatric patients for clinical consultation as well as decision making by bridging their fragmented past memories with current life situations. They are all veteran cases, suffering from mild to moderate senior dementia, who have followed Chiang kai – Shek to Taiwan in 1949. They come to psychiatric clinics due to acute delirium episodes. They have received social work services and clinical psycho – physical consultations by the author. Due to the fragmented nature of their interviews evaluations because of their various severity degrees in dementia, oral history and narrative identity approaches are used to identify meaningful information from their own reserved and fragmented memories for clinical purposes. Their medical concerns are addressed through ways touching their own life experiences. Through exploring the life meanings of each patient, this article regards oral history not only as good at collecting historical data, but also as effective at improving care quality for these senior mental ill patients. In conclusion, oral history approach is a useful skill in providing pragmatic clinical consultations, bridging clinical treatments and living contexts, with integrating meaningful reserved fragmented memories beyond time and place for patient'own ends. Efforts to explore further implications of the oral history approach in clinical settings deserve further attentions and endeavors.

Keywords: Oral History; Narrative Identity; Senile Psychiatric Patients

The Life History of Woman Cleaning Workers in Hong Kong: Labour Process, the Meaning of Work and Worldviews

Lynn Tang

Assistant Professor, School of Arts and Humanities,

Tung Wah College, Hong Kong

Abstract: Menial unskilled service workers are invisible both in public and in sociological research on women and work. The research reported here explores the experience of women cleaning workers in public area, throwing light on their labour processes and the impact of their work on the formation of personal identities, particularly in the context of the service economy in Hong Kong. A life history approach was employed to explore this sociological inquiry. Findings are derived from in – depth oral history interviews with ten full – time middle – aged women cleaners working in various employment settings: direct – wage and contract, public and private institutions, commercial building and housing estates. Immigrants were included as respondents to capture the multiple parameters of gender, immigrant status and ageism. Present work experience and past life trajectory were recounted in the informants'narratives to explore their meanings of work and worldviews.

The stories of the women cleaners reveal how their work was rendered invisible by social stigma as well as time and spatial segregation in the workplace. Managements in workplace increasingly applied neo – liberal principles of cost – effectiveness to tighten control. The trend of contracting – out was detrimental to both direct – wage and contract cleaners. Job insecurity was common and wages were in a downward spiral. The accounts of the informants revealed a sense of abandonment and demoralization with work intensification and consequent unequal re – distribution of work along gender line. Immigrants also experienced a hidden injury of downward mobility. However the cleaners'stories show that the cleaners asserted varying degrees of negotiation with management and resistance to injustice, servitude and social stigma in critical incidents and during everyday work. Embedded in a web of social relations, the cleaners maintained a social distance from the end – users and formed their self – perception through interacting with people around. By attaching their gendered self – identity as "Si Nai"（师奶） to the cleaning skills, sometimes augmented with ethnic identity, they declared dignity and pride in their unskilled labour.

Keywords: Woman Worker; Cleaning Worker; Gender; Class; Service Worker; Oral History

Oral Interview and Research on Female Life History: Based Upon the Oral Interviews on the Village of Dazhai and Xigou

Xiaoli Liu and Min Ma

Research Fellow, Shanxi Academy of Social Sciences

Assistant Research Fellow, Shanxi Academy of Social Sciences

Abstract: Oral interviews for women, in addition to interviews based on specific groups and events, are based on interviews with each woman as a complete organism. For example, the first thing to talk about the oral history of educated youth is that the experience of female educated youth in the specific years of educated youth. But in addition, women as a whole, as a life individual, woman have their own unique spiritual journey and life experience, which is different from that of men. It is necessary for the interviewer and the interviewee to dig up this life experience and fully awaken the life memory of the interviewee in the past. What is more important is that the questions asked by the interviewer should have gender awareness, have deep research accumulation, and fully reflect the theme of female life history, which is very important. Even in the female – themed interview project, if the interviewer does not have a gender awareness, the question can not get rid of the "question of woman" mortar. See only the trees , not the forest. Finally, if the interviewer is a woman, the interaction between the two life history experiences may occur during the interview.

Keywords: Oral Interview; Female Life History; Dazhai; Xigou

A Preliminary Studies on Oral History of Chinese Female Directors

Xia Zhou

Associate Rsearch Fellow, China Film Art Research Center

Abstract: The work of directors has always been a male dominant industry, the great emergence of Chinese female directors in the 1980s has its special historical opportunities and individual factors. Based upon the oral history interviews for the fourth generation of Chinese female directors, this paper is to explore the career pursuit and self – value formation process of female directors, and to summarize various situations of female directors'family, education, marriage and film career. At the same time, the paper also analyzes the spiritual world framework and female consciousness of elite professional women and looks forward to the development prospects of the new generation of female directors in the future.

Keywords: Female Directors; Women and Film; Oral History

Research on the Versions of Ding Yizhuang's Oral History Books about Banner Women

Guimin Bao

Associate Senior Editor, Ethnic Publishing House

Abstract: This paper chooses a special angle to investigate Ding Yizhuang's oral history research. Through comparing and analyzing the similarities and differences of her three books including *The Last Memory: An Oral History of Sixteen Banner Women*, *The Oral History of the Sixteen Banner Women*, and *The Grandmother in the Hutong*, this paper reveals the developmental trend of her research: more attention has been paid to the field mobility of interview rather than story – telling in the later stage.

Keywords: Ding Yizhuang; Banner Women; Oral History

Oral History and Studies on Marketing History

Robert Crawford and Matthew Bailey

Professor, RMIT University

Lecturer, Macquarie University

Abstract: The purpose of this paper is to explore the value of oral history for marketing historians and provide case studies from projects in the Australian context to demonstrate its utility. These case studies are framed within a theme of market research and its historical development in two industries: advertising and retail property. This study examines oral histories from two marketing history projects. The first, a study of the advertising industry, examines the globalisation of the advertising agency in Australia over the period spanning the 1950s to the 1980s, through 120 interviews. The second, a history of the retail property industry in Australia, included 25 interviews with executives from Australia's largest retail property firms whose careers spanned from the mid – 1960s through to the present day.

The research demonstrates that oral histories provide a valuable entry port through which histories of marketing, shifts in approaches to market research and changing attitudes within industries can be examined. Interviews provided insights into firm culture and practices; demonstrated the variability of individual approaches within firms and across industries; created a record of the ways that market research has been conducted over time; and revealed the ways that some experienced operators continued to rely on traditional practices despite technological advances in research methods. Despite their ubiquity, both the advertising and retail property industries in Australia have received limited scholarly attention. Recent scholarship is redressing this gap, but more needs to be understood about the inner workings of firms in an historical context. Oral histories provide an avenue for developing such understandings. The paper also contributes to broader debates about the role of oral history in business and marketing history.

Keywords: Australia; Advertising History; Retailing History; Market Research History; Oral History

From Market Trader to Global Player: Oral History and Corporate Culture in Tesco, Britain's Largest Supermarket

Niamh Dillon

Project Interviewer, National Life Stories, British Library

Abstract: Although Tesco has been documented in the national and business press, particularly during times of intense public scrutiny, there is little in – depth research on the company. Tesco: An Oral History'recorded nearly forty life story interviews with employees past and present between 2004 and 2007, from which it was possible to identify conflicting company narratives that originated in the early days of the business. Key events in Tesco's history, which fundamentally altered the way in which it operated, are examined from multiple viewpoints, illustrating how a single event can be viewed and interpreted. In addition, the origins and implications of organisational change are examined. I argue for the benefits of using oral history in a corporate environment while discussing the challenges.

Keywords: Tesco; British Retail; Company Narrative; Organisational Change

Neighborhood Planning and the Uses of Oral History

June Manning Thomas

Professor, University of Michigan Taubman College of Architecture and Urban Planning

Abstract: Neighborhood planning for community improvement in America's distressed central cities is particularly difficult because the physical environment may have daunting problems and the social environment may appear unapproachable. Oral history as a technique can help access information from those "at the margins" of society who live in distressed neighborhoods. This article analyzes the potential benefits of oral histories for neighborhood planning. It also analyzes interviews conducted with board members of two Detroit community organizations to glean lessons about the importance of residents' personal experiences within the neighborhoods. The author suggests that collecting such historical insights could become a productive part of neighborhood planning.

Keywords: Oral History; Neighborhood Planning; Neighborhood; African American; Detroit

Oral History Methods and Studies on Architectural History: An Example of the Residential House Investigation in Southwest Zhejiang Province

Yuan Wang

Associate Professor, Department of History of Science, Shanghai Jiao Tong University

Abstract: This paper summarizes the general methodology in the architectural history research and then illustrates how we use the oral history method to collect and analyze the oral information by the vernacular house research examples in the south-west Zhejiang Province. Suggestions of how we take the method into a more standard and academic track are given according to its advantages and importance in the research work of architectural especially the vernacular house' history.

Keywords: Architectural History; Oral History; Residential House

Studies on Regeneration of Luling Temple and Its Surroundings in Shanxi Province: Starting with Oral History

Yijun Pu

Associate Professor, Shanghai Jiguang Polytechnic College

Abstract: Luling temple in Xixiang of Shanxi province is the important Islamic tomb building in Northwest China, which witnesses the long development process of the history of Islam in China. Oral history is one of the methodological systems in the discipline of history. This method is widely used in a variety of events and figures oral study. Based on the case study of this historical building conservation, this paper reviews how to apply oral history method into micro history study, historical building research and design.

Keywords: Islamic Tomb Building; Luling Temple; Regeneration; Oral History

《口述史研究》稿约及体例要求

英文名称：*The Oral History Studies*
主办单位：温州大学口述历史研究所
主　　编：杨祥银博士
出版单位：社会科学文献出版社
栏目设置：学术论文、书评书介。

作为中文学术界口述史研究的专业性书刊（以书代刊），温州大学口述历史研究所主办的《口述史研究》（*The Oral History Studies*）以"回顾性、前瞻性、多元性与跨学科性"为学术原则，为口述史研究提供一个良好的学术交流平台。本刊欢迎世界各地学者就口述史研究的理论、方法与实践发表最新的研究成果，并适当收录新近公开发表的代表性作品。同时，本刊还积极介绍世界各地有关口述史研究的最新著述与学术信息，以促进国际同行的交流与互动。

稿　约

一、《口述史研究》欢迎口述史相关主题的最新研究论文、书评书介和学术信息。同时，本刊也欢迎广大专家学者推荐（翻译）新近公开发表的相关研究成果。来稿字数不做硬性规定，以深刻阐明问题为准。

二、本刊提倡严谨的学术规范，坚持相互尊重的学术自由。本刊发表文章概不代表本刊观点，作者文责自负。

三、本刊有权对来稿文字按稿例做一定删改，不同意删改者请于投稿时注明。

四、本刊为年刊，每年 8 月出版，欢迎世界各地学者不吝赐稿。本刊常年接受投稿，来稿全部请用电子邮件投稿，电子邮件信箱：yangxiangyinwzu@

126.com（杨祥银博士）。来稿一律不退，请作者自留底稿。在收到来稿 2 个月内便告知稿件处理结果。文章刊发后即赠样刊 1 本。

五、来稿请写明作者姓名、工作单位、职称或职务、主要研究方向、通信地址、邮政编码、电话号码和电子邮件，以便联系。

稿　例

一、基本要求

1. 以"学术专论"形式投稿，文章需根据具体情形提供如下信息：（1）摘要：要求以"摘要："起头，应为文章主要内容的浓缩和提炼，字数在 500 字左右。（2）关键词：要求以"关键词："起头，应为反映文章最主要、最核心内容的专业术语，多个关键词之间用"；"分隔，一般每篇论文可使用 3~8 个关键词。（3）基金项目：如果来稿属于基金项目资助范围内的研究成果，请在首页下脚标明基金项目的类别和名称。（4）英文信息：来稿请附录文章的英文标题、英文摘要、英文关键词及作者单位名称。

2. 文章请按标题、作者、摘要、关键词、正文之次序撰写。节次或内容编号请按"一"、"二"……之顺序排列。上述不同信息在字体、字号上应有所区别，具体格式将在出版时再做统一。

3. "作者简介"信息请置于首页下脚，可以写明作者基本信息、研究方向、主要研究成果以及联系方式。

4. 正文每段第一行空两格。独立引文左缩进二格，以不同字体标示，上下各空一行，不必另加引号。

5. 请避免使用特殊字体、编辑方式或个人格式。

二、注释要求

本刊引文出处均采用页下注（脚注），用"①，②，③……"依次排序，每页重新编号。具体标注格式如下。

1. 著作

标注顺序：责任者与责任方式/文献题名/出版地点/出版者/出版时间/页码。

杨祥银：《美国现代口述史学研究》，中国社会科学出版社，2016，第 80 页。

中研院台湾史研究所（编）《台湾口述历史书目汇编（1953—2009）》，

中研院台湾史研究所，2009，第 300 页。

定宜庄、汪润（主编）《口述史读本》，北京大学出版社，2011，第 55 页。

保尔·汤普逊：《过去的声音：口述史》，覃方明、渠东、张旅平（译），辽宁教育出版社，2000，第 188 页。

Paul Thompson, *The Voice of the Past：Oral History*, Oxford and New York：Oxford University Press, third edition, 2000, p. 78.

National Archives of Singapore（ed.）, *Memories & Reflections：The Singapore Experience*, Singapore：Oral History Centre, National Archives of Singapore, 2007, p. 68.

Donald A. Ritchie（ed.）, *The Oxford Handbook of Oral History*, Oxford and New York：Oxford University Press, 2010, pp. 238 – 239.

Thomas L. Charlton, Lois E. Myers, and Rebecca Sharpless（eds.）, *Handbook of Oral History*, Walnut Creek：Alta Mira Press, 2006, p. 328.

2. 析出文献

标注顺序：责任者/析出文献题名/文集责任者与责任方式/文集题名/出版地点/出版者/出版时间/页码。

熊卫民：《口述史的特点、功能和局限性》，载周新国（主编）《中国口述史的理论与实践》，中国社会科学出版社，2005，第 120～131 页。

许雪姬：《他乡的经验：日治时期台湾人的海外活动口述访谈》，载当代上海研究所（编）《口述历史的理论与实务：来自海岸两岸的探讨》，上海人民出版社，2007，第 177～212 页。

Ronald J. Grele, "Directions for Oral History in the United States," in David K. Dunaway and Willa K. Baum（eds.）, *Oral History：An Interdisciplinary Anthology*, Walnut Creek：AltaMira Press, second edition, 1996, pp. 62 – 84.

Alessandro Portelli, "What Makes Oral History Different," in Alessandro Portelli, *The Death of Luigi Trastulli and Other Stories – Form and Meaning in Oral History*, Albany：State University of New York Press, 1991, pp. 45 – 58.

3. 期刊

标注顺序：责任者/文献题名/期刊名/年期（或卷期，出版年月）。

杨雁斌：《面向大众的历史学：口述史学的社会含义辨析》，《国外社会科学》1998 年第 5 期，第 27～32 页。

王惠玲：《补白、发声、批判、传承：香港口述历史的实践》，《郑州大学学报》（哲学社会科学版）2010 年第 4 期，第 11～14 页。

杨祥银：《当代美国的口述史学》，《口述历史》（北京），第 1 辑（创刊号），2003 年 9 月，第 276～283 页。

钟少华：《我的"口述史"工作经验》，《口述历史》（台北），第 2 期，1991 年 2 月，第 284～196 页。

William W. Moss, "The Future of Oral History," *Oral History Review*, Vol. 3, 1975, pp. 5 – 15.

Alistair Thomson, "Four Paradigm Transformations in Oral History," *Oral History Review*, Vol. 34, No. 1, 2007, pp. 49 – 70.

Bernard L. Fontana, "American Indian Oral History: An Anthropologist's Note," *History and Theory*, Vol. 8, No. 3, 1969, pp. 366 – 370.

4. 报纸

标注顺序：责任者/篇名/报纸名称/出版年月日/版次。

傅光明：《口述历史下的老舍之死》，《光明日报》2012 年 8 月 21 日，第 14 版。

唐纳德·里奇：《技术带来改变：口述史学的最新趋势》，王少阳译，《中国社会科学报》2011 年 2 月 17 日，第 8 版。

Jim Dwyer, "Secret Archive of Ulster Troubles Faces Subpoena," *The New York Times*, May 13, 2011.

5. 学位论文

标注顺序：责任者/文献标题/论文性质/地点或学校/文献形成时间/页码。

陈忆如：《口述历史剧场策略运用在国中表演艺术课程于情感同理与分享之行动研究》，硕士学位论文，台南大学戏剧创作与应用学系，2008 年，第 158 页。

Lisa Hayes, "Theatricalizing Oral History: How British and American Theatre Artists Explore Current Events and Contemporary Politics in the Journey from Interview to Performance," Ph. D. dissertation, The State University of New York at Buffalo, 2008, p. 226.

6. 会议论文

标注顺序：责任者/文献标题/论文性质/地点或学校/文献形成时间/页码。

叶汉明：《口述史的性别维度：个人经验的反思》，"众声平等：华人社会口述历史的理论与实务"国际学术研讨会（澳门：澳门理工学院），2012 年10 月 15 ~ 18 日。

Robert Wettemann，"Writing with Voices: The Use of Oral History at the U. S. Air Force Academy," The 46th Annual Meeting of Oral History Association（Cleveland, Ohio）, October 10 – 14, 2012.

7. 电子文献

标注顺序：责任者/电子文献题名/更新或修改日期/获取和访问路径/引用日期。

朱桂英：《口述历史：记忆并不能为历史真相把关》，2011 年 12 月 17 日，http：//news. ifeng. com/opinion/gundong/detail_2011_12/17/11385006_0. shtml，浏览时间：2012 年 10 月 25 日。

John Neuenschwander，"Major Legal Challenges Facing Oral History in the Digital Age," June, 2012, http：//ohda. matrix. msu. edu/2012/06/major – legal – challenges/, accessed on October 28, 2012.

8. 口述历史访谈

标注顺序：受访者/访谈者/访谈时间/藏所。

《陈鼓应口述历史访谈》，陈南秀，2012 年 1 月 10 日，台湾大学校史馆。

An Oral history Interview with Dorothea Lange by Richard Doud, 1964 May 22, Archives of American Art.

9. 其他注意事项

（1）无法直接引用的文献，转引自他人著作时，须标明"转引自"等必要信息。

（2）同一文献再次引用时只需标注责任者、题名、页码，出版信息可以省略。

（3）间接引文通常以"参见"或"详见"等引领词引导，反映出与正文行文的呼应，标注时应注出具体参考引用的起止页码或章节。

图书在版编目（CIP）数据

口述史研究. 第三辑 / 杨祥银主编. -- 北京：社
会科学文献出版社，2018.12
ISBN 978 - 7 - 5201 - 2338 - 9

Ⅰ. ①口… Ⅱ. ①杨… Ⅲ. ①口述历史学 - 文集
Ⅳ. ①K0 - 53

中国版本图书馆 CIP 数据核字（2018）第 292231 号

口述史研究（第三辑）

主　　编 / 杨祥银

出 版 人 / 谢寿光
项目统筹 / 王玉敏
责任编辑 / 王玉敏　赵怀英

出　　版 / 社会科学文献出版社·独立编辑工作室（010）59367153
　　　　　 地址：北京市北三环中路甲 29 号院华龙大厦　邮编：100029
　　　　　 网址：www. ssap. com. cn
发　　行 / 市场营销中心（010）59367081　59367083
印　　装 / 三河市尚艺印装有限公司

规　　格 / 开本：787mm × 1092mm　1/16
　　　　　 印张：19　字数：316 千字
版　　次 / 2018 年 12 月第 1 版　2018 年 12 月第 1 次印刷
书　　号 / ISBN 978 - 7 - 5201 - 2338 - 9
定　　价 / 89.00 元